国家文化产业资金支持媒体融合重大项目

高等职业教育教学改革特色教材·经济贸易类

Guoji Huowu Yunshu Yu Baoxian

国际货物运输与保险

（第二版）

王海涛 王玉春 李洪福 主编

东北财经大学出版社
Dongbei University of Finance & Economics Press
大连

图书在版编目（CIP）数据

国际货物运输与保险 / 王海涛，王玉春，李洪福主编．—2版．—大连：东北财经大学出版社，2024.3

（高等职业教育教学改革特色教材·经济贸易类）

ISBN 978-7-5654-5182-9

Ⅰ．国…　Ⅱ．①王…②王…③李…　Ⅲ．①国际货运-高等职业教育-教材②国际货运-交通运输保险-高等职业教育-教材　Ⅳ．①F511.41②F840.63

中国国家版本馆CIP数据核字（2024）第054608号

东北财经大学出版社出版

（大连市黑石礁尖山街217号　邮政编码　116025）

网　　址：http://www.dufep.cn

读者信箱：dufep@dufe.edu.cn

大连天骄彩色印刷有限公司印刷　　东北财经大学出版社发行

幅面尺寸：185mm×260mm　　字数：429千字　　印张：19.25

2024年3月第2版　　2024年3月第1次印刷

责任编辑：张晓鹏　石建华　　责任校对：一　心

封面设计：原　皓　　版式设计：原　皓

定价：48.00元

教学支持　售后服务　联系电话：（0411）84710309

第二版前言

随着教育体制改革的进一步深化，对高等职业教育应用技能型人才高质量培养模式进行创新驱动改革，已成为当今高职院校教改的主流。党的二十大报告中明确要求“加快建设贸易强国”。为此，作者凭借多年的教学和实践经验，并吸收国内外的最新研究成果，结合目前我国国际经济与贸易学术前沿和实践发展的现状，以《中华人民共和国海商法》《中华人民共和国保险法》为参照系，修订了《国际货物运输与保险：理论、实务、案例、实训》一书。

《国际货物运输与保险》（第二版）教材实现了理论与实践相结合、思考与辨析相结合、广度与深度相结合，既适应了高职院校国际经济与贸易专业的教学需要，又兼顾了其他相关专业的必修课程需要，在内容阐释的深浅程度上，尽量考虑不同层次、不同专业的要求；新版教材对相关的数据和教学内容进行了最新的更改，做到了与时俱进，添加了二维码动漫视频，丰富了本书的内容和载体，体现了富媒体教学特色。

本书共分为两个学习情境，分别是：学习情境一国际货物运输；学习情境二国际货物保险。全书共12个项目、39个任务。本书在编写时对每一个项目均做了如下设计：

首先是【学习目标】，包括能力目标、知识目标、素养目标。能力目标，旨在培养学生的思辨能力和解决实际问题的能力；知识目标，针对项目内容做了递进层次上的编排，分为理解、熟知、掌握，使学生在学习时有一定的侧重点；素养目标，把社会主义核心价值观教育融入教材内容，以课程思政工作全过程，营造全员育人环境，全面提升人文素质，以培养和提高学生在特定业务情境中发现问题、分析问题和解决问题的能力，从而强化学生的职业道德素质。

其次是【项目引例】，激发学生的学习兴趣，通过引例使学生明确学习的内容，增强学生学习的自信心和自觉性；引导学生从发现问题、提出问题、分析问题和解决问题的视角出发，以问题导向式启发学生的学习兴趣和知识传授。

最后是【内容精讲】，把理论知识和实践内容结合在一起，在内容的阐述过程中，穿插了“同步思考”“知识延伸”“拓展阅读”“实例”等栏目，便于学生对所学知识点的理解；在形式上，尽量采用图表阐释；在语言上，力图以通俗易懂的表达，使概念和术语可读化。

鉴于本课程具有较强的实践性，立足于学生整体素质和综合实践能力的提高，使其掌握必要的专业知识，课后还编排了【主要概念】、【基础训练】（包含单项选择题、多项选择题、简答题、技能案例、计算题)、【项目实训】(包含实训项目、实训情境、实训任务)等栏目,配合学生在掌握国际货物运输与保险基础知识的前提下,灵活运用这些知识去分析问题和解决问题,以提高专业知识的认识能力。此外,本书还对国际货物运输与保险中所涉及的主要单据的缮制、业务流程等进行了介绍,突出了实践操作性,从而体现了本书内容的实用性、新颖性、创新性、可操作性,做到了内容与形式的统一。

本书既适合国际经济与贸易、国际商务、关务与外贸服务、服务外包、国际文化贸易、商务英语等财经商贸大类和交通运输专业方向的高职院校学生使用,同时也能为外贸行业的培训人员、国际货物运输交流和对外贸易从业人员自学提供辅助参考。为更好地满足信息化条件下课堂教改创新的需要,本书还配有二维码资源、免费的电子教学课件、习题参考答案、教学大纲,能为读者提供全方位、细致周到的教学资源增值服务,读者可以登录东北财经大学出版社“财道书院”(http: //www.idufep.com)查找或与责任编辑联系。

本书由王海涛、王玉春、李洪福主编,其中:王玉春修订编写项目一、项目八、项目九,王海涛修订编写项目二至项目七,李洪福修订编写项目十至项目十二。李虹、李明明、赵昂、美荣、李林海5人负责全书教学资源包的制作。本书在编写过程中,参阅了大量的教材、著作、法律、法规,同时也参考、借鉴了诸多同行和专家的成果,并得到了东北财经大学出版社张晓鹏编辑的大力支持,中国铁路沈阳局集团有限公司职工培训基地王海涛对本书给予了实践业务指导,在此一并表示衷心的感谢!

由于编写时间仓促,加之编者水平有限,本书难免存在一些不足之处,恳请专家、学者批评指正!

编　者

2024年1月

目 录

学习情境一　国际货物运输

项目一

国际货物运输导论

学习目标

能力目标：能够在熟悉国际货物运输法律环境的框架下，具备合理地选择国际货物运输方式的能力。

知识目标：理解国际货物运输的概念；熟知国际货物运输的基本任务、本质属性，国际货物运输管理组织；掌握国际货物运输的特点、方式及要求，国际货物运输当事人的类型。

素养目标：正确认知国际货物运输在实践业务中的重要性和主导性，明确学习目的，增强学习信心；掌握国际货物运输的基本操作规范并践行职业要领，强化工作态度意识，增强社会责任感。

项目引例

2022年11月，大连T公司向荷兰M公司出售一批纸箱装货物，以FOB条件成交，目的港为鹿特丹，由M公司租用H远洋运输公司的货轮承运该批货物；同年11月15日，在大连港装船。船方接货时，发现30箱货物外表破碎，收货单上有大副注明的“该批货物30箱外表破碎”字样。船方准备将其注于提单之上，T公司向船方解释说“买方是老客户，不会因包装问题而提赔的”，因此不让船方转注提单之上并向船方提交保函：“若收货人以包装为由向承运人索赔，由我方承担责任。”于是，船方签发了清洁提单。该船起航不久接到M公司指示，要求将卸货港改为法国马赛港，收货人变更为法国的F公司。1个月后货到马赛港，F公司发现40箱货物包装破碎，内部有不同程度的损坏，于是以清洁提单与货不符为由向船方索赔。后裁定，船方向F公司赔偿20多万美元。此后，船方凭保函向卖方T公司索赔，要求其赔偿20多万美元的损失，但T公司以装船时仅有30箱货物包装破碎为由，拒绝赔偿余下的10箱货物损失，于是船方与卖方产生了争执。

分析要点：此案中卖方出具保函换取清洁提单，导致船货双方产生纠纷。国际货物运输具有线长、面广、环节多、时间性强、情况复杂、风险大的特点，所以，买卖双方都极力寻求满足自身货运要求的方式，以避免自己的利益受损。国际货物运输是一笔交易能否顺利完成的关键所在，货物能否安全地从装运地到达目的地是每个商人都关心的问题。国际货物运输是不同国家或单独关税区之间的货物运输，它既是国际贸易的重要环节，又是交通运输的高级环节。可以说，“国际货物运输”课程是国际贸易与交通运输两门学科的交汇部分。

众所周知，按时、按质、按量地将货物装运出口，安全、迅速、准确、节省、方便地利用各种运输工具，选择适当的运输方式和路线，把货物从一个国家运到另一个国家，实现货物由卖方向买方的国际转移，是买卖双方都期望的事情。

内容精讲

任务一　国际货物运输概述

一、国际货物运输的概念

运输（Transportation）就是人和物的载运和输送，即以各种运载工具，利用相应的地理运输媒介和输送路线，将人和物等运输对象从一个地方运送到另一个地方的位移过程。运输，就其运送对象来说，可分为货物运输和旅客运输。货物运输可按地域划分为国内货物运输和国际货物运输两类。其中，国际货物运输就是货物在不同国家间、不同国家与地区之间的运输，按其运输对象的性质可以分为贸易物资运输和非贸易物资运输两种类型。其中，贸易物资运输占较大比重，非贸易物资运输仅指展览品、个人行李、援外物资等的运输。因此，国际贸易运输通常被称为国际货物运输，就一个国家而言，就是对外贸易运输，即“外贸运输”（Foreign Trade Transportation）。

国际贸易和国际货物运输具有相互促进的作用。随着世界各国商品生产的不断发展和各国间商品交换范围的日益扩大，国际贸易得到了更大的发展，也出现了越来越多可运的物品。这加速了国际货物运输的发展。正是国际货物运输的发展，才使得货物在国际上以更快的速度进行交换，降低了运输成本，开拓了越来越大的市场，从而推动了国际贸易的发展。

二、国际货物运输的本质属性

在国际贸易中，商品的价格包含商品的运价，商品的运价在商品价格中占有较大的比重，一般来说，约占10%；在有些商品中，比重要占到30%~40%。商品的运价和商品的生产价格一样，随着市场供求关系的变化而围绕着价值上下波动。商品的运价随商品的物质形态一起进入国际市场中交换，商品运价的变化直接影响到国际贸易商品价格的变化；而国际货物运输的主要对象又是国际贸易商品，因此可以说，国际货物运输就是一种国际贸易，只不过它用于交换的不是物质形态的商品，而是一种特殊的商品，即货物的位移。所谓商品运价，就是它的交换价格。

由此可以得出这样一个结论：从贸易的角度来说，国际货物运输就是一种无形的国际贸易。

认识国际货物运输的本质属性很重要。它有利于人们重视国际运输业的发展，从宏观上加强发展规划和指导，从微观上加强投资和技术改造，使国际货物运输及相关产业成为国民经济发展的重要产业。实践证明，世界航运大国多为发达国家，航运业已成为这些国家的重要支柱产业。

三、国际货物运输的特点

（一）国际货物运输是一项政策性强的涉外工作

国际货物运输是国际贸易的重要组成部分。它与国际贸易一样，要受国际政治、经济形势变化的影响。在处理货物运输事务的过程中，经常会涉及国际关系和国家对外政策等问题。因此，国际货物运输既是一项经济活动，也是一项外事活动。

（二）国际货物运输的路线长、中间环节较多

由于国际货物运输是货物在国与国之间的流动，一般运输距离长、环节多，需要使用不同的运输工具，经过不同的国家和地区，中途需经过多次装卸和搬运。在整个运输过程中，任何一个环节出现问题，都会影响整个国际货物运输的进度。因此，在进行国际货物运输时，要认真做好运输组织工作，注意各环节之间的衔接。

（三）国际货物运输涉及面广，情况复杂多变

国际货物运输涉及国内外的许多单位和部门。在办理国际货物运输手续的过程中，需要同国内外的进出口商、交通运输部门、保险公司、商检机构、银行、海关以及各种代理人发生业务联系。由于各国的政治、经济制度不同，政策、法令、法规不同，贸易和运输习惯也有差异，加之国际货物运输经常受到各国政治、经济形势变化以及自然条件的影响，可变因素多，因此如果某一方出现问题，可能会影响整个运输过程。

（四）国际货物运输时间性强，影响按时交货

在国际贸易中，能否按时将进出口货物运到目的地交给收货人是非常重要的。如果货物不能及时装运，运输迟缓，到货慢，就会影响国际贸易的开展，甚至会影响销路或丢失市场。另外，在进出口贸易合同中，按时交货也是卖方应履行的义务之一。如果发货人没有按合同约定的时间交货，买方可以卖方违反合同要件为由取消合同。

（五）国际货物运输风险较大，政策环境易变

国际货物运输要远涉重洋，跨越山河，沿途可能要经过具有不同社会制度、不同文化背景的国家和地区。国际形势的变化、社会动乱、战争、封锁禁运、各种自然灾害以及意外事故的发生都会影响到国际货物运输，甚至会带来严重后果。因此，国际货物运

输要承担很大的风险。

四、国际货物运输的基本任务

（一）按时、按质、按量地完成进出口货物运输

“按时”就是根据装运期和交货期条款的规定履行合同；“按质”就是按照质量条款的要求履行合同；“按量”就是尽可能地减少货损、货差，保证贸易合同中货物数量条款的履行。

（二）节省运杂费用，为国家积累建设资金

由于国际货物运输是国际贸易的重要组成部分，而且运输的距离长，环节较多，各项运杂费用开支较大，故节省运杂费用的潜力比较大，途径也多。从事国际货物运输的企业和部门应该不断地改善经营管理，节省运输费用，提高企业的经济效益和社会效益，为国家积累更多的建设资金。

（三）为国家节约外汇支出，增加外汇收入

国际货物运输是一种无形的国际贸易，是国家外汇收入的重要来源之一。国际贸易一般采用CIF、FOB等贸易术语成交。CIF，即“成本、保险费加运费”，是指在装运港当货物装上船时卖方即完成交货任务。按照CIF条件，货价内包括运费、保险费，由卖方派船将货物运至目的港。FOB（离岸价）由买方负责派船接运货物。按照FOB条件，货价内不包括运费和保险费，由买方派船到装运港装运货物。为了国家的利益，出口货物应多争取采用CIF条件，进口货物应多争取采用FOB条件，从而节省外汇支出，增加外汇收入。从事国际货物运输的企业为了国家利益，首先要依靠国内运输企业的运力，再考虑国内的租船公司、中外合资租船公司和侨资班轮公司的运力，充分调动和利用各方面的运力，使货主企业同运输企业有机衔接，争取为国家节约外汇支出，并创造更多的外汇收入。

（四）认真贯彻国家的对外政策

国际货物运输是国家涉外活动的重要组成部分，它的另一个任务就是在平等互利的基础上，密切配合外交活动，在实际工作中具体体现和切实贯彻国家的各项对外政策。

五、国际货物运输的要求

（一）选择最佳的运输路线和最优的运输方案，合理组织运输

各种运输方式都有其较合理的适用范围和不同的技术经济特征，选择时必须进行比较和综合分析。首先要考虑商品的性质、数量的多少、运输距离的远近、市场需求的缓急、风险程度等因素。比如，鲜活商品、季节性商品要求运输速度快、交货及时，以免贻误销售时机；贵重货物因商品价值高，要求严格保证运输质量等。其次要考虑运输成本的高低和运行速度的快慢。比如，货价较低的大宗商品要求低廉的运输费用，以降低商品成本，增强竞争力。在同一运输方式下，如铁路或公路运输，可根据不同商品选择不同类型的车辆；海运可选择班轮或不定期船等。

此外，要正确选择运输路线和装卸、中转港口。一般来说，应尽量安排直达运输，

以减少运输、装卸、转运环节，缩短运输时间，节省运输费用；必须中转的进出口货物，也应选择适当的中转港、中转站。进出口货物的装卸港，一般应尽量选择班轮航线经常停靠、自然条件和装卸设备较好、费用较低的港口。进口货物的卸货港，应根据货物流向和大宗货物使用地来选择；出口货物的装货港，还应考虑靠近出口货物的产地或供货地点，以减少国内运输里程，节约运力。

1.合理运输

所谓合理运输，就是按照货物的特点和合理流向以及运输条件，走最少的里程，经过最少的环节，用最少的运力，花最少的费用，以最短的时间，把货物运到目的地。所以，国际货物运输就是根据所运商品的特定要求，综合考虑速度、价格、质量等因素，求得其最佳效益。实现合理运输，需要考虑以下因素：

（1）运输方式的选择。比较各运输方式的特点，考虑商品的性质、数量、运输距离、客户的具体要求、需要的缓急程度、风险程度、装卸地的情况等多方面因素。

（2）运输路线和港口。尽量安排直达运输，如不能直达，需选择适当的中转地点。出口商品基地尽量做到“四就”——就地加工、就地包装、就地检验、就地出口；进口货物的卸货港应靠近用户所在地，一般应选择班轮航线经常挂靠、自然条件好、装卸设备齐全、收费较低的港口。

（3）货物的包装。其分为运输包装和销售包装，运输包装起保护商品的作用；销售包装起美化商品、促进销售的作用。

（4）积载。它是指根据货物的体积、重量、包装、接收地的先后顺序，结合运输工具的特点，在安全的前提下，进行合理搭配、装载，充分利用运力，达到满载足吨。

（5）做好运输计划、协调管理工作。

2.不合理运输

所谓不合理运输，是指在各种运输方式之间，或在同一运输方式内部的各条线路或航道上，发生相同产品（或可以互代产品）的对流或相向运输、重复运输，以及过远运输、迂回运输和违反各种运输合理分工原则的运输。其结果是造成不必要的货物周转或装卸工作量，浪费运力，增加运输费用。

迂回运输、对流运输、重复运输、往返运输、过远运输和无效运输等都是不合理运输的表现形式。出现这些现象的原因很复杂，不合理运输不仅增加了不必要的运输中转环节，延长了在途时间，浪费了运力，影响了商品质量，增加了经营成本，同时也影响了出口商品的对外成交、合同的履行和商品的及时供应，对外贸的发展是极为不利的。

在对外贸易运输中，不合理运输的原因包括：

（1）生产、加工、包装、仓储的选址、布局不合理，造成迂回、过远运输。

（2）对外签订的进出口合同中运输条款规定得不合理，如未考虑货物产地和销售地的情况、港口选择不当，导致履约上的困难和运输费用的增加。

（3）货物和运输工具以及运输方式选择不配套，如铁路沿线地区长途运输使用汽车，短途运输反而使用火车；宜水从陆，宜陆从水；能直达的中途卸装，都会偏离合理运输的目标。此外，货物和运输工具不相适应，也会造成运输容积的浪费和可能的货损。

（4）出口货物在产地检验不严或在单证不齐的情况下盲目发运，货到口岸不能及时出口，以致压车、压船、压库，结果是就地处理或原货退回，造成无效运输、往返运输。

（5）计划调度不当，增加不必要的中转环节，造成迂回运输或对流运输；车船调度不当，一方面有货无车（船），另一方面却是车（船）等货，使运力不能得到充分的发挥。

（6）出口包装不合理，装运时配载不当，造成货物的损耗和运输容积的浪费。运输包装要求牢固、经济、科学和标准化，危险品的包装更要注意。

（7）国家运输条件紧张，运输计划管理人员素质不高，各部门信息不畅或配合不当，也会造成不合理运输。

（二）树立系统观念，加强与有关部门的配合协作，努力实现系统效益和社会效益

在国际货物运输过程中，要切实加强货主、运输企业、商检、海关、银行、港口、船代和货代等部门与企业之间的联系，相互配合、密切协作，充分调动各方的积极性，形成全局、系统观念，共同完成国际货物运输任务。特别是货运代理企业，还要综合运用各方的运力，从综合运输系统和国际贸易整体的利益角度出发，除了努力争取本企业的经济利益以外，更重要的是考虑系统效益和社会效益，在完善企业自身的同时，还要考虑企业的社会责任。

拓展阅读 1-1

国际货物运输的作用

（三）树立为货主服务的理念，实现“安全、迅速、准确、节省、方便”的目标

根据国际货物运输的性质和特点，针对国际货物运输任务，经过多年的实践，中国外运集团提出的“安全、迅速、准确、节省、方便”的国际货物运输“十字方针”，已被广大货运代理企业和有关部门所认可。

任务二　国际货物运输管理组织、当事人、运输方式

一、国际货物运输管理组织

以我国为例，在国际货物运输管理组织体系（见表1-1）中，其管理方式以中央政府垂直管理为主，以地方政府管理部门和行业协会（包括国内行业协会和我国各企业参加的国际行业组织）管理为辅。在某些情况下，与国际货物运输有关的诉讼可以由中国法院受理，或在国外进行，有时也可以由当事人协商解决，或通过仲裁处理（包括在中国和外国进行的仲裁）。

表 1-1　我国国际货物运输管理组织体系

国务院										法院	
国家发展和改革委员会	商务部	交通运输部	国家铁路集团有限公司	海关总署	公安部	中国人民银行	民用航空局	国际贸易促进委员会	各地方政府	各级人民法院	海事法院

拓展阅读 1-2

我国国际货物运输管理组织的主要职责

二、国际货物运输的当事人

国际货物运输的当事人主要有三方：承运人、货主和货运代理人。

（一）承运人（Carrier）

承运人是指专门经营水上、铁路、公路和航空等客货运输业务的交通运输部门。它们都以拥有运载工具为特征，为社会提供实际运输服务，是货物运输工作中的承运人，如轮船公司、铁路局或公路运输公司、航空公司等。

（二）货主（Cargo Owner）

货主是指专门经营进出口商品业务的外贸部门或进出口商。它们是运输合同中的托运人或收货人。为了履行外贸合同，货主需办理进出口商品的运输手续，委托承运人运输货物。

（三）货运代理人（Freight Forwarder）

货运代理人是根据货主的要求代办货物运输业务的机构。有的货运代理人代承运人向货主揽货，有的代货主向承运人办理托运，有的兼营两方面的业务。货运代理人在托运人和承运人之间起着桥梁作用。

除了以上三方当事人之外，国际货物运输还与海关、保险、银行以及包装、仓储等部门有着极为密切的关系。

三、国际货物运输方式

运输方式包括四个基本要素，即运输工具（Vehicle）：载人、载物运行的设备；运输动力（Motive Power）：推动运输工具前进的力量；运输通路（Way/Passage Way）：运输工具借以运行的媒介；电信设备（Telecommunication Installation）：传递信息的设备。把四个要素结合起来，才能发挥运输的最大效益。根据运输通路和运输工具的不同，国际货物运输主要有以下几种分类：

（一）按运输工具分类

1.海洋运输

在国际货物运输中，应用最广泛的是海洋运输（Ocean Transport）。目前，世界外贸海运量在国际货物运输总量中占80%以上。海洋运输方式之所以被广泛采用，是因为与其他国际货物运输方式相比，其具有以下鲜明的优点：

（1）通过能力大。海洋运输可以应用四通八达的天然航道，它不像火车、汽车受轨道和道路的限制，其通过能力很大。

（2）运量大。海洋运输中船舶的运力远远大于铁路运输中的车辆。如一艘万吨船舶的载重量一般相当于250～300个车皮的载重量[①]。

（3）运费低。依照规模经济的观点，由于运量大、航程远，分摊于每一货运吨上的运输成本就少，因而运价相对低廉。

海洋运输虽有上述优点，但也存在不足之处。例如，海洋运输受气候以及自然条件的影响较大，航期不准确，而且风险较大。另外，海洋运输的速度也相对较慢。

2.铁路运输

在国际货物运输中，铁路运输（Rail Transport）是仅次于海洋运输的运输方式，海洋运输的进出口货物大多是靠铁路运输进行（货物的）集中以及扩散的。

铁路运输一般不受气候条件的影响，可保障全年正常运输，而且运量较大，速度较快，有高度的连续性，运转过程中可能遭受的风险也较小；办理铁路货运手续比海洋运输简单，而且发货人和收货人可以在就近的始发站（装运站）以及目的站办理托运、提货手续。

3.公路运输

公路运输（Road Transport）是一种现代化运输方式，它不仅可以直接运进或运出对外贸易货物，而且也是车站、港口和机场集散进出口货物的重要手段。

4.航空运输

航空运输（Air Transport）是一种现代化运输方式，与海洋运输、铁路运输相比，它拥有运输速度快、货运质量高，且不受地面条件的限制等优点。因而，它最适合运送急需物资、鲜活商品、精密仪器以及贵重物品等。

5.邮包运输

邮包运输（Parcel Post Transport）是一种较简便的运输方式。各国邮政部门之间通常订有协议或合约，通过这些协议或合约，各国的邮件包裹可以相互传递，从而构成国际邮包运输网。由于国际邮包运输具有国际多式联运以及"门到门"运输的性质，加上手续简便、费用也不高，故成为国际贸易中普遍采用的运输方式之一。

动画 1-1

管道运输

6.管道运输

管道运输（Pipeline Transportation）是利用管道输送气体、液体和粉状固体的一种特殊的运输方式，它随着原油的生产而产生。管道运输是运输通道和运输工具合二为一的专门的运输方式。

（二）按运输作用分类

按运输作用不同，国际货物运输可分为集货运输和配送运输。集货运输是将分散的货物集中起来运输，是干线运输的一种补充形式；配送运输是将节点中已按用户要求配好的货物分送给各个用户的运输方式。

① 船舶载重量，通常指船舶在夏季满载吃水时允许装载可变载荷的最大值。一万吨的货轮，是指其排水量是一万吨。至于载多少货，要考虑其具体航线通过的航区、天气、货物类型。一般情况下，如果是泡货，载重达不到万吨；如果是重货或一般密度的货物，可以装载万吨。

（三）按运输的协作程度分类

1.一般运输

一般运输是指孤立地采用不同的运输工具或同类运输工具而没有形成有机协作关系的一种运输方式，如汽车运输、火车运输等。

2.联合运输

联合运输简称联运，是将两种或两种以上的运输方式或运输工具连起来，实行多环节、多区段相互衔接的接力式运输。

3.多式联运

动画 1-2 多式联运

多式联运（Multimodal Transport）是在集装箱运输的基础上发展起来的一种综合性的连贯运输方式。它一般以集装箱为媒介，把海、陆、空各种传统的单一运输方式有机地结合起来，组成一种国际连贯运输。集装箱运输（Container Transport）是将集装箱作为运输单位的一种现代化的先进的运输方式，适用于海洋运输、铁路运输及国际多式联运等。

（四）按运输中途是否换载分类

按运输中途是否换载，国际货物运输可分为直达运输和中转运输。

直达运输是利用一种运输工具从起运站（港）一直到到达站（港），中途不经过换载、不入库储存的一种运输形式。在国际货物运往目的地的过程中，在途中的车站、港口、仓库进行转运换装，称为中转运输。

我国对外贸易中的进出口货物绝大部分都通过海洋运输，少部分通过铁路或者公路运输，也有一些货物是通过管道或邮政运输的。随着航空业的发展，通过航空运输的货运量近年来有较大幅度的增长，货物种类和范围也不断扩大。

拓展阅读 1-3 托盘运输

各种运输方式都有其特点，在对外贸易工作中，应根据进出口货物的性质、运量的大小、路程的远近、需要的缓急、成本的高低、装卸地的条件、法令制度与惯例、气候与自然条件、国际政治与社会形势等因素审慎选择，以便高效、顺利地实现外贸运输的目的。

任务三 国际货物运输的研究对象、法律环境

一、国际货物运输的研究对象

动画 1-3 运输方式

在形式上，目前，国际货物运输既可以通过陆上的公路、铁路国际联运来完成，对于运输时间紧迫的高价值货物，也可以通过航空运输来完成，但是世界上绝大多数货物运输都是通过海运方式来完成的。这些运输方式各具特征，特别是运输成本和运输时间的差别很大，托运人必须对各种运输方式有一定的了解，才懂得如何选择。

在方法上，国际货物运输要研究在各种运输方式下，如何将货物及时、安全、经济地运送至目的地。国际货物运输涉及的环节很多，包括仓储、内陆运送、短途倒载、国

际运送、多次装载和卸载等；运输的货物多为贸易货物，这势必要考虑如何与贸易活动很好地衔接，与各有关机构、部门很好地衔接。

在法律上，国际货物运输是以签订国际货物运输合同的方式来完成的。国际货物运输合同会涉及法律适用的选择问题，当我们做出了选择时，法律的基本立场是怎样的呢？货物的跨国运输涉及的关系人很多，我们怎样识别和判定他们的法律关系和权利、义务呢？所有这些，对维护合同利益，保证交易秩序，实现安全、高效的运输十分重要，因而是我们研究的重要内容。

二、国际货物运输的法律环境

凡是国际经济活动，都有一套法律制度与之相适应，国际货物运输也不例外。随着国际货物运输的不断发展，世界各国围绕着运输各个方面的立法也在不断完善，使国际货物运输面临着复杂的法律环境，这也是学习和研究国际货物运输的重要内容之一。

（一）法律制度的多样性

国际货物运输法律制度由国际立法、国内立法和国际惯例三个层面构成。

国际性的立法在国际货物运输法律制度中占有重要地位。例如，海上运输方面有《1924年关于统一提单若干法律规则国际公约》（简称《海牙规则》）、1968年修订《海牙规则》的《维斯比规则》、《1978年联合国海上货物运输公约》（简称《汉堡规则》）、《联合国国际货物多式联运公约》等。航空运输方面有1929年《统一国际航空运输某些规则的公约》（简称《华沙公约》）、1955年《修订1929年10月12日在华沙签订的关于统一国际航空运输某些规则的公约的议定书》以及《1999年蒙特利尔公约》。铁路运输方面有1938年通过的《国际铁路货物运输公约》（简称《国际货约》）。公路运输方面有1956年由欧洲17个国家签订的《国际公路货物运输合同公约》。

动画 1-4

海牙规则

各国的国内立法，特别是世界运输大国和贸易大国的国内立法，在国际货物运输法律制度中也占有重要地位，如英国1855年的《提单法》及1992年的《海上货物运输法》、美国1893年的《哈特法》及1936年的《海上货物运输法》，以及其他一些主要国家有关货物运输的立法（如我国的《海商法》等）。

除上述立法外，在国际货物运输中，特别是在国际海上货物运输中，还存在许多航运惯例。如国际航运公会等组织共同颁布的《1993年航次租船合同装卸时间解释规则》以及世界上许多港口存在的地方性习惯等，都可以成为国际海上货物运输合同的准则。

（二）法律制度的差异性

世界上不同国家的法律制度存在着很大的差异，立法的目的也有所不同。例如，以英美等国为代表的普通法（也称判例法）和以欧洲大陆国家为代表的大陆法（也称成文法）差异很大；在普通法中，英国的运输立法倾向于保护承运人的利益，美国的运输立法则倾向于保护货主的利益。在研究国际货物运输法律制度时，应当注意不同法律制度之间的差异，以便更好地维护国际货物运输合同中各参与者的利益。例如，在诉讼中学会利用法律差异，进行择地诉讼（Forum Shopping），以寻求利己的法律管辖。

（三）英国法在国际航运中的重要性

由于早期英国殖民体系在世界范围内的建立，以及当时英国在世界海上货物运输中的霸主地位，英国有关海上货物运输的法律，如1855年的《提单法》和现在仍在使用的《海上货物运输法》，对国际海上货物运输有着极其重要的影响。伦敦仍然是当今世界上的航运中心之一，也是解决航运纠纷的中心。大多数海运当事人在遇到问题时会选择适用英国法律，或约定在伦敦仲裁。英国法院的有关判例或仲裁庭的仲裁结果也会成为世界其他国家法院或仲裁员判案的重要参考。国际上与运输有关的立法，特别是与国际航运有关的立法有很多，有的是关于运输合同的，如前面提到的《海牙规则》《1978年联合国海上货物运输公约》《华沙公约》等；有的与运输合同无关，但却会影响到运输合同的履行，如国际海事组织1974年发布的《国际海上人命安全公约》等。我们应当重点学习有关运输合同的法律制度，掌握有关承运人和托运人的权利与义务、责任豁免、赔偿责任限制、运输合同当事人和代理人的责任等法律规定；同时，也应当了解其他相关的法律规定，以便更好地享受运输合同权利和履行合同义务。

主要概念

国际货物运输　承运人　货主　货运代理人

基础训练

一、单项选择题

1.最适合运送急需物品、鲜活商品、精密仪器以及贵重物品的运输方式是（　　）。

A.海洋运输　　B.铁路运输

C.航空运输　　D.邮包运输

随堂测答案1

2.货运代理人是货物运输工作中的（　　）。

A.托运人　　B.承运人　　C.中间人　　D.收货人

3.运输通道和运输工具合二为一的专门的运输方式是指（　　）。

A.海洋运输　　B.铁路运输　　C.管道运输　　D.航空运输

4.国际贸易中最重要的运输方式是国际（　　）运输。

A.公路　　B.海洋　　C.管道　　D.铁路

5.对于小件急需品和贵重货物，有利的运输方式是（　　）。

A.海洋运输　　B.邮包运输　　C.航空运输　　D.公路运输

二、多项选择题

1.国际货物运输不同于国内货物运输的特点有（　　）。

A.政策性强　　B.路线长、环节多

C.涉及面广、复杂多变　　D.时间性强、风险较大

2.不合理运输通常表现为（　　）。

A.迂回运输　　B.对流运输

C.重复运输　　D.往返运输、无效运输

3.下列选项中，造成不合理运输的因素有（　　）。

A.地方封锁　　B.生产加工不合理

C.运输工具与运输方式不配套　　D.气候恶劣、合同缺乏合理性

4.按运输中途是否换载，国际货物运输可分为（　　）。

A.直达运输　　B.中转运输　　C.集货运输　　D.配送运输

5.按运输作用不同，国际货物运输可分为（　　）。

A.直达运输　　B.中转运输　　C.集货运输　　D.配送运输

三、简答题

1.国际上从事货物运输工作的机构可分为哪几类？

2.简述国际货物运输的特点。

3.简述国际货物运输的基本任务及要求。

4.简述国际货物运输的本质属性。

5.简述国际货物运输的研究对象、法律环境。

四、技能案例

【案例背景1】

中国南冶公司按CFR条件从北海出口2万吨耐火材料到丹麦腓特烈港（Frederikshavn），信用证支付，不能分批装运。租船时，南冶公司才发现该港最大吃水8.0米，承载2万吨货物的船舶不能直接进港卸货。南冶公司便要求变更卸货港，但买方不同意更改，中方只好将货物运至哥德堡港（Gothenburg Port），然后再转运到腓特烈港，不仅延误了时间，而且增加了运杂费用，给企业造成了不该发生的经济损失。

【技能思考】

请分析：具备哪些知识才能避免类似的无谓损失？

【案例背景2】

金星公司从广州出口4 000箱拉链到汉堡，总价值8万美元，信用证支付，允许分批装运，采用海运方式。后客户来传真表示急需其中的500箱，要求改用空运方式提前装运，并提出这部分货款采用电汇（T/T）方式在发货前汇至我方。

【技能思考】

作为金星公司的业务员，请考虑：（1）可否接受客户的要求？为什么？

（2）对于剩下的货物，市价下跌时金星公司能否遇到收款风险？有必要通知客户修改信用证吗？

（3）这两种运输方式各体现了什么特点？

项目实训

【实训项目】

国际货物运输方式的选择及运用。

【实训情境】

鲜花从荷兰运到北京；煤炭从俄罗斯运到中国；新鲜蔬菜从深圳运到香港；一批钢材从海参崴运到广州；一批化肥从美国西海岸运往大连；两箱急救药从德国运往上海；大连养殖裙带菜运往日本；青岛鲜虾运往新加坡。

【实训任务】

请根据本项目的内容针对实训情境分析其应采用何种运输方式。比较各方案，说明理由，填写在表1-2中。

表1-2 运输方式的选择

货物	起始地点	可选择的运输方式	最佳方式及理由
鲜花			
煤炭			
新鲜蔬菜			
钢材			
化肥			
急救药			
裙带菜			
鲜虾			

项目二

运输代理人、国际货运代理与第三方物流

学习目标

能力目标：具备合理选择运输代理、明确代理关系的能力；能够理解和熟知国际货运代理与国际运输代理之间的关系。

知识目标：理解代理人的概念、代理关系的建立及种类，以及国际货运代理与国际运输代理之间的关系；熟知代理人和委托人的责任与义务，第三方物流和国际货运代理的概念、性质和特征；掌握运输代理的种类、代理的选择和使用，以及国际货运代理业务。

素养目标：能分析运输代理人、国际货运代理与第三方物流之间的区别，结合职业认知和企业要求，自主解决运输业务中出现的常见问题；遵守职业规范和纪律，注重内部管理和风险控制；培养良好的职业道德、谨慎的工作态度，形成正确的世界观、人生观和价值观。

项目引例

中国外运长航集团有限公司（2015年12月29日，公司整体并入招商局集团，成为其全资子企业，不再作为国资委直接监管企业，以下简称“中国外运长航”）是以综合物流和航运为主营业务的大型国际化现代企业集团。中国外运长航的综合物流业务包括海陆空货运代理、船务代理、供应链物流、快递、汽车运输等，是中国最大的国际货运代理公司、航空货运和国际快件代理公司，也是中国第二大船务代理公司。中国外运长航的航运业务包括船舶管理、干散货运输、石油运输、集装箱运输、滚装船运输等，拥有和控制各类船舶，运力达1 800余万载重吨，是中国第三大船公司、内河最大的骨干航运企业集团，是唯一能实现远洋、沿海、运河全程物流服务的航运企业。中国外运长航的其他业务还包括船舶制造及修理、燃油贸易、旅游等。

内容精讲

任务一　运输代理人

一、代理人的概念

代理人（Agent）是接受委托人的委托，在授权范围内办理国际运输业务并按提供的劳务收取一定报酬的公司。国际上从事代理业务的代理人一般都是经营运输业务多年，经验比较丰富，熟悉各种运输手续和规章制度，并与交通运输部门以及贸易、银行、保险、海关等机构有着广泛、密切的联系。有时委托代理人去完成一项国际运输业务，比自己亲自去办理更为有利。

二、代理关系的建立及种类

代理关系由委托人和代理人两方建立。代理关系的建立必须是一方提出委托，另一方接受委托。委托人与代理人之间是一种委托和被委托的关系。代理人对委托人负责，且必须在委托人授权范围内行事。

代理人根据委托办理业务，有时自己直接办理实际业务，有时自己不办理实际业务而委托相关方办理，有时也以中间人身份为委托人与第三方促成交易，签订合同，这种代理人被称为经纪人，如租船代理人。代理合同可能会产生三种关系：①委托人和代理人的关系，这是代理合同的主体；②委托人和第三人的关系，如通过租船代理，由委托人与船东签订租船合同；③代理人和第三人的关系。

从第三方的角度来看，代理人的性质和地位有如下三种：①代理人不公开委托人的身份，而以自己的名义与第三人签订合同。在这种情况下，代理人代表的是未公开的委托人。②代理人公开自己的身份是代表，但不公开其委托人的身份。与第三人签订合同时，在自己的签名后面加注“仅作为代表”字样，这是隐名委托。③代理人不仅公开自己的身份是代表，而且公开委托人的身份，这是显名委托。

三、代理人和委托人的责任与义务

（一）代理人的责任与义务

1.按照代理协议的规定和委托人的指示办理委托事项

代理人必须以通常应有的责任心努力履行其职责，尤其是必须在委托人授权范围内行事；货运代理人通常对自己或其雇员的过失承担责任。例如，违反指示交付货物；尽管有指示，仍疏漏办理货运保险；在海关业务中的过失；将货物运至错误的目的地；未依据必要的退关、退税手续办理再出口业务等。

2.对自己或自己的雇员的过失或疏忽承担责任

代理人通常对自己或自己的雇员的过失或疏忽承担责任，此类过失或疏忽包括：违反指示交付货物；尽管有指示，仍疏漏办理货运保险；在有关业务中的过失；将货物运至错误的目的地；未能按必要的程序取得再出口（进口）货物退税；未从收货人手中收取费用而交付货物。此外，代理人也会受到来自第三方在经营过程中由货代原因所引起的货物灭失或损害及人身伤害的索赔。

3.负保密义务

代理人在代理协议有效期内，不得把代理过程中所得到的保密情报和重要资料向第三者泄露。

4.如实向委托人报账

代理人有义务对因代理业务而产生的一切费用向委托人提供正确的账目，并向委托人收账。

（二）委托人的责任和义务

1.及时给予代理人明确的指示

如船舶突然到港，代理人事先一无所知，也未接到任何必要的运输单据，因此无法办理船舶进港手续，导致延误船期，造成损失，对此代理人没有责任。

2.支付备用金

备用金是委托方按照代理人的要求，在代理关系建立后，预付给代理人用作支付船舶在港口期间所发生的一切费用和船员借支或其他费用支出的款项。代理人不为委托人垫付任何款项，在代理关系建立后，委托方必须及时将备用金汇至代理人处。

3.支付相关费用

委托人必须向代理人支付由于其办理代理业务而产生的有关费用，除非代理协议另有规定。由于代理人的日常业务管理工作已有佣金酬劳，所以不能包括在相关费用内向委托人报账。一般做法是由委托人事先汇付给代理人一笔备用金，代理工作完毕后由代理人向委托人报账，多退少补。

四、运输代理的种类、代理的选择和使用

（一）运输代理的种类

运输代理的种类繁多，按照代理业务的性质和范围的不同，可分为租船代理、船务代理、货运代理和咨询代理四大类。

1.租船代理

租船代理，又称租船经纪人（Shipping Broker），是以船舶为商业活动对象而开展船舶租赁业务的人。租船代理的主要业务是在市场上为租船人寻找合适的运输船舶或为船东寻找货运对象，以中间人身份使租船人和船东双方签订租赁协议，从中赚取佣金。因此，根据租船代理代表的委托人身份的不同，租船代理又分为租船代理人和船东代理人。

租船代理的业务范围包括：①按照委托人（船东或租船人）的指示，为其提供最合适的运输对象和最有利的条件并促成租赁交易；②根据双方洽谈确认的条件制作租船合同（Charter Party），并按委托人的授权代签合同；③向委托人提供航运市场行情、国际

航运动态以及有关资料等；④为当事双方调解纠纷，使纠纷得到公平、合理的解决。

租船代理的佣金，按照惯例由运费或租金收入方支付，即由船东支付。代理佣金一般按租金的1%～2.5%在租约中加以约定。

2.船务代理

船务代理（Shipping Agency）是接受承运人的委托，代办与船舶有关的一切业务的人。船务代理的业务范围很广，主要包括船舶进出港业务、货运业务、船舶供应和船舶服务业务以及其他服务性业务等。

船务代理根据委托方式的不同，一般分为航次代理（Agent on Trip Basis）和长期代理（Agent on Longterm Basis）两种。航次代理是指委托人的委托和代理人的接受均以每船一次为限。长期代理是在船东和代理人之间签订长期（1～5年或更长时间）代理协议的船务代理。

3.货运代理

货运代理（Freight Forwarder）是接受货主的委托，代表货主办理有关货物的报关、交接、仓储、调拨、检验、包装、转运、订舱等业务的人。货运代理与货主之间是被委托和委托的关系，在办理业务时，货运代理一方面以货主的代理人身份对货主负责，另一方面又以所提供的服务向货主收取代理费。

货运代理的业务种类有：订舱揽货代理、货物装卸代理、货物报关代理、转运代理、理货代理、储存代理和集装箱代理。

4.咨询代理

咨询代理（Consulting Agency）是专门从事咨询工作，按照委托人的需要提供有关国际货物运输的情报、资料、数据和信息等服务，并收取一定报酬的人。这类代理不仅拥有研究人员和机构，而且与世界各贸易运输研究中心有广泛的联系，其消息十分灵通，在诸如设计经营方案、选择合理而经济的运输方式和路线、核算运输成本、研究解释法律和规章以及调查有关企业资信等方面，均可根据委托提供专题报告和资料、情报。

（二）代理的选择和使用

代理工作的好坏直接关系到委托人的利益和运输任务能否顺利完成，因此在选择代理的时候应该慎重，即使在建立委托代理关系以后，仍然要不断地对代理进行考核和督促，以维护委托人的利益。在选择代理时，要考虑的条件很多，主要有以下三点：

1.政治背景和合作态度

代理的政治背景和合作态度是建立和保持委托代理关系的基础。因此，首先必须遵照国家的外贸方针，选择政治可靠并能合作共事的代理。

2.业务能力和工作质量

能否按时、按质、按量完成代理业务，很大程度上取决于代理的业务能力和工作质量。仅有良好的合作态度而缺乏业务能力的代理是无法完成委托业务的。

3.资信和经营作风

每个国家都有各种各样的代理，其中不乏商业道德败坏、经营作风恶劣的代理。因此，代理的资信和经营作风是衡量其是否忠实可靠的重要因素。

在对代理进行调查后，经过不同的比较，选出最合适、最满意的代理，与其签订代理协议，确定委托代理关系。

在签订代理协议时，必须明确委托人与代理人各自的责任与义务，并确定代理人的代理权限、范围和委托人在委托代理人代为办理某项事宜时必须要明确的指示。

五、运输代理的理赔

索赔（Claim）是合同一方当事人（受损方）因另一方当事人（违约方）违约致使其遭受损失而向违约方提出损害赔偿的行为。违约方受理受损方提出的赔偿请求并进行处理，称为理赔（Settlement of Claim）。索赔和理赔是一个问题的两个方面：对受损方而言，是索赔；对违约方而言，是理赔。

（一）解决货运争议的途径

国际货运业务中发生的争议，主要有和解、调解、仲裁和诉讼四种解决方式。

（1）和解（Consultation/Negotiation）。它又称协商，是指在发生争议后，由当事双方进行磋商，自行解决纠纷。和解的方式包括自行解决、委托代理解决、仲裁庭外和解、法庭庭外和解。

（2）调解（Conciliation）。它是指在第三方的主持或参与下解决当事人之间的争议。根据调解人不同，调解可分为法院调解、仲裁机构调解、其他单位调解。

（3）仲裁（Arbitration）。它是指双方当事人在争议发生后，依据仲裁条款或仲裁协议，自愿将争议提交某一临时仲裁机构或某一国际常设仲裁机构审理，由其根据有关法律或公平合理原则做出裁决，从而解决争议。

（4）诉讼（Litigation）。它是当事人以起诉的方式，由法院依照法定程序行使审判权来解决双方争议的一种途径。

（二）货运索赔权利的保全措施

为了保证索赔得以实现，需要通过一定的法律程序采取措施，使得货运事故责任人对仲裁机构的裁决或法院的判决履行相关责任，这种措施成为索赔权利的保全措施。实践中，货运事故的索赔人采取的保全措施主要有留置责任人的运输工具（如扣船），以及要求责任人提供担保（如现金担保或保函担保）。

（三）货运事故索赔的基本程序

1.发出书面的货损通知

目前，规范各种运输方式的国际公约及法规均要求货主应在索赔通知时限内向承运人发出货损、货差的通知，索赔人必须遵守其规定。索赔通知时限，又称货物灭失或损害通知时限，是指有关运输的国际公约或国内法律规定的收货人或其代理人在从承运人或其代理人处收到货物后，应以书面形式向承运人或其代理人表明货物的损坏、灭失、延迟交付情况，并提出保留索赔权利的书面声明的期限。对货物灭失或损坏的书面通知包括：

（1）通知有效的基本条件。通知必须是书面形式的，口头通知不发生效力；通知必须在规定的时间内递交；通知必须递交给承运人或其代理人；通知必须表明有关货损或灭失的情况。

（2）无须递交书面通知的情况。如果货物交付时收货人已经会同承运人进行联合检验，或者已记载于双方交接的文件中，则收货人无须再提交上述书面通知。

（3）书面通知期限的起算。从收到货物次日起计算，如果期限终止日为星期日或者法定节假日，应顺延至下一个工作日。

在法定时间内未提交书面通知，可能会产生三种后果：

（1）货物状况良好的初步证据。相关海运公约或法律、公路货运合同中规定：如果收货人未在规定的时间内提交书面通知，则货物的交付可视为承运人已经按照运输单证的记载交付以及货物状况良好的初步证据。

（2）丧失索赔权。《中华人民共和国民用航空法》《华沙公约》《国际铁路货物运输公约》等规定，除非承运人有欺诈行为，否则收货人未在规定时间内递交书面索赔通知将丧失索赔权。

（3）后果视不同情况而区别对待。《联合国国际货物多式联运公约》除了对货物灭失、损坏规定了一般索赔通知时限，以及规定未能及时通知则视为多式联运经营人按货物状况良好交付的初步证据外，还进一步规定：如果在货物交付之日或应当交付之日后6个月内，收货人没有提出书面索赔通知，说明索赔性质和主要事项，则在期满后失去诉讼时效。

对于延迟交货损失的书面索赔通知：如果收货人未在规定的期限内提交书面索赔通知，各种运输方式下的国际公约或法律均规定收货人将失去索赔权；收货人应在规定时间内向有关承运人或其代理人提交书面的延迟交货损失索赔通知。

2.提交索赔申请书或索赔清单及随附单证

索赔申请书、索赔清单及随附单证是索赔人向货运责任方正式要求赔偿的书面文件。索赔人在提交完书面的货损通知后，应尽快备妥有关证明文件，在规定的时效内向责任方正式提出索赔要求。索赔人除了提交索赔函外，还应该提供能够证明货运事故原因、损失程度、索赔金额以及索赔人具有索赔权的单证。这些单证主要包括提单、运单正本、商业发票、装箱单及货损、货差理赔报告和货物残损检验报告等。

3.解决争议

双方通常采取和解或调解途径解决争议，如果无法以上述途径解决争议，则可能进入仲裁或诉讼程序。

知识延伸2-1　国际货运代理责任风险防范对策

国际货运代理的责任风险，是指国际货运代理企业在经营过程中对委托人或第三人的损失负有责任的可能性。

1.国际货运代理责任保险的基本内容与除外责任

国际货运代理责任保险的基本内容包括：①错误与遗漏；②仓库保管中的疏忽；

③货损、货差的责任不清；④迟延或未授权发货。

国际货运代理责任保险的除外责任包括：①对承保期间以外发生的危险或事故不予承保；②索赔时间超过承保条例或法律规定的时效；③保险合同或保险公司条例中所规定的除外条款及不在保险责任范围内的国际货运代理损失；④违法行为造成的后果；⑤蓄意或故意行为；⑥不可抗力；⑦核燃料或核燃料爆炸所致；⑧超出保险合同关于赔偿限额规定的部分；⑨事先未征求保险公司的意见，擅自赔付对方，亦可能从保险公司得不到赔偿或得不到全部赔偿。

2. 国际货运代理责任风险的特点

国际货运代理的责任风险具有以下特点：①责任风险可能出现，也可能不出现；②责任风险既可能造成损失，也可能带来利润，具有两重性；③责任风险带来的损失可分为直接损失和间接损失。

3. 国际货运代理责任风险产生的来源

产生国际货运代理责任风险的三种情况：①国际货运代理本身的过失；②分包人的过失；③其他方面的原因所造成的过失。

4. 国际货运代理责任风险的防范对策

国际货运代理责任风险的防范对策包括：①实施全面的风险管理；②向相关保险公司投保责任险。

同步思考 2-1

发货人将1 000包书委托给上海一家国际货运代理，货运代理接受该批货物后，向发货人签发了清洁的无船承运人提单，并收取了全程运费，然后自行将货物装箱，并以整箱委托船公司从上海运至新加坡。在向船公司支付了约定的运费后，船公司向该货运代理签发了清洁提单，货物运抵目的地后，铅封完好，但箱内却短少100包书。

同步思考2-1

分析提示

请问：(1) 该情况是否属于货运代理责任险的承保范围？

(2) 货运代理在此案中的法律地位是代理人还是承运人？

(3) 船公司在此案中的法律地位如何？其有无义务对箱内货物短少负责？

任务二　国际货运代理

一、国际货运代理的概念

国际货运代理来源于英文“Freight Forwarder”。“Freight”是指运输的货物；“Forwarder”是指传递东西的人或代运人、转运商。因此，“Freight Forwarder”是指为他人安排货物运输的人，在运输领域被称为运输业者、运输行、转运公司等。

动画2-1

国际货运代理

国际货运代理，又称国际货物运输代理，简称“国际货代”，是代表进出口商完成货物的装卸、储存、运输、收取货款等日常业务的代理机构。国际货运代理原为一种佣金代理，但目前各国对其称谓不尽相同，如船货代理、通关代理行、清关代理人、报关代理人等，而我国则称其为“国际货运代理”。虽然对它的称谓不同，但是实际含义是相同的。

国际货运代理协会联合会（International Federation of Freight Forwarders Associations，FIATA）对国际货运代理的定义是：根据客户的指示，并为客户的利益而承揽货物运输的人，其本身并不是承运人。国际货运代理也可依据这些条件从事与运输合同有关的活动，如仓储、报关、验收和收款等。

《中华人民共和国国际货物运输代理业管理规定》对国际货运代理业的定义是：接受进出口货物收货人、发货人的委托，以委托人的名义或者以自己的名义，为委托人办理国际货物运输及相关业务并收取服务报酬的行业。

二、国际货运代理的性质

国际货运代理业是随着国际贸易的发展、国际运输方式的变革、信息技术的进步发展起来的一个行业，在社会产业结构中属于第三产业，性质上属于服务行业。从马克思主义政治经济学的角度来看，它隶属于除农业、采矿业、加工制造业以外的第四个物质生产部门——交通运输业，属于运输辅助行业。在我国，国际货运代理行业由商务部管辖。

“货运代理”一词具有两种含义：一是指货运代理人；二是指货运代理行业。因此，对于国际货运代理的性质，也可以从国际货物运输代理人和国际货物运输代理行业两个角度来理解。

国际货物运输代理人本质上属于货物运输关系人——货主（包括发货人和收货人）的代理人，是联系发货人、收货人和承运人进行货物运输的中间人。国际货物运输代理人有时代表发货人选择运输路线、运输方式、承运人，向承运人订舱，缮制运输单据，安排货物的短途运输、仓储、计重，办理货运保险、报验和通关手续，向承运人、仓储保管人及有关当局支付有关费用；有时代表收货人接收、检查运输单据，办理货物的报验和通关手续，提取货物，安排仓储和短途运输，支付运费及其他相关费用；有时协助收货人向责任方索赔；有时还代表承运人揽货、配载、装箱、拼箱、拆箱、签发运输单据。虽然国际货物运输代理人有时也以独立经营人的身份从事货物的仓储、短途运输，甚至以缔约承运人身份出具运单、提单，但这只不过是为了适应市场竞争的需要，满足某些客户的特殊需求而拓展了服务范围，并不改变其作为运输代理人的本质特征。值得注意的是，当其以当事人（承运人或承租人）的身份签订运输协议时，它就不是代理了。

三、国际货运代理的特征

（1）货运代理人接受客户的委托，客户可以是发货人，也可以是收货人。一般出口时是发货人，进口时是收货人。

（2）货运代理人不是承运人，一般没有自己的运输工具（主要指进行国际货物运输的运输工具，如船舶、飞机等）。

（3）货运代理人代理国际货物运输及相关业务。国际货运代理在国际上被人们誉为“国际贸易的桥梁”“国际贸易运输的设计师和执行人”。国际贸易与国际货运代理之间的关系如图2-1所示。

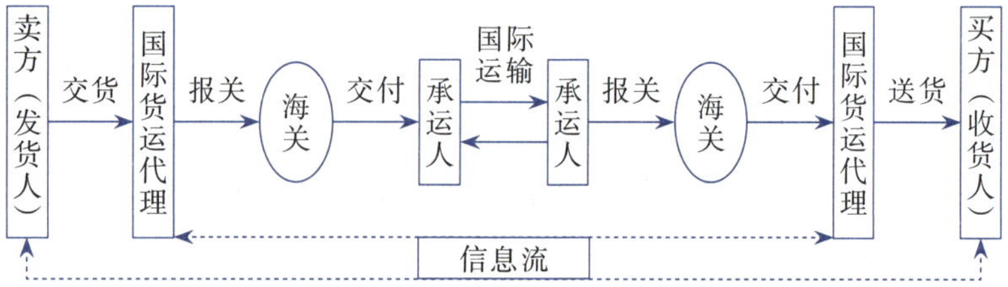

图2-1　国际贸易与国际货运代理之间的关系

四、国际货运代理人

拓展阅读2-1

国际货运代理与国际运输代理之间的关系

（一）国际货运代理人的发展阶段

在运输业领域，运输代理人根据所代理运输当事人的不同，分为两类：一类为承运人的代理人，接受承运人的委托，提供承运人所需要的有关揽货、配载、货物交付、后勤服务、装卸、理货、检验、海关等服务性业务。这类代理人通常称为承运人代理，包括船舶代理、航空代理等。另一类为货方的代理人，接受发货人、收货人或其代理人（或代表）的委托，洽定运输工具（如订舱）和签订运输合同，办理货物仓储、发运、检验、理货、通关及对货物进行与运输有关的包装加工等业务。一般称这类代理人为货运代理人，简称“货代”。

国际货运代理人的发展，一般分为传统货运代理人和无船承运人两个阶段。在不同的阶段，其业务范围、法律地位等都有较大的区别。

1.传统货运代理人阶段

传统货运代理人阶段是货运代理人发展的初期阶段。在这个阶段，货运代理人是根据与委托人订立的委托合同或协议开展工作的。其主要业务内容是代理委托人（一般是货方）洽定运输工具（如订舱），办理海关、商检、检疫等手续，办理装卸、理货、仓储等业务，订立运输合同，向各类承运人交付货物，取得运输单证（如提单、运单），对货物进行简单加工等，通过提供服务获取佣金收入。从法律上来讲，货运代理人在该阶段以委托人的名义进行工作，其行为或不行为的法律后果一般是由委托人承担的，货运代理人仅对执行委托合同过程中自己的疏忽或故意造成的损失及未执行合同造成的损失负责。

货运代理人在与委托人长期合作的过程中，由于其提供了较好、较全面的服务而得到货主（委托人）的信任，与这些货主建立了长期、稳定的委托代理关系，甚至通过与货主订立长期协议，获得了这些货主所有货物运输（无论是运入还是运出）的代理权。这种做法，对货方来讲，有了一个长期、可靠的合作伙伴，可以不必设置负责运输的部门和机构，还能获得服务佣金优惠，减少费用支出。对货运代理人来讲，通过这种方式获得了大量、稳定的货物运输代理权。由于货运代理人掌握了大量、稳定的货物，加上又具有选择承运人的权利，在与承运人订立运输合同时会处于更加有利的地位。许多承运人为了获得货运代理人掌握的货物运输业务，一般会与货运代理人订立长期供货运输协议，给予货运代理人优惠运价和订舱的优先权。

此时，货运代理人的收益已不仅仅是服务的佣金，还有可能获得运费差价（即原始运价与优惠价之间的差额）。同时，由于货运代理人可以较低运价为货主订立运输合同，因此可以获得更多发货人的货运代理权，使其业务规模进一步扩大。这种做法可使委托人、承运人和货运代理人三方都获得好处。

2.无船承运人阶段

无船承运人已经突破了与运输相关的服务范畴，进入了实际运输领域。由于无船承运人与托运人签订了运输合同，根据目前对承运人的定义“签订运输合同的人或实际完成运输的人”，这类货运代理人已经是承运人；又由于他们不拥有任何运输工具，不实际完成运输，仅能通过与有运输工具或承运工具的承运人订立运输合同来完成或组织完成运输，因此一般把这类承运人称为无船承运人（Non-vessel Operating Common Carrier，NVOCC），而把实际完成运输的承运人称为实际承运人。

在无船承运人开展业务的过程中，从与托运人订立运输合同并接收货物时起，直至在目的地交付货物期间，包括该代理人在与实际承运人订立运输合同和办理理货、装卸、仓储、发货、提货等具体业务时，均是以本人的身份工作的。无船承运人不再仅仅是货方委托的代理人——以委托人的名义工作，而是各种合同、协议（包括与货主订立的运输合同，与实际承运人订立的运输合同，与装卸公司订立的装卸合同、理货合同、仓储合同等）的当事人。从法律上讲，无船承运人的法律地位也发生了根本性变化。无船承运人作为独立的法人，要对货物的安全运输负责，要对以自己名义订立的所有合同承担义务。这与传统货运代理人以委托人的名义工作，由委托人承担法律责任是有根本区别的。在与货主订立运输合同后，无船承运人应签发自己的运输单证（在海运中一般称为货运代理人提单），并根据这一单证向收货人交付货物。

无船承运人的收入构成仍包括传统的佣金收入，由于无船承运人直接经营货物运输，收入中还包括运费差价，即向发货人收取的运费与付给实际承运人的运费的差价。这种做法不仅可以增加收入，还可以为货方提供更多的方便。

在集装箱运输快速发展的背景下，一些较有实力的无船承运人开始承担货物运输全程中不同运输方式下所有区段的运输及各区段之间的衔接业务，成为多式联运经营人，与货主订立包括从最初起运地到最终目的地全程运输的多式联运合同。

（二）国际货运代理人的分类与服务对象

1.国际货运代理人的分类

国际货运代理人的业务范围有大有小，大的兼办多项业务，如海、陆、空及多式联运货运代理业务；小的则专办一项或两项业务，如某些空运货运代理和速递业务。较常见的货运代理主要有以下六类：

（1）租船订舱代理。这类代理与国内外货方有广泛的业务联系，其主要工作是为托运人办理租船订舱业务。

（2）货物报关代理。有些国家对这类代理应具备的条件规定较严，如美国规定此类代理必须向有关部门申请登记，且必须是美国公民，考试合格后颁发执照才能营业。

（3）转运及理货代理。其办事机构一般设在中转站及港口。

（4）储存代理。其业务包括货物保管、整理、包装以及保险等。

（5）集装箱代理。其业务包括装箱、拆箱、转运、分拨以及集装箱租赁和维修等。

（6）多式联运代理。其又称无船承运人，是与货主签订多式联运合同的当事人。不管货物运输要经过多少种运输方式及转运多少次，多式联运代理必须对全程运输（包括转运）负责。无论是在国内还是国外，对多式联运代理的资格认定都比其他代理要严格。

2.国际货运代理人的服务对象

国际货运代理为货主提供服务，并根据服务项目、数量和质量从货主那里获得劳务报酬。以海上货运为例，在班轮运输条件下，货运代理人负责订舱，向货主收取劳务费，然后向班轮公司托运货物，并支付运费，而并非从实际承运人那里获得收益。在租船运输条件下，货主先程租，支付运费，货运代理人再程租或期租，并向船东支付运费或租金，并未从实际承运人那里获得利益。

由此可见，货运代理人完全是为货主服务，其服务内容均与国际贸易合同执行有关，与国际贸易运输组织有关；从目的和动机来看，纯属商业行为，而与实际承运人的工作，如装载、搬运、积载、运送、卸载等具体运输环节毫无关系。

五、国际货运代理企业

（一）国际货运代理企业的概念

国际货运代理企业是接受进出口货物收货人、发货人或承运人的委托，以委托人的名义或者以自己的名义，为委托人办理国际货物运输及相关业务并收取代理费、佣金或其他服务报酬的法人企业。

国际货运代理企业可以作为进出口货物收货人、发货人的代理人，也可以作为独立经营人，从事国际货运代理业务。

国际货运代理企业作为代理人从事国际货运代理业务，是指国际货运代理企业接受进出口货物收货人、发货人或其代理人的委托，以委托人的名义或以自己的名义办理有关业务，收取代理费或佣金的行为。

国际货运代理企业作为独立经营者从事国际货运代理业务，是指国际货运代理企业接受进出口货物收货人、发货人或其代理人的委托，签发运输单证、履行运输合同并收取运费、服务费的行为。

拓展阅读2-2

国际货运代理企业的分类

在我国，货运代理公司一般分为一级货代和二级货代两类。一级货代的资信程度最高，运费最低，提供的服务及时、到位。一级货代和二级货代的区别见表2-1。

表2-1　一级货代和二级货代的区别

项　目	一级货代	二级货代
成立条件	相对高	相对低
公司账户及开票	人民币账号+美元账号；可以直接开票	人民币账号；只能到税务局开票
存在数量	较少	很多
订舱权大小	直接向承运人订舱（有订舱协议）	通常经一级货代向承运人订舱

（二）国际货运代理企业的经营范围

从国际货运代理的基本性质来看，国际货运代理企业主要是接受委托人的委托，从事有关货物运输、转运、仓储和装卸等业务。一方面，国际货运代理企业与货物托运人订立运输合同；另一方面，国际货运代理企业又与运输部门签订合同。因此，对货物托运人来说，国际货运代理企业又是货物的承运人。目前，相当部分的国际货运代理企业拥有各种运输工具和储存货物的库场，办理包括海、陆、空在内的货物运输业务。

国际货运代理企业作为代理人或者独立经营人从事经营活动，其经营范围见表2-2。

表2-2　国际货运代理企业的经营范围

序号	经营范围
1	揽货、订舱（含租船、包机、包舱）、托运、仓储、包装
2	货物的监装、监卸，集装箱装箱与拆箱、分拨、中转及相关的短途运输服务
3	报关与报检、保险
4	缮制并签发有关单证、交付运费、结算及交付杂费
5	国际展品、私人物品及过境货物运输代理
6	国际多式联运、集运（含集装箱拼箱）
7	国际快递（不含私人信函）
8	咨询及其他国际货运代理业务

国际货运代理按运输方式可分为海运代理、空运代理、汽运代理、铁路运输代理、联运代理、班轮货运代理、不定期船货运代理和液散货货运代理等；按委托项目和业务

过程可分为订舱揽货代理、货物报关代理、航线代理、货物进口代理、货物出口代理、集装箱货运代理、集装箱拆箱装箱代理、货物装卸代理、中转代理、理货代理、储运代理等。

（三）国际货运代理企业的业务内容

国际货运代理企业所从事的业务包括：

1. 为发货人服务

为发货人服务的业务内容见表2-3。

表2-3 为发货人服务的业务内容

序号	业务内容
1	以最快、最省的运输方式，安排合适的货物包装，选择合适的运输路线
2	向客户建议仓储与分拨
3	选择可靠的、效率高的承运人，并负责签订运输合同
4	安排货物的计重和计量
5	办理货运保险
6	办理货物的拼装
7	在装运前或在目的地分拨货物之前办理货物存仓
8	安排货物到港口的运输，办理海关和有关单证手续，并把货物交给承运人
9	代表托运人支付运费、关税
10	办理有关货物运输的任何外汇事宜
11	从承运人处取得提单，并交给发货人
12	与国外的代理联系，监督货物运输进程，并使托运人了解货物去向

2. 为海关服务

当国际货运代理企业作为海关代理办理有关进出口商品的海关手续时，其不仅代表客户，而且代表海关当局，负责申报货物确切的金额、数量和品名，以使政府在这些方面不受损失。

3. 为承运人服务

国际货运代理企业向承运人及时订舱，议定对发货人、承运人都公平、合理的费用，安排适当的时间交货，以及以发货人的名义解决与承运人的运费相关的账目等问题。

4. 为航空公司服务

在空运业，国际货运代理企业充当航空公司的代理，利用航空公司的货运规则为货主服务，并由航空公司付给其佣金；同时，通过提供适于空运的服务方式，继续为发货人或收货人服务。

5.为班轮公司服务

国际货运代理企业与班轮公司的关系，随业务的不同而不同。近年来，国际货运代理企业通过提供拼箱服务，与班轮公司及其他承运人建立了较为密切的联系。

6.提供拼箱服务

随着国际贸易中集装箱运输业务量的增长，国际货运代理企业引进了集运和拼箱服务。在提供这种服务时，国际货运代理企业扮演着委托人的角色。集运和拼箱的基本含义是：把若干发货人的小件货物集中起来作为整件运输的货物发往目的地，再由国际货运代理企业在目的地的代理把单票货物交给各个收货人。国际货运代理企业签发提单（分提单）或其他类似收据交给每票货的发货人；国际货运代理企业在目的地的代理凭初始提单将货物交给收货人。拼箱的收货人、发货人不直接与承运人联系。对承运人来说，国际货运代理企业是发货人，而国际货运代理企业在目的地的代理是收货人。因此，承运人给国际货运代理企业签发的是全程提单或货运单。如果发货人或收货人有特殊要求，国际货运代理企业也可以在出运地和目的地提供提货和交付服务，或者提供"门到门"服务。

7.提供多式联运服务

国际货运代理企业提供多式联运服务，通过多种运输方式进行"门到门"的货物运输。货运代理可以当事人的身份，与其他承运人或其他服务提供者分别谈判并签约。但是，这些分拨合同不会影响多式联运合同的执行。也就是说，不会影响发货人在多式联运过程中对货损及灭失所承担的责任。国际货运代理企业作为多式联运经营人，需对其客户承担责任，提供包括所有运输和分拨过程的"一揽子"服务。

六、国际货运代理业务

（一）国际货运代理的业务范围

（1）以外贸代理、保险兼业代理、报关代理等身份提供相关代理服务。

（2）以经纪人、代理人等身份从事租船、订舱、拆装箱等海、陆、空货运代理业务。

（3）以无船承运人、多式联运经营人等身份从事无船承运与多式联运业务。

（4）以代理人或当事人身份从事国际快递、国际展品运输、危险品运输、冷藏品运输、过境运输等特殊货运业务。

（5）以第三方物流经营人身份从事国际物流业务。

（二）国际货运代理具备的基本条件

申请设立的国际货运代理企业可由企业法人、自然人或其他经济组织组成。与进出口贸易或国际货物运输有关、拥有稳定货源的企业法人应当为大股东，且应在国际货运代理企业中控股。企业法人以外的股东不得在国际货运代理企业中控股。

国际货运代理企业应当依法取得中华人民共和国企业法人资格。企业组织形式为有限责任公司或股份有限公司。禁止具有行政垄断职能的单位申请投资经营国际货运代理业务。承运人以及其他可能对国际货运代理行业构成不公平竞争的企业不得申请经营国际货运代理业务。

《中华人民共和国国际货物运输代理业管理规定》（以下简称《规定》）明确规定：国务院对外贸易经济合作主管部门负责对全国的国际货运代理业实施监督管理，在我国从事国际货运代理的企业必须具备以下条件：①具有至少5名从事国际货运代理业务3年以上的业务人员，其资格由业务人员原所在企业证明，或者取得商务部根据《规定》第五条颁发的资格证书；②拥有固定的营业场所，自有房屋、场地需提供产权证明，租赁房屋、场地需提供租赁契约；③有必要的营业设施，包括一定数量的电话、传真、计算机、短途运输工具、装卸设备、包装设备等；④有稳定的进出口货源市场，即在本地区进出口货物运量较大，具备进一步发展的条件和潜力，并且申报企业可以揽收到足够的货源。

企业申请的国际货运代理业务的经营范围若包括国际多式联运业务，除应当具备《规定》中的条件外，还应当具备以下条件：①从事有关业务3年以上；②具有相应的国内、国外代理网络；③拥有在商务部登记备案的国际货运代理提单。

国际货运代理企业每申请设立一个分支机构，应当相应增加注册资本50万元人民币。如果企业注册资本已超过《规定》中的最低限额（海上国际货物运输代理业务为500万元人民币，航空国际货物运输代理业务为300万元人民币，陆路国际货物运输代理业务或国际快递业务为200万元人民币），则超过部分，可作为设立分支机构的增加资本。

七、国际货运代理的行业组织及运输组织体系

（一）国际货运代理协会联合会

国际货运代理协会联合会是一个非营利性的国际货运代理组织，1926年5月31日在奥地利的维也纳成立，总部设在瑞士的苏黎世。

国际货运代理协会联合会的宗旨是保障和提高国际货运代理在全球的利益。其工作目标是：团结全世界的货运代理行业；以顾问或专家身份参加国际性组织，处理运输业务，代表、促进和保护运输业的利益；通过发布信息和分发出版物等方式，让贸易界、工业界和公众熟悉货运代理人提供的服务；提高制定和推广统一货运代理单据、标准交易的条件，改进和提高货运代理的服务质量；协助货运代理人进行职业培训，处理责任保险问题，提供电子商务工具。

（二）中国国际货运代理协会

中国国际货运代理协会（China International Freight Forwarders Association，CIFA）是国际货运代理协会联合会的会员，是国际货运代理行业的全国性中介组织，于2000年9月6日在北京成立，是我国各省、自治区、直辖市的国际货运代理行业组织及国际货代物流企业、与货代物流相关的企事业单位自愿参加的社会团体。目前，中国国际货运代理协会拥有会员700余家，其中理事及以上单位116家，各省市货运代理行业组织

27家，包括各省市协会会员6 000多家。

中国国际货运代理协会的业务指导部门是商务部。作为联系政府与会员之间的纽带和桥梁，中国国际货运代理协会的宗旨是：协助政府部门加强对我国国际货代物流行业的管理；维护我国国际货代物流业的经营秩序；推动会员企业间的横向交流与合作；依法维护本行业利益；保护会员企业的合法权益；促进对外贸易和国际货代物流业的发展；为行业培训现代货代物流人才，提升行业人员素质，增强行业企业的国际竞争力；以民间形式代表中国货代物流业参与国际经贸运输事务，开展国际商务往来，参加各种国际行业会议。

拓展阅读2-3

我国国际货运代理企业备案信息查询

（三）我国国际货物运输组织体系

1.货主

货主是指专门经营进出口商品业务的国际贸易商或者有进出口权的工厂贸易、地区贸易、区域贸易公司以及“三资”企业。货主为了履行国际贸易合同，必须组织办理进出口商品的运输，是国际货物运输中的托运人（Shipper）或收货人（Consignee）。

在我国，货主主要是指：①各进出口总公司和地方外贸公司；②各工贸公司；③有进出口权的工厂、集体企业；④外商独资、中外合资合作企业和合营企业。

2.承运人

承运人是指专门经营海上、铁路、公路和航空等客货运输业务的运输企业，如轮船公司、铁路或公路运输公司和航空公司等。承运人一般拥有大量的运输工具，为社会提供运输服务。

我国《海商法》第42条指出：“承运人是指本人或者委托他人以本人的名义与托运人订立海上货物运输合同的人。”实际承运人是指接受承运人的委托，从事货物运输或部分运输的人，包括接受转委托从事此项运输的其他人。

由此可见，承运人包括船舶所有人（Ship Owner）和以期租（Time Charter）或光租（Bare Charter）形式承租进行船舶经营的经营人。

3.运输代理人

运输代理人有很多类型，主要有货运代理人（Forwarding Agent/Freight Forwarder）和船舶代理人（Ship's/Owner's Agent）两种。

4.装卸、理货企业

装卸、理货企业是接受船舶营运人的委托，在港口为船舶进行货物的装卸、清点、交接、检验货损程度及原因并做出公证等项作业的企业。

此外，国际货物运输与海关、商检、港口、保险公司、银行、外汇管理局、包装和仓储等机构有着较为密切的联系，共同组成了国际货物运输组织系统。

任务三　第三方物流

一、第三方物流的概念

第三方物流（Third Party Logistics，TPL）是指生产经营企业为集中精力搞好主业，把原来属于自己处理的物流业务，以合同方式委托给专业物流服务企业，同时通过信息系统与物流服务企业保持密切联系，以达到对物流全程的管理和控制的一种物流运作与管理方式。

动画 2-2

第三方物流

第三方物流的概念源自管理学中的Out-sourcing，是指企业动态地配置自身和其他企业的功能和服务，利用外部资源为企业内部的生产经营服务。将此概念引入物流管理领域，就产生了第三方物流的概念。

1988年，美国物流管理委员会在一项顾客服务调查中，首次提到了“第三方服务提供者”一词，用来描述“与服务提供者的战略联盟”，尤其是指“物流服务提供者”。

由于外包服务往往通过签订服务委托合同的方式进行，因此第三方物流又称合同制物流（Contract Logistics）。合同制物流的提出据称最早源自英国，在其他国家还称为契约物流、物流联盟、物流伙伴或物流外部化等。提供第三方物流服务的企业，其前身一般是运输企业、仓储企业等与物流活动相关的企业。从事第三方物流的企业在委托方物流需求的推动下，从简单的存储、运输等单项活动转为提供全面的物流服务，其中包括物流活动的组织、协调和管理，设计制订最优物流方案，物流全程的信息搜集、管理等。

我国2021年公布的国际标准《物流术语》（GB/T 18354-2021）将第三方物流定义为：由独立于物流服务供需双方之外且以物流服务为主营业务的组织提供物流服务的模式。

第三方物流是由物流服务的供应方、需求方之外的第三方去完成物流服务的运作方式。第三方就是指提供物流交易双方部分或全部物流功能的外部服务提供者。在某种意义上，可以说它是物流专业化的一种形式。

从广义的角度来看，第三方物流包括一切物流活动，以及发货人从专业物流代理商处得到的其他增值服务。狭义的第三方物流是指本身没有固定资产，但仍承接物流业务，借助外界力量，代替发货人完成整个物流过程的一种物流运作方式。

改善物流与强化竞争力相结合意识的萌芽，使物流研究与物流实践经历了成本导向、利润导向、竞争力导向等阶段。将物流改善与竞争力提高的目标相结合是物流理论与技术成熟的标志，是第三方物流概念出现的逻辑基础。

第三方物流给企业（顾客）带来了众多益处，主要表现在：集中主业，企业能够实现资源优化配置，将有限的人力、财力集中于核心业务，进行重点研究，发展基本技术，努力开发出新产品参与世界竞争；节省费用，减少资本积压；减少库存，提升企业形象。

第三方物流随着物流业的发展而发展，是物流专业化的重要形式。物流业发展到一定阶段必然会出现第三方物流，而且第三方物流的占有率与物流业之间有着非常规律的相关性。西方国家对物流业的实证分析表明，独立的第三方物流只有占50%以上，物流业才能形成。因此，第三方物流的发展程度体现了一个国家物流业发展的整体水平。

拓展阅读2-4

第三方物流的分类

二、第三方物流的特征

（一）建立在现代信息技术的基础上

信息技术的发展是第三方物流出现的必要条件。信息技术实现了数据快速、准确的传递，提高了库存管理、装卸、运输、采购、订货、配送发运、订单处理的自动化水平，使得订货、包装、运输、流通加工实现了一体化；企业可以更方便地使用信息技术与物流企业共享资源；TPL已渗透到客户企业的生产或销售领域，成为客户企业生产或销售活动在流通领域中的延续。同时，电子商务软件和平台的开放不仅使其他业务中的物流活动成本能被精确地计算出来，而且能有效管理物流渠道中的商流，使企业有可能把原来在内部完成的作业交给物流公司运作。

（二）提供个性化服务

TPL具有明显的刚性和弹性。所谓刚性，是指按照适时（Right Time）、适地（Right Place）、适质（Right Quality）、适量（Right Quantity）、适价（Right Price），即“5R”的要求提供优质服务。所谓弹性，是指TPL活动必须与客户的生产或销售保持同步，即必须具有高度的实时性、动态性和灵活性。

（三）企业之间是合作伙伴关系

依靠现代电子商务技术的支撑，第三方物流企业之间、第三方物流企业与客户之间实现了信息共享，并以合同为纽带，共同承担风险、共享收益，形成亲密的合作伙伴关系，达到双赢的目的。

（四）以合同为导向，按系统工程运作

第三方物流应根据合同条款的规定而不是根据临时需求，提供多功能甚至全方位的物流服务。第三方物流把客户的物流当作系统工程来运作，把涉及物流的各个相关要素全部纳入物流系统，分析系统中各个要素相互之间的作用和每个要素对系统功能的独立作用，使整个物流系统达到最优。

拓展阅读2-5

第三方物流的发展趋势

主要概念

代理人　租船代理　船务代理　货运代理　咨询代理　第三方物流　国际货运代理业务

基础训练

一、单项选择题

随堂测答案2

1.货运代理人是货物运输工作中的（　　）。

A.托运人　　B.承运人

C.中间人　　D.收货人

2.按照惯例，支付租船代理佣金的是（　　）。

A.船东　　B.货主　　C.租船人　　D.代理人

3.1926年，国际货运代理协会联合会在奥地利的维也纳成立，设总部于（　　）。

A.瑞士的苏黎世　　B.英国的伦敦

C.奥地利的维也纳　　D.德国的莱比锡

4.我国现代意义上的国际货运代理制度始于（　　）。

A.丝绸之路之后　　B.鸦片战争之后

C.中华人民共和国成立之后　　D.改革开放之后

5.第一次国际货运代理代表大会召开的地点是（　　）。

A.美国　　B.葡萄牙　　C.法国　　D.德国

二、多项选择题

1.代理关系是由（　　）组成的。

A.托运人　　B.承运人　　C.委托人　　D.代理人

2.代理合同订立后，代理人的责任与义务包括（　　）。

A.支付佣金　　B.负保密义务

C.如实汇报一切重要事宜　　D.如实向委托人报账

3.代理合同订立后，委托人应该（　　）。

A.及时给予明确具体的指示　　B.如实汇报一切重要事宜

C.支付代理佣金　　D.负保密义务

4.按照运输代理业务的性质和范围不同，代理主要包括（　　）。

A.租船代理　　B.船务代理　　C.货运代理　　D.咨询代理

5.在我国，从事国际货运代理的企业必须拥有（　　）。

A.固定的营业场所　　B.稳定的货源市场

C.专业人员　　D.货物运输工具

三、简答题

1.简述货运代理人的责任和义务。

2.简述货运委托人的责任和义务。

3.简述第三方物流的特点。

4.简述国际货运代理的业务范围。

四、技能案例

【案例背景】

2023年11月，中国香港某出口商委托某一多式联运经营人作为货运代理，将一批半成品的服装经孟买装运至印度的新德里。货物由多式联运经营人在其货运站装货（2个集装箱），且签发了清洁提单，表明货物是处于良好状态下被接收的。集装箱经海路从香港运至孟买，再由铁路运至新德里。在孟买卸船时发现其中1个集装箱外表损坏。多式联运经营人在该地的代理将此情况于铁路运输前通知了铁路承运人。当集装箱在新德里卸货后，发现外表损坏的集装箱所装货物严重受损，另一个集装箱虽然外表完好、铅封也无损，但内装货物也已受损。香港出口商要求多式联运经营人赔偿其损失。

【技能思考】

结合学过的内容和本案例的内容综合作答：

（1）阐述该案例中两个集装箱货物的损害性质。

（2）多式联运经营人的法律地位是代理人还是当事人？

（3）多式联运经营人是否有义务对两个集装箱货物受损予以赔偿？如果赔偿，按照什么标准赔偿？在赔偿后，多式联运经营人是否有权追偿？应向谁追偿？

项目实训

【实训项目】

货运代理与第三方物流

【实训情境】

赵昂于2016年6月毕业于东北某大学，已经在外贸行业工作了几年，为了实现自己的理想和价值，他决定成立自己的公司，主要从事国际货运代理业务并兼营物流业。

【实训任务】

请分析：成立国际货运代理企业需要具备哪些条件？国际货运代理企业如何开展第三方物流业务？怎样才能把两者有机结合在一起？

提示：根据《中华人民共和国国际货物运输代理业管理规定》的有关内容，并结合目前货代和物流行业的实际发展现状，从以下方面考虑：

（1）要拓展服务范围，突出服务特色，向服务多元化方向发展。

（2）要认真研究所处行业的特点，谨慎选择服务对象。

（3）要保持合理的人力资源配置结构。

（4）要完善信息交流系统。

（5）要树立良好的公司信誉和长期服务的意识。

项目三

国际海上货物运输

学习目标

能力目标：能够对班轮运输、装卸时间、滞期费、速遣费进行计算；具备签订海上货物运输合同的能力，并学会缮制海运提单。

知识目标：理解国际海上货物运输的基本知识及海运航线；熟知海运托运单、海运提单、海运单的内容；掌握国际海上货物运输经营方式及进出口代理业务。

素养目标：能按照国际海上货物运输业务流程和实践认知，结合职业道德和企业要求，自主解决国际海上货物运输业务中出现的常见问题；树立风险意识，明确海上货物运输的重要性；了解海上货物运输经营方式的选择和进出口代理业务，提高自身业务能力和职业成就。

项目引例

2023年12月，大连保税区佳鸿有限公司以FOB价从澳大利亚购进一批矿产品，共30 000公吨。贸易合同中规定卖方每天应负责装货2 000公吨，按晴天工作日计算。我方在这批货物的租船合同中规定每天装货2 500公吨，按连续工作日计算。在上述两个合同中，滞期费每天均为6 000美元，速遣费每天均为3 000美元。结果卖方只用了13天（其中包括两个星期天）便将全部货物装完。

请问：我方在签订上述两个合同时有何失误之处？

分析：两个合同规定的装卸时间不同。

（1）在贸易合同中规定卖方每天装货2 000公吨，按晴天工作日计算。

该批货的装卸时间为15天（30 000÷2 000，晴天工作日）。晴天工作日的含义为既是晴天又是工作日的一天，如遇刮风、下雨，使装卸工作不能正常进行，虽属工作日也不能计算装卸时间，其中两个星期天也不计为装卸时间。按照贸易合同规定，装卸时间为15天，而卖方只用了13天（其中包括两个星期天）便全部装完，则卖方实际可计算的装卸时间为11天，有4天速遣，可得速遣费12 000美元。

（2）在租船合同中规定卖方每天装货2 500公吨，按连续工作日计算。

该批货的装卸时间为12天（30 000÷2 500，连续工作日）。连续工作日是指不管天气如何，时钟连续走过24小时就算1天，没有任何扣除。卖方用13天将全部货物装完，根据租船合同，卖方有1天滞期，卖方应向船方支付滞期费6 000美元。

总之，按照贸易合同中规定的条件有利于卖方，而按照租船合同中规定的条件则不利于卖方。

内容精讲

任务一　国际海上货物运输基础知识

一、海上运输

海上运输（Marine Transport），是以船舶为工具，通过海上航道在不同国家和地区的港口之间运送货物或旅客的一种运输方式，简称“海运”。海上运输是当今国际贸易中最主要的货物运输方式，国际贸易货物总运量的80%以上都是通过海上运输来完成的。在有些国家，如澳大利亚、新西兰和日本等国，这一比例甚至高达90%。海上运输与其他运输方式相比，具有以下特点：

（1）货运量大。随着世界新技术革命的发展，造船业也广泛采用新技术，船舶日趋大型化。目前的超巨型油轮已达60万吨，第八代集装箱船的载箱能力已超过24 000TEU。而航空及公路运输都会受到运量的限制。

（2）投资少，运费低。海上运输利用天然航道，而铁路、公路和航空运输则需大量投资修建铁路、公路和航道，且海上运载量大，航程远，单位运输成本低，因而运费低。

（3）具有灵活性。海上运输的航道四通八达，不像公路运输、铁路运输和航空运输要受道路、轨道和航道的限制，而且在政治、经济及自然条件发生变化时，可随时改选最有利的航线来完成运输任务。

（4）对货物的适应性强。海上货物运输船舶种类繁多，可适应多种货物运输的需要。

（5）运输的速度慢。海上运输由于受船舶体积大、水流阻力大、装卸时间长等因素的影响，运输速度比其他运输方式慢。例如，较快的班轮航行时速仅有40海里左右，而公路货车的最高时速达100公里，铁路货车的最高时速达140多公里，飞机时速为800～1 200公里。因此，海上运输的速度无法与公路、铁路和航空运输的速度相比。

（6）风险系数高。海上运输会受到气候和自然条件的影响，遇险的可能性较大，船舶航行日期也不易准确预计。

尽管海上运输存在速度慢、风险大等不利因素，但是由于其运输量大、运费低廉等优点，它在国际贸易中的地位和重要性远远超过其他运输方式。

二、国际海上货物运输的发展概况

国际海上运输历史悠久。1802年，英国人薛明敦建造了世界上第一艘以煤为主要燃料的蒸汽机船舶（Steam Ship）。随后，各航运大国又建造了能耗更低、续航和载货能力更强的内燃机船舶（Motor Vessel），揭开了国际航运历史的新篇章。

海上货物运输业的发展与各国经济和科学技术的发展有密切的关系。第二次世界大战后，世界经济快速发展，国际贸易量和海上货物运输量迅速增加，1950—1974年的25年间，世界海上货物运输量直线上升，由5.5亿吨增至32.47亿吨。截至2022年12月，全球共有干散货船13 113艘，运力合计为9.71亿载重吨，运力同比增长2.86%，增速低于近3年平均水平（3.68%）。

据统计，船舶海运量在世界外贸货运总量中占80%以上，若按货物周转量计算，则高达90%以上。因此，经济比较发达的临海国家和地区都十分重视发展海上运输。

三、我国海上货物运输的发展概况

我国海上运输历史悠久，早在明永乐三年（公元1405年）至宣德八年（公元1433年），我国著名航海家郑和曾7次率领船队下西洋，先后到达30多个国家，写下了我国航海史上辉煌的一页。后来为了防止倭寇的入侵，清政府奉行闭关自守的政策，严格管制当时的对外贸易和来往于中国的商船。鸦片战争以后，中国沦为半封建半殖民地国家，外国列强垄断了中国的海上运输，严重妨碍了我国海上运输业的发展。

中华人民共和国成立以后，国家重点加强水运交通基础设施的建设，使我国水运交通基础设施总体规模不断扩大，运输能力大大提高，海运船队在数量和技术装备水平上都有了相当大的发展，基本实现了海运船队的现代化、专业化。

目前，我国作为世界第一航运大国，已同160多个国家和地区的1 600多个港口建立了通商往来，我国的120多个对外开放港口每年接待世界上36 000多艘船舶。海关总署统计数据显示，2023年前8个月，我国货物贸易进出口总值27.08万亿元。尽管同比微降0.1%，但规模仍处历史同期高位。这其中90%以上的货物运输是通过海运方式实现的。

我国最大的远洋运输公司——中国远洋海运集团有限公司（以下简称“中国远洋海运集团”），由中国远洋运输（集团）总公司与中国海运（集团）总公司重组而成。截至2023年6月30日，中国远洋海运集团经营船队综合运力1.11亿载重吨/1 372艘，排名世界第一。其中，集装箱船队规模304万TEU/475艘，居世界前列；干散货船队运力4 454万载重吨/426艘，油、气船队运力2 695万载重吨/225艘，杂货特种船队598万载重吨/178艘，均居世界第一。

随着航运实力的增强，我国在国际航运领域中的地位和影响力也不断提高。我国于

1973年加入国际海事组织，目前是该组织的A类理事国，并在该组织中发挥代表第三世界航运国的作用。我国于1979年加入国际海事卫星组织，并多次当选地区领事。

四、海上船舶、航线、港口

（一）海上船舶

1.船舶的概念

船舶是海上运输的工具，它的种类繁多，结构和形式多样。船舶主要由船壳、船架、甲板、船舱和船面建筑等部分构成。

2.船舶的分类

货物运输船舶按其用途不同，可以分为干货船和液货船两类。

（1）干货船。按所装货物及船舶结构、设备的不同，干货船可分为：

①杂货船（General Cargo Ship）。它一般是指定期航行于货运繁忙的航线，以装运零星杂货为主的船舶。这种船航行速度较快，船上配有足够的起吊设备，船舶构造中有多层甲板把船舱分隔成多层货柜，以适应装载不同货物的需要。

②干散货船（Dry Bulk Cargo Ship）。它是用以装载无包装的大宗货物的船舶。按所装货物的种类不同，它又可分为粮谷船（Grain Ship）、煤船（Collier Ship）和矿砂船（Ore Ship）。这种船多数为单甲板，舱内不设支柱，但设有隔板，用以防止在风浪中运行的舱内货物错位。

③冷藏船（Refrigerated Ship）。它是专门用于装载冷冻、易腐货物的船舶。船上有冷藏系统，能调节多种温度，以适应各舱货物对不同温度的需要。

④木材船（Timber Ship）。它是专门用来装载木材或原木的船舶。这种船舱口大，舱内无梁柱及其他妨碍装卸的设备。船舱及甲板上均可装载木材。为防止甲板上的木材被海浪冲出舷外，在船舷两侧一般会设置不低于1米的舷墙。

⑤集装箱船（Container Ship）。它可分为：a.部分集装箱船（Partial Container Ship），是指仅以船的中央部位作为集装箱的专用舱位，其他舱位仍装普通杂货。b.全集装箱船（Full Container Ship），是指专门用来装运集装箱的船舶。它与一般杂货船不同，其货舱内有格栅式货架，装有垂直导轨，便于集装箱沿导轨放下，四角有格栅，可防倾倒。全集装箱船的舱内可堆放3～9层集装箱，甲板上还可堆放3～4层集装箱。c.可变换集装箱船（Convertible Container Ship），是指货舱内装载集装箱的结构为可拆装式的，因此，它既可装运集装箱，必要时也可装运普通杂货。

集装箱船航速较快，大多数船舶本身没有起吊设备，需要依靠码头上的起吊设备进行装卸。这种集装箱船又称吊上吊下船。

⑥滚装船。它又称滚上滚下船（Roll-on/Roll-off Ship），主要用来运送汽车和集装箱。这种船无装卸设备，一般在船侧或船的首尾有开口斜坡连接码头，装卸货物时，汽车或集装箱（装在拖车上的）直接开进或开出船舱。这种船的优点是不依赖码头上的装卸设备，装卸速度快，可加速船舶周转。

动画3-1

滚装船

⑦载驳船（Barge Carrier）。它又称子母船，是指在大船上搭载驳船、驳船内装载货物的船舶。载驳船的主要优点是不受港口水深的限制，不需要占用码头泊位，装卸货物均在锚地进行，装卸效率高。目前，较常用的载驳船主要有“拉希”型（Lighter Aboard Ship，LASH）和“西比”型（Seabee）两种。

（2）液货船（Tanker）。它是指主要用来装运液体货物的船舶。按所装货物种类不同，液货船又可分为：

①油轮（Oil Tanker）。它主要装运液态石油类货物，特点是机舱都设在船尾，船壳本身被分隔成数个贮油舱，有油管贯通各油舱。油舱大多采用纵向式结构，并设有纵向舱壁，在未装满货时也能保持船舶的平稳。目前，世界上最大的油轮载重吨位已达到60多万吨。

②液化石油气船（Liquified Petroleum Gas Carrier，LPGC）。它一般用于装载液化石油气，船上配备现代化设备，货舱都是密封的气罐，外部隆起以增加装载量，采用管道进行装卸。

③液化天然气船（Liquified Natural Gas Carrier，LNGC）。它专门用来装运经过液化的天然气。其性能和设备与液化石油气船类似。

3.船舶的规范

（1）船舶吨位（Ship's Tonnage）。它是标识船舶大小的计量单位，可分为重量吨位和容积吨位两种。

第一，船舶的重量吨位（Weight Tonnage）是表示船舶重量的一种计量单位，以1 000千克为1公吨，或以2 240磅为1长吨，或以2 000磅为1短吨。目前，国际上多采用公制作为计量单位。船舶的重量吨位又可分为排水量吨位和载重吨位两种。

①排水量吨位（Displacement Tonnage）是船舶在水中所排开水的吨数，也是船舶自身重量的吨数。排水量又可分为：a.轻排水量（Light Displacement），又称空船排水量，是船舶本身加上船员和必要的给养物品三者重量的总和，是船舶最小限度重量；b.重排水量（Full Load Displacement），又称满载排水量，是船舶载客、载货后吃水达到最高载重线时的重量，即船舶最大限度重量；c.实际排水量（Actual Displacement），是船舶每个航次载货后实际的排水量。排水量的计算公式为：

排水量（长吨）=长×宽×吃水×方模系数（立方英尺）/35（海水）或36（淡水）（立方英尺）

排水量（公吨）=长×宽×吃水×方模系数（立方米）/0.9756（海水）或1（淡水）（立方米）

其中，吃水（Draft），是指由龙骨最低部至满载水平线间的距离。方模系数（Block Coefficient），是指船舶入水部分的体积与同等长、宽、深的长方形体积的比值。方模系数因船型不同而不同，此系数为0.3～0.9，通常为0.6～0.75。快速船的方模系数较小。排水量吨位可以用来计算船舶的载重吨。

②载重吨位（Dead Weight Tonnage，DWT）表示船舶在营运中能够使用的载重能力。船舶载重吨位可用于对货物的统计，也可用作期租船月租金计算的依据，表示船舶的运载能力，还可以用作新船造价及旧船售价的计算单位。载重吨位可分为：a.总载重吨（Gross Dead Weight Tonnage）。它是指船舶根据载重线标记规定所能装载的最大限度

重量，是船舶所载运的货物、船上所需的燃料、淡水和其他储备物料的重量的总和。b.净载重吨（Dead Weight Cargo Tonnage，DWCT）。它是指船舶所能装运货物的最大限度重量，即从船舶的总载重量中减去船舶航行期间需要储备的燃料、淡水及其他储备物料的重量所得的差数。总载重吨和净载重吨的计算公式为：

总载重吨=重排水量-轻排水量=货物重量+燃料重量+淡水重量+其他储备物料重量

净载重吨=总载重吨-燃料重量-淡水重量-其他储备物料重量

第二，船舶的容积吨位（Registered Tonnage）是表示船舶容积的单位，又称注册吨，是各海运国家为船舶注册而规定的一种以吨为计算和丈量的单位，以100立方英尺或2.83立方米为1注册吨。容积吨又可分为容积总吨和容积净吨两种。

①容积总吨（Gross Registered Tonnage，GRT）。它又称注册总吨，指船舱内及甲板上所有封闭场所的内部空间（或体积）的总和，是以100立方英尺或2.83立方米为1吨折合所得的商数。容积总吨的用途很广，既可以用于国家对商船队的统计，表明船舶的大小；也可以用于船舶登记；还可用于政府确定对航运业的补贴或造船津贴，或用于计算保险费用、造船费用以及对船舶的赔偿费用等。容积总吨的计算公式为：

容积总吨=船上所有封闭场所的内部空间容积总和÷100（立方英尺）或2.83（立方米）

②容积净吨（Net Registered Tonnage，NRT）。它又称注册净吨，是指从容积总吨中扣除那些不供营业用的空间后所剩余的吨位，即船舶可以用来装载货物的容积折合成的吨数。容积净吨主要用于船舶的报关、结关，作为船舶缴纳各种税费和费用的依据，或作为船舶通过运河时缴纳运河费用的依据。容积净吨的计算公式为：

容积净吨=可供载货容积总和÷100（立方英尺）或2.83（立方米）

（2）船舶载重线（Ship's Load Line）。它是指船舶满载时的最大吃水线，是绘制在船舷左右两侧和船舶上的标志，指明船舶入水部分的限度。船级社或船舶检验局根据船舶的用材结构、船型、适航性、抗沉性以及船舶航行的区域及季节变化等设定船舶载重线标志。此举是为了保障航行的船舶、船上承载的财产和人身安全，已得到各国政府的承认，违反者将受到法律的制裁。

船舶载重线标志，又称普利姆索尔标志（Plimsoll Mark），包括甲板线、载重线圆盘以及与圆盘有关的各条载重线，如图3-1所示。

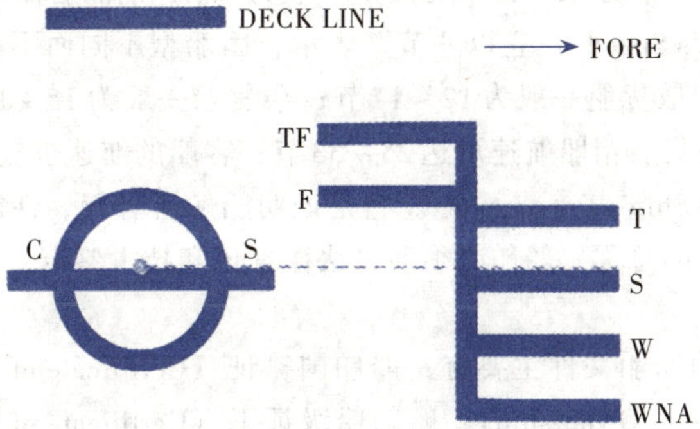

图3-1　船舶载重线标志

图3-1中各条载重线的含义说明如下：①TF（Tropical Fresh Water Load Line）表示

热带淡水载重线，即船舶航行于热带地区淡水中总载重量不得超过此线；②F（Fresh Water Load Line）表示淡水载重线，即船舶在淡水中行驶时总载重量不得超过此线；③T（Tropical Load Line）表示热带海水载重线，即船舶在热带地区海水中航行时，总载重量不得超过此线；④S（Summer Load Line）表示夏季海水载重线，即船舶在夏季海水中航行时，总载重量不得超过此线；⑤W（Winter Load Line）表示冬季海水载重线，即船舶在冬季海水中航行时，总载重量不得超过此线；⑥WNA（Winter North Atlantic Load Line）表示北大西洋冬季载重线，即船长为100.5米以下的船舶，在冬季月份航行经过北大西洋（北纬36°以北）时，总载重量不得超过此线。圆环两侧的字母“C”和“S”表示勘划载重线标志的主管机关为中国船级社（China Classification Society）。此外，标有L的为木材载重线。

我国海事局对上述各条载重线分别以汉语拼音首字母为符号，即以“RQ”“Q”“R”“X”“D”“BDD”代替“TF”“F”“T”“S”“W”“WNA”。在租船业务中，期租船的租金习惯上按船舶夏季载重线时的载重吨来计算。

（3）船籍、船旗（Ship's Nationality and Flag）。船籍，是指船舶的国籍。船旗是指船舶在航行中悬挂的其所属国的国旗。船旗是船舶国籍的标志。按国际法的规定，商船是船旗国浮动的领土，无论是在公海还是在他国海域航行，均需悬挂船籍国国旗。凡是悬挂船籍国国旗的船舶，有权在船籍国领海、内水和在公海上航行，适用船籍国的法律，在从事合法的海上运输业务的过程中享受船籍国法律的保护。

方便旗船（Ship of Flag of Convenience）是指在外国登记、悬挂外国国旗并在国际市场上进行营运的船舶。船主将船舶转移到外国进行登记，旨在逃避国家重税和军事征用，自由制定运价，不受政府管制，自由处理船舶与运用外汇，自由雇用外国船员以支付较低工资，降低船舶标准以节省修理费用，降低营运成本以增强竞争力等。

（4）船级（Ship's Classification）。它是表示船舶技术状态的一个指标。在国际航运界，凡注册总吨在100吨以上的海运船舶，必须在某船级社或船舶检验机构的监督下进行建造。在船舶开始建造之前，船舶各部分的规格需经船级社或船舶检验机构批准。每艘船建造完毕后，由船级社或船舶检验机构对船体、船上机器设备、吃水标志等项目和性能进行鉴定，颁发船级证书。证书有效期一般为4年，期满后需重新予以鉴定。

（5）航速（Ship's Speed）。它以“节”表示，因船型不同而不同。其中，干散货船和油轮的航速较慢，散货船一般为12～17节；杂货船一般为15～17节；集装箱船的航速较快，目前最快的集装箱船航速可达25～33节；客船的航速也较快。

（6）船舶文件（Ship's Documents）。它是证明船舶所有权、性能、技术状况和营运必备条件的各种文件的总称。船舶必须通过法律登记和技术鉴定，并在获得这类证书后才能参与营运。

国际航行船舶的船舶文件主要有：船舶国籍证（Certificate of Nationality）、船舶所有权证书（Certificate of Ownership）、船舶船级证书（Certificate of Classification）、船舶吨位证书（Tonnage Certificate）、船舶载重线证书（Certificate of Load Line）、船员名册（Crew List）、航行日志（Log Book）。此外，还有轮机日志、卫生日志和无线电日志等。

（二）航线

1.航线的概念

世界各地水域，在港湾、潮流、风向、水深等自然条件限制下，可供船舶航行的一定径路，称为航路。而承运人在可供通行的航路中，根据主客观条件，为达到经济效益最大化而选定的营运路线为航线（Shipping Line）。航线也指船舶在两个或多个海港之间进行货物运输的路线。

2.航线的形成因素

航线的形成取决于下列因素：安全、货运、港口、技术和国际政治形势。

3.航线的分类

（1）按船舶营运方式划分：①定期航线，又称班轮航线，是使用固定的船舶，按固定的船期和港口航行，并以相对固定的运价经营客货运输业务的航线；②不定期航线，又称租船运输，是临时根据货运的需要而选择的航线，船舶、船期、挂靠港口均不固定，是以经营大宗、低值货物运输业务为主的航线。

（2）按航运范围划分：①国际大洋航线，也称远洋航线，是指贯通一个或数个大洋的海上运输路线；航线距离较长，是世界性航线，包括大西洋航线、太平洋航线、印度洋航线以及穿越两个以上大洋的航线。②地区性国际海上航线，也称近洋航线，是指不跨越大洋、在局部海域较邻近国家间港口运营的航线，航程较国际大洋航线短。③沿海航线，是指连接同一国家沿海各港口之间的海运航线，属于一国的国内航线。

（三）港口

1.港口的概念

港口是海洋交通和内陆交通的连接点，一般在江、湖、海湾沿岸，具有水陆联运设备和条件，是供船舶安全进出和停泊的运输枢纽。

港口既为海洋运输服务，又为内陆运输服务。客货运输无论是从船舶转入陆运工具，还是由陆运工具转入船舶，都离不开港口的服务工作。由此可见，港口在组织国内外运输中具有重要作用。世界上沿海国家都视港口为国家的经济咽喉，如荷兰最大的港口鹿特丹在欧洲占有重要的经济地位；新加坡提出“以港立国”，其国民收入绝大部分直接与港口业务有关。此外，世界上许多国家在港口划出一定范围的“自由贸易区”，以低税率或免税来吸引外商在该地储存、中转、加工、装备货物，以增加外汇收入。因此可以说，一个现代化的港口，实际上是城市海、陆、空主体交通的总管，是“综合运输体系”的中心。

2022年交通运输行业发展统计公报显示：截至2022年年末，全国港口生产用码头泊位21 323个，比上年年末增加456个。其中，沿海港口生产用码头泊位5 441个，增加22个；内河港口生产用码头泊位15 882个，增加434个。年末全国港口万吨级及以上泊位2 751个，比上年年末增加92个。从分布结构看，沿海港口万吨级及以上泊位2 300个，增加93个；内河港口万吨级及以上泊位451个，减少1个。从用途结构看，专业化万吨级及以上泊位1 468个，增加41个；通用散货万吨级及以上泊位637个，增加41个；通用件杂货泊位434个，增加13个。

2.港口的分类

（1）港口按用途分为商港、渔港、军港、避风港。其中，商港主要供商船停靠进行客货运输，为往来船舶提供燃料等的供给、维修等相应服务，是海上交通和内陆交通联系的枢纽。现代化港口除具有货物集散功能外，往往还具备加工、制造、转运功能。港口规模的大小一般以港口吞吐量表示。

（2）港口按地理位置分为：①海湾港，是指地处海湾又处海口的港口，一般有水深、风浪小的特点，如大连港；②河口港，是指位于河口入海处的港口，如上海港；③内河港，是指位于内河沿岸的港口，在内河水运中占重要地位，一般与海港有航道相通，如南京港。

（3）港口按功能分为：①存储港，一般位于工商业中心，交通体系比较发达，有利于进出口货物的储存、分拨、联运，是货物的集散地，如天津港；②转运港，一般位于水陆交通衔接处，有利于货物在水路和陆路间转运或办理转船业务，如荷兰的鹿特丹港；③经过港，一般地处航道要冲，是船舶必经之地，可供船舶短暂停留以补充燃料、物料、淡水、食物等给养用品，如亚丁港。

（4）港口按开发工程分为：①天然港，具有港湾自然条件，符合商港的需要，除添置水上或陆岸各种设备供船舶停泊及满足货物装卸、搬运的需要外，基本上可以利用港湾航道水深等天然地理条件。世界有三大天然良港，分别是中国香港的维多利亚港、美国的旧金山港及巴西的里约热内卢港。②人工港，是指港湾停泊地区纯系人工自陆上开发完成的、有防波堤保护的非天然港口。由于地理环境没有天然防护，人工港需要投入大量资金及人力修筑防波堤及其他设施，以确保船舶及货物装卸不会受风浪影响，如荷兰的鹿特丹港、阿拉伯联合酋长国的杰贝拉里港、中国的天津港。

（5）按国家政策港口按国家政策范围分为：①国内港，又称非通商港，是指为经营国内贸易，专供本国船舶出入的港口。外籍船舶除天灾或意外事故及特许外，不得任意驶入国内港。②国际港，又称通商港、开放港，可以经营国际航运业务，外国船舶只要办理有关手续便可出入。③自由港，是指所有进出该港的货物，允许其在港内储存、装配、加工、整理、制造再转运他国，均免征关税，只有在输入内地时才课征一定的关税。

拓展阅读3-1

世界和我国的主要港口

任务二　海运航线

一、海运航线的形成

海上运输承运人在不同的航路中，为取得最大的经济效益所选定的营运通路称为航线。航线的形成主要取决于以下几个方面的因素：

（1）安全因素。它是指船舶航行的路线需考虑到自然界的种种因素，如风向、波浪、潮汐、水流、暗礁及流冰等，都会影响到船舶航行的安全。

（2）货运因素。它是指该航线沿途货运量的多寡。货运量多，航行的船舶多，则该航线必定是繁忙的航线。

（3）港口因素。它是指船舶途经和停靠的港口水深是否适宜，气候是否良好，航道是否宽阔，有无较好的存储和装卸设备、便利的内陆交通条件、低廉的港口停泊费和充足的燃料供应。

（4）技术因素。它是指船舶航行时从技术上考虑选择最经济快速的航线航行。

除上述因素外，国际政治形势的变化，有关国家的经济政策、航运政策等也会对航线的选择和形成产生一定的影响。航线选择得适当与否，直接关系到航运业的经济效益，因此，航运公司都十分重视航线的选择。

二、海运航线的分类

海运航线从不同的角度有不同的划分方法，主要包括以下两种：

（1）按船舶经营方式，海运航线分为定期航线和不定期航线。其中，不定期航线具有下列特点：①选择不定期航线的船舶，除船东装运自有货物外，多数以租船方式经营，船东和租船人签订租船合同，作为双方权利、义务及费用负担的依据；②选择不定期航线的船公司具有私家承运人的性质，除受航线、水深及法律限制外，可根据需要与可能，航行于任何航线和港口；③不定期航线所运货物多为散装的大宗货，如粮食、煤炭、矿砂等，这些货物每次成交的数量大、价格低，不定期航线能满足这类货物对较低运费的需求；④不定期航线的运价受国际航运市场船、货供求状况影响较大，货多船少则运价上涨；反之，则运价下降。

（2）按航程远近，海运航线分为远洋航线、近洋航线和沿海航线。

三、世界主要航线

（一）大西洋航线

（1）西北欧—北美东海岸航线。该航线为北美至西欧间的运输线，西起北美的东部海岸，北经纽芬兰横跨大西洋至西欧，是世界上两个最发达地区之间的海运航线，两岸拥有世界2/5的重要港口、80%的海洋货运，是世界上最繁忙的货运航线。该航线冬季风浪大，并常有浓雾与冰山，对航运安全有威胁。

（2）西北欧、北美东海岸—加勒比海航线。该航线大多是出英吉利海峡后横渡北大西洋，到达加勒比海沿岸各港口。行驶该航线的船舶在到达加勒比海沿岸各港口后，还可继续经巴拿马运河到达美洲太平洋沿岸的各港口。

（3）北美东海岸、西北欧—直布罗陀—地中海—苏伊士运河—印度洋—亚洲、太平洋地区航线。该航线是欧洲通往亚洲的重要通道，也是世界上最繁忙的航线之一。西向货物以初级产品和农矿原料为主，是海湾国家出口石油至欧洲、北美的主要运输线；东向货物主要是工业制成品。

（4）地中海、西北欧—南美东海岸航线。该航线一般经过西非大西洋岛屿、加那利、佛得角群岛，到达南美东海岸各港口。

（5）北美东海岸、西北欧—西非—中南非—好望角—远东航线。该航线也是波斯湾地区通往西欧、北美的石油运输线。运往西欧、北美的25万吨级以上的巨型油轮必经这条航线。

（6）南美东海岸—好望角—远东航线。该航线是南美东海岸国家从海湾地区进口石油，或巴西出口铁矿石至远东地区的运输线。我国从南美东海岸进口的石油和铁矿石也走该航线。

（二）太平洋航线

（1）远东—北美西海岸航线。该航线包括从中国、朝鲜、日本和俄罗斯远东各港口到加拿大、美国、墨西哥等北美西海岸各港口的航线。

（2）远东—巴拿马运河—加勒比海、北美东海岸航线。该航线从远东地区出发，经夏威夷群岛至巴拿马运河后，到达加勒比海、北美东海岸各港口。

（3）远东—南美西海岸航线。该航线是指从远东出发的船舶，途经夏威夷群岛南部的莱恩群岛附近，穿越赤道进入南太平洋，至南美西海岸各港口。

（4）远东—东南亚及印度洋航线。该航线是中国、朝鲜、日本、韩国等国家各港口至东南亚各国主要港口，以及向西经马六甲海峡去往印度洋、大西洋沿岸各港口的航线。东海、台湾海峡、巴士海峡、南海是该航线船只的必经之路，也是日本从中东和东南亚各国进口石油的运输线。

（5）远东—澳新航线。远东至新西兰、澳大利亚东西海岸的航线分为两条：一条是中国北方和日本各港口至澳大利亚东海岸和新西兰港口的航线，经琉球、加罗林群岛进入所罗门海、珊瑚海，但中澳之间的集装箱航线则由我国北方港口南下经香港后途经南海、苏拉威西海、班达海、阿拉弗拉海，再经托雷斯海峡进入珊瑚海、塔斯曼海；另一条是中国和日本各港口去澳大利亚西海岸的航线，多半经菲律宾海、苏拉威西海，然后经望加锡海峡、龙目海峡南下。

（6）南太平洋航线。该航线是船舶由澳大利亚、新西兰各港口出发，跨越太平洋至北美东西海岸各港口的航线。澳大利亚、新西兰至北美西海岸航线大多途经苏瓦、檀香山等重要航站；澳大利亚、新西兰至北美东海岸航线则多半取道社会群岛中的帕皮提，后经巴拿马运河到达。

（7）北美—东南亚航线。该航线一般途经夏威夷、关岛、菲律宾等国家和地区，而由北美东海岸和加勒比海各港口出发的船舶要经巴拿马运河才能到达东南亚各国。

（三）印度洋航线

印度洋是连接大西洋和太平洋的重要通道。印度洋航线过往的货物以石油为主，但也有不少大宗货物往来于该航线。

（1）波斯湾—好望角—西欧、北美航线。该航线过往的主要是25万吨以上的巨型油轮，是世界上主要的海上石油运输线。

（2）波斯湾—东南亚—日本航线。该航线东行经马六甲海峡或经龙目海峡、望加锡海峡至日本。

（3）苏伊士运河—地中海—西欧、北美航线。该航线可通行30万吨级的油轮，石油是该航线的主要货种。

此外，印度洋还有以下航线：远东—东南亚—东非航线；远东—东南亚—地中海—西北欧航线；远东—东南亚—好望角—西非、南美航线；澳新—地中海—西北欧航线；印度洋北部地区—亚太航线；印度洋北部地区—欧洲航线。

四、世界集装箱运输航线

目前，世界集装箱货物贸易主要在北美、西欧、东亚和澳大利亚之间进行，这些地区的经济发达程度高，适箱货源丰富，集装箱货运量大。集装箱船舶的运营一般在主要贸易港口之间进行，其他港口到主要港口间的运输是以支线船舶为载体进行的。国际定期班轮航线的集装箱运输，就是以这些地区的航线为中心来经营的。

目前，世界上规模最大的三条集装箱航线是东亚—北美航线，东亚—欧洲、地中海航线和北美—欧洲、地中海航线。

(1) 东亚—北美航线。该航线又称北太平洋航线，分为两条：一条是东亚—北美西岸航线；另一条是东亚—北美大西洋沿岸航线。东亚—北美西岸航线主要由东亚—加利福尼亚航线和东亚—西雅图、温哥华航线组成，是世界集装箱运输的主干线之一。其除了承担太平洋沿岸附近地区的货物运输任务外，还承担连接墨西哥湾和北美东岸各港口以及通往美国中西部的内陆联合运输任务。该航线连接的主要港口有：北美太平洋沿岸的洛杉矶港、长滩港、西雅图港、温哥华港和西太平洋沿岸的东京港、名古屋港、横滨港、釜山港、仁川港、上海港、香港港、基隆港、高雄港等。

东亚—北美大西洋沿岸集装箱航线上的主要干线是日本至纽约航线。该航线将东亚地区的东京港、名古屋港、横滨港、大阪港、釜山港、仁川港、上海港、香港港、基隆港、高雄港以及澳大利亚各港口，与北美东岸的纽约港、波士顿港、费城港、休斯敦港、新奥尔良港等相连。

(2) 东亚—欧洲、地中海航线。该航线由东亚至欧洲和东亚至地中海航线组成。该航线涉及的港口主要有：欧洲的鹿特丹港、汉堡港、不来梅港、安特卫普港、勒阿弗尔港、南安普敦港以及上面提到的东亚地区的主要港口。而北欧的一些港口，则通过支线集装箱运输同东亚和欧洲航线相连。地中海地区的港口主要有：西班牙南部的阿尔赫西拉斯港、意大利的焦亚陶罗港和位于马耳他岛南端的马尔萨什洛克港等。

(3) 北美—欧洲、地中海航线。该航线又称北大西洋航线，由欧洲至北美东岸航线、地中海至北美东岸航线、五大湖至欧洲航线组成。该航线以美国东岸为中心，开展对西北欧、地中海及澳大利亚地区的集装箱运输业务。

任务三　国际海上运输经营方式及进出口代理业务

海上运输，即海洋运输（Ocean Transport），是指以船舶为工具，通过海上航道运送旅客或货物的一种运输方式，简称“海运”。海运历史悠久，发展极为迅速，尤其是第二次世界大战以后，国际海上运输的货运量迅速增加。从总体上来看，无论是现在还是将来，海上货物运输在对外贸易运输中都占据绝对的主导地位。目前，世界外贸海运量在国际货物运输总量中占80%以上。

按船舶的经营方式，国际海上运输主要有班轮运输（Liner Transport）和租船运输（Shipping by Chartering）两种方式。

一、班轮运输

动画 3-2

班轮运输

班轮运输，又称定期船运输，简称“班轮”（Liner），是指船舶按固定的航线、港口以及事先公布的船期表航行，从事客货运输业务并按事先公布的费率收取运费。

班轮运输比较适合一般杂货和小批量货物的运输。其手续简便，能为货主带来方便，而且能提供较好的运输质量，因此，采用班轮运输有利于国际贸易的发展。

拓展阅读 3-2

班轮公会

（一）班轮运输的特点

（1）“四固定”，即航线固定、港口固定、船期固定和费率相对固定。这是班轮运输最基本的特点。

（2）不规定货物的装卸时间。班轮需按船期表规定的时间到港和离港，运价内已包括装卸费用，货物由承运人负责配载、装卸，承运人和托运人双方不签订滞期和速遣协议。

（3）以班轮提单作为运输合同的证明。在班轮运输业务中，承运人和托运人双方不签订运输协议，双方的权利、义务、责任和豁免均以船公司按照国际公约和有关国内法规制定的提单条款为依据。货物装船后，提单由承运人（或其代理人）或船长签发给托运人。

（二）班轮运输的作用

（1）班轮运输能提供较高的服务质量。保证船期、提高竞争力、吸引货载是班轮运输公司所追求的目标。班轮运输的管理制度较为完善，船舶的技术性能较好，设备较全，船员的技术也较高。

（2）班轮运输特别适合一般杂货和小额贸易货物的运输需要。班轮运输公司众多，班次频繁。在国际贸易中，除大宗商品进行租船运输外，零星成交、批次多、到港分散的货物，只要班轮有航班和舱位，不论数量多少，也不论直达或转船，班轮运输公司一般都愿意承运。

（3）班轮运输有利于贸易双方核算运输成本，促进了国际贸易的发展。班轮运输的“四固定”特点，为买卖双方洽谈运输条件提供了必要依据，使买卖双方有可能事先根据班轮船期表，商定交货期、装运期以及装运港口，并且根据班轮费率表事先核算运费和附加费用，从而比较准确地进行比价和核算货运价格。

（4）班轮运输的手续简便，有利于收、发货的合理安排。班轮运输一般采取码头仓库交接货物的做法，并由承运人负责货物的装卸作业和全部费用。通常，班轮承运人还负责安排货物的转运，定期公布船期表，为货方提供诸多方便。

（三）班轮运费计算

班轮运输费用是班轮公司为运输货物而向货主收取的费用。班轮运费的计算又分为件杂货物与集装箱货物的运费计算。

1.件杂货运费计算

件杂货如采用班轮运输，其运费包括货物从装运港至目的港的海上运费以及货物的装卸费和附加费用。班轮运费一般是按照班轮运价表（Liner's Freight Tariff）的规定计算的。不同的班轮运输公司或班轮公会有不同的班轮运价表。有的运价表按每项货物列出其基本费率，这种运价表称为“单项费率运价表”；有的是将承运货物分为若干等级（一般分为20个等级），每一个等级的货物有一个基本费率，这种运价表称为“等级费率表”。在实际业务中，大多数班轮运输公司采用等级费率表。目前，我国所使用的运价表主要有：①“中远海运表”。它主要用于国轮和期租船的班轮运输。②“中租表”。它主要用于外国班轮和侨资班轮的货物运输。③“班轮公司运价表”。它主要用于中外合资和外国班轮公司的货物运输。④“香港华夏公司对美运价表”。它主要用于对美国东、西海岸港口进出口货物的班轮运输。

班轮运价由基本费率（Basic Freight Rate）和附加费（Additional/Surcharges）两部分构成。

（1）基本费率。其计算标准主要有以下几种：

①按货物的毛重，即以重量吨（Weight Ton）为计算单位计收。1重量吨为1公吨或1长吨，视船公司采用公制还是英制计量而定。按此方式计收运费者，班轮运价表中的货物名称后面注有“W”字样。

②按货物的体积，即以尺码吨（Measurement Ton）为计算单位计收。1尺码吨以1立方米或40立方英尺为计费单位，也视船公司采用公制还是英制计量而定。按此方式计收运费者，班轮运价表中的货物名称后面注有“M”字样。

以上计算运费的重量吨和尺码吨统称为运费吨（Freight Ton）。

③按货物重量或尺码从高计收运费，有重量吨和尺码吨两种。计费标准选择其高者，班轮运价表中的货物名称后面用“W/M”表示。

④按货物FOB价值的一定百分比计收，又称从价运费。按此方式计收运费者，班轮运价表中的货物名称后面注有“A.V.”、“Val”或“Ad Val”字样。

⑤从货物重量、尺码和价值三者中选择一种最高的运费计收，班轮运价表中的货物名称后面用“W/M or Ad Val”表示。

⑥按货物重量或尺码选择其高者，再加上从价运费计收，班轮运价表中的货物名称后面用“W/M plus Ad Val”表示。

⑦以每件货物为一个计费单位计收。例如，活牲畜按“每头”（Per Head）、车辆按“每辆”（Per Unit）计费。

⑧临时议定运价（Open Rate），即由货主和船公司临时协商议定运价。其通常适用于承运粮食、豆类、矿石、煤炭等运量较大、货值较低、装卸容易、装卸速度快的农副产品和矿产品。临时议定运价的运费率一般都较低。

在实际业务中，基本运费的计算标准以按货物毛重（W）、按货物体积（M）和按重量、体积选择（W/M）三种方式居多。贵重物品如古玩、稀有金属、精密仪器等一般是按货物FOB价值的一定百分比（A.V.）计收。

（2）附加费。它是班轮公司为了保持在一定时期内基本费率的稳定，并正确反映各港口、各种货物的航运成本，在基本费率的基础之外额外加收的费用。附加费的种类很多，而且随着客观情况的变化而变化。以下为几种常见的附加费：

①超重附加费（Over Weight Surcharge）。一件货物的重量（毛重）达到或超过一定重量时，该货物即为超重货物。各船公司对货物的重量限制是不一样的。超重货物在装卸、配载等方面会增加额外劳动和费用，因此船公司要加收超重附加费。

②超长附加费（Over Length Surcharge）。一件货物的长度达到或超过规定的长度，该货物即为超长货物。各船公司对货物的长度限制也是不一样的。超长货物同超重货物一样，在装卸、配载时会增加额外劳动和费用，因此船公司要加收超长附加费。

③燃油附加费（Bunker Adjustment Factor/Bunker Surcharge，BAF/BS）。它是因燃油价格上涨而加收的费用。

④港口附加费（Port Surcharge）。它是指由于一些港口设备差、装卸效率低、费用高，因此造成船舶成本增加而加收的附加费。

⑤港口拥挤附加费（Port Congestion Surcharge）。它是指由于港口拥挤，船舶需长时间等泊，为弥补船期损失而收取的附加费。该项附加费随港口拥挤程度的变化而调整。如果港口恢复正常，该项附加费则可取消，因此，该附加费的变动性很大。

⑥货币贬值附加费（Currency Adjustment Factor，CAF）。它是为弥补因货币贬值造成的经济损失而收取的费用。其一般随货币贬值的幅度按基本费率的百分之几收取。

⑦绕航附加费（Deviation Surcharge）。它是指由于货方的某些原因，使船舶不能按正常航线而必须绕道航行，从而增加航运开支，为此收取的附加费。这是一种临时性的附加费，一般来说，如正常航道恢复通行，该项附加费即被取消。

⑧转船附加费（Transshipment Surcharge）。它是指对于运往非基本港的货物，需在中途港转运至目的港，为此而收取的附加费。

⑨直航附加费（Direct Additional）。它是指对于运往非基本港的货物，一次货量达到一定数量时，船方可以安排直航卸货，为此需加收的附加费。直航附加费一般比转船附加费低。

⑩选卸港附加费（Additional for Optional Destination）。由于贸易上的原因，在办理货物托运时尚不能确定具体卸货港，需要在预先选定的两个或两个以上的卸货港中进行选择，为此而加收的费用称为选卸港附加费。

班轮附加费的名目繁多，除上述各项附加费外，还有变更卸货港附加费（Additional for Alteration of Destination）、洗舱费（Cleaning Charge）、熏蒸费（Fumigation Charge）、冰冻附加费（Ice Surcharge）等。各种附加费的计算方法主要有两种：一种是以百分比表示，即在基本费率的基础上增加一个百分点；另一种是用绝对数表示，即每运费吨增加若干金额，可以与基本费率直接相加计算。

（3）班轮运费的计算步骤。班轮运费的计算公式为：

运费总额=运费吨（重量吨或尺码吨）×基本运价+附加费总和

即：$F=F_b+\sum S$

其中：F为运费总额；F_b为基本运费；S为某一项附加费。

班轮运费的计算步骤是：①审查托运人提供的货物名称、重量、尺码（是否超重、超长）、装卸港口、是否需要转船以及卸货港的选择等；②根据货物名称，从有关运价表中找出该货物的计费标准及运价等级；③查找所属航线的等级费率表，找出该等级货物的基本费率；④查出各附加费的费率及计算方法；⑤将各项数据代入班轮运费计算公式予以计算。

根据一般运价表的规定，不同货物混装在一个包装内，全部货物按费率中较高的计收；同一提单内有两种以上不同计价标准的货物，托运时未分列货名和数量的，计收标准和运价全部取高者；对于无商业价值的样品，或体积小于0.2立方米或重量小于50千克的货物，可要求船公司免费运送。另外，一般运价表中还有起码运费的规定，即每份提单必须收取的最低运费。

【实例3-1】我方以CFR价格条件向加拿大温哥华出口罐头水果一批，重量为8公吨，尺码为10立方米，求该批货物的总运费。

【实例3-2】某公司装运50箱农业机械到汉堡港，每箱毛重120千克，体积为120cm×45cm×32cm，该批货物运费计算标准为W/M、10级，基本费率为230美元，另加燃油附加费25%、港口拥挤费15%，问应付多少运费？（要求写出计算公式及计算过程）

【实例3-3】某货物按运价表规定，以W/M or Ad Val选择法计费，以1立方米体积或1公吨重量为1运费吨，由甲地至乙地的基本费率为每运费吨25美元加1.5%。现装运该批货物，体积为4立方米，毛重为3.6公吨，其FOB价值为8 000美元。问应付多少运费？

【实例3-4】我国某外贸公司出口商品4公吨，货号H208。该批货物每件毛重40千克，体积0.03立方米，海运运费按W/M、12级计算，装中远海运公司班轮出口到卡拉奇，查运价表得知，从中国口岸到卡拉奇12级货的基本费率为每运费吨60美元，另加港口附加费10%、燃油附加费5%。试计算该批货物的总运费。

实例3-1　　实例3-2　　实例3-3　　实例3-4

分析提示　　分析提示　　分析提示　　分析提示

2.集装箱货物运费计算

集装箱运输是以集装箱为运输单位的一种现代化、先进的运输方式。其运费的构成和计算方法与传统的运输方式不同。以海运为例，它包括内陆运输费或装运港市内运输费、拼箱服务费、堆场服务费、集装箱及其他设备使用费、海运运费等。

（1）内陆运输费（Inland Transport Charge）或装运港市内运输费。它主要包括区域运费、无效拖运费、变更装箱地点费等。内陆运输或装运港市内运输可以由承运人负责，也可以由货主自理。如果由货主自理，有关费用的支付按买卖合同规定，由发货人或收货人负责。通常情况下，在出口地发生的费用由发货人负责，在进口地发生的费用由收货人负责。

（2）拼箱服务费（LCL Service Charge）。它主要包括在货运站至堆场之间空箱或重箱的运输、理货，货运站内的搬运、分票、堆存、装拆箱以及签发场站收据、装箱单制作等各项服务费用。

（3）堆场服务费（Terminal Handling Charge）。它也称码头服务费，主要包括在装运港堆场接收来自货主或集装箱货运站的整箱货和堆存、搬运至装卸桥下的费用，以及在卸货港从装卸桥下接收进口箱，将箱子搬运到堆场和在堆场的堆存费用。堆场服务费还包括在装卸港的有关单证费用。

（4）集装箱及其他设备使用费（Fee for Use Container and Other Equipments）。它是指当货主使用由承运人提供的集装箱及底盘车等设备时发生的费用，还包括集装箱从底盘车上吊上吊下的费用。

（5）海运运费。它由船舶运费和有关杂费组成。目前，计收方法基本上有两种：一种是按每运费吨计收运费。这种计算方法与传统件杂货相同。拼箱货常采用这种方法计收运费。另一种是以每个集装箱作为计费单位，按包箱费率（Box Rate）计算运费。整箱货通常按一个货柜计收运费。

包箱费率有三种规定方法：①FAK（Freight for All Kinds）包箱费率，即不分货物种类，也不计货量，只规定统一的每个集装箱收取的费率。②FCS（Freight for Class）包箱费率，即按不同货物的等级制定包箱费率。货物等级是1～20级，但级差较小。一般低价货费率高于传统运输费率，高价货费率则低于传统运输费率；同一等级货物，实重货运价高于体积货运价。③FCB（Freight for Class & Basis）包箱费率，即按不同货物等级或货物类别以及计算标准制定的费率。同一级费率因计算标准不同，费率也不同。例如，8～10级、CY/CY交接方式、20英尺集装箱货物，如果按重量计费，费率为1 500美元；但如果按尺码计费，则费率为1 450美元。

海运运费的计算步骤是：①通过查货物等级表得出货物的等级，然后查费率表，按航线和货物等级查出整箱或拼箱货的基本费率。②确定所运输货物为整箱货还是拼箱货。若为拼箱货，应先算出所装箱的确切数量，再按件杂货的计算方法查费率表计算；若为整箱货，直接按运价表中给出的单箱运费计算即可。当托运货物部分以整箱方式、部分以拼箱方式运输时，需混合这两种计算方式。

集装箱整箱货量的计算方式有两种：一种是用集装箱的长、宽、高分别除以单件货物的长、宽、高，得出其中最大的货量值；另一种是按经验值，仅考虑集装箱的有效容积。通常，20英尺集装箱的有效容积为25立方米，有效重量为17.5公吨；40英尺集装箱的有效容积为55立方米，有效重量为24.5公吨。一般以M为计算标准的轻泡货装40英尺集装箱，以W为计算标准的实重货装20英尺集装箱。

国际标准化组织为了统一集装箱的规格，推荐了3个系列13种规格的集装箱，而在国际货物运输中经常使用的是40英尺集装箱和20英尺集装箱。

20英尺集装箱（内部长度：5.9米/19.4英尺；内部宽度：2.35米/7.8英尺；内部高度：2.39米/7.9英尺）是最常使用的集装箱类型，通常比其他特殊类型的集装箱更实惠，并配有木地板和绑扎点，以确保货物安全。

40英尺集装箱（内部长度：12.03米/39.5英尺；内部宽度：2.4米/7.9英尺；内部高度：2.39米/7.9英尺）因内部无任何隔板，通常用于运输纸张或衣物。

此外，40英尺高柜（内部长度：12.25米/39英尺；内部宽度：2.35米/7英尺；内部高度：2.58米/8英尺）也是很常见的类型，它类似于40英尺集装箱，高度仅相差1英尺，但多了344立方英尺的存储空间，对货物装载量超过预期的客户来说很有吸引力。

在进出口交易中，集装箱类型的选用，对进出口商减少运费开支起着很大的作用。货物外包装箱的尺码、重量，以及货物在集装箱内的配装、排放和堆叠都有一定的讲究，需要在实践中不断摸索。当然，这些也和货物的种类、特性以及客户的要求有关。

【实例3-5】 某种货物装箱方式是8台装1纸箱，纸箱的尺码是54cm×44cm×40cm，毛重为每箱53千克。试计算该批货物集装箱运输出口时的装箱数量。要求根据重量和体积分别计算20英尺、40英尺集装箱可装箱的最大数量。

实例3-5

分析提示

（四）班轮出口运输货运代理业务

海上班轮出口货运代理业务流程是指国际货运代理以代理人的身份代表货主办理货物经海运班轮出口，从发货人手中揽取货物，到将货物交付承运人这一过程所需要经过的环节、需要办理的手续及必备的单证等业务。具体操作流程如下：

1.揽货接单

揽货接单是货方与货运代理签署委托代理合同的过程。货运代理通过各种方式揽取货物并了解货方的基本情况。货方根据贸易合同和信用证的有关条款在办理货物托运前，向货运代理申请订舱，提交订舱委托书和相关单证；货运代理根据货方的申请，经过审核，接受订舱要求，并以签署订舱委托书及接受有关委托报关资料作为订舱确认的依据。揽货接单的一般流程如图3-2所示。

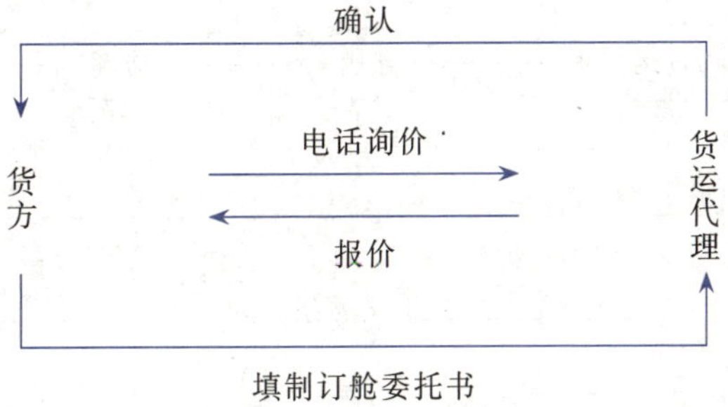

图3-2 揽货接单的一般流程

2.理货制单

在接受客户的委托后，货运代理把客户的委托书及相应资料录入计算机中，生成货物托运单；货运代理根据生成的货物流转表或台账，跟踪每个工作环节，对货物的动态进行更新。

3. 订舱及订舱处理

订舱是指货运代理代表货方向承运人或其代理人提出托运申请，承运人对这种申请予以承诺的行为，是运输业务中必不可少的一个环节。订舱及订舱处理的流程如图3-3所示。

顺序	名称
1	托运单
2	提单或运单号
3	订舱号
4	货物装载清单

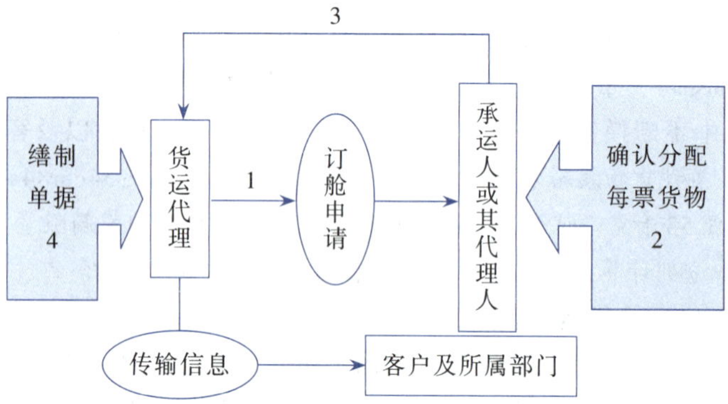

图3-3　订舱及订舱处理的流程

在集装箱运输中，办理订舱手续时缮制及递交的托运单通常称为场站收据（Dock's Receipt，D/R），一般为十联单。

4. 办理货运保险

如果合同规定需要在装船时发出装船通知，由国外收货人自办保险，托运人应及时发出装船通知。如果以CIF价成交，托运人在取得订舱确认后即可在出口地向保险公司办理货物保险。托运人办理出口货物运输保险时通常采用逐笔投保的方式。办理货运保险的流程如图3-4所示。

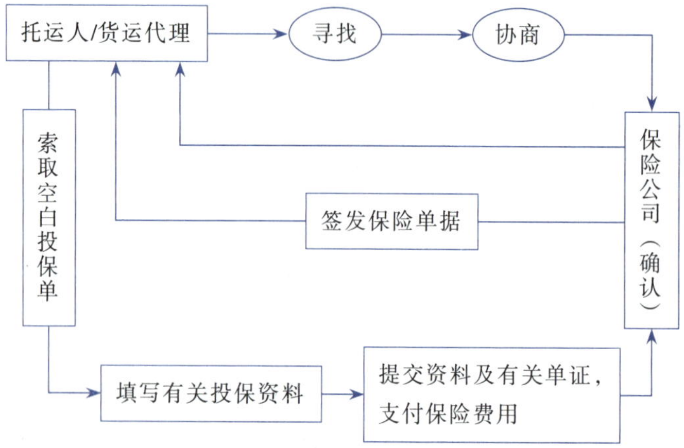

图3-4　办理货运保险的流程

填写保单时应注意以下事项：①货物的名称、标志、包装及数量等项目一定要全部填写，不能有遗漏，内容也要与有关单证的记载一致；②保险金额一般为发票金额的10%，也可以根据需要增加比例，但如果超过30%，必须经保险人同意；③开船日期和提单号码一定要填写清楚，不能有遗漏。

5.提取空箱

提取空箱是指在整箱货的情况下，货运代理代表托运人持承运人签发的有关提箱凭证向货运场站提取空箱的过程。集装箱的发放普遍使用设备交接单。设备交接单（Equipment Interchange Receipt/Equipment Receipt，E/R）是集装箱所有人或其代理人签发的用以进行集装箱发放的通知单，是用于记录集装箱在不同环节之间交接的文档。如记录从船舶到陆地运输、从一种运输工具到另一种运输工具、从堆场公司到运输车队之间等的交接。E/R通常包含集装箱的详细信息、交接地点和时间、物理检查结果、责任人等，用于确保集装箱交接过程的准确、合规和安全。提取空箱的流程如图3-5所示。

顺序	名称
1	船舶代理留底联
2	码头堆场联
3	用箱人/运箱人联
4	单证及指示，押金

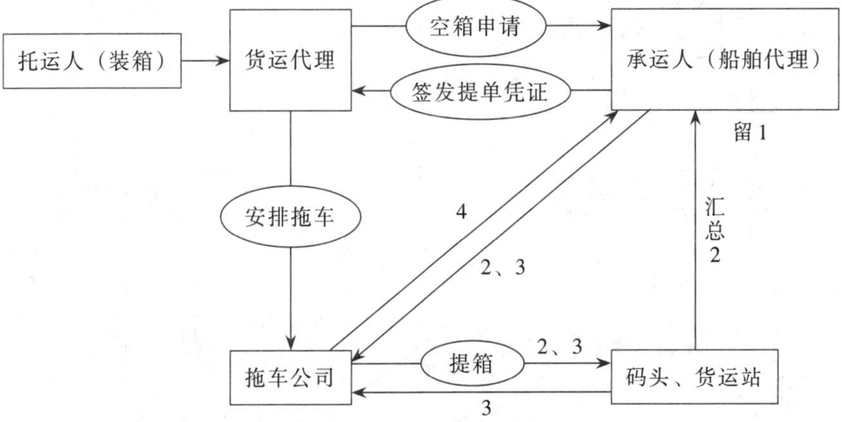

图3-5　提取空箱的流程

6.货物报检与报关

货物报检与报关的流程如图3-6所示。

7.货物装箱

货物装箱分为产地装箱和场地交箱。装箱单（Container Load Plan，CLP）是装箱人根据已装入集装箱的货物制作的，记载箱内所装货物的名称、数量、重量、交付方式及箱内积载顺序（自里到外）的单证。装箱单一式数份，有一式四联、一式五联和一式十联三种。一式五联装箱单的填写流程如图3-7所示。

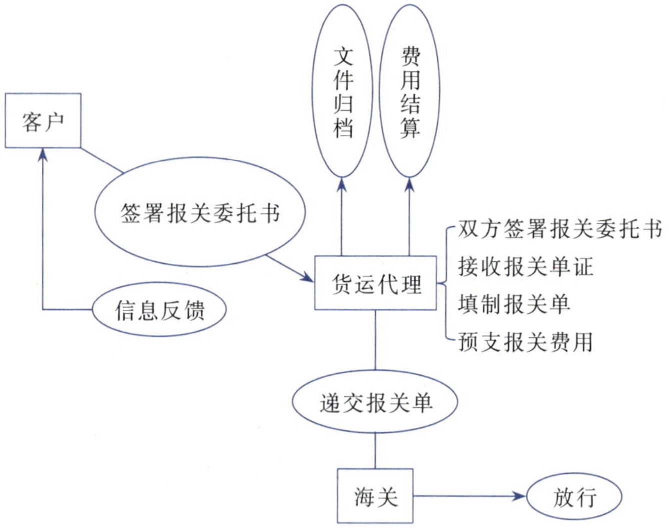

图3-6　货物报检与报关的流程

顺序	名称
1	码头联
2	船代联
3	承运人联
4	发货人/装箱人联（1）
5	发货人/装箱人联（2）

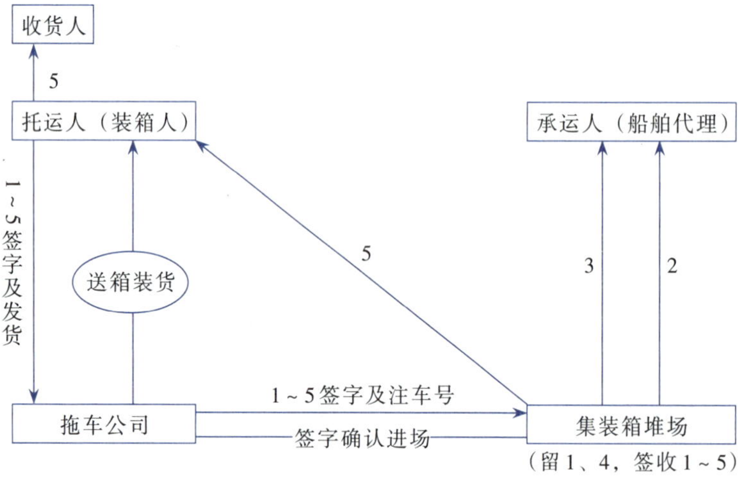

图3-7　一式五联装箱单的填写流程

8.货物的交接与签收

货物交接、签收的流程为：订舱→货主或货运代理→联系内陆运输工具、货物集装箱，相关单证送至码头待装箱或装船，与承运人或其代理办理货物/箱子交接手续，取得经营人签发的场站收据正本。承运人的代理人，即场站经营人签发了场站收据，意味着承运人已接收了该单下的货物，并开始对其承担责任。

9.监装船

监装船是指货运代理代表货主在装卸现场监督货物的装卸情况。货运代理应做好现场记录，随时掌握装卸进度和处理装卸过程中发生的问题，以维护货方的利益，保证装卸质量。当舱位确实不足时，应安排快到期的急运货物优先装船，对必须退关的货物，应及时联系有关单位处理。

对一级危险品、重大件、贵重品、特种商品和驳船来货的船边接装、直装工作，要随时掌握情况，防止接卸和装船脱节。对装卸过程中的货损，应取得责任方的签字证明，联系原发货方做好货物调换和包装处理。

10.信息通告及缮制提单

货运代理与场站或船舶代理确认货物的放行和入港情况，并及时与客户联系，解决出现的问题；确认无误后装船，并及时告知客户；根据委托书、信用证等缮制提单，在客户确认无误后，送船公司或代理签字。

11.付费取单

若提单内容与场站收据上的记载不符，应要求承运人说明未能在场站收据上如实注明的原因。如果托运人要求倒签提单、预借提单、顺签提单等，与承运人或其代理人联系，争取其同意。

12.处理装船后的有关事宜

（1）及时交单、及时结汇。货运代理在交单前应要求托运人签收确认，对未支付的费用予以书面确认。

（2）处理退关、短装以及溢装货物。如果货物未能及时发运，或出现单证不齐、短装（多报少出）、溢装（少报多出）等情况，货运代理应开出退关、短装及溢装通知，要求托运人重新提供相关单据，向海关更正。

13.业务归档

货运代理应于代理业务结束后进行业务归档，做好总结、备查工作。

（五）班轮进口运输货运代理业务

班轮进口运输货运代理业务流程，是指国际货运代理以代理人的身份代表货主办理货物经海运班轮进口，将货物交付承运人承运这一过程所需要经过的环节、需要办理的手续及必备的单证等业务。

集装箱拼箱进口业务需要经过以下流程：揽货接单—理单制单—订舱及订舱处理—通知收货人、发货人及装港代理—转发货物已装船通知—办理货运保险—掌握进口船舶动态—接单与提供进口货物流向—办理提货手续—报关与报检—提取集装箱—货交收货人—空箱返还—费用结算—业务归档。如果货运代理有自己的海关监管仓库，也可以先接收货物再进行报关与报检。

散杂货进口业务流程与上述流程基本相同，只不过省去了拆箱、返还空箱环节，而且货物交接地点通常也不在货运站或码头堆场，而是在仓库。此外，所用的货运单证也与集装箱货物有所不同。

二、租船运输

租船运输（Shipping by Chartering），又称不定期船运输，是租船人向船东租赁船舶用于货物运输的一种方式，通常适用于大宗货物运输。租船运输与班轮运输不同，船舶没有预定的船期表、航线、港口和基本费率。有关航线和港口、运输货物的种类以及航行时间等都按照承租人的要求，由船舶所有人确认。租船人与出租人之间的权利和义务以双方签订的租船合同（Charter Party，C/P）确定。

在租船运输中，船舶运营依据船舶出租人与承租人双方签订的租船合同来进行。船舶出租人提供的是货物运输服务，而承租人按约定的租金或运价支付运费。

（一）租船运输的特点和作用

1.租船运输的特点

（1）租船运输没有固定的航线、装卸港和船期。根据租船人的需要，由双方洽商租船运输条件，并以租船合同的形式加以确定，以此作为双方权利和义务划分的依据。

（2）租船运输没有固定的运价。租船运价受租船市场供求关系的制约，船多货少时运价低，反之则高。

（3）租船运输一般是整船洽租并以装运货值较低、成交数量较多的大宗货物为主。

2.租船运输的作用

（1）租船一般是通过租船市场，由船租双方根据自己的需要选择适当的船舶，满足不同的货运需要，为开展国际贸易提供便利。

（2）国际大宗货物主要以租船运输为主，由于运量大，因此单位运输成本较低。

（3）租船运价是竞争价格，所以一般比班轮运价低，有利于低值大宗货物的运输。

（4）只要是船舶能安全出入的港口，租船都可以进行直达运输。

（5）一旦贸易量增加、舱位不足，造船、买船又难以应急，租船运输可起到弥补需求的作用。此外，如果舱位有余，为避免停船损失，可用租船揽货或转租。

（二）租船市场与租船经纪人

1.租船市场

狭义的租船市场，又称海运交易市场，是需求船舶的承租人与提供船舶运力的船舶所有人洽谈租船业务，协商租船合同内容并签订合同的场所。这种场所有的位于货主和船东汇集的城市，有的则分散在其方便办公的地方，通过通信手段进行交易。

广义的租船市场不强调有形的市场形态，它是船舶出租者、船舶租赁者和其他租船业务参与者及所有船舶租赁相关信息的总和，是一个抽象的市场概念。

租船市场具有以下主要作用：提供交易机会、加强信息沟通、调整航运市场。

2.租船经纪人

海运市场中有大批专门从事船舶的租赁、订舱、买卖、保险等中介业务的航运经纪人，其中专门从事租船订舱的经纪人称为租船经纪人。租船经纪人掌握市场动态，作为当事方的桥梁与纽带，主要提供以大宗散杂货为主的租船、揽货、订舱、船舶买卖、信息咨询等中介服务。

拓展阅读3-3

租船合同洽商程序

租船经纪人分为：①船东经纪人（Owner's Broker），是根据船东的授权和指示代表船东利益在租船市场上从事船舶出租或承揽货源的人；②承租人经纪人（Charterer's Broker），是代表承租人的利益在租船市场上为承租人洽租合适船舶的人；③双方当事人经纪人（Both Parties' Broker），是以中间人身份尽力促成船东和承租人双方达成船舶租赁协议，并从中赚取佣金的人。

（三）租船经纪人进行租船业务洽谈的方式

（1）由船舶所有人和承租人各自指定一个租船经纪人，由其代表各自委托人的利益进行洽谈。

（2）由船舶所有人和承租人共同指定一个租船经纪人进行洽谈。这时租船经纪人就是中间人。

（3）由船舶所有人或承租人的一方与他方指定的租船经纪人进行租船业务洽谈。

"本人"（委托人、承运人）应向租船经纪人支付经纪人佣金，一般为运费或租金的1%或4%。以航次租船为例，租船经纪人的佣金通常为运费的1.25%。在签订合同条件下，按租船合同的佣金条款来支付。如果合同规定"佣金在签订合同时支付"，则无论合同执行情况如何，租船经纪人均可获得佣金；如果合同规定"佣金在货物装运时支付"，则当合同于货物装卸前被解除，租船经纪人不能获得佣金；如果合同规定"佣金在赚取运费时支付"，则租船经纪人只能在租船合同得以履行且船舶所有人获得运费后才能获得佣金。

（四）租船经营方式

目前，租船经营方式主要有航次租船（Voyage Charter）、定期租船（Time Charter）、光船租船（Bareboat Charter）、包运租船（Contract of Affreightment，COA）和航次期租（Time Charter on Trip Basis，TCT）等。

1.航次租船

航次租船，又称航程租船、程租船，简称"程租"，是指船舶所有人向承租人提供船舶或船舶的部分舱位，在指定的港口之间进行单向或往返的一个航次或几个航次用以运输指定货物的租船运输方式。

船舶所有人主要负责船舶的航行，承租人只负责货物的部分管理工作。航次租船是租船市场上最活跃、最普遍的一种方式，对运费水平的波动最为敏感。在国际市场上，液体散货和干散货主要使用航次租船。航次租船分为：

（1）单航次租船（Single Trip/Single Voyage Charter）。它是指船舶所有人与承租人双方约定，提供船舶完成一个单程航次货物运输的租船方式。船舶所有人负责将指定货物从起运港运往目的港。

（2）往返航次租船（Return Trip/Return Voyage Charter）。它是指所租船舶在完成一个单航次后，又在原卸货港或其附近港口装货运往原装货港，卸完货后合同即告终止。船舶所有人与承租人双方约定，前者提供船舶完成往返航次的货物运输。但是，返航航次的出发港及到达港并不一定与往航航次的相同。

一个往返航次租船包括两个单航次租船。往返航次租船主要用于一个货主只有去程货载，而另一个货主有回程货载时，两个货主联合起来向船舶所有人按往返航次租赁船舶。

(3) 连续单航次租船 (Consecutive Single Voyage Charter)。它是指船舶所有人与承租人约定，提供船舶连续完成几个单航次的租船运输方式。也就是说，用一条船连续完成同一去向的、若干相同的程租航次，中途不能中断，一程运货，另一程放空，船方沿线不能揽载。连续单航次租船主要用于某些货主拥有数量较大的货载，一个航次难以运完的情况。船舶所有人与承租人可以按单航次签订若干个租船合同，也可以只签订一个租船合同。

(4) 连续往返航次租船 (Continuous Return Voyage Charter)。它是指船舶在同方向或同航线上连续完成两个以上往返航次运输后，合同即告终止。其在实际业务中较少出现。

航次租船的特点是：①船东占有和控制船舶，负责配备船员，负担船员工资、伙食费等；承租人指定装卸港口和货物。②承租人向船东支付运费 (Freight)，即租金 (Rent)，运费可按每吨运价计收或采用包干总运费方式计收。③船东负责营运工作，除装卸费用可协商外，其他营运费用由船东负担。④在租船合同中订明货物的装卸费用由船东或承租人负担。⑤船东出租整船或部分舱位。⑥在租船合同中订明可用于在港装卸货物的时间 (Lay Time)、装卸时间的计算方法、滞期及相关规定。若装卸时间超过规定天数，承租人要支付滞期费；反之，船东则要向承租人支付速遣费。双方也可以采取 CQD (Customary Quick Dispatch) 方式，即不规定装卸时间而采取港口习惯装卸速度，由船东承担时间风险。

航次租船的业务阶段包括：①预备航次阶段。在船舶抵达装货港前，船舶在其所有人的控制下，船舶所发生的风险和费用由船舶所有人承担。②装货阶段。它是指船舶抵达、停靠装货港后待泊和装货的整个阶段。这个阶段的风险主要是指船舶延误所造成的损失，通常以“滞期费”的形式来补偿。③航行阶段。这个阶段所发生的一切风险和费用通常都由船舶所有人承担。④卸货阶段。它是指船舶抵达、停靠卸货港后待泊和卸货的整个阶段。这个阶段发生的风险处理原则同装货阶段。

2.定期租船

定期租船，又称期租船，简称“期租”，是船舶所有人将特定船舶按照租船合同的约定，在约定的期间内租给承租人使用的一种租船方式。在租期内，承租人利用租赁的船舶既可以进行不定期货物运输，也可以进行班轮运输，还可以在租期内将船舶转租。

定期租船的特点是：①船舶所有人负责配备船员，并负担其工资和伙食；②承租人拥有包括船长在内的船员指挥权，否则有权要求船舶所有人予以撤换；③承租人负责船舶的营运调度，并负担船舶营运中的可变费用；④船舶所有人负担船舶营运的固定费用；⑤船舶以整船出租，租金按船舶的载重吨、租期以及商定的租金率计收；⑥租船价格在租期内一般比较稳定，货载的运输不受或较少受运输市场价格波动的影响。船舶所有人为避免租期内因部分费用上涨而使其盈利减少或发生亏损，会在长期的定期租船合同中加入“自动增减”条款，使其在规定的费用上涨时，可按合同约定的相应比例提高租金。

3.光船租船

光船租船，又称船壳租船，简称“光租”，实际上是一种财产租赁，船舶所有人无承揽运输的责任。在租赁期间，船舶所有人只提供一艘空船给承租人使用，船舶所配备的船员、营运管理、供应，以及一切固定或变动营运费都由承租人负担。船舶所有人在租期内除了收取租金外，对船舶经营不再承担责任和费用。

对船东来说，一般不放心把船交给租船人支配；对租船方来说，雇用和管理船员的工作很复杂，租船人也很少采用这种方式。因此，光船租船这种形式在租船市场上很少采用。

光船租船的特点是：①船舶所有人提供一艘适航的空船，不负责货物运输；②承租人配备全部船员，并负指挥责任；③承租人以承运人的身份负责船舶的经营及调度，并承担在租期内的损失；④承租人负担除船舶基本费用外的全部固定及变动成本；⑤以整船出租，租金按船舶的载重吨、租期及商定的租金率计算；⑥船舶的使用权从船舶交与承租人使用时起转移至承运人。

4.包运租船

包运租船是船舶所有人向承租人提供一定吨位的运力，在确定的港口之间，按事先约定的时间、航次周期和每航次较为均等的运量，完成合同规定的全部货运量的租船方式。以包运租船方式所签订的租船合同，称为包运租船合同或运量合同。

包运租船的特点是：①包运租船合同中不特别规定某一船舶及其国籍，仅规定租用船舶的船级、船龄和其技术规范等；②租期的长短取决于货物的总运量及船舶航次周期所需的时间；③承租人通常是货物贸易量较大的工矿企业、贸易机构、大型石油公司；④航次中所产生的航行时间延误风险由船舶所有人承担，而船舶在港内装货、卸货期间所产生的延误损失与航次租船一样，一般用合同中的“滞期条款”处理，通常由承运人承担船舶在港的时间损失；⑤运费按船舶实际装运货物的数量及约定的运费率计收，通常按航次计算；⑥航次费用的负担、责任划分一般与航次租船方式相同。

5.航次期租

航次期租是建立在定期租船和航次租船两种租船方式基础上的一种边缘型租船方式，船舶所有人减少了因各种原因所造成的航次时间延长带来的损失。

拓展阅读3-4

租船业务中应注意的问题

航次期租的主要特点是没有明确的租期期限，只确定了特定的航次。它以完成航次运输为目的，按实际租用天数和约定的日租金率计算租金，费用和风险则按期租方式处理。

（五）租船合同

租船合同是租船人和船东双方就权利和义务所签订的法律文件。当外贸企业有大宗货物需要租船运输时，一般只使用程租船。租船合同的内容除船东和租船人的名称外，通常应对船名、船旗、承运货物的名称和数量、装卸港口、受载期、运费和装卸费用、装卸时间或装卸率、滞期费和速遣费等做出规定。

运费是船方提供运输服务的报酬，支付运费是租船人的主要义务。在租船合同中，一般规定运费率（Rate of Freight），即按货物载重每吨若干金额计费，或按整船包干运费计收。

程租船装卸费用的划分有以下四种方式：①F.I.O.（Free in and out），即船方不负责货物的装卸费用。为进一步明确船舱内货物装载以及散装货平舱的责任和费用划分，需使用F.I.O.S.T.（Free in，out，Stowed and Trimmed），即船方不负责货物的装卸、理舱和平舱。②F.O.（Free out），即船方负责装货费用，但不负责卸货费用。③F.I.（Free in），即船方负责卸货费用，但不负责装货费用。④Gross Terms/Liner Terms，即船方负责装卸费用。

（六）滞期费和速遣费

如果租船人在规定的装卸时间内未能将货物全部装卸完毕，致使船舶继续在港内停泊，使船东增加在港费用支出并遭受船期损失，则自许可装卸时间终了时起至全部货物装卸完毕为止，租船人按实际滞延时间向船东支付补偿金（罚金），即滞期费（Demurrage），又称延滞费；反之，如果租船人在规定时间内提前完成装卸作业，船舶提前离港，使船东节省在港费用并获得船期利益，对所节省的时间，船方要按规定向租船人支付一定金额的奖励，即速遣费（Dispatch Money）。

程租船合同对这两种费用通常按每天若干金额规定，不足一天按比例计算，具体金额视船舶的运营成本而定。速遣费通常为滞期费的一半。“一旦滞期则永远滞期”，即只要发生滞期，原本可以扣除的星期天、节假日和坏天气等均不能扣除。

在实际业务中，负责装卸货物的不一定是租船人，可能是买卖合同的一方当事人，如FOB合同的租船人是买方，而装货由卖方负责；反之，CIF合同的租船人是卖方，卸货由买方负责。因此，负责租船的一方为了使对方及时完成装卸任务，会在买卖合同中规定装卸时间、装卸率、滞期费、速遣费等条款。确定装卸时间的方法包括：

1.规定具体的装卸时间

（1）日或日历日，是指连续24小时的时间。

（2）连续日（Running Day），是指一天紧接一天的时间。

（3）工作日（Working Day，WD），是指不包括星期天、法定节假日的可以作业的时间。

（4）晴天工作日（Weather Working Day，WWD），是指除星期天、法定节假日或因天气不良而不能进行装卸作业的工作日之外的工作日。

（5）24小时晴天工作日（WWD of 24 Hours），是指不论工作小时数是跨及几天的时间，以累计24小时作为1个晴天工作日的时间。

（6）连续24小时晴天工作日（WWD of 24 Consecutive Hours），是指除去星期天、法定节假日、天气不良影响装卸作业的工作日或工作小时后，以真正的连续24小时为1日。

按晴天工作日计算装卸时间时，常常附加很多其他除外事项，常见的条款主要有：

①WWDSHEXUU（晴天工作日，星期天、法定节假日除外，除非已使用，但仅计算实际使用的时间）；②WWDSHEXEIU（晴天工作日，星期天、法定节假日除外，即使已使用也不算）。

2.规定平均每天应装卸货物的效率

（1）装卸率。在实际业务中，对于装卸率，双方既可以约定“××吨/天”，也可以约定“××吨/天可工作舱口”，或“××吨/天，基于××可工作舱口”。其中，装卸率中的“天”一般规定为晴天工作日，也可以根据合同做出其他约定；由于承租双方对可工作舱口的理解不同，对“××吨/天可工作舱口”下装卸时间的计算有较大的差别。

实例3-6 分析提示

【实例3-6】（1）××吨/天可工作舱口。假设某船有5个舱口，最大舱口可装载货物5 000公吨，租约规定：载货20 000公吨，装卸率为200公吨/晴天工作日可工作舱口，即200MT/WWD/WORKABLE HATCH。求装卸时间。

（2）××吨/天，基于××可工作舱口。假设某船有5个舱口，最大舱口可装载货物5 000公吨，租约规定：载货20 000公吨，装卸率为1 000公吨/晴天工作日，基于5个可工作舱口，即1 000MT/WWD/BSS 5/WORKABLE HATCH。求装卸时间。

（2）装卸货物的数量。在计算装卸时间时，装卸货物的数量应以实际处理货量为基础。

（3）不规定装卸时间，按港口习惯尽快装卸，即租船人应按照装卸港口的实际情况，尽可能快地完成装卸工作。

（4）以船舶能够收货或交货的速度装卸（As Fast as the Vessel can Receive/Deliver）。它是指租船人按船舶处于完全工作状态时所能达到的最高装卸率装卸货物。

装卸时间的计算分为：①装卸时间分开计算。这种方法是指装货港和卸货港分别编制单独的装货时间表和卸货时间表，然后分别计算装货时间和卸货时间。②装卸时间统算。这种方法是指装货港与卸货港的装卸时间一并计算。

目前，装卸统算主要有三种形式：

一是装卸时间共用（All Purpose）。这是标明装货港和卸货港的装卸时间统一使用的一种术语。如果在装货港已将装卸两港合计的允许使用时间用完，则在装货港已经进入滞期，按照“一旦滞期，永远滞期”的原则，当船舶抵达卸货港后，立即连续计算滞期时间。

二是装卸时间抵算或可调剂使用（Reversible Laydays），简称“互换”。这是指承租人有权选择将约定的装货时间和卸货时间加在一起计算。它的主要特点是以装货港节省的时间或者以滞期时间来调整原规定的卸货港的可用时间。另外，如果在装货港已将装卸两港合计的允许使用时间用完，即在装货港已经进入滞期，则船舶抵达卸货港后，并不立即连续计算滞期时间，而是在递交装卸备妥通知书后，经过一段时间才开始连续计算滞期时间。在这种情况下，承租人享有将正常的通知时间排除于装卸时间之外的权利。

三是装卸时间平均计算（To Average Laydays），简称“均分”。这是指分别计算装货时间和卸货时间，用一项作业中节省的时间抵消另一项作业中超用的时间。

与“装卸时间抵算或可调剂使用”的不同之处在于，虽然“装卸时间平均计算”也分别单独编制装货时间计算表和卸货时间计算表，但是并不以装货港节省的时间和滞期时间来调整原规定的卸货港的可用时间，而是用一项作业中节省的时间抵消另一项作业中超用的时间。

【实例3-7】

租约规定：

（1）装货时间为1WWDSHEX，星期六下午至星期一上午8时即使使用了也不算。

（2）卸货时间为3WWDSHEX，星期六下午至星期一上午8时即使使用了也不算。

（3）装卸备妥通知书上午递交时，装卸时间从当日12时起算；下午递交时，装卸时间从次日早8时起算。

船舶装卸货事实如下：

（1）船舶于某星期四上午10时抵达装货港并递交了装卸备妥通知书，然后从星期五开始装货，直至下周一上午8时结束并起航驶往卸货港。

（2）船舶于某星期四上午10时抵达卸货港并递交了装卸备妥通知书，然后从星期五开始卸货，直至下周一上午8时结束。

假设装卸过程中未发生过任何装卸间断，请分别采用以上介绍的方法计算滞期/速遣时间。

实例3-7 分析提示

3.滞期费、速遣费的计算与结算步骤

（1）取得滞期费与速遣费的计算必备资料。其包括：①租船合同。它是滞期费和速遣费的计算与结算依据。②装卸备妥通知书。它是确定装卸时间起算的依据。③装卸时间事实记录（Lay Time Statement of Facts）。④与滞期费和速遣费的计算与结算有关的其他文件和资料。

（2）计算装卸时间，确定滞期费与速遣费的金额。

（3）结算滞期费或速遣费。

【实例3-8】某轮船于某年3月18日星期一10：00抵达装货港锚地，并递交NOR（准备通知），合同约定装卸时间应在递交NOR的24小时后起算，但如果提前装货，则计入装卸时间，装卸率为2 000MT/WWDSHEXUU，每天的滞期费和速遣费分别为3 000美元和1 500美元。该轮船于3月18日14：00开始装货，并于当日24：00停止装货，3月19日10：00恢复装货直至3月24日10：00结束，期间除了22日00：00—10：00因下雨停止作业之外，其他时间一直在进行装货作业，该轮船最终装货6 000公吨。试按时间连续与非连续计算装港发生的滞期费。

实例3-8 分析提示

任务四 海运托运单、海运提单、海运单

拓展阅读3-5

电子托运单

一、海运托运单

海运托运单是托运人向外运公司提供出运货物的必备资料，是外运公司向船公司订舱配载及外运公司与出口仓库或生产厂家之间往来提货的依据。虽然它不是出口结汇的正式单据，但却是日后制作提单、出口结汇的主要材料。

海洋运输具体有两种运输方式：一种是传统的散货运输；二是现代化的集装箱运输。两种不同的运输方式分别使用不同的托运单。

（一）散货运输海运托运单

散货运输海运托运单（如样例3-1所示）的各联用途如下：第一联，货主（一般为出口人）留底；第二联，船代理留底；第三联，运费通知（1）；第四联，运费通知（2）；第五联，装货单，此联经船代理盖章后即确认货物已配定船只，船上工作人员凭此接收货物；第六联，收货单（即大副收据），货物装上船后，大副在此联上签字，凭此向船公司或船代理换取全套正本提单；第七联，外运公司或承办货运的机构留底；第八联、第九联，均为配舱回单，由货运代理在船只配定后填好船名、关单号退回出口人；第十联，缴纳港务费申请书，由港务部门留存，凭以计算港务费用；第十一联、第十二联，均为备用联，空白格式。

样例3-1 散货运输海运托运单

<table>
<tr><td colspan="4">托运人
Shipper</td><td colspan="4">编号
No.</td></tr>
<tr><td colspan="4">目的港
For</td><td colspan="4">船名
S/S</td></tr>
<tr><td colspan="2">唛头和铅封号
Marks & Nos.</td><td colspan="2">货物数量
Quantity</td><td colspan="2">货 名
Description of Goods</td><td colspan="2">重量（千克）
Weight (Kgs)</td></tr>
<tr><td colspan="2" rowspan="3"></td><td colspan="2" rowspan="3"></td><td colspan="2" rowspan="3"></td><td>净重
Net Weight</td><td>毛重
Gross Weight</td></tr>
<tr><td></td><td></td></tr>
<tr><td colspan="2">运费支付方式</td></tr>
<tr><td colspan="6">共计件数（大写）
TOTAL NUMBER OF PACKAGES (IN WORDS)</td><td colspan="2"></td></tr>
<tr><td>运费计算
Freight & Charges</td><td colspan="3"></td><td colspan="2">尺码
Measurement</td><td colspan="2"></td></tr>
<tr><td>备注</td><td colspan="7"></td></tr>
<tr><td>通知</td><td></td><td>可否转船</td><td></td><td>可否分批</td><td colspan="3"></td></tr>
<tr><td rowspan="2">收
货
人</td><td rowspan="2"></td><td>装期</td><td></td><td>有效期</td><td></td><td>提单张数</td><td></td></tr>
<tr><td>金额</td><td colspan="5"></td></tr>
<tr><td>配货要求</td><td></td><td>银行编号</td><td></td><td>信用证号</td><td colspan="3"></td></tr>
</table>

制单　　年　月　日

（二）集装箱货物海运托运单

集装箱货物海运托运单（如样例3-2所示）又称“场站收据”，是集装箱运输专用出口单证，通常为一式十二联，性质与散货运输海运托运单相同。

样例3-2 集装箱货物海运托运单

Shipper（发货人）			D/R No.（编号） 场站收据 DOCK RECEIPT Received by the Carrier the Total number of containers or other Packages or units stated below to be transported subject to the terms and conditions of the Carrier's regular form of B/L (for Combined Transport or Port to Port Shipment) which shall be deemed to be incorporated herein.		
Consignee（收货人） Tel:					
Notify Party（被通知人） Tel:					
Pre-carriage by （前程运输）		Place of Receipt （收货地点）			
Ocean Vessel（船名）	Voyage No.（航次）		Port of Loading（装货港）	Date（日期） 场站章	
Port of Discharge（卸货港）	Place of Delivery（交货地点）		Final Destination for the Merchant's Reference（目的地）		
Container No./Seal No. （集装箱号/封号）	Marks & Nos. （唛头和铅封号）	No. of Containers/of Packages （箱数/件数）	Kind of Packages/ Description of Goods （包装种类/货名）	Gross Weight（Kgs） （毛重）	Measurement（M^3） （尺码）
TOTAL NUMBER OF CONTAINERS OR PACKAGES（IN WORDS） 集装箱数或件数合计（大写）					
Container No.（集装箱号）	Seal No.（封号）		Packages（件数）		
Received （实收）			By Terminal Clerk/Tally Clerk （场站员/理货员签字）		
Freight & Charges （运费计算）	Prepaid at（预付地点）	Payable at（到付地点）	Place of Issue（签发地点） Booking Approved by（订舱确认）		
	Total Prepaid （预付总额）	No. of Original B（s）/L （正本提单份数）	Monetary Amount（货值金额）		
Service Type on Receiving （接收服务类型） □-CY，□-CFS，□-DOOR	Service Type on Delivery （交付服务类型） □-CY，□-CFS，□-DOOR		Reefer Temperature Required （冷藏温度）	°F	℃
Type of Goods （货物种类）	□ Ordinary（普通），□ Reefer（冷藏）， □ Dangerous（危险品），□ Auto（裸装车辆） □ Liquid（液体），□ Live Animal（活动物），□ Bulk（散货）		Dangerous Goods （危险品）	Class: Property: IMDG Code Page: UN No.:	
发货人或代理地址：				联系人：	电话：
可否转船	可否分批	装期		备注	装箱场站名称
有效期		制单日期			
海运费由＿＿＿＿＿＿＿支付 如预付运费托收承付，请填准银行账号					

海运出口货物委托书（如样例3-3所示）由进出口企业自行编制，填写方法与海运

出口托运单的有关栏目相同，可参考托运单的相关填制方法。

样例3-3　海运出口货物委托书

合同号：　　年　月　日　　　信用证号：

<table>
<tr><td rowspan="2">委托单位</td><td colspan="3" rowspan="2"></td><td colspan="2">委托编号</td><td></td></tr>
<tr><td colspan="2">提单号</td><td></td></tr>
<tr><td rowspan="2">提单抬头</td><td colspan="3" rowspan="2"></td><td colspan="2">装船期</td><td></td></tr>
<tr><td colspan="2">结汇期</td><td></td></tr>
<tr><td rowspan="4">被通知人详细地址</td><td colspan="3" rowspan="2">正本：</td><td colspan="2">可否转船</td><td></td></tr>
<tr><td colspan="2">可否分批</td><td></td></tr>
<tr><td colspan="3" rowspan="2">副本：</td><td colspan="2">离岸价格</td><td></td></tr>
<tr><td colspan="2">货证情况</td><td></td></tr>
<tr><td colspan="4">船名：　　装货港：</td><td colspan="2">随附单证</td><td></td></tr>
<tr><td colspan="7">目的港：　运费支付：　　提单份数：　正　副</td></tr>
<tr><td>唛头：</td><td>件数：</td><td>货名：</td><td>净重：</td><td colspan="2">毛重：</td><td>体积：</td></tr>
<tr><td rowspan="2">特殊条款</td><td colspan="3" rowspan="2"></td><td rowspan="4">外运记载事项</td><td>配单</td><td></td></tr>
<tr><td>初审</td><td></td></tr>
<tr><td rowspan="2">其他要求</td><td colspan="3" rowspan="2"></td><td>制单</td><td></td></tr>
<tr><td>审核</td><td></td></tr>
</table>

委托单位盖章　　　　　　制表：　　　　　　复核：

场站收据各联的名称和用途见表3-1。

表3-1　场站收据各联的名称和用途

顺序	名称	颜色	主要用途
1	集装箱货物托运单——货方留底	白色	托运人留存备查
2	集装箱货物托运单——船代理留底	白色	据此编制装船清单、积载图、预制提单等
3	运费通知（1）	白色	计算运费
4	运费通知（2）	白色	运费收取通知
5	装货单——场站收据副本（1）	白色	报关并作为装货指示
6	大副联——场站收据副本（2）	粉红色	报关，船方留存备查
7	缴纳港务费申请书	白色	货方计算港杂费
8	场站收据	淡黄色	报关，船代理凭此签发提单
9	货运代理留底	白色	缮制货物流向单
10	配舱回单（1）	白色	货运代理缮制提单等
11	配舱回单（2）	白色	根据回单批注修改提单

知识延伸 3-1 装运通知

货物装船后，外贸企业应及时向国外买方发出“装运通知”（Shipping Advice，S/A），以便对方准备付款赎单以及办理进口报关和接货手续。特别是在CFR条件下，卖方负责安排在装运港将货物装上船，而买方需自行办理货物运输保险，以就货物装上船之后可能遭受灭失或损坏的风险取得保障。因此，在货物装上船前，即风险转移至买方前，买方及时向保险公司办理保险是至关重要的。《2020年国际贸易术语解释通则》规定：卖方必须给予买方关于货物已按规定交至船上的充分的通知。虽然《2020年国际贸易术语解释通则》未对卖方未能给予买方该项充分的通知的后果做出具体的规定，但是根据有关货物买卖合同的适用法律，卖方因遗漏或不及时向买方发出装运通知，而使买方未能及时办妥货运保险，卖方应承担违约责任。为此，卖方在货物装船后，应及时以电传或双方商定的其他形式发出装运通知（如样例3-4所示）。

样例3-4 装运通知

Dalian ××× Import & Export Corporation

SHIPPING ADVICE

No.:

To:

Date:

L/C No.:

Insurance Cover Note No.:

Port of Shipment:

Port of Destination:

Date of Shipment:

Vessel's Name

SHIPPING MARK	DESCRIPTION OF GOODS	QUANTITY/WEIGHT

SPECIAL CONDITIONS IN SHIPPING ADVICE

(Signed and Stamp)

装运通知的内容一般包括：订单号或合同号、信用证号、提单号、货物名称、数量、总金额、唛头、装运口岸、装运日期、船名及预计开船日期等。

二、海运提单

（一）海运提单的概念

海运提单（Bill of Lading，B/L），是用以证明海上货物运输合同和货物已经由承运人接收或者装船，以及承运人保证据以交付货物的单证。提单中载明的向记名人交付货物，或者按照指示人的指示交付货物，或者向提单持有人交付货物的条款，构成承运人据以交付货物的保证。提单的当事人是承运人与托运人，提单的关系人有发货人、提单持有人、收货人和货物所有人等。

（二）海运提单的性质和作用

1.海运提单是海上货物运输合同的证明（Evidence of the Contract of Carriage）

动画3-3

海运提单

提单的印刷条款规定了承运人与货物关系人之间的权利、义务，提单也是法律承认的处理有关货物运输争议的依据。因此，有人会认为提单本身就是运输合同，但是提单并不具有作为经济合同应具备的基本条件。构成运输合同的主要项目如船名、开航日期、航线、目的港及其他有关货运条件都是事先公布的，而且是众所周知的；至于运价和运输条件也是承运人预先规定的，提单条款仅是承运人单方面制定的，在提单上只有承运人单方的签字。同时，合同履行在前，签发提单在后，提单只是在履行运输合同的过程中出现的一种凭证，而合同实际上在托运人向承运人或其代理人订舱、办理托运手续时就已成立。确切地说，承运人或其代理人在托运人填制的托运单上盖章时，承运人、托运人之间的合同就已成立。因此，将提单称为“海上货物运输合同已存在的证明”更为合理。

提单是运输合同成立的证明。如果在签发提单之前，承运人、托运人双方另有约定，且该约定又不同于提单条款规定的内容，则以该约定为准。如果在签发提单之前，承运人、托运人双方并无约定，且托运人在接受提单时又未提出任何异议，这时才可将提单条款推定为合同条款的内容，从而约束承运人、托运人双方，提单才能从运输合同成立的证明转化为运输合同本身。

当提单转让给善意的第三人（提单的受让人、收货人等）以后，承运人与第三人之间的权利、义务等就按提单条款的规定处理，即此时提单就是第三人与承运人之间的运输合同。

2.海运提单是证明货物已由承运人接管或已装船的货物收据（Receipt for the Goods Shipped）

首先，货物的原始收据不是提单，而是大副收据或场站收据。“收货待运提单”是证明承运人已接管货物、具有明显的货物收据功能的单证。“已装船提单”是在货物装船后，根据货物的原始收据——大副收据等签发的，提单上载有证明收到货物的种类、数量、标志、外表状况等的内容。此外，由于国际贸易中经常使用FOB、CFR和CIF三种价格术语，在这三种“装运合同”（Shipping Contract）价格术语条件下，货物装船象征着卖方将货物交付给买方，货物装船时间即卖方的交货时间，因此，提单上还载有货物装船的时间。用提单来证明货物的装船时间是非常有必要的，因为作为履行贸易合同的必要条件，如果卖方未将货物按时装船，银行就不会接受该提单。

其次，承运人签发提单，则表明其已按提单上所列内容收到货物。但是，提单作为货物收据的法律效力在不同的当事人之间是不同的。对托运人来说，提单只是承运人依据托运人所列内容收到货物的初始证据（Prima Facie Evidence）。换言之，如果承运人有确凿证据证明其事实上未收到货物，或者在收货时实际收到的货物与提单所列的情况有差异，承运人可以通过一定方式减轻或者免除自己的赔偿责任。但是对于善意受让提单的包括收货人在内的第三人，提单是承运人已按托运人所列内容收到货物的绝对证据（Conclusive Evidence）。承运人不能提出相反的证据否定提单内所记载的内容。我国《海商法》第77条对提单有关货物记载事项的证据效力的规定是："承运人或者代其签发提单的人签发的提单，是承运人已经按照提单所载状况收到货物或者货物已经装船的初步证据；承运人向善意受让提单的包括收货人在内的第三人提出与提单所载状况不同的证据，不予承认。"

3.海运提单是承运人保证凭以交付货物的物权凭证（Real Right Certificate）

承运人或其代理人在目的港交付货物时，必须向提单持有人交货。在这种情况下，即使是真正的收货人，如果不能递交正本提单，承运人也可以拒绝对其放行货物。也就是说，收货人是根据提单物权凭证的功能，在目的港以提单相交换来提取货物的。

提单作为物权凭证的功能是用法律的形式予以确定的，提单的转移就意味着提单上所记载货物的转移，提单的合法受让人或提单持有人有权要求承运人交付提单上所记载的货物。除提单中另有相关规定外，提单的转让是不需要经承运人同意的。

提单具有物权凭证的功能使其所代表的"物权"可以随提单的转移而转移，提单中所规定的权利和义务也随提单的转移而转移。即使货物在运输过程中遭受损坏或灭失，但货物的风险已随提单的转移而转移给了提单的受让人。提单的受让人能否得到赔偿，将取决于有关海上货物运输的法律、国际公约和提单条款的规定。

拓展阅读3-6

关于海运提单的国际公约

提单的转让是受时间制约的。在办理提货手续前，提单是可以转让的；一旦办理了提货手续，该提单就不能再转让了。

（三）海运提单的种类

在国际海上货物运输中，海运提单（Ocean/Marine B/L）的种类越来越多，通常使用的提单为全式提单（Long Form B/L）或称为繁式提单，即详细列有承运人和提单关系人之间权利、义务等条款的提单。此外，还有简式提单（Short Form B/L），即提单上印有"Short Form"字样，而其背面没有印刷有关承运人与关系人之间的权利、义务等条款，或者其背面简单注明"以承运人全式提单所列条款为准"字样。有时信用证会明确规定不接受简式提单。在此介绍实践中经常会遇到的一些提单的基本种类和特殊情况。

1.基本种类提单

基本种类提单，是指在正常情况下，符合法律要求所使用的提单。由于提单分类的标准不同，因此就有以下多种情况：

（1）按货物是否已装船分类。

第一，已装船提单（On Board/Shipped B/L）。它是指整票货物全部装船后，由承运人或其代理人向托运人签发的货物已经装船的提单。该提单上除了载明其他通常事项外，还需注明装运船舶的名称和货物实际装船完毕的日期。

第二，收货待运提单（Received for Shipment B/L），简称“待装提单”或“待运提单”，是指承运人虽已收到货物但尚未装船，应托运人的要求而向其签发的提单。由于待运提单上没有明确的装船日期，而且又不注明装运船舶的名称，因此在跟单信用证支付方式下，银行一般不接受这种提单。

当货物装船后，承运人在待运提单上加注装运船舶的名称和装船日期，就可以使待运提单成为已装船提单。

（2）按对货物外表状况有无不良批注分类。

第一，清洁提单（Clean B/L）。它是指没有任何有关货物残损、包装不良或其他有碍结汇的批注的提单。事实上，提单正面已印有“外表状况明显良好”（In Apparent Good Order and Condition）的词句，若承运人或其代理人在签发提单时未加任何相反的批注，则表明承运人确认货物装船时外表状况良好这一事实，承运人必须在目的港将装船时外表状况良好的同样货物交付给收货人。在正常情况下，向银行办理结汇时，都应提交清洁提单。

动画3-4

清洁提单

同步思考3-1　　**运输责任的归属**

2023年2月，大连经济技术开发区某公司向美国某公司出口一批货物，共100箱，自大连港运至纽约港，船公司已签发“已装船清洁提单”，货到目的港后，收货人发现下列情况：①5箱欠交；②10箱包装严重破损，内部货物已散失50%；③10箱包装外表完好，但箱内货物有短少。

请问：上述三种情况是否属于船公司或托运人的责任？为什么？

同步思考3-1

分析提示

第二，不清洁提单（Unclean/Foul B/L）。它是承运人加注了有关货物及包装状况不良或存在缺陷的批注的提单。承运人通过批注，声明货物是在外表状况不良的情况下装船的，在目的港交付货物时，若发现货物损坏在这些批注的范围内，可以减轻或免除承运人的赔偿责任。在正常情况下，银行拒绝以不清洁提单办理结汇。

在实际业务中，当货物及包装状况不良或存在缺陷时，托运人会出具保函，并要求承运人签发清洁提单，以便能顺利结汇。由于这种做法掩盖了提单签发时的真实情况，因此承运人要承担由此产生的风险责任。

承运人凭保函签发清洁提单的风险主要有：①承运人不能以保函对抗善意的第三方，因此承运人要先赔偿收货人的损失，然后根据保函向托运人追偿赔款。②如果保函具有欺骗性质，则保函在承运人与托运人之间也属无效，承运人将独自承担责任，不能向托运人追偿赔款。③承运人接受了具有欺骗性质的保函后，不但要承担赔偿责任，而且会丧失责任限制的权利。④虽然承运人通常会向“保赔协会”（Protection and Indemnity Club）投保货物运输责任险，但是如果货损早在承运人接收货物以前就已发生，则

“保赔协会”是不负赔偿责任的，赔偿责任只能由承运人自负。⑤如果承运人是在善意的情况下接受了保函，该保函也仅对托运人有效。然而，托运人经常会抗辩：货物的损坏并不是包装表面缺陷所致，而是承运人在运输过程中没有履行其应当适当、谨慎地保管和照料货物的义务所致。因此，承运人要向托运人追偿也是很困难的。

虽然承运人凭保函签发清洁提单具有风险，但是在实际业务中承运人接受保函的情况还是时有发生的，这主要是因为当事人为保证商业信誉，会履行自己的保证。

（3）按提单是否记载收货人分类。

第一，记名提单（Straight B/L）。它是指在“收货人”栏内填上特定的收货人名称的提单。记名提单只能由提单上所指定的收货人提取货物，不得转让。记名提单可以避免因转让而带来的风险，但也失去了其代表货物可转让流通的便利。银行一般不愿意接受记名提单作为议付的单证。

第二，不记名提单（Open/Blank/Bearer B/L）。它是指在“收货人”栏内记有应向提单持有人交付货物（To the Bearer/Holder）或不填写任何内容（空白）的提单。不记名提单无须背书，即可转让。也就是说，不记名提单由出让人将其交付给受让人即为转让，谁持有提单，谁就有权提货。

第三，指示提单（Order B/L）。它是指在提单“收货人”栏内只填写“凭指示”（To Order）或“凭某人指示”（To the Order of ×××）字样的提单。指示提单经过记名背书或空白背书转让。指示提单除由出让人将提单交付给受让人外，还应背书，这样提单才能转让。

如果提单“收货人”栏只填写“To Order”，则称为托运人指示提单。记载“To the Order of the Shipper”与记载“To Order”都是一样的托运人指示提单。在托运人指定收货人或受让人之前，货物仍属于托运人。如果在提单“收货人”栏填写了“To the Order of ×××”字样，则称为记名指示提单。这种情况下，由记名的指示人指定收货人或受让人。记名的指示人可以是银行，也可以是贸易商等。

（4）按不同的运输方式分类。

第一，直达提单（Direct B/L）。它是指由承运人签发的，货物从装货港装船后，中途不经过转船而直接运抵卸货港的提单。

第二，转船提单（Transshipment B/L）。它是指在装货港装货的船舶不直接驶达货物的目的港，而要在中途港换装其他船舶运抵目的港，由承运人为这种货物运输所签发的提单。

第三，多式联运提单（Combined Transport B/L）。它是指货物由两种以上不同运输工具（方式）共同完成全程运输时所签发的提单，这种提单主要用于集装箱运输。多式联运提单一般由承担海运区段运输的船公司签发。

（5）按提单签发人不同分类。

第一，班轮公司所签提单（Liner B/L），即班轮提单。它是指在班轮运输中，由班轮公司或其代理人签发的提单。在集装箱班轮运输中，班轮公司通常为整箱货签发提单。

第二，无船承运人所签提单（NVOCC B/L）。它是指由无船承运人或其代理人所签发的提单。在集装箱班轮运输中，无船承运人通常为拼箱货签发提单，因为拼箱货是在集装箱货运站内装箱和拆箱，而货运站又大多有仓库，所以有人称其为仓/仓提单（House B/L）。当然，无船承运人也可以为整箱货签发提单。

2.特殊情况提单

特殊情况提单是指在特殊情况下，可能是不符合法律规定或者对货运业务有一定影响时所使用的提单。这类提单也有多种情况。

（1）预借提单（Advanced B/L）。它是指由于信用证规定的装运期或交单结汇期已到，而货物尚未装船或货物尚未装船完毕时，应托运人的请求，由承运人或其代理人提前签发的已装船提单，即托运人为能及时结汇而从承运人处借用的已装船提单。

当托运人未能及时备妥货物，或者船期延误使船舶不能如期到港，托运人估计货物装船完毕的时间可能要超过信用证规定的装运期甚至结汇期时，就可能采取从承运人那里借出提单用以结汇的办法。但是，承运人签发预借提单要冒极大的风险，因为这种做法掩盖了提单签发时的真实情况。许多国家的法律规定和判例表明，一旦货物损坏，承运人不但要负责赔偿，而且会丧失享受责任限制和援用免责条款的权利。

（2）倒签提单（Anti-dated B/L）。它是指在货物装船完毕后，应托运人的请求，由承运人或其代理人签发的提单，但是该提单上记载的签发日期早于货物实际装船完毕的日期，即托运人从承运人处得到以早于货物实际装船完毕的日期作为提单签发日期的提单。由于其倒填日期签发提单，因此称为“倒签提单”。

由于货物实际装船完毕的日期迟于信用证规定的装运日期，若仍按实际装船日期签发提单，肯定影响结汇，为了使签发提单日期与信用证规定的装运日期相吻合，以便结汇，托运人就可能要求承运人仍按信用证规定的装运日期“倒填日期”签发提单。承运人倒签提单的做法同样掩盖了提单签发时的真实情况，因此承运人也要承担由此而产生的风险和责任。

（3）顺签提单（Post-dated B/L）。它是指在货物装船完毕后，承运人或其代理人应托运人的请求而签发的提单，但是该提单上记载的签发日期晚于货物实际装船完毕的日期，即托运人从承运人处得到以晚于该票货物实际装船完毕的日期作为提单签发日期的提单。由于其顺填日期签发提单，因此称为“顺签提单”。

由于货物实际装船完毕的日期早于合同中装运期限的规定，如果按货物实际装船日期签发提单将影响合同的履行，因此托运人就可能要求承运人按有关合同装运期限的规定“顺填日期”签发提单。承运人顺签提单的做法也掩盖了提单签发时的真实情况，因此承运人也要承担由此而产生的风险和责任。

拓展阅读3-7
其他特殊种类提单

拓展阅读3-8
联运提单和多式联运提单的区别与联系

拓展阅读3-9
海运提单正面和背面的印刷条款

（四）海运提单的缮制方法

海运提单（如样例3-5所示）正面的主要内容填制如下：

样例3-5　海运提单

<table>
<tr><td colspan="2">Shipper（Insert Name，Address and Phone）</td><td rowspan="6">B/L NO.

COSCO
中国远洋海运集团有限公司
CHINA COSCO SHIPPING CORPORATION LIMITED
Cable:　COSCO BEIJING　GUANGZHOU
Telex:　22264 CRCPK CN　44330 COSCA CN
Combined Transport BILL OF LADING

RECEIVED in apparent good order and condition except as otherwise noted. The total number of containers or other packages or units enumerated below for transportation from the place of receipt to the place of delivery subject to the terms and conditions hereof. One of the Bill of Lading must be surrendered duly endorsed in the exchange for the goods or delivery order. On presentation of this document duly endorsed to the Carrier by or on behalf of the Holder of the Bill of Lading, the rights and liabilities arising in accordance with the terms, and conditions hereof shall, without prejudice to any rule of common law or statute rendering them binding on the Merchant, become binding in all respects between the Carrier and the Holder of the Bill of Lading as though the contract evidenced hereby had been made between them. In witness whereof the number of original Bills of Lading stated under have been signed, all of this tenor and date, one of which being accomplished, the other to be void.</td></tr>
<tr><td colspan="2">Consignee（Insert Name，Address and Phone）</td></tr>
<tr><td colspan="2">Notify Party（Insert Name，Address and Phone）
（It is agreed that no responsibility shall attach to the Carrier or his agents for failure to notify）</td></tr>
<tr><td>Pre-carriage by</td><td>Place of Receipt</td></tr>
<tr><td>Ocean Vessel
Voy. No.</td><td>Port of Loading</td></tr>
<tr><td>Port of Discharge</td><td>Place of Delivery</td></tr>
</table>

Container No. / Seal No.	Marks & Nos.	No. of Containers / No.of Packages	Description of Goods	Gross Weight (Kgs)	Measurement (M^3)

TOTAL NUMBER OF CONTAINERS OR PACKAGES（IN WORDS）

<table>
<tr><td>Freight & Charges</td><td>Revenue Tons</td><td>Rate</td><td>Per.</td><td>Prepaid</td><td>Collect</td></tr>
<tr><td rowspan="2">Ex. Rate</td><td>Prepaid at</td><td colspan="2">Payable at</td><td colspan="2">Place and Date of Issue</td></tr>
<tr><td>Total Prepaid</td><td colspan="2">No. of Original
B（s）/L</td><td colspan="2" rowspan="2">Signed for the Carrier:</td></tr>
<tr><td colspan="4">LADEN ON BOARD THE VESSEL
DATE　　　BY</td></tr>
</table>

1.托运人/发货人（Shipper/Consignor）

托运人是指委托运输的人，在国际贸易中通常是合同的卖方。一般在填写海运提单“Shipper”栏时，若信用证无特殊规定，都应填写卖方的名称。在某些情况下，信用证特别要求特定的其他人作为“托运人”，并且受益人认为对其自身利益不构成威胁时，则此栏必须按照信用证的要求填写。

2.收货人（Consignee）

在信用证支付方式下，此栏必须严格按照信用证的相关规定填写；在汇付或托收方式下，如果买方没有特殊要求，一般填写“To Order”（凭指示）或“To the Order of Shipper”（凭托运人指示）字样。

“收货人”栏有三种填写方法，不同的填写方法对托运人的利益和风险有很大影响。

（1）记名提单。它是指在“收货人”栏直接填写收货人的名称和地址的提单。这种提单不能转让，只能由提单中指定的收货人提货。

（2）不记名提单。它是指在“收货人”栏不填写任何具体的名称和地址，只注明“持有人”或“来人”（Bearer）字样或什么都不填。这种提单不需要办理任何法定手续就可以任意转让。

（3）指示提单。它是指在“收货人”栏只填写“To Order”或“To the Order of sb.”字样。这里的“sb.”一般指开证行或托运人。

例如，信用证或合同对提单的要求如下：①“Full set of B/L consigned to ABC Co.”——记名收货人；②“Full set of B/L made out to order”——to order凭指示，即“空白抬头”；③“B/L issued to order of Applicant”——记名指示；④“Full set of B/L made out to our order”——记名指示；⑤“Full set of B/L made out to order of shipper”——to order of shipper与to order没有区别。

3.被通知人（Notify party）

此栏填写船公司在货物到达目的港（地）后需要通知的人，此栏必须严格按照信用证的相关规定填写。

4.前段运输（Pre-carriage by）

如果货物需要转运，此栏只填写第一程船的名称；如果货物不需要转运，则此栏空白不填。但是，驳船需要用“Lighter”字样填入此栏。

5.收货地点（Place of Receipt）

如果货物需要转运，则此栏填写收货的港口名称或地点；如果货物不需要转运，则此栏空白不填。

6.海运船只、航次（Ocean Vessel，Voy. No.）

如果货物需要转运，此栏填写第二程船的名称；如果货物不需要转运，则此栏填写第一程船的名称。

7.装运港（Port of Loading）

此栏填写装运港名称。如果货物需要转运，则此栏填写装运港/中转港的名称。例如，货物在广州装运，如果需要在香港转船，则此栏应填写“GUANGZHOU/HONG-

KONG”字样。

8.卸货港（Port of Discharge）

此栏填写卸货港（即目的港）名称。如果货物需要转运，装运港后面没有注明中转港，则可在目的港之后加注“WITH TRANSSHIPMENT AT 某地”字样，简写为“W/T 某地”。例如，“SINGAPORE W/T HONGKONG, CHINA”（目的港新加坡，在中国香港转船）。如果货运目的港为内陆某地，或利用邻国港口过境，则需要在目的港后加注“IN TRANSIT TO 某地”或“IN TRANSIT 某地”字样。例如，“KUWAIT IN TRANSIT SAUDI ARABIA”（目的港科威特，转运沙特阿拉伯）。

9.交货地点（Place of Delivery）

此栏填写最终目的地名称。如果货物的目的地就是目的港，则此栏空白不填。

10.集装箱号码（Container No.）

此栏填写集装箱箱号。海运集装箱号码由箱主代码（由4个字母组成，第四位为海运集装箱代号“U”）、顺序号（6位数）和核对数（1位数）组成，如“KHLU620686-7”。

11.唛头和铅封号（Marks & Nos./Seal No.）

此栏填写唛头和铅封号。铅封号一般由5位数组成，如“Seal No.08134”。

12.商品描述及数量

（1）商品描述使用文字的一般规定：①在没有特别说明时全部使用英文；②来证要求使用中文填写时，应遵守来证规定，用中文填写。

（2）数量是指本海运提单项下的商品总包装件数。其包括以下内容：

第一，对于包装货物，本栏应填写包装数量和单位，如“1 000 Bales”“250 Drums”等。提单下面应填写大写数量，大小写数量应一致。

第二，对于散装货物，如煤炭、原油等，此栏可填写“In Bulk”，无须填写大写数量。

第三，对于裸装货物，应填写件数。如一台机器或一辆汽车，应填“1 UNIT”；两架飞机，应填“2 PLANES”；100头牛，应填“100 HEADS”等，并填写大写数量。

第四，对于集装箱运输，由托运人装箱的整箱货可只填写集装箱数量，如“2 Containers”等。只要海关已对集装箱封箱，承运人便对箱内货物的内容和数量免责，但提单内应加注“Shipper's load and count”（托运人装货并计数）字样。如果需要注明集装箱箱内小件货物的数量，数量前应加注“Said to contain...”字样。

第五，对于托盘装运，此栏应填写托盘数量，同时用括号加注货物的包装件数，如“5 pallets（60 cartons）”。此外，提单内还应加注“Shipper's load and count”字样。

第六，对于两种或多种包装，如“5 Cartons”“10 Bales”“12 Cases”等，“件数”栏内要逐项列明，同时下面应注明合计数量，如上述包装数量合计为“27 Packages”，在“大写”栏内应填写大写合计数量。

第七，若“件数”栏注明“20 Cartons”字样，同时提单内又注明“Shut out 2 cartons”或“Short loaded（shipped）2 CTNS”等字样，表示少装2箱，发票和其他单据应注明“18 Cartons”字样。

13.毛重（Gross Weight）

此栏填写承运货物的总毛重，该数据是船公司计算运费的依据之一。

14.尺码（Measurement）

此栏填写承运货物的总尺码，该数据是船公司计算运费的依据之一。

15.特殊条款

提单特殊条款主要根据合同或信用证的要求，填写一些一般情况下不必填写的内容。提单中特殊条款的内容主要有：①指定船名；②强调运费的支付；③不显示发票金额、单价、价格等，或强调显示信用证号码、合同号码等；④指定承运人。

16.运费缴付方式

此栏主要填写的内容有：

（1）运费由哪一方支付。其包括：①运费预付（Freight Prepaid），即运费由卖方支付；②运费到付（Freight Collect/Freight Payable at Destination），即运费由买方支付。

（2）承运人的运输范围。其包括：①CY/CY：场到场，即承运人的服务范围是“从装运港的集装箱堆场到目的港的集装箱堆场”。这种批注适用于整箱货物（FCL）运输的情况。②CFS/CFS：站到站，即承运人的服务范围是“从装运港的集装箱货运站到目的港的集装箱货运站”。这种批注适用于拼箱货物（LCL）运输的情况。③D/D：门到门，即承运人的服务范围是“从发货人的指定地点到收货人的指定地点”。

17.签发地点和时间（Place and Date of Issue）

海运提单签发地点为货物实际装运的港口或接受监管的地点，签发时间为货物实际装运的时间或已经接受船方/船代理等有关方面监管的时间。

18.正本的签发份数（No. of Original B（s）/L）

如信用证要求出口方提供“全套海运提单”（Full/Complete Set B/L），实务中一般提供三份或两份海运提单正本。

19.有效的签章（Stamp & Signature）

海运提单必须经装载货物船只的船长签字才能生效，在没有规定非船长签字不可的情况下，船代理可以代办。按照这一规定，提单签字应根据签字人的不同情况批注不同内容。

（1）承运人签字。如果承运人为COSCO，则提单签字处显示：

COSCO

（承运人签字）As Carrier或The Carrier

（2）代理人签字。

第一，代表承运人签署提单。如果承运人为COSCO，代理人为ABC SHIPPING CO.，则提单签字处显示：

ABC SHIPPING CO.

（代理人签字）As Agent for the Carrier COSCO

第二，代表船长签署提单。如果船长姓名为XYZ，代理人为ABC SHIPPING CO.，则提单签字处显示：

ABC SHIPPING CO.

（代理人签字）As Agent for the Master XYZ

（3）船长签字。如果承运人为COSCO，则提单签字处显示：

COSCO（不注或注船名）

（船长签字）As Master或The Master

20.已装船批注

信用证要求提交“清洁已装船”提单时，如果提单上没有事先印就的“已装船”字样，制单时应加注“Shipped on Board”和实际装船日期。实务中常采用盖“Shipped on Board”印章并加注实际装船日期的方式处理。

三、海运单

（一）海运单的概念

海运单（Sea Waybill，SWB）是承运人向托运人或其代理人表明货物已被接管或装船的单据，是证明海上运输合同的单据，以及承运人保证将货物交给指定收货人的一种不可转让的单据。

（二）海运单的作用

由于海运单既不是一张转让流通的单据，也不是货物的“物权凭证”，因此海运单具有以下重要作用：它是承运人收到货物，或者货物已经装船后，签发给托运人的一份收据；它是承运人与托运人之间订立海上货物运输合同的证明。

知识延伸3-2　海运单与海运提单的异同

1.海运单不具有提单“物权凭证”的作用

首先，二者最重要的不同在于提单是“物权凭证”，而运单则不是。对提单持有人而言，拥有提单在法律上就表明拥有提单上所记载的货物，通过转让提单可以达到转让货物的目的。海运单在法律上不具有可转让性，即法律没有赋予海运单“物权凭证”的法律效力。因此，海运单无法替代提单。

2.在作为运输合同证明方面的区别

海运单通常采用简单形式，其正面或者背面如果没有适当的条款或者没有有关国际组织（如国际海事委员会）或者民间团体为海运单制定的规则，则它只能作为托运人与承运人之间订立货物运输合同的证明，收货人是不能依据海运单上记载的条款向承运人提出索赔的，承运人也不能依据海运单上记载的条款进行抗辩。而提单在这方面却与海运单不同，当提单经过转让到了收货人手里时，收货人就享有提单赋予的权利，同时也要承担相应的责任。

3.在作为货物收据证据效力方面的区别

提单运输涉及的贸易是单证贸易，为了保护合法受让提单的第三人，即通过购买提单来购买货物的第三人，就有必要强调提单作为货物收据，所记载的内容是最终证据。

但是，海运单涉及的贸易不是单证贸易，不涉及转让问题，海运单中记载的收货人也并不仅仅是依赖海运单对货物的描写（说明）来决定是否购买这批货物，因此没有必要强调海运单作为货物收据所记载的内容是最终证据。

（三）海运单的优点和缺点

在一定条件下，海运单具有迅捷、简便、安全的特点。

（1）对发货人而言，其优点包括：①海运单不一定寄给收货人；②节省邮费；③免除了业务员对提单的检查，同时也免除了对其他配套的物权单证的检查；④发货人可向客户（收货人）提供更简易、迅速的服务；⑤整个单据程序得到了改进，从而提高了市场的竞争力；⑥当货物尚未放行时，可视需要将海运单交货改为提单交货，海运单可由发货人改签提单发给新的收货人（如原市场丧失，另找到了新买主），因为此时货物仍在船公司的控制之下。

（2）对承运人而言，海运单的交货条件不取决于海运单的呈递，也无须遵守单据手续，承运人只要将货物交给海运单上所列明的收货人或其授权的代理人，就视为已经做到了谨慎处理，相信已将货物交给了合适的有关方。

（3）对收货人而言，其优点包括：①可免除因等海运提单而招致的延迟提货。②可免除为防止交错货物而向承运人出具银行担保。如果使用海运提单，收货人必须凭正本提单提货，正本提单晚到或丢失时，则不得不求助于银行提供保证金或担保函，同时还必须承担保费或偿付保证金利息。③免除业务员对延误的提单及转运中丢失的提单的检查。④不再产生滞期费、仓租费。

（4）在单证本身的风险方面。由于海运单的不可转让性，它成为一种安全的凭证，从而减少了欺诈；即使第三者得到丢失的运单，也不能提取货物，因此对收货人而言不存在风险。而使用提单时，由于提单是物权凭证，如果丢失被第三者得到，他便有权提取货物，因此提单的使用具有一定的风险。

拓展阅读3-10

海运单使用时应注意的问题

（5）在单证的流转程序方面。由于海运单不必递交给收货人，因此有关单据如保险单和商业发票，可以在装完货后立即发送给有关当事人。而使用提单时，则必须向收货人递交正本提单，因此上述有关单据，只有在提单签发后才能发送给有关当事人。

任务五　海上货物运输合同

一、海上货物运输合同的概念和基本特征

（一）海上货物运输合同的概念

水路货物运输，主要是利用船舶进行货物运输的一种运输方式，包括江河货物运输和海上货物运输两类。我国《海商法》第41条规定：“海上货物运输合同（Contract of Carriage of Goods by Sea），是指承运人收取运费，负责将托运人托运的货物经海路由一

港运至另一港的合同。”对于海上货物运输合同，可从以下几个方面来理解：

（1）海上货物运输合同的主体是承运人和托运人。承运人常称为船方，通常是船舶所有人，但也可能是船舶经营人或船舶承租人。船舶经营人和船舶承租人作为承运人时又称二船东。托运人或承租人是合同的另一方当事人，常称为货方。

（2）海上货物运输合同的履行方式是海上运输。海上运输是使用船舶通过海上航道运送货物和旅客的一种运输方式。这种运输方式区别于航空运输、陆上运输等其他货物运输方式。

（3）海上货物运输的合同期间是从一港口运至另一港口，即港口到港口的海路运输时间。

（4）海上货物运输合同的标的是货物，包括活动物和由托运人提供的装运器具。

（二）海上货物运输合同的基本特征

1.海上货物运输合同是双务有偿合同

海上货物运输合同中的双方当事人（船方与货方）具有同等的法律地位，享有权利的同时需要履行一定的义务作为对价。双方当事人签订海上货物运输合同后，船方享有收取运费的权利，负有将货物安全运送至目的港的义务；货方享有要求承运人签发提单以及交付货物的权利，同时负有缴纳运费的义务①。

2.海上货物运输合同是涉他合同

涉他合同是指为第三人设定权利和义务的合同，与其相对应的是为订约人自己订立的束己合同。海上货物运输往往与国际贸易相关，在国际贸易中，由买方还是卖方订舱或租船，视买卖合同中的贸易术语而定。例如，在CIF贸易术语条件下，由卖方租船或订舱，目的港的收货人是买方。这种情况是为第三人订立的合同，很明显属于涉他合同，由此可见，海上货物运输合同具有明显的涉他性质。

3.海上货物运输合同一般是诺成合同

诺成合同是仅以当事人意思表示一致为成立要件的合同，与诺成合同相对的是实践合同。实践合同是指除当事人意思表示一致以外，尚需交付标的才能成立的合同。海上货物运输合同一般为诺成合同，即一旦承运人与托运人就货物运输事宜达成意思一致，合同即告成立，双方自此即应享有合同权利并承担合同义务。在特殊情况下，如具有预约性质的班轮运输协议，也符合实践合同的特点。

4.海上货物运输合同的合同自由原则受限制

合同自由原则在海上货物运输合同中的适用受到了很大的限制。合同自由原则是《民法典》中的重要原则，即允许合同当事人就双方的权利、义务在合同中自由地做出约定。虽然海上货物运输合同也适用该原则，但是该原则在适用中受到一定的限制。例如，在航次租船合同中，法律对出租人不得进行不合理绕航以及谨慎处理使船舶适航等的强制性规定，不允许在合同中以任何条款降低或减轻此种义务和责任。在国际货物多式联运合同中，合同自由原则受到的限制更大，《海商法》中关于多式联运合同的特别

① 在预付运费的情况下，由托运人支付运费；在到付运费的情况下，由收货人支付运费。

规定基本上都属于强制性规定。

二、海上货物运输合同的分类

（一）沿海货物运输合同和国际海上货物运输合同

沿海货物运输是指一国国内两个港口之间的货物运输，以及在江河、湖泊等内陆水域从事的营业性水上货物运输。大多数国家都不准外国籍船舶从事该国的沿海货物运输。我国《海商法》第4条规定："中华人民共和国港口之间的海上运输和拖航，由悬挂中华人民共和国国旗的船舶经营。"

国际海上货物运输是指不同国家港口之间的货物运输。现阶段，我国内地（大陆）至香港、澳门、台湾地区的海上货物运输，虽然属于国内海上货物运输，但比照国际海上货物运输处理。

区别沿海货物运输和国际海上货物运输的法律意义见表3-2。

表3-2　区别沿海货物运输与国际海上货物运输的法律意义

名称	沿海货物运输	国际海上货物运输
使用的单证	我国的沿海货物运输目前实行运单制，运单随船而行，不可转让，是不能作为跟单信用证的单证	国际海上货物运输一般使用提单，可以转让，是可作为跟单信用证的重要单证
承运人的责任制度	承运人实行完全过失责任制	承运人实行不完全过失责任制
适用的法律	我国的沿海货物运输合同适用《中华人民共和国民法典》	国际海上货物运输合同受《中华人民共和国海商法》的约束，有特别说明者除外

（二）班轮运输合同与航次租船合同

承运人接受众多中小托运人的委托，将属于不同托运人的货物装载在同一船舶上，由一港口运至另一港口的运输为件杂货运输；现在件杂货运输普遍采用班轮运输的形式。班轮运输，是指承运人在固定的航线上，按照固定的挂靠港口顺序和固定的船期进行的货物运输方式。

航次租船合同是指船舶出租人向承租人提供船舶或者船舶的部分舱位，装运约定的货物，从一港口运至另一港口，由承租人支付约定运费的合同①。

（三）海上货物运输总合同与多式联运合同

海上货物运输总合同，又称包运合同，是承运人和托运人约定，由承运人负责将一定数量的货物在一定期间分批从一港口运至另一港口的合同。这种合同适用于大宗散货的运输，如矿石、粮食等。

多式联运合同，是指多式联运经营人以两种以上的不同运输方式（其中一种是海上

① 参见《中华人民共和国海商法》第92条。

运输方式)，负责将货物从接收地运至目的地交付收货人，并收取全程运费的合同。

（四）集装箱运输合同与散货运输合同

集装箱运输合同，是指货物装载在集装箱这种新型的包装运输工具中的运输合同。散货运输合同是指货物在装运以前没有进行包装，而是直接装载在船上的通舱或货舱隔成的小舱中的运输合同。

此外，海上货物运输合同按照不同的分类标准还可以进行不同的分类。

三、海上货物运输合同的订立与解除

（一）海上货物运输合同的订立

海上货物运输合同的订立是指合同当事人对合同标的、合同内容的意思表示一致。与其他合同一样，海上货物运输合同的订立过程一般要经过要约和承诺两个阶段，但是具体方式与一般合同的订立有所不同。

在班轮运输情况下，合同的订立采取的是订舱托运的方式。一般是由班轮公司发布航线、船期，货主或代理人订舱，填写订舱单或者填写电子数据，这种做法称为要约。承运人通过书面或口头的方式接受，可称为承诺。在集装箱运输合同中，如果承运人同意承运，则在场站收据的装货单上签字盖章。航次租船合同既可以由出租人和承租人通过谈判直接订立，也可以通过船舶经纪人签订。在实际业务中，船舶出租人和承租人通常委托船舶经纪人签订租船合同，且租船合同通常都以一些标准合同为范本，对其加以修改、补充之后而订立。

海上货物运输合同是依法成立的，成立时生效。需要注意的是，如果海上货物运输合同和作为合同凭证的提单或者其他运输单证中的条款违反我国《海商法》关于海上货物运输合同的相关规定，则该条款无效，但是不影响该合同和提单或者其他运输单证中其他条款的效力[①]。

（二）海上货物运输合同的解除

海上货物运输合同的解除，是指在海上货物运输合同有效成立之后，因一方或双方当事人的意思表示，使合同关系归于消灭的行为。海上货物运输合同的解除分不同的情况，并且具有不同的法律后果。

1.合同的任意解除

任意解除，是指海上货运合同当事人一方基于某种原因，在合同仍可履行的情况下，主动提出解除合同。合同任意解除是一种违约行为，违约方应承担违约责任。其主要有船舶开航前的任意解除和船舶开航后的任意解除两种情形。船舶开航前，托运人要求解除合同的，应向承运人支付一半的约定运费及与装货、卸货有关的费用，合同另有约定的除外。船舶开航后解除合同的情况在实际业务中较少发生，因为在此情况下，违约方需要支付全部运费及其相关费用。

① 参见《中华人民共和国海商法》第44条。

2.合同因一方当事人违约而解除

如果合同一方当事人不履行合同规定的义务，另一方当事人可以解除合同。合同的解除分为依照合同约定而解除和依照法律规定而解除两种情形。根据《民法典》合同编第562条（约定解除权）的规定，当事人协商一致，可以解除合同。当事人可以约定一方解除合同的事由。解除合同的事由发生时，解除权人可以解除合同。《民法典》合同编第563条（法定解除权）规定，有下列情形之一的，当事人可以解除合同：①因不可抗力致使不能实现合同目的；②在履行期限届满前，当事人一方明确表示或者以自己的行为表明不履行主要债务的；③当事人一方迟延履行主要债务，经催告后在合理期限内仍未履行；④当事人一方迟延履行债务或者有其他违约行为致使不能实现合同目的；⑤法律规定的其他情形。

3.合同因非双方当事人所应负责的原因而解除

（1）船舶开航前的解除。在开航前出现不可抗力情形，双方均可解除合同，并互相不负赔偿责任。运费已支付的，承运人应将运费退还给托运人；货物已装船的，托运人应负担装卸费用；已签发提单的，托运人应将提单退回给承运人。

（2）船舶开航后的解除。在开航后，由于不可抗力或其他不能归责于承运人和托运人的原因使船舶不能在约定卸货港卸货的，除合同另有约定外，船长可在邻近的安全港口卸货，视为合同已履行。船长决定将货物卸载的，应当及时通知托运人或者收货人，并考虑托运人或者收货人的利益①。

合同因非双方当事人所应负责的原因而解除的，无论是在船舶开航前还是船舶开航后，首先提出解除合同的一方当事人应当为防止损失的进一步扩大而采取积极措施。

主要概念

总载重吨　净载重吨　班轮运输　租船运输　海运提单　指示提单　清洁提单　海运单

基础训练

一、单项选择题

1.在定程租船方式下，在装卸费的收取办法中，F.O.的含义是（　　）。

A.船方不负担装卸费

B.船方负担装卸费

C.船方只负担装货费，而不负担卸货费

D.船方只负担卸货费，而不负担装货费

随堂测答案3

2.按提单收货人抬头分类，在国际贸易中被广泛使用的提单是（　　）。

A.记名提单　　B.不记名提单　　C.指示提单　　D.班轮提单

3.在规定装卸时间的办法中，使用最普遍的是（　　）。

① 参见《中华人民共和国海商法》第91条。

A. 日或连续日　　B. 累计24小时晴天工作日

C. 连续24小时晴天工作日　　D.24小时晴天工作日

4. 在国际货物买卖合同中，使用较普遍的装运期规定办法是（　　）。

A. 明确规定具体的装运时间

B. 规定收到信用证后若干天装运

C. 收到信汇、电汇或票汇后若干天装运

D. 笼统规定近期装运

5. 租船运输中，速遣费与滞期费之间的关系是（　　）。

A. 速遣费=1/2滞期费　　B. 速遣费=2倍滞期费

C. 速遣费=滞期费　　D. 无关系

二、多项选择题

1. 定期租船方式下，租船人应负担（　　）。

A. 船员工资　　B. 港口费　　C. 装卸费　　D. 船员伙食

2. 联运提单适用于（　　）。

A. 海运+陆运　　B. 陆运+空运　　C. 空运+邮购　　D. 海运+航空

3. 如果海运提单上的抬头制作成（　　），则需要由发货人做背书转让。

A.To Order　　B. To Order of Shipper

C.To Order of Consignee　　D.To Bearer

4. 海运提单的性质和作用包括（　　）。

A. 承运货物收据　　B. 货物投保的凭证

C. 货物所有权凭证　　D. 运输合同的声明

5. 海运提单根据收货人抬头不同可分为（　　）。

A. 记名提单　　B. 直达提单　　C. 不记名提单　　D. 指示提单

三、简答题

1. 简述班轮运输的特点。

2. 简述租船运输的方式及特点。

3. 简述海上班轮进出口代理的业务流程。

4. 简述提单的性质、作用及缮制。

5. 简述海运单的优点和缺点。

四、计算题

1. 某公司出口洗衣粉到西非某港口城市，共100箱。该商品的内包装为塑料袋，每袋重1磅，外包装为纸箱，每箱100袋，纸箱的尺寸为47cm×39cm×26cm，经查该商品为5级货，按“M”标准计算，去西非航线的5级货每运费吨的基本运费为367港元，另加转船费15%、燃料费33%、港口拥挤费5%。请问该货物的运费是多少？计算结果保留两位小数。

2. 外轮在天津新港的晴天工作日装卸袋装花生米的标准为1 000M/T。现有一艘登记吨级为2万吨的轮船，按晴天工作日（节假日除外）的标准装运袋装花生米7 200M/T出口，具体装运情况如下：

日期	工作时间	实际工作时间
8月18日	14：00—24：00	10小时
8月19日	0：00—24：00	4小时
8月20日	0：00—24：00（下雨10小时）	14小时

每天的速遣费和滞期费分别为2 000美元和4 000美元。试计算速遣费或滞期费。

3. 我国出口某商品到某国，共100箱，每箱毛重40千克，体积为40cm×30cm×20cm，其运费计算标准为W/10级，基本费率为80美元，另加收燃油附加费15%。试计算该批货物的运费。

4. 某商品每箱毛重30千克，体积0.05立方米，共40箱。原报价每箱30美元FOB上海。现客户要求改报CFR××港。经查该商品计费标准为W/M，每运费吨的基本费率为200美元，另加收港口附加费10%。请问我方现应如何报价？

5. 上海出口到巴西衬衣100立方米，需经中国香港转船后运往目的港。假定该货物运费等级为M/10级，第一程每运费吨的基本费率为25美元，第二程每运费吨的基本费率为140美元，中转程每运费吨的基本费率为75港元（1美元=7.8港元），另加收燃油附加费10%。试计算该批货物的运费。

五、技能案例

【案例背景1】

我方以FOB价从澳大利亚购进一批矿产品共30 000公吨。在贸易合同中规定卖方每天应负责装货2 000公吨，按晴天工作日计算。我方在租船合同中规定每日装货2 500公吨，按连续工作日计算。在上述两个合同中滞期费每天均为6 000美元，速遣费每天均为3 000美元。结果卖方只用了13天（其中包括两个星期天）便将全部货物装完。

【技能思考】

结合滞期费和速遣费的内容，简述我方在签订上述两个合同时有何失误之处。

【案例背景2】

我国某出口企业与外国A公司达成交易一笔，我方负责班轮运输。我方已按期装货，由B公司承运并出具转运提单。货物经日本改装其他船公司的船舶运往目的港。货到目的港后，A公司已宣告破产倒闭。当地C公司竟伪造提单向第二程船公司在当地的代理人提取了货物。我方因收货人A公司倒闭，货款无法收回，在获悉货物被冒领后与B公司交涉，凭其签发的正式提单要求其交出承运货物。B公司则依照提单第13条的规定“承运人只对第一程运输负责，对第二程不负运输责任”，拒不赔偿。

【技能思考】

根据班轮运输的相关规定，结合提单的内容进行分析。对于此案，你认为B公司是否应当承担责任，并简述理由。

【案例背景3】

某轮船从广州港装载人造纤维，体积为20立方米，毛重为17.8公吨，运往欧洲某港口。托运人要求选择卸货港Rotterdam或Hamburg，Rotterdam和Hamburg都是基本港口，基本费率为800美元/FT，3个以内选卸货港的附加费率为每运费吨加收USD3“W/M”。

【技能思考】

根据对班轮运费的计算，并结合集装箱的相关要点进行综合分析：

（1）该托运人应支付多少运费（以美元计收)?

（2）如果改用集装箱运输，海运运费的基本费率为USD1 100/TEU，货币附加费10%，燃油附加费10%。改用集装箱运输时，该托运人应支付多少运费（以美元计收)?

（3）若不计杂货运输和集装箱运输两种运输方式的其他费用，托运人从节省海运运费的角度考虑，是否应选择改用集装箱运输?

项目实训

【实训项目1】

出口货物委托书、装货单

【实训情境】

1.信用证条款

L/C NO.：CDR 22/99 DATED SEPT.4，2023 ISSUED BY BANK OF INDIA.

BENEFICIARY：CHINA NATIONAL MINSHAN CORP.

NO. 11 JIANGLIN ROAD CHENGDU，CHINA

A FULL SET CLEAN SHIPPED ON BOARD OCEAN BILL OF LADING DATED NOT LATER THAN OCT. 15TH 2023. MADE OUT TO ORDER OF BANK OF INDIA，LOUBORUCH，STERSHIRE DENIL ZBK，UK，NOTIFYING W/N SHIPPING SERVICES，94 BEAUNOUND ROAD. BILLS OF LADING IN THE SHORT FORM ARE NOT ACCEPTABLE. EVIDENCING FROM CHINA MAIN PORTS TO LONDON FOR THE UNDERMENTIONED GOODS.

10 CARTONS OF SLICED WATER CHESTNUTS AT USD12.00 PER CARTON UNDER CONTRACT NO.SF5976 CIF LONDON.

SHIPMENT DATE：10TH，OCT 2023

EXPIRY DATE：30TH，OCT 2023

2.其他有关资料

INVOICE NO.：G-68　　B/L NO.：4531

GROSS WEIGHT：1 800.00KGS　　MEASUREMENT：24.522M³

OCEAN VESSEL：KANGKE V.36　　INSURANCE POLICY NO.：862836

PORT OF LOADING：SHANGHAI　　MARKS：LONDON/NO.1-10

代运编号：TBB230　　托运单编号：PBT3211

代理人/承运人：CHINA NATIONAL FOREIGN TRADE TRANSPORTATION CORP

SICHUAN BRANCH

地址：NO.56 SHUANGLAN ROAD CHENGDU，CHINA　　电话：028-86732761

【实训任务】

根据实训情境中的信用证条款，缮制海运出口货物委托书（如样例 3-6 所示）和装货单（如样例 3-7 所示）。

样例3-6　海运出口货物委托书

<table>
<tr><td colspan="2">委托编号（Entrusting No.）</td><td>提单号（B/L No.）</td><td>合同号（Contract No.）</td><td>委托日期（Entrusting Date）</td></tr>
<tr><td colspan="5">发货人名称、地址（Shipper's Full Name and Address）</td></tr>
<tr><td colspan="5">收货人名称、地址（Consignee's Full Name and Address）</td></tr>
<tr><td colspan="5">被通知方名称、地址（Notify Party's Full Name and Address）</td></tr>
<tr><td colspan="2">装货港（Port of Loading）</td><td>目的港（Port of Destination）</td><td>船名（Ocean Vessel）</td><td>航次（Voy. No.）</td></tr>
<tr><td>唛头和铅封号
（Marks & Nos.）</td><td>包装件数与种类
（No.& Kind of Packages）</td><td>货名
（Description of Goods）</td><td>重量
（Weight in kgs）</td><td>体积
（Measurement in cbm）</td></tr>
<tr><td></td><td></td><td></td><td></td><td></td></tr>
<tr><td colspan="2">装船日期（Loading Date）</td><td colspan="2">可否转船（Transshipment）</td><td>可否分批（Partial Shipment）</td></tr>
<tr><td colspan="2">结汇日期（L/C Expiry Date）</td><td colspan="3">提单份数（Copies of B/L）　　正本（Original）　　副本（Copy）</td></tr>
<tr><td colspan="5">运费支付地点（Freight Payable at）</td></tr>
<tr><td colspan="5">备注（Remarks）</td></tr>
<tr><td colspan="3">委托人签字（Entrusting Party Signature）：
地址（Address）：
电话（Telephone）：</td><td colspan="2">代理人签字（Agent Signature）：
地址（Address）：
电话（Telephone）：</td></tr>
</table>

样例3-7　装货单

Shipper（发货人）		B/L No.（编号） Forwarding Agents（货运代理） **装货单** **Shipping Order** Received by the Carrier the Total number of containers or other Packages or units stated below to be transported subject to the terms and conditions of the Carrier's regular form of B/L（for Combined Transport or Port to Port Shipment）which shall be deemed to be incorporated herein.	
Consignee（收货人） Tel:			
Notify Party（被通知人） Tel:			
Pre-carriage by（前程运输）	Place of Receipt（收货地点）		
Ocean Vessel（船名）	Voyage No.（航次）	Port of Loading（装货港）	Date（日期） 场站章
Port of Discharge（卸货港）	Place of Delivery（交货地点）	Final Destination for the Merchant's Reference（目的地）	

Container No./Seal No.（集装箱号/封号）	Marks & Nos.（唛头和铅封号）	No. of Containers/Packages（箱数与件数）	Kind of Packages/Description of Goods（包装种类/货名）	Gross Weight(Kgs)（毛重）	Measurement (M^3)（尺码）

TOTAL NUMBER OF CONTAINERS OR PACKAGES（IN WORDS） 集装箱数或件数合计（大写）		
Container No.（集装箱号）	Seal No.（封号）	Packages（件数）
Received（实收）	By Terminal Clerk/Tally Clerk（场站员/理货员签字）	

Freight & Charges（运费计算）	Prepaid at（预付地点）	Payable at（到付地点）	Place of Issue（签发地点） Booking Approved by（订舱确认）
	Total Prepaid（预付总额）	No. of Original B（s）/L（正本提单份数）	Monetary Amount（货值金额）

Service Type on Receiving（接收服务类型） □—CY，□—CFS， □—DOOR	Service Type on Delivery（交付服务类型） □—CY，□—CFS， □—DOOR	Reefer Temperature Required（冷藏温度）	^{0}F　　^{0}C

Type of Goods（货物种类）	□ Ordinary（普通），□ Reefer（冷藏）， □ Dangerous（危险品），□ Auto（裸装车辆） □ Liquid（液体），□ Live Animal（活动物），□ Bulk（散货）	Dangerous Goods（危险品）	Class: Property: IMDG Code Page: UN No.:

发货人或代理地址：			联系人：	电话：
可否转船	可否分批	装期	备注	装箱场站名称
有效期		制单日期		
海运费由________支付 如预付运费托收承付，请填准银行账号				

【实训项目2】

海运提单

【实训情境】

1.信用证条款

LETTER OF CREDIT

KRUNG THAI BANK PUBLIC COMPANY LIMITED BANGKOK

USER HEADER	SERVICE CODE	103
	BANK. PRIORITY	113
	MSG USER REF.	108
	INFO. FROM CI	15

SEQUENCE OF TOTAL *27：1/1

FORM OF DOC. CREDIT *40A：IRREVOCABLE

DOC.CREDIT NUMBER *20：BL120197

DATE OF ISSUE 31C：230123

EXPIRY *31D：DATE230422 PLACE CHINA

APPLICANT BANK 51D：KRUNG THAI BANK PCL.，SUANMALI IBC.

APPLICANT *50：METCH THAI CHEMICAL COMPANY LIMITED
45-7 MAITRICHITR RD.，BANGKOK，THAILAND.

BENEFICIARY *59：SINOCHEM GUANGDONG IMPORT AND
EXPORT CORPORATION
58，ZHAN QIAN ROAD，GUANGZHOU，CHINA.

AMOUNT *32B：CURRENCY USD AMOUNT 16 264

AVAILABLE WITH/BY *41D：ANY BANK BY NEGOTIATION

DRAFTS AT ... 42C：30 DAYS AFTER SIGHT

DRAWEE 42D：KRUNG THAI BANK PCL.，SUANMALI IBC.

PARTIAL SHIPMENTS 43P：PROHIBITED

TRANSSHIPMENT 43T：ALLOWED

LOADING IN CHARGE 44A：GUANGZHOU，CHINA

FOR TRANSPORT TO ... 44B：BANGKOK，THAILAND

LATEST DATE OF SHIP. 44C：230412

DESCRIPT. OF GOODS 45 A：

42.80 M/T LITHOPONE 30PCT ARROW BRAND USD380 PER M/T
DETAILS AS PER PRO FORMA INVOICE NO.01TH44GD176A3-032
DATED JAN. 22，2023
CIF BANGKOK，THAILAND

DOCUMENTS REQUIRED 46 A：

+SIGNED COMMERCIAL INVOICE IN 3 COPIES SHOWING SEPARATELY FOB

VALUE, FREIGHT CHARGE, INSURANCE PREMIUM, CIF VALUE AND COUNTRY OF ORIGIN.

+FULL SET OF CLEAN ON BOARD OCEAN BILLS OF LADING TO ORDER OF KRUNG THAI BANK PUBLIC COMPANY LIMITED MARKED FREIGHT PREPAID NOTIFY APPLICANT.

+MARINE INSURANCE POLICY OR CERTIFICATE IN DUPLICATE, ENDORSED IN BLANK, FOR FULL INVOICE VALUE PLUS 10 PERCENT STATING CLAIM PAYABLE IN THAILAND COVERING INSTITUTE CARGO CLAUSES (A) AND WAR RISKS.

+PACKING LIST IN 5 COPIES.

+ONE FULL SET OF NON-NEGOTIABLE SHIPPING DOCUMENTS MUST BE SENT TO THE APPLICANT BY AIR COURIER WIHTIN 3 DAYS AFTER SHIPMENT AND BENEFICIARY'S CERTIFICATE TO THAT EFFECT IS REQUIRED.

+BENEFICIARY'S CERTIFICATE CERTIFYING THAT ONE COPY EACH OF INVOICE, B/L HAVE BEEN FAXED TO BUYER TO FAX NO.662–225 WITHIN 3 DAYS AFTER SHIPMENT.

+INSPECTION CERTIFICATE OF QUALITY ISSUED BY COMPETENT AUTHORITIES.

ADDITIONAL COND. 47A :

+ALL DOCUMENTS MENTIONING THIS L/C NO.

+BOTH AMOUNT AND QUANTITY PLUS OR MINUS 5PCT ACCEPTABLE.

+IF ANY DISCREPANCY, WE SHALL DEDUCT USD50 BEING OUR FEE FROM THE PROCEEDS.

+THE NAME, ADDRESS, TELEPHONE NUMBER OF SHIPPING AGENT IN BANGKOK MUST BE MENTIONED ON B/L.

DETAILS OF CHARGES 71 B:

ALL BANK CHARGES OUTSIDE THAILAND INCLUDING COST OF WIRE AND REIMBURSEMENT CHARGES ARE FOR BENEFICIARY'S ACCOUNT.

CONFIRMATION *49: WITHOUT

CONSTRUCTIONS 78:

+UPON RECEIPT OF SHIPPING DOCUMENTS

IN STRICT CONFORMITY WITH L/C TERMS, WE WILL COVER YOUR ACCOUNT AND LESS OUR COST OF WIRE IF ANY ACCORDING TO YOUR INSTRUCTION.

+DRAFT (S) AND DOCUMENTS TO BE SENT TO US BY COURIER SERVICE MAILING ADDRESS SUANMALI IBC, 20YUKHON 2 RD, POMPRAB, BANGKOK 10 100, THAILAND.

+THIS ADVICE IS OPERATIVE WITH NO CONFIRMATION TO FOLLOW AND

SUBJECT TO ICC 1993 REVISION PUB 500.

2.其他有关资料

发票号码：01A30676-032A

发票日期：FEB.06，2023

提单号码：COSU298000081

提单日期：MAR.01，2023

船名：CHAO HE V.036

运费：USD300.00/CONTAINER

保单号码：01-78963

保险费：USD158.00

货物装箱情况：IN 25KGS PLASTIC WOVEN BAG，TOTAL 1 712BAGS

总净重：42.80M/T

总毛重：42 971.2KGS

总尺码：41.944M^3

唛头：P.T.C BANGKOK

商品名称：箭牌立德粉30%

计量单位：千克

集装箱：TTNU3112933（20’）

封号：062472（20GP）FCL

TGHU2115222（20’）

封号：062478（20GP）FCL

出口口岸：广州海关（5100）

核销单号码：44MO58868

生产厂家：湖南湘潭华荣厂（66893214412）

报检单位登记号：8876544721

【实训任务】

根据实训情境中的信用证条款，缮制海运提单（如样例3-8所示）。

样例3-8　海运提单

<table>
<tr><td colspan="2">Shipper(Insert Name, Address and Phone)</td><td colspan="4" rowspan="8">B/L No.
中远海运集装箱运输有限公司
COSCO SHIPPING LINES CO.,LTD
TLX: 33057 COSCO CN
FAX: +86(021)6545 8984
ORIGINAL
Port-to-Port or Combined Transport
BILL OF LADING
RECEIVED in external apparent good order and condition except as otherwise noted. The total number of packages or unites stuffed in the container.
The description of the goods and the weights shown in this Bill of Lading are furnished by the Merchants, and which the carrier has no reasonable means of checking and is not a part of this Bill of Lading contract.
The carrier has issued the number of Bills of Lading stated below, all of this tenor and date.
One of the original Bills of Lading must be surrendered and endorsed or signed against the delivery of the shipment and whereupon any other original Bills of Lading shall be void. The Merchants agree to be bound by the terms and conditions of this Bill of Lading as if each had personally signed this Bill of Lading. SEE clause 4 on the back of this Bill of Lading（Terms continued on the back Hereof, please read carefully）.
*Applicable only when document used as a combined transport Bill of Lading.</td></tr>
<tr><td colspan="2">Consignee(Insert Name, Address and Phone)</td></tr>
<tr><td colspan="2">Notify Party(Insert Name, Address and Phone)
(It is agreed that no responsibility shall attach to the Carrier or his agents for failure to notify)</td></tr>
<tr><td>Combined Transport *</td><td>Combined Transport*</td></tr>
<tr><td>Pre - carriage by</td><td>Place of Receipt</td></tr>
<tr><td>Ocean Vessel Voy. No.</td><td>Port of Loading</td></tr>
<tr><td>Port of Discharge</td><td>Combined Transport *
Place of Delivery</td></tr>
<tr></tr>
<tr><td>Container No./Seal No.</td><td>Marks & Nos.</td><td>No. of Containers/ Packages</td><td>Description of Goods</td><td>Gross Weight (Kgs)</td><td>Measurement (M^3)</td></tr>
<tr><td></td><td></td><td></td><td></td><td></td><td></td></tr>
<tr><td colspan="6">TOTAL NUMBER OF CONTAINERS OR PACKAGES（IN WORDS）</td></tr>
<tr><td>Freight & Charges</td><td>Revenue Tons</td><td>Rate</td><td>Per.</td><td>Prepaid</td><td>Collect</td></tr>
<tr><td>Ex. Rate</td><td>Prepaid at</td><td colspan="2">Payable at</td><td colspan="2">Place and Date of Issue</td></tr>
<tr><td></td><td>Total Prepaid</td><td colspan="2">No. of Original B（s）/L</td><td colspan="2" rowspan="2">Signed for the Carrier:</td></tr>
<tr><td colspan="4">LADEN ON BOARD THE VESSEL
DATE　　BY</td></tr>
</table>

项目四

国际铁路货物运输

学习目标

能力目标：能够在掌握国际铁路货物联运货代进出口业务流程的基础上，对国际铁路货物联运运费进行计算。

知识目标：理解国际铁路货物运输基础知识，掌握国际铁路货物联运运费的计算方法。

素养目标：能按照国际铁路货物运输业务流程和实践认知，结合职业道德和企业要求，自主解决国际铁路货物运输业务中出现的常见问题；培养认真、细致、严谨的工作态度，养成良好的工作习惯；明确国际铁路货物运输在现代外贸业务经营管理中的重要性，不断深化“一带一路”邻国之间的铁路运输业务。

项目引例

哈尔滨A公司购买B公司价值20万元的货物，合同约定B公司将货物代办托运。B公司遂向当地铁路西站办理了托运货物到C火车站的运输手续，货物保价15万元。B公司填写收货人时将A公司误写为AM公司。货物抵达C火车站后，该站依据与D物流公司签订的代理合同，将货车调配到D物流公司的专线卸车，并办理了交接手续。当日D物流公司向A公司发出领货通知。两日后A公司持领货凭证到C火车站办理领货手续，因运单上收货人的名称与实际不符，未办成。次日，A公司持领货凭证按C火车站的要求出具证明办结了领货手续，并向D物流公司缴纳了专线、暂存、卸车等费用，在提货时却得知货物已被冒领。经查，冒领人所持运单系伪造。A公司遂对D物流公司提起诉讼，索赔货损20万元及其他损失。

请问：（1）D物流公司的身份是C火车站的代理人还是仓储保管人？

（2）A公司是否有权向C火车站索赔？依据是什么？

（3）A公司是否有权向D物流公司索赔？依据是什么？D物流公司有过失吗？

（4）在铁路运输交货环节，提货人除了提供运单外，为何还应该提供买卖合同、营业执照副本、授权委托书等？

分析：（1）除非D物流公司有证据表明其与铁路车站之间存在委托代理关系，否则根据案例材料可推定D物流公司的身份是仓储保管人。这是因为：一方面，D物流公司向收货人发出领货通知；另一方面，D物流公司收取了专线、暂存、卸车等费用。

（2）A公司有权向C火车站索赔。其依据是铁路局签署的铁路运单及领货凭证。

（3）A公司有权向D物流公司索赔。其依据是双方建立了事实上的储存合同关系，因而D物流公司应对其未认真核实提货人的身份而导致货物被冒领承担责任。

（4）铁路运单中的收货人为记名收货人，其交付规则是“认人不认单”，因此，在铁路运输交货环节，提货人除了提供运单之外，还应该提供买卖合同、营业执照副本、授权委托书等以证明自己是运单上的记名收货人或其代理人。

内容精讲

任务一　国际铁路货物运输基础知识

一、世界铁路运输的发展

希腊是第一个拥有路轨运输的国家，至少2 000年前已有马拉的车沿着轨道运行。1804年，英国人理查德·特里维希克（Richard Trevithick）发明了第一台能在铁轨上前进的蒸汽机车。第一台取得成功的蒸汽机车是斯蒂芬森在1829年建造的“火箭号”。19世纪20年代，英格兰的史托顿与达灵顿铁路成为第一条成功的蒸汽火车铁路。后来的利物浦与曼彻斯特铁路更显示了铁路的巨大发展潜力。1825年，世界上第一条铁路在英国的斯托克顿和达灵顿之间开始运营 。

高架电缆在1888年发明后，首条使用高架电缆的电气化铁路于1892年启用。第二次世界大战后，以柴油和电力驱动的火车逐渐取代蒸汽火车。20世纪60年代，多个国家均建设高速铁路。而货运铁路亦连接至港口，并与船运合作，以货柜运送大量货物。20世纪70年代，随着人们对环保问题的逐渐关注，电气化铁路运输以其能耗低、污染少等优点重新得到人们的重视。

二、我国铁路运输的发展

铁路是综合交通运输体系的骨干，是建设中国式现代化经济体系的重要支撑，是全面建设社会主义现代化国家的先行领域。铁路作为运输大动脉，是国家重大基础设施，铁路工程建设和铁路运营关系国计民生，国家对铁路行业以高度集中、统一指挥的方式进行管理。1876年，我国出现了第一条铁路，就是英国资本集团采取欺骗手段擅筑的吴淞铁路。这条铁路经营了1年多时间就被清政府赎回拆除了。5年后，在清政府洋务派的主持下，于1881年开始修建唐山至胥各庄铁路，从而揭开了我国自主修建铁路的序幕。1909年我国自主勘测、设计、施工的第一条铁路京张铁路建设完成，全长200公里。中华人民共和国成立后，1952年建成的第一条干线铁路成渝铁路，全长504公里，掀开了铁路建设史上的新篇章。2008年我国第一条真正意义上的高速铁路京津城际高铁诞生。截至2023年6月，我国电气化铁路总里程已突破15万公里，跃居世界第一位，且在技术水平和建设质量上也达到世界领先水平。

铁路运输在国际贸易货物运输中，尤其是在与我国内陆接壤的国家之间的贸易中，起着无可替代的作用。在我国现代化的运输方式中，铁路承担的客运周转量占60%，货运周转量占70%。从1909年中国人自主设计建造第一条铁路开始，百余年中国铁路史，由微芒点点汇聚成耀眼高光。从时速35公里到350公里，从高铁0公里到4.2万公里（截至2023年6月），“中国速度”惊艳世界，而它身后是百余年的砥砺前行。2022年，全国铁路共完成固定资产投资7 109亿元，投产新线4 100公里，其中高铁2 082公里。根据《综合运输服务“十四五”发展规划》，“十四五”期间我国将加快优化调整运输结构，持续推动大宗货物和中长途货物运输“公转铁”“公转水”。预计到2025年，铁路货物周转量占比将提升至17%，集装箱铁水联运量年均增长率超过15%。《新时代交通强国铁路先行规划纲要》提到，到2035年，全国铁路网20万公里左右，形成全国1、2、3小时高铁出行圈和全国1、2、3天快货物流圈，铁路运输安全持续稳定，健全人防、物防、技防“三位一体”的安全保障体系。当前，我国已经成为世界上高速铁路发展最快、系统技术最全、集成能力最强、运营里程最长、运营速度最高、在建规模最大的国家。

三、铁路运输概述

动画4-1

铁路运输

铁路运输（Rail Transport）有狭义和广义之分。狭义的铁路运输，是一种以具有轮对的车辆沿铁路轨道运行，以运送旅客或货物为目的的陆上运输方式。广义的铁路运输是包括磁悬浮列车、缆车、索道等并非使用车轮形式，但仍然沿特定轨道运行的运输方式，称为轨道运输或轨道交通。轨道交通在国际货物运输中的地位仅次于海洋运输。

（一）铁路机车

铁路机车（Locomotive）本身没有动力装置，无论是客车还是货车，都必须把许多车辆连接在一起编成一列，由机车牵引才能运行，因此机车是铁路运输的基本动力。铁路上使用的机车种类很多，按机车原动力可分为蒸汽机车、内燃机车和电力机车三种。从世界各国铁路牵引动力的发展来看，电力机车被公认为最有发展前途的一种机车，它在运营上有良好的经济效果。

（二）车辆及车辆标记

1.车辆（Freight Car）

铁路车辆可分为客车和货车两大类。铁路货车的种类很多，可以从不同的角度对其进行分类。

（1）按用途或车型划分，铁路货车可分为通用货车和专用货车两类。

通用货车又可分为：①棚车。其车体由端墙、侧墙、棚顶、地板、门窗等部分组成，用于运送比较贵重和怕潮湿的货物。②敞车。其仅有端墙、侧墙和地板，主要装运不怕湿损的散装或包装货物。必要时也可以加盖篷布装运怕潮湿的货物。所以，敞车是一种通用性和灵活性较好的货车。③平车。大部分平车车体只有平底板。部分平车装有很低的端墙和侧墙，并且能够翻倒，适合于装载重量、体积较大或长度较长的货物。也有将车体做成下弯的凹底平车或一部分不装地板的落下孔车，供装运特殊的重型货物。

专用货车是专供装运某些指定种类货物的车辆，又可分为：①保温车。车体与棚车相似，但其墙板由两层壁板构成，壁板间用绝缘材料填充，以减少外界气温的影响。目前，我国以成列或成组使用的机械保温车较多，车内装有制冷设备，可自动控制车内温度。保温车主要用于运送新鲜蔬菜、鱼、肉等易腐货物。②罐车。车体为圆筒形，罐体上设有装卸口。为保证液体货物运送时的安全，还设有安全阀等设备。罐车主要用来运送液化石油气、汽油、盐酸、酒精等液态货物及散装水泥等。③家畜车。它是运送活家禽、家畜等的专用车。车内有给水、饲料的储存装置，还有押运人乘坐的设施。另外，专用货车还有煤车、矿石车、矿砂车等。

（2）按载重量划分，铁路货车可分为20吨以下、25～40吨、50吨、60吨、65吨、75吨、90吨等不同型号的车辆。为适应我国货物运量大的客观需要，有利于多装快运和降低货运成本，目前我国以制造60吨铁路货车为主。

（3）按轴数划分，铁路货车可分为四轴车、六轴车和多轴车等。我国铁路货车以四轴车为主。

（4）按制作材料划分，铁路货车可分为：①钢骨车。其车底架及梁柱等主要受力部分用钢材，其他部分用木材制成，因而自重轻、成本低。②全钢车。其坚固耐用、检修费用低，适合高速运行。此外，还有用铝合金、玻璃钢等材料制作的货车。

2.车辆标记（Mark of Car）

为了体现车辆的类型及特征，便于使用和运行管理，每个铁路车辆的车体外侧都有规定的标记。常见的标记主要有：

（1）路徽。凡中国铁路总公司所属车辆均有人民铁道的路徽。

（2）车号。它是识别车辆的最基本标记。车号包括型号及号码。型号又有基本型号和辅助型号两种。基本型号代表车辆种类，用汉语拼音字母表示；辅助型号表示车辆的构造型式，以阿拉伯数字和汉语拼音组合而成。号码编在车辆的基本型号和辅助型号之后。车辆号码按车种和载重分别依次编号。

（3）配属标记。对固定配属的车辆，应标上所属铁路局和车辆段的简称，如“京局京段”表示北京铁路局北京车辆段的配属车。

（4）载重。它是指车辆允许的最大装载重量，以吨为单位。

（5）自重。它是指车辆本身的重量，以吨为单位。

（6）容积。它是指货车（平车除外）可供装载货物的容量，以立方米为单位。

（7）车辆全长及换长。车辆全长是指车辆两端钩舌内侧的距离，以米为单位。在实际业务中，习惯上将车辆的长度换算成车辆的辆数，即用全长除以11米（标准车辆长度）所得的值表示车辆的换算长度。

（8）特殊标记。根据货车的构造及设备情况，在车辆上还涂打各种特殊标记。

四、铁路（货物）运输的特点

（1）铁路运输的准确性和连续性强。铁路运输几乎不受气候的影响，一年四季可以不分昼夜地进行定期的、有规律的、准确的运转。

（2）铁路运输速度比较快。一般货车速度可达120公里/小时，远远快于海上运输。

（3）运输量比较大。一列货物列车一般能运送3 000～5 000吨货物，远远高于航空运输和公路运输。

（4）铁路运输成本较低。铁路运输费用相对低廉，特别是在货量较大、运距较长的情况下，相对于公路、航空等运输方式更有优势。

（5）铁路运输安全可靠，风险远比海上运输小。

（6）初期投资大。铁路运输需要铺设轨道，建造桥梁和隧道，工程艰巨复杂；需要消耗大量钢材、木材；占用土地。其初期投资大大超过其他运输方式。

（7）运输手续办理的快捷性、便利性相对不足。铁路运输一般需提前向铁路部门报送运送计划，大宗急件货物的运输时间难以保证。

五、铁路货物运输在国际贸易中的作用

拓展阅读4-1

我国的国际铁路通道

（一）有利于发展同欧亚各国的贸易

通过铁路把欧亚大陆连成一片，为开展中近东和欧洲各国的贸易提供了有利条件。在中华人民共和国成立初期，我国的国际贸易主要局限于东欧国家，铁路运输占我国进出口货物运输总量的50%左右，是当时我国进出口贸易的主要运输方式。20世纪60年代以后，我国海上货物运输开始发展，铁路运输进出口货物所占的比例虽然有所下降，但其作用仍然十分重要。

（二）有利于开展港澳地区的贸易

通过香港进行转口贸易，铁路运输是内地和港澳地区开展贸易的一种运输方式。港澳地区的日用品一直以来都是由内地供应，随着内地对港澳地区供应规模的不断扩大，运输量也逐渐增加，保障对港澳地区运输的优质、适量、均衡，在政治上和经济上都是非常重要的。

香港是著名的自由港，与世界各地有着非常密切的联系，海、空定期航班比较多；作为转口贸易基地，开展陆空、陆海联运，对发展我国与东南亚、欧美、非洲、大洋洲各国和地区的贸易，保证我国出口创汇起着重要作用。

（三）对进出口货物在港口的集散和各省、市之间的商品流通起着重要作用

我国幅员辽阔，海运进口货物大部分利用铁路从港口运往内地，海运出口货物大部分也是由内地通过铁路向港口集中，因此铁路运输是我国国际货物运输的重要集散方式。国内各地区之间调运的外贸商品、原材料、半成品和包装物料，也大都是通过铁路运输来完成的。我国国际贸易进出口货物运输大多都要通过铁路运输这一环节，铁路运输在我国国际货物运输中发挥着重要作用。

（四）欧亚大陆桥是加快我国与中近东及欧洲各国经贸往来的重要通道

大陆桥运输是指以大陆上铁路或公路运输系统为桥梁，把大陆两端的海洋连接起来的集装箱连贯运输方式。大陆桥运输一般都是以集装箱为媒介，采用国际铁路系统来运送。

目前，我国开办的西伯利亚大陆桥和新欧亚大陆桥的铁路集装箱运输具有安全、迅速、节省的优点。这种运输方式为发展我国与中近东及欧洲各国的贸易提供了便利的运输条件。为了适应我国经济贸易发展的需要，利用这两条大陆桥开展铁路集装箱运输，也会促进我国与这些国家和地区的国际贸易发展。

任务二 国际铁路货物联运

一、国际铁路货物联运的概念和特点

1. 国际铁路货物联运的概念

国际铁路货物联运（International Railway through Transport of Goods）是指使用一份统一的国际铁路货物联运票据，在跨及两个及两个以上国家铁路的货物运送中，由参加国铁路部门负责两个或两个以上国家铁路全程运送货物过程，由托运人支付全程运输费用，而无须收货人、发货人参与的铁路运输组织形式。

国际铁路货物联运牵涉面广，从发货站发运货物起，需经过出口国的国境站，经过国的进口和出口国境站，直到进口国的进口国境站，环节多，交接复杂。因此，要求货物的包装要适合长途运输的需要，票据规范、清晰，随附单证齐全，运送车辆为国际列车，设备必须完好无损。

2. 国际铁路货物联运的特点

（1）国际铁路货物联运是不同国家或地区之间的货物运输。其运送的货物要涉及两个或两个以上国家，因此涉及多个国境站。

（2）对运输条件有统一要求。国际铁路货物联运要求每批货物的运输条件都要符合有关国际联运的公约、规则的统一规定，如货物包装、转载、票据编制及车辆使用等。

（3）国际铁路货物联运的组织工作复杂。因为联运货物必须有两个或两个以上国家的铁路部门参与运送，在办理国际铁路货物联运时，运输票据、货物、车辆及有关单证都必须符合相关国家的有关规定，并且要做好衔接工作。

（4）使用一份铁路联运票据完成货物的跨国运输。

（5）国境换装作业不需要货方参与。

二、国际铁路货物联运的两个重要协定

1890年，在瑞士首都伯尔尼举行的欧洲各国铁路代表大会上，制定了《国际铁路货物运送规则》，即《伯尔尼公约》，自1893年1月起生效；1934年，在伯尔尼会议上重新修订，称为《国际铁路货物运输公约》，即《国际货约》，于1938年10月10日生效，至今仍在使用。参加《国际货约》的国家目前有49个。

1951年11月1日，苏联、阿尔及利亚和已参加《国际货约》的德国、保加利亚、匈牙利、罗马尼亚、波兰、捷克8国签订了《国际铁路货物联运协定》，即《国际货协》。1954年1月中国加入《国际货协》，随后朝鲜、越南、蒙古国也加入进来。

三、国际铁路货物运输的有关规章

《国际货协》规定了货物运送条件、运送组织、运送费用计算核收办法，以及铁路部门与发货人、收货人之间的权利和义务等。

《国际铁路货物联运协定统一过境运价规程》（以下简称《统一货价》）规定了过境参加《国际货协》的铁路时需办理的货物运送手续、过境运送费和杂费的计算方法，并列出了过境铁路里程表、货物品名分类表以及货物运费计算表等。

《国境铁路协定》由两个相邻国家的铁路部门签订，规定办理联运货物交接的国境站、车站以及货物交接的条件和办法，交接列车和机车运行办法、服务方法等具体问题。根据《国境铁路协定》的规定，两个相邻国家的铁路部门需要定期召开国境铁路会议，就执行协定中的有关问题进行协商，签订“国境铁路会议协定书”。我国与蒙古国、朝鲜、越南均签订了国境铁路协定书和议定书。

为了便于执行上述国际铁路货物联运规章，原铁道部（现中国铁路总公司）结合我国铁路办理货物联运的实际情况，编印了《国际铁路货物联运办法》，该办法是对国际铁路货物联运有关规章的摘录与综合，仅供我国国内铁路使用。

此外，在办理国际铁路货物联运业务时，凡上述国际铁路货物联运规章和补充办法未规定的事项，均适用国内规章；反之，有规定时，适用国际联运规章。

四、国际铁路货物联运的基本规定

（一）国际铁路货物联运的范围

国际铁路货物联运既适用于《国际货协》参加国之间的货物运输，也适用于《国际货协》和《国际货约》参加国之间的顺向或反向货物运输。在我国国内凡可办理铁路货

运的车站都可接受国际铁路货物联运。根据组织联运运输方法的不同，国际铁路货物联运的范围可以分成以下三类：

1.我国与参加《国际货协》国家之间的铁路货物联运

我国向参加《国际货协》的国家（包括已退出《国际货协》但仍采用《国际货协》规定的国家，如波兰、捷克、匈牙利、德国等）运送铁路货物时，发站铁路部门以一份《国际货协》运单负责直接或通过第三国铁路部门运往最终到站，交付收货人。

2.我国与未参加《国际货协》国家之间的铁路货物联运

我国向未参加《国际货协》的国家出口货物时，一般采用《国际货协》运单办理至参加《国际货协》国家的最后一个过境出口国境站的运输业务，然后由该国境站站长或收货人委托的代理人办理转发至未参加《国际货协》国家的运输业务。经由未参加《国际货协》国家的铁路向我国出口货物时，与上述办理程序相反。

3.通过参加《国际货协》国家的港口向其他国家运送货物

我国通过波兰或德国等国的港口向芬兰等国发货时，此种运输方式为铁／海运输，称为欧洲流向。这时发货人采用《国际货协》运单运送至过境铁路港口，由港口收转人办理海运至目的地手续。

邻国利用我国港口向日本、东南亚等国发货时，此种运输方式为海／铁运输，称为东南亚流向。由于俄罗斯有一支船队往返于远东与东南亚之间，因此利用我国港口而采取海／铁运输的货物较少。

（二）国际铁路货物联运的托运种类

1.按货量、体积不同分类

（1）整车货。它是指用一份运单托运并需要用单独车辆运送的货物。

（2）零担货。它是指用一份运单托运但货量未超过5 000千克，不用单独车辆运送的货物。

（3）集装箱、托盘和货捆。凡货容量超过3立方米、总重量未超过2.5公吨的货物，或货容量为1～3立方米、总重量达2.5～5公吨的货物都应采用集装箱托运。

由于我国铁路集装箱数量有限，加之进出口箱量不平衡，我国铁路集装箱运输的重点是零担货物运输。按箱型不同，铁路集装箱可分为1吨箱、5吨箱、6吨箱、10吨箱、20英尺箱、40英尺箱。我国主要采用1吨和5吨通用集装箱。近年来，我国陆续开展铁路托盘项目制试点运输，主要有3种发展模式：一是局管内铁路托盘循环共用模式，是指客户使用铁路自有托盘在局管内各站点间进行全程带盘运输，能够实现铁路托盘在区域内的循环共用；二是点对点铁路托盘带盘运输模式，是指客户使用铁路自有托盘在两个节点间进行全程带盘运输，由发送车站或其客户进行回程带盘运输的货源组织，从而实现“点对点”带盘运输的“重去重回”；三是点对点企业托盘带盘运输模式，是指客户使用企业自有托盘在两个节点间进行全程带盘运输，按照有无回程带盘运输货源，分为“点对点”带盘运输的“重去重回”和“点对点”带盘运输的“重去空回”。

2.按运送速度不同分类

（1）快运。整车货每昼夜320/运价公里左右，零担货每昼夜200/运价公里左右。

（2）慢运。整车货每昼夜200/运价公里左右，零担货每昼夜150/运价公里左右。

（3）随旅客列车挂运。整车货每昼夜420/运价公里左右。

根据《国际货协》的规定，如果各国铁路部门间另有商定条件，应适用该双边协定，而不适用《国际货协》的上述规定。目前，我国已与朝鲜、越南、蒙古国、俄罗斯等国家签署了双边协定，对两国间的运送条件做出了具体的规定。因此，我国和这些国家的铁路联运货物，应按照双边协定办理。

此外，《国际货协》对以下联运货物的范围与条件做出了明确规定：①不准运送的货物；②不准在一辆车内运送的货物；③不准按一份或数份运单在一辆车内混装运送的货物；④需要各国铁路部门间预先商定后才能承运的货物；⑤需要押运人押运的货物；⑥需要声明价值的货物。

（三）国际铁路货物联运费用的构成

国际铁路货物联运费用由发送路运送费用、到达路运送费用和过境路运送费用三部分构成。

1.发送路运送费用与到达路运送费用的核收

根据《国际货协》及其附件《统一货价》和《国际旅客联运和铁路货物联运清算规则》的规定，发送路、到达路的运送费用按本国铁路规章规定，以本国货币分别在发站或到站向发货人或收货人核收。因此，国际铁路货物联运国内段运输费用应按照原铁道部（现中国铁路总公司）于1998年3月公布的《铁路货物运价规则》的有关规定计算。

2.过境路运送费用的核收

1991年9月以后，《统一货价》不再从属于《国际货协》，而成为独立的法律文件，《国际货协》参加国是否参加《统一货价》和《国际旅客联运和铁路货物联运清算规则》，各国自主决定，这就导致了过境路运送费用计收形式的多样化。目前，过境路运送费用主要采用铁路结算制和代理结算制两类核收形式。

（1）铁路结算制。它是指过境路运送费用的计收仍按《国际货协》的规定，通过铁路部门予以结算，即过境路运送费用在发站向发货人核收或在到站向收货人核收。通过多个过境铁路运送时，准许由发货人支付一个或几个过境铁路的运送费用，其余铁路的运送费用由收货人支付。如果所适用的运价规程规定必须在发站向发货人核收，则不准许在到站向收货人核收。

（2）代理结算制。它是指过境费用的计收不再通过铁路部门结算，而是通过代理予以结算的制度，即发站铁路部门或到站铁路部门不再收取过境费用，而由发货人或收货人委托的代理人直接支付给过境铁路部门。换言之，发货人或收货人应自行或通过代理机构将过境费用支付给过境铁路部门指定的收费代理机构。在实际业务中，这种结算方式又分成：①过境费用由发货人通过代理支付；②过境费用由收货人通过代理支付。目前，许多国家（如俄罗斯、哈萨克斯坦以及蒙古国等）的铁路部门均采取第一种形式，即发货人在办理托运时必须事先委托铁路当局指定的货运代理机构，由该货运代理机构转托过境铁路部门指定的货运代理机构向过境铁路部门支付过境费用。

由此可见，在这种情况下，如果发货人在办理托运时未能办理委托代理手续，并且未在运单第4栏和第20栏内做相应的记载，则发站将拒绝承运，过境铁路国境站将拒绝接运。

过境运费按《统一货价》的规定计算。其计算程序是：①根据运单上载明的运输路线，在过境里程表中，查出各通过国的过境里程；②根据货物品名，在“通用货物品名表”中查出所运货物适用的运价等级；③根据货物运价等级和各过境站的运送里程，在《统一货价》中找出符合该批货物的运价率。《统一货价》对过境运费的计算以慢车整车货物的运费额为基本运费额，其他种类的货物运费则在基本运费额的基础上分别乘以不同的加成率。其计算公式为：

基本运费额=货物运价率×计费重量

运费=基本运费额×（1+加成率）

加成率是指运费总额按托运类别在基本运费额基础上所增加的百分比。快运运费按慢运运费加100%，零担货运费加50%后再加100%，随旅客列车挂运的整车货运费加200%。

3.国际铁路货物联运国内段运送费用的核收

根据《国际货协》的规定，我国以国际铁路货物联运方式进出口的货物，国内段运送费用应按照我国《铁路货物运价规则》进行核收。

国际铁路货物联运国内段运送费用的计算程序是：①根据货物运价里程表确定从发站至到站的运价里程；②根据运单上填写的货物品名从“铁路货物运输品名检查表”中查找适用的运价号；③根据运价里程和运价号在“铁路货物运价率表”中查出相应的运价率；④将按《铁路货物运价规则》确定的计费重量与该批货物适用的运价率相乘，算出该批货物的运费。国际铁路货物联运国内段运送费用的计算公式为：

整车货物每吨运价（运价率）=发到基价+运行基价×运价公里

运费=运价率×计费重量

实例4-1

分析提示

【实例4-1】某公司从国外进口一整车矿石，该货物的品名分类代码为“04”，经查该商品的运价号为“4”，根据《铁路货物运价规则》的规定，使用矿石车、平车、砂石车。根据“铁路货物运输品名分类与代码表”，“01”“0310”“04”“06”“081”“14”类货物按40吨计费，国内段从发站至到站的运价里程为200公里。试根据货物运价表（见表4-1）核算该票货物的国内段运费。

表 4-1　　货物运价表

办理类别	运价号	发到基价		运行基价	
		单位	标准	单位	标准
整车	1	元/吨	5.6	元/吨公里	0.0288
	2	元/吨	6.3	元/吨公里	0.0329
	3	元/吨	7.4	元/吨公里	0.0385
	4	元/吨	9.3	元/吨公里	0.0434
	5	元/吨	10.1	元/吨公里	0.0491
	6	元/吨	14.6	元/吨公里	0.0704

4. 铁路运输运到逾期罚款的核收

（1）运到期限。铁路部门承运货物后，应在最短期限内将货物运送至最终到站。货物从发站至到站所允许的最大限度的运送时间，即货物运到期限。

（2）运到逾期。货物实际运到天数超过规定的运到期限天数，即为该批货物运到逾期。如果货物运到逾期，应按该铁路部门收取的运费的一定比例向收货人支付逾期罚款。逾期罚款的计算公式及规定如下：

逾期罚款=运费×罚款率

逾期百分率=（实际运送天数-按规定计算的运到期限天数）÷按规定计算的运到期限天数×100%

根据《国际货协》的最新规定：货物运到逾期的违约金额，根据造成运到逾期承运人的运费和逾期（期限）的长短（即逾期天数占总运到期限的比例）确定。逾期不超过总运到期限的1/10时，为运费的6%；逾期超过总运到期限的1/10但不超过3/10时，为运费的18%；逾期超过总运到期限的3/10时，为运费的30%。

自铁路部门通知货物到达和可以将货物移交给收货人处理时起，若收货人在一昼夜内未将货物领出，则失去领取运到逾期罚款的权利。

实例 4-2

分析提示

【实例 4-2】 某公司从保加利亚进口一批机器，该批货物按规定计算的运到期限为60天。保加利亚瓦尔纳港口站于某年3月10日以慢车整车承运。该批货物经由鲁塞/翁格内、后贝加尔/满洲里，于5月16日到达北京东站。铁路部门所收运费为8 000欧元。问题：该批货物是否运到逾期？假如逾期，铁路部门应向收货人支付多少逾期罚款？

（四）国际铁路货物联运运单

1. 国际铁路货物联运运单的构成与流转

国际铁路货物联运运单（International through Rail Waybill）（以下简称“运单”）由运单正本、运行报单、运单副本、货物交付单和货物到达通知单组成（见表4-2）。

表4-2 国际铁路货物联运运单

联别与名称	主要用途	票据周转程序
运单正本（第一联）	是运输合同的凭证，它随同货物至到站，并连同货物到达通知单和货物一起交给收货人	发货人→发站→到站→收货人
运行报单（第二联）	是参加联运的各铁路部门办理货物交接、划分运送责任以及清算运送费用、统计运量和运输收入的原始依据，它随同货物至到站，并留存到达铁路部门	发货人→发站→到站→到达铁路部门
运单副本（第三联）	在运输合同签订后，交给发货人，但它不具有运单的效力，仅证明货物已由铁路部门承运。发货人可凭此副本向收货人结算货款、行使变更要求，以及在货物和运单全部灭失时，凭此向铁路部门提出赔偿要求	发货人→发站→发货人
货物交付单（第四联）	随同货物至到站，并留存到达铁路部门	发货人→发站→到站→到达铁路部门
货物到达通知单（第五联）	随同货物至到站，并连同运单正本和货物一并交给收货人	发货人→发站→到站→收货人

注：①第一联、第五联与第二联、第四联应在左边相互连接；②第三联是单页；③允许第一联至第五联在上面相连。

在实际业务中，可视情况需要增加若干补充运行报单。补充运行报单包括带号码的补充运行报单（以下简称“有号报单”）和不带号码的补充运行报单（以下简称“无号报单”）两种。

（1）有号报单用于发站、国境站及发送局之间使用，并不出国。有号报单一式三份，由发站填制。其中，第一联由发站报局里用；第二联发站留存；第三联随同货物至出口国境站截留，并回送发站说明货物已过境。有号报单上印就的号码即批号（运单号），应填入运单和无号报单的“25批号”栏内。

（2）无号报单需要随货出国，其份数取决于过境国的数量，每个过境路都需要填制一份，过境国凭此向发送国收取过境费。货物由国外经海运运至我国港口，在过境我国铁路运送时，港口站应填制一份无号报单，以便我国出口国境站截留后对外清算过境运送费用。

（3）发货人为报销运费可自行填写一份印有运单抄件的无号报单。此时，发货人应在运单副本背面“应向发货人核收的总额（大写）”栏内加盖“运费报销无效”字样的戳记。若无此戳记，则铁路部门不给抄件。

2. 国际铁路货物联运运单的内容

运单每联正面的印刷格式相同，由1～50栏构成，主要用于记载收货人、始发站、终到站以及货物等方面的内容。

运单的背面项目，第一联至第三联的印刷格式相同，由51～92栏构成，主要用于运输费用的计算。第四联和第五联的背面在上述栏目的基础上增加了“铁路记载”“商务记录”“运到期限中止”“通过的国境站戳记”四栏。此外，第四联背面还增加了“关于向收货人通知货物到达的事项”“货物交付收货人和货物领取（签字、日期）”两栏。

3. 国际铁路货物联运运单的缮制要求

运单根据填写内容的不同，分别由发货人、海关、国内铁路部门、国外铁路部门、收货人等有关方填制，在缮制时应遵循以下基本要求：

（1）运单各联和补充运行报单以及慢运和快运的票据，都不得相互代用。运单（包括无号报单）正面未划粗线的为运送本批货物所需的各栏，由发货人填写。但15栏、27栏、30～45栏和48栏视由何人确定货物重量、办理货物装车和车辆施封手续而由发货人或铁路部门填写，26栏由海关填写。

（2）运单中记载的事项应严格按照为其规定的各栏或各行范围填写，但9～11栏“一般说明”中规定的情况除外。

五、国际铁路货物联运货代进出口业务流程

（一）出口货物托运程序

（1）发货人（出口单位）或货代向铁路车站填报铁路运单一式五联。

（2）始发站审核运单和有无批准的用车计划，如无问题，便在运单上签署货物进站日期或装车日期，以表示接受托运。

（3）发货人按照规定的日期将货物运往车站或指定的货位。

（4）车站根据运单核对货物，如无问题，待装车后由始发站在运单上加盖承运日期戳，负责发运。棚车、保温车、罐车必须施封，发货人装车的由发货人施封，铁路部门装车的由铁路部门施封。铅封内容包括站名、封号、年、月、日等。

（5）对于零担货物，发货人无须事先申报用车计划，但必须事先向始发站申请托运，车站受理后，发货人按指定日期将货物运到车站或指定货位，经查验、过磅后交铁路部门保管；车站在运单上加盖承运日期戳，负责发送。

（二）联运出口货物在国境站的交接程序

（1）国境站接到国内前方站的列车到达预报后，立即通知国际联运交接所，该所负责下列工作：①做好货物、车辆和运送用具的交接和换装工作；②办理各种交接手续，检查运送票据和编制商务记录；③处理交接中发生的各种问题；④计算有关费用；⑤联系和组织与邻国货车的衔接事宜。

（2）列车进站后由铁路部门会同海关接车，海关负责对列车的监管和检查，未经海关许可列车不准移动、解体或调离，车上人员亦不得离开。铁路部门负责将随车待交的票据送国际联运交接所。

(3) 交接所内有铁路、海关、商检、动植物检疫、卫生检疫、边检、外运等部门联合办公。铁路部门负责整理、翻译运送票据，编制货物和车辆交接单；外运部门负责审核货运单证，纠正错发、错运及单证上的差错并办理报关、报验手续；海关查验货、证是否相符及是否符合有关政策法令，如无问题则放行；相邻两国的铁路部门共同办理具体的货物和车辆交接手续并签署交接证件。

(三) 出口货物的交付

货物到达终到站后，由该站通知收货人领取货物。在收货人付清一切应付的运送费用后，铁路部门将第一和第五联运单交收货人凭以清点货物，收货人在领取货物时应在运单第二联上填写领取日期并加盖收货戳记。收货人只有在货物损坏或腐烂变质、全部或部分丧失原有用途时才可拒收。

(四) 进口货物国际联运的程序

(1) 确定货物到达站。国内订货部门应确定到达站的车站名称和到达路局的名称，除个别单位在国境站设有机构外，均不得以我国国境站或换装站为到达站，也不得以对方国境站为到达站。

(2) 必须注明货物经由的国境站，如注明货物是经二连浩特还是满洲里或阿拉山口入境。

(3) 正确编制货物的运输标志。各部门对外订货签约时必须按照统一规定编制运输标志，不得颠倒顺序和增加内容，否则会造成错发、错运事故。

(4) 向国境站外运机构发送合同资料。进口单位对外签订合同后应及时将合同的中文副本、附件、补充协议书、变更申请书、确认函电、交货清单等发送国境站外运机构，在这些资料中要有合同号、订货号、品名、规格、数量、单价、经由国境站、到达路局、到站、唛头、包装及运输条件等内容。事后如有某种变更事项，也应及时将变更资料抄送外运机构。

(5) 进口货物在国境的交接。进口货物列车到达国境站后，由铁路部门会同海关接车，双方铁路部门根据列车长提供的货物交接单办理交接手续，海关对货物执行监管。

国境站交接所的内部分工是：①铁路部门负责签办交接证件、翻译货运单据、组织货物换装和继续发运。在交接过程中，如发现有残短应详细记载，作为铁路部门双方签署商务记录的原始依据。②外运部门根据进口合同资料对运单及其他所有货运票据进行核对，如无问题，便制作进口货物报关单向海关办理货物进口报关手续。③海关根据报关单查验货物，在单、证、货相符的情况下签字放行。换装后的车辆按流向编组向内地运输。

(6) 分拨与分运。对小额订货来说，国外发货人集中托运，以我国国境站为到站、外运机构为收货人。国外铁路部门将零担货物合装整车发运至我国国境站，外运部门在接货后应负责办理分拨、分运业务。在分拨、分运中如发现有货损、货差情况，属于铁路部门责任的，应找铁路部门出具商务记录；如属于发货人的责任，应及时通知进口单位向发货人索赔。

（7）进口货物的交付。铁路到站向收货人发到货通知；收货人接到通知向铁路部门付清运送费用后，铁路部门将运单和货物交给收货人；收货人在取货时应在“运行报单”上加盖收货戳记。

六、铁路危险货物运输

危险货物，是指具有爆炸、易燃、毒害、感染、腐蚀、放射性等危险特性，在铁路部门运输、装卸和储存、保管过程中，容易造成人身伤亡、财产毁损或者环境污染而需要特别防护的物质和物品。实践业务中，危险货物仅办理整车和集装箱运输。特种货物及危险品运输标识如图4-1所示。

图4-1　特种货物及危险品运输标识

危险货物办理站（以下简称办理站）是站内或接轨的专用线（含专用铁路）办理危险货物发送（含换装）、到达业务的车站。其按类型分为三种：①站内办理站，仅在站内办理危险货物业务的车站；②专用线接轨站，仅在接轨的专用线办理危险货物业务的车站；③兼办站，在站内和接轨的专用线均办理危险货物业务的车站。

铁路危险货物业务办理的相关规定如下：

（1）禁止运输法律、法规禁止生产和运输的危险物品，危险性质不明以及未采取安全措施的过度敏感或者能自发反应而产生危险的物品。

（2）按铁路危险货物品名表“特殊规定”栏规定符合普通货物运输条件的，铁路局可在其包装方法和包装标志满足危险货物包装要求，并使用整车或集装箱装载单一品名的情况下，批准其按普通货物条件运输。

（3）托运人托运危险货物时，应如实标明收货人名称，货物的名称、性质、重量、数量等，不得匿报、谎报品名、性质、重量，不得在普通货物中夹带危险货物。

办理站应对承运的货物加强安全检查，发现托运人匿报、谎报危险货物品名或在普通货物中夹带危险货物时，除依法不予承运外，铁路局还应按《铁路危险货物运输安全监督管理规定》的要求，及时向所在地铁路监督管理部门报告。

危险货物的货车规定如下：

（1）危险货物罐车装卸作业应在专用线内办理。

（2）铁路产权罐车限装品名为原油、汽油、煤油、航空煤油、柴油、石脑油、溶剂油、轻质燃料油及非危险货物的重油、润滑油。

（3）苯、粗苯、甲苯、乙苯、二甲苯可用罐体涂打“苯类”字样的自备罐车运输；汽油、煤油、航空煤油、柴油、石脑油、溶剂油、轻质燃料油可用罐体涂打“轻油类”字样的自备罐车运输。

（4）充装非气体类液体危险货物时，充装量不得大于罐车标记载重量；同时要留有膨胀余量，充装量上限不得高于罐体标记容积的95%，下限不得低于罐体标记容积的83%。

（5）装车前，托运人应确认罐车是否良好，罐体外表应保持清洁，标记、文字应能清晰易辨。罐体有漏裂，阀、盖、垫及仪表等附件、配件不齐全或作用不良的罐车禁止使用。

（6）危险货物罐车装、卸车作业后，应及时关严罐车阀件，盖好人孔盖，拧紧螺栓，严禁混入杂质。

七、货损事故的索赔与时效

铁路部门对国际联运货物从承运时起至到站交付货物时止全部或部分灭失或损坏或逾期运达所造成的损失承担责任。发货人或收货人向铁路部门索赔时必须提供下列文件：

（1）当货物全部灭失时，如由发货人索赔，应提供运单副本；如由收货人索赔，应提供运单或运单副本。

（2）当货物部分灭失、毁损或腐坏时，发货人或收货人都应提供运单和铁路部门交给收货人的商务记录。

（3）货物逾期到达，收货人索赔时，应提供运单。

（4）在铁路部门多收运送费用时，发货人或收货人都应按其已交付的运费提出索赔金额并提供运单。在我国，发货人可不提供运单，但收货人必须提供运单。

关于运送费用和损失的索赔，应在9个月内提出；关于逾期运达的索赔，应在2个月内提出。自提出索赔之日起，铁路部门必须在6个月内核查并答复索赔人。凡超过时效的索赔无效，并不得提出诉讼请求。

知识延伸4-1　铁路集装箱办理的作业流程

符合集装箱运输条件的，可以用集装箱运输。使用集装箱运输的货物，每箱不得超过集装箱最大载重量。承运后发现超载的，对超载部分按规定核收违约金。每批集装箱必须是同一箱型，至少一箱，最多不得超过铁路一辆货车能装运的箱数，且集装箱总重量之和不得超过货车的允许载重量；单件货物重量超过100千克时，应在货物运单上注明。铁路集装箱办理的作业流程如图4-2所示。

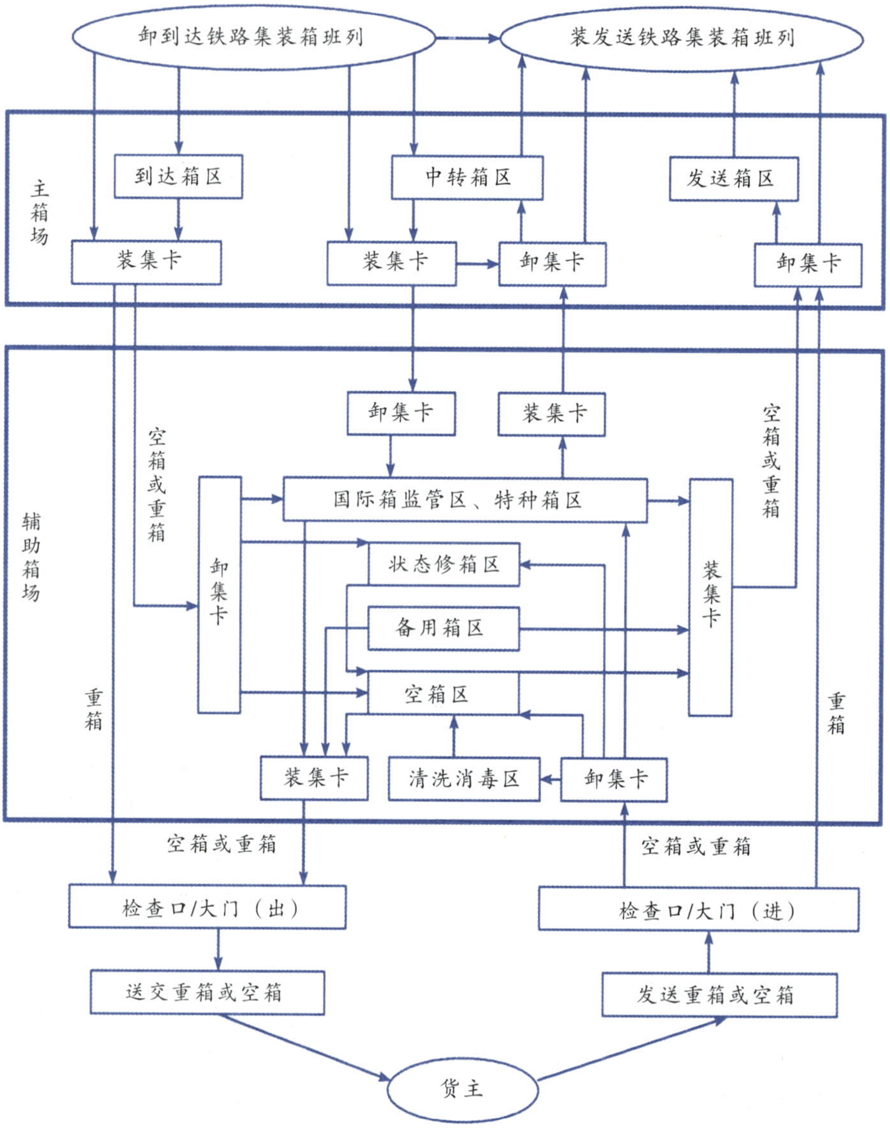

图4-2 铁路集装箱办理的作业流程

任务三 铁路集装箱运输

一、铁路集装箱运输的基本条件

集装箱是指具备下列条件的运输设备：①具有足够的强度，在有效使用期内可以反复使用；②适于一种或多种运输方式运送货物，途中无须倒装；③设有供快速装卸的装置，便于从一种运输方式转到另一种运输方式；④便于箱内货物装满和卸空；⑤内容积不小于1立方米。

铁路运输的集装箱不包括车辆和一般包装，按不同的标准有不同的分类。

（1）铁路运输的集装箱按长度分为20英尺箱、40英尺箱、45英尺箱以及经铁路部门批准运输的其他长度的集装箱。

（2）铁路运输的集装箱按箱主分为铁路箱和自备箱。其中，铁路箱是承运人提供的集装箱，自备箱是托运人自有或租用的集装箱。

（3）铁路运输的集装箱按所装货物种类和箱体结构分为普通货物箱和特种货物箱。普通货物箱包括通用箱和专用箱，专用箱包括封闭式通风箱、敞顶箱、台架箱和平台箱等；特种货物箱包括保温箱、罐式箱、干散货箱和按货物种类命名的集装箱等。

（4）铁路运输的集装箱按是否符合国家标准分为标准箱和非标箱。集装箱应符合国家标准，按规定涂打标记和标志，具有集装箱检验单位徽记、国际集装箱安全公约（CSC）安全合格牌照、国际铁路联盟标记，标有定期检验日期或连续检验计划标记。非标铁路箱由铁路部门公布运输条件后，方可上路运输。非标自备箱办理海铁联运、国际联运（发站或到站为港口、铁路口岸站）的，由发送铁路部门确定运输条件，确保满足运输安全要求后方可上路运输。集装箱以TEU作为统计单位，表示1个20英尺的国际集装箱。1个40英尺集装箱折合为2个TEU。20英尺干散货集装箱如图4-3所示，20英尺散装水泥罐式集装箱如图4-4所示。

图4-3　20英尺干散货集装箱

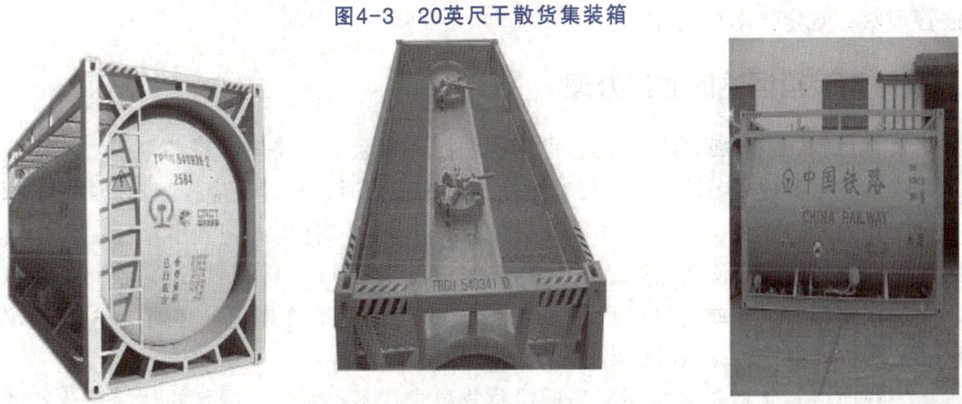

图4-4　20英尺散装水泥罐式集装箱

二、铁路集装箱运输的相关规定

铁路局不得确定以下自备箱的运输条件：不符合国际集装箱安全公约（CSC）要求的集装箱；角件与货车集装箱锁闭装置、装卸机械集装箱吊具不匹配的集装箱；标记总重小于30.48吨的集装箱。

集装箱应按规定进行定期检验，保证质量满足铁路运输安全要求。集装箱从出厂到第一次检验的间隔期不得超过5年，以后检验的间隔期不得超过2.5年。

集装箱办理站（包括办理集装箱运输的铁路专用线、专用铁路，下同）是办理集装箱运输业务的车站。集装箱在集装箱办理站间办理运输手续。集装箱办理站应具备下列条件：①有与其运量相适应的适合集装箱堆存、装卸的场地。②装卸线数量和长度满足生产需要。③具备集装箱称重计量及安全检测条件。④配备集装箱装卸机械，起重能力满足所装卸集装箱总重量的要求。20英尺、40英尺集装箱吊具下额定起重量不小于35吨，满足宽体箱发展需要。装卸机械宜具备称重、装载均衡状态检测功能。⑤具备良好的硬件、软件和计算机网络环境，能够应用铁路集装箱运输管理信息系统。⑥办理特种货物箱和专用箱业务时，还需配备相应的生产和安全设施设备（如站台及装卸、充装、抽卸、充电设施设备等）。

车站（包括铁路专用线、专用铁路）开办集装箱运输业务，由铁路局确认满足规定条件后，将以下内容报上级部门公布：车站名称、铁路专用线或专用铁路名称、起重能力、办理箱型、危险货物运输办理情况、是否为国铁及控股标准箱办理站。

车站（包括铁路专用线、专用铁路）停办集装箱运输业务（或因站场施工等需临时停办集装箱运输业务），由铁路局将以下内容报上级部门公布：车站名称、铁路专用线或专用铁路名称、停办箱型、停办原因。其中，临时停办集装箱运输业务的，除上述内容外，还需上报停办日期范围。车站停办集装箱运输业务后，应清查站存铁路箱，及时组织回送。

在一定季节和区域内不易腐烂、变质、冻损的易腐货物，经托运人和承运人协商一致后，在保证不影响货物质量的前提下，可使用通用集装箱装运。

集装箱军事运输按有关规定办理。集装箱装运危险货物要严格执行《铁路危险货物运输管理暂行规定》等的规定。

三、铁路集装箱运输的业务办理

集装箱运输，每批必须是标记总重相同的同一箱型。铁路箱和自备箱不得按一批办理。集装箱装运多种品名的货物不能在运单内逐一填记时，托运人应按箱提交物品清单。

集装箱内单件货物重量超过100千克时，应在运单“托运人记载事项”栏内分别注明实际重量。托运人应使用状态良好的集装箱。

使用铁路箱时，车站应提供状态良好的集装箱。托运人在使用前必须检查箱体状况，如发现箱体状况不良，应及时提出，由车站予以更换。

集装箱所装货物应符合所用箱型适箱货物要求，不得腐蚀、损坏箱体。性质互抵的货物不得混装于同一集装箱内。铁路通用集装箱不得装运易污染箱体的货物。

托运的集装箱，单箱总重不得超过其标记总重，且不得超过发站和到站的集装箱起重能力，在车上直接装卸货物的特种货物箱、专用箱等除外。

托运人可自行装箱，也可委托承运人装箱。装箱时应码放稳固，装载均衡，不超载、不集重、不偏重、不偏载、不撞砸箱体，采取防止货物移动、滚动或开门时倒塌的措施，保证箱内货物和集装箱运输安全。

集装箱施封由托运人负责。通用集装箱重箱必须施封，施封时确认左右箱门锁舌和把手入座后，在右侧箱门把手锁件施封孔处施封一枚，用10号镀锌铁线将箱门把手锁件拧固并剪断余尾。其他类型集装箱根据实际情况采取适合的施封方法。

托运的空集装箱可不施封，托运人需关紧箱门并用10号镀锌铁线拧固。托运人应在运单上逐箱填记集装箱箱号和相应的施封号码。已填记的箱号和施封号码不得随意更改；确需更改时，托运人需在更改处盖章证明。托运人（收货人）可自行安排汽车取送集装箱，也可委托车站办理，车站应提供便利条件。托运人（收货人）领取铁路箱出站的，车站应与托运人（收货人）签订铁路箱出站使用协议并收取保证金；铁路部门也可结合实际免收保证金。

根据托运人（收货人）的要求，可在站内指定区域装、掏箱。

发送的集装箱应于约定进站日期当日进站完毕。到达的集装箱应于承运人发出领货通知的次日起算，2日内领取集装箱货物，并于领取的当日内将箱内货物掏完或将集装箱搬出。集装箱货物（含空自备箱）在车站存放超过免费仓储期限的，应按规定核收仓储费。

从车站搬出铁路箱时，车站根据运单填写“铁路箱出站单”（见表4-3和表4-4），作为出站和箱体状况交接的凭证。集装箱送回车站时，车站应检查箱体状况，收妥集装箱并结清费用后，在乙联上加盖车站日期戳和经办人章，将收据交还箱人。

表4-3 **铁路箱出站单**

________站存查 甲联

A000001

<table>
<tr><td colspan="8">出 站 填 记（空重）</td></tr>
<tr><td>托运/收货人</td><td colspan="5"></td><td>调度命令号</td><td></td></tr>
<tr><td>到站/货票号</td><td></td><td>箱型箱号</td><td colspan="3"></td><td>接收站</td><td></td></tr>
<tr><td>箱体状况</td><td colspan="4">割伤C. 擦伤B. 破洞H. 凹损D.
破损BR. 部件缺失M. 污箱DR.</td><td colspan="3">如有异状，请注明程度和尺寸</td></tr>
<tr><td>领箱人</td><td colspan="5"></td><td>备注</td><td></td></tr>
<tr><td>搬出汽车号</td><td></td><td>破损记录号</td><td></td><td>车站经办人</td><td></td><td>出站日期</td><td></td></tr>
<tr><td colspan="8">进 站 填 记（空重）</td></tr>
<tr><td>箱体状况</td><td colspan="4">割伤C. 擦伤B. 破洞H. 凹损D.
破损BR. 部件缺失M. 污箱DR.</td><td colspan="3">如有异状，请注明程度和尺寸</td></tr>
<tr><td>还箱人</td><td colspan="5"></td><td>备注</td><td></td></tr>
<tr><td>搬入汽车号</td><td></td><td>破损记录号</td><td></td><td>车站经办人</td><td></td><td>进站日期</td><td></td></tr>
</table>

门卫验放：（章）

说明：①铁路箱空箱出站时，将收货人、货票号抹消；重箱出站时，将托运人、到站抹消。②甲、乙联可用不同颜色印制。③各站可根据管理需要，增加联数。

规格：A5竖印

表 4-4　　铁路箱出站单

________站　随箱联

乙联

A000001

<table>
<tr><td colspan="7">出 站 填 记（空重）</td></tr>
<tr><td>托运/收货人</td><td colspan="4"></td><td>调度命令号</td><td></td></tr>
<tr><td>到站/货票号</td><td></td><td>箱型箱号</td><td colspan="2"></td><td>接收站</td><td></td></tr>
<tr><td>箱体状况</td><td colspan="3">割伤C. 擦伤B. 破洞H. 凹损D.
破损BR. 部件缺失M. 污箱DR.</td><td colspan="3">如有异状，请注明程度和尺寸</td></tr>
<tr><td>领箱人</td><td colspan="4"></td><td>备注</td><td></td></tr>
<tr><td>搬出汽车号</td><td></td><td>破损记录号</td><td>车站经办人</td><td></td><td>出站日期</td><td></td></tr>
<tr><td colspan="7">进 站 填 记（空重）</td></tr>
<tr><td>箱体状况</td><td colspan="3">割伤C. 擦伤B. 破洞H. 凹损D.
破损BR. 部件缺失M. 污箱DR.</td><td colspan="3">如有异状，请注明程度和尺寸</td></tr>
<tr><td>还箱人</td><td colspan="4"></td><td>备注</td><td></td></tr>
<tr><td>搬入汽车号</td><td></td><td>破损记录号</td><td>车站经办人</td><td></td><td>进站日期</td><td></td></tr>
</table>

门卫验放：（章）

领箱人须知	1. 如本单记载与实际不符，应在出站前要求更正。 2. 应及时将铁路箱送回，超过规定时间需支付集装箱延期使用费。 3. 保证箱体完好，发生损坏、丢失须赔偿。 4. 本单乙联随箱同行，还箱时将乙联交回。 5. 还箱收据盖戳后，保存 60 日。
还箱收据	本单记载的铁路箱已交回车站，收据请保存 60 日。 备注： 车站经办人：　　　　车站日期戳记： A000001

托运人或收货人使用铁路箱超过下列期限的，自超过之日起核收集装箱延期使用费：①站内装箱的，应于约定进货日期当日装完；站内掏箱的，应于领取的当日内掏完。②到达的集装箱，应于承运人发出领货通知的次日起算，2 日内领取集装箱。③集装箱出站的，重去空回或空去重回时，应于领取的次日送回；重去重回时，应于领取的 3 日内送回。

车站与托运人或收货人交接集装箱时，施封的凭箱号、封印和箱体外状交接，不施封的凭箱号和箱体外状交接。

发站在接收集装箱时，检查发现箱号或封印内容与运单记载不符或未按规定关闭箱门、拧固、施封的，应由托运人改善后接收；箱体损坏危及货物和运输安全的不得接收。

承运人有权对集装箱货物品名、重量、数量、包装、装载状况等进行检查。需要开箱检查货物时，在发站应通知托运人到场，在到站应通知收货人到场。

托运人有违约责任时，承运人应按合同约定或有关规定向托运人或收货人核收违约金和因检查产生的作业费用。可继续运输的，车站应会同托运人补封，编制货运记录。

到站应向运单记载的收货人交付集装箱。在铁路专用线、专用铁路装卸车的集装箱，交接办法由车站与铁路专用线、专用铁路的使用单位商定。收货人在接收集装箱时，应按运单核对箱号，检查施封状态、封印内容和箱体外状。发现不符或有异状时，应在接收当时向车站提出，车站按规定及时处理。收货人可自行掏箱，也可委托承运人掏箱。铁路箱掏空后，应清扫干净，将箱门关好，撤除无关标记，有污染的需洗刷除污。车站应对交回的铁路箱空箱进行检查，发现未清扫或未洗刷的，应在清扫或洗刷干净后接收。

集装箱在承运人的运输责任期内，箱体没有发生危及货物安全的损坏，箱号、施封号码与运单记载一致，施封有效时，箱内货物由托运人负责。

自备箱由于承运人责任造成损坏、丢失时，车站应编制货运记录，由承运人负责赔偿。

四、铁路集装箱的运输管理

进出站的铁路箱使用“铁路箱出站单”管理。到发的集装箱使用“集装箱到发登记簿”（见表4-5）管理。单证保管期限为1年。

表4-5　集装箱到发登记簿

箱号	到达									发出								停时计算									记事
	卸车日期	车种车号	发站	货票号	收货人	货位号	卸车货运员	交付日期	交付货运员	承运日期	到站	货票号	施封号码	托运人	装车日期	车种车号	装车货运员	卸车		转出		转入		装车		停留时间	
																		日期	时间	日期	时间	日期	时间	日期	时间		

规格：A3横印

车站应建立铁路箱出站使用管理制度，加强进出站交接检查，按规定核收集装箱延期使用费，加速铁路箱周转，保证资产安全。

车站应及时催还未按时送回的铁路箱；定期清查站内外的铁路箱，发现账实不符时，及时查明原因并按规定处理。

铁路专用线、专用铁路的铁路箱由车站统一管理和使用，发生的集装箱延期使用费由车站核收。

在车站存放的铁路箱不得挪作他用；如有挪用，对挪用者自挪用之日起核收规定费率2倍的集装箱延期使用费。

集装箱应固定作业场地，与其他货物分开存放。堆场应划分箱区箱位，在地面做出明显标识，留有检查作业通道。

车站应敞开受理自备空箱堆存业务，按规定与委托人签订空箱堆存服务协议，使用空箱堆存交接单办理进场、出场交接手续，提高服务质量，吸引自备箱上路运输。

车站应充分利用场地和装卸机械条件，扩大集装箱堆存面积，提高集装箱堆存能力；同时，根据需要配置空箱叉车、集装箱卡车、空箱堆高机等装卸搬运机械，提高转场作业能力。

码放集装箱时，必须关闭箱门，码放整齐，箱门朝向宜保持一致。多层码放时，要角件对齐，不得超过限制堆码层数。

装卸和搬运集装箱应使用集装箱装卸搬运机械，稳起轻放，防止刷蹭、冲撞集装箱和货车。

车站应对发送集装箱的箱体状况进行检查，逐箱确定集装箱重量；同时，根据货源情况建立开箱检查制度，防止出现匿报货物品名、装载不良等问题。

集装箱装车时，应填制“集装箱货车装载清单”（见表4-6），记明箱号、车号等信息。在货运票据封套的右上角加盖集装箱类型戳记并填记箱号，在“货物品名”栏内按《铁路货车统计规则》的规定填记“箱主+型号+重（空）+箱数”，在“货物实际重量”栏内填记全车集装箱总重。

表4-6　　　　集装箱货车装载清单

装车站　　　　　　　　　　年　　月　　日

到站		车种车号				标记载重	备注	
货票号	发站	到站	品名	重量	托运人	箱号	施封号码	记事

计划员　　　　　　　装车货运员　　　　　　　装车工组

规格：A5横印

空铁路箱运输时，需关紧箱门并用10号镀锌铁线拧固。

集装箱装车前，需清扫干净车地板，确认箱体、车体上无杂物。使用集装箱专用平车或共用平车时，装车前需确认锁头齐全、状态良好；装车后要确认锁头完全入位，箱门处的门挡立起。安装F-TR型锁的集装箱专用平车或共用平车卸车时，需确认箱车完全分离后再进行后续作业。未安装F-TR型锁的集装箱专用平车或共用平车装运空集装箱时，必须使用4股以上8号镀锌铁线捆绑。其中，使用共用平车时，应将集装箱底部角件与车辆捆绑牢固；使用专用平车时，应将相邻两箱底部角件捆绑在一起，仅装运一箱时，需将集装箱底部角件与车辆底架捆绑牢固。卸车前，要将铁线剪断并清除干净，防止损坏车辆和箱体。折叠式台架箱、板架式汽车箱按其运输条件执行。

进入青藏线格拉段（不含格尔木站）的重集装箱禁止使用敞车装运，空集装箱（板架式集装箱除外）禁止使用未安装F-TR型锁的集装箱专用平车装运。

使用铁路货车装运集装箱时，全车集装箱总重不得超过货车标记载重，且应符合货车装载技术条件要求，保证货车不出现超载、偏载、偏重等问题。集装箱不得与其他货物装入同一辆货车内。

端部有门的20英尺集装箱使用集装箱专用平车或共用平车装运时，箱门应朝向相邻集装箱。

集装箱宜使用集装箱专用平车或共用平车装运。使用敞车装运重集装箱时，应采取防止偏载的措施，运行速度执行有关规定。折叠式台架箱、板架式汽车箱按其运输条件执行。

集装箱装车和卸车时，应核对箱号，检查箱体和施封情况。使用特种货物箱和专用箱的，还要检查外部配件。

车站交接集装箱时，要核对箱体和铭牌号码，必要时核对箱内号码，发现各处号码不一致的，不得继续使用。

任务四　中欧班列

一、中欧班列的定义

中欧班列（CHINA RAILWAY Express，CR Express）是由中国铁路总公司组织，按照固定车次、线路、班期和全程运行时刻开行，运行于中国与欧洲以及“一带一路”共建国家间的集装箱等铁路国际联运列车，是深化我国与沿线国家经贸合作的重要载体和推进“一带一路”建设的重要抓手。

中欧班列不仅包括中国与欧洲国家间开行的集装箱等铁路国际联运列车，还包括中国与蒙古国、越南、伊朗、阿富汗、哈萨克斯坦等亚洲国家间开行的集装箱等铁路国际联运列车。目前，中欧班列共铺划了西中东3条通道：西部通道由我国中西部经阿拉山口（霍尔果斯）出境，中部通道由华北地区经二连浩特出境，东部通道由我国东北地区经满洲里（绥芬河）出境。

截至2023年11月，中欧班列累计开行7.7万列，行驶总里程逾7亿公里，已联通我国境内112座城市，通达欧洲25个国家和地区的200多座城市，以及沿途11个亚洲国家和地区的100多座城市，开辟了亚欧陆路运输新通道。目前，中欧间已形成了西、中、东三大铁路运输通道：①西通道，主要吸引西南、西北、华中、华北、华东等地区进出口货源，经陇海、兰新线在新疆阿拉山口（霍尔果斯）铁路口岸与哈萨克斯坦、俄罗斯铁路相连，途经白俄罗斯、波兰等国铁路，通达欧洲其他各国。②中通道，主要吸引华中、华北等地区的进出口货源，经京广、京包、集二线在内蒙古二连浩特铁路口岸与蒙古国、俄罗斯铁路相连，途经白俄罗斯、波兰等国铁路，通达欧洲其他各国。③东通道，主要吸引华东、华南、东北地区的进出口货源，经京沪、京哈线在内蒙古满洲里铁路口岸、黑龙江绥芬河铁路口岸与俄罗斯铁路相连，途经白俄罗斯、波兰等国铁路，通达欧洲其他各国。

二、中欧班列品牌建设

打造中欧班列品牌并统筹建设，对优化中欧班列开行、促进内部良性竞争、打造物流服务平台、推动中欧班列健康发展，具有十分重要的意义。中欧班列品牌建设工作由推进“一带一路”建设工作领导小组办公室（国家发改委）统筹协调指导，各部门相互配合，国铁集团负责具体实施。

1.发展目标

统一品牌建设、统一班列命名、统一品牌标识、统一品牌使用、统一品牌宣传，通过各方共同努力，将中欧班列打造成具有国际竞争力和信誉度的国际著名物流品牌。

2.统一管理

将中欧班列作为国家推动建设的“一带一路”物流品牌，在推进“一带一路”建设工作领导小组办公室的统筹协调指导下，由国铁集团持有，并负责建设与管理。

3.统一名称

由国铁集团组织，按照固定车次、线路、班期和全程运行时刻开行，运行于中国与欧洲以及“一带一路”沿线国家间的集装箱等铁路国际联运列车，统一命名为“中欧班列”。

4.统一标识

班列的中文表述为“中欧班列”（×××-×××），英文全称表述为“CHINA RAILWAY Express”（×××-×××），英文简称表述为“CR Express”（×××-×××），设计标识如图4-5所示。

图4-5　中欧班列标识（一）

标识主色调为“中国红”和“力量黑”，红色代表热情、光明、希望，黑色代表权威、稳重、信赖。标识将CR字母与嵌入了路徽、英文单词“express”的飞驰列车造型相结合，体现了行业特征，视觉冲击力较强，蕴含不断向前的动势，也代表着中欧班列锐意进取、不断开拓的实干精神。背书标识如图4-6所示。

图4-6　中欧班列标识（二）

为便于各地方突出区域特色开展中欧班列营销宣传，在中欧班列后加“始发地—终到地”或“国内始发或终到地”作为副品牌注册、宣传，如中欧班列（郑州—汉堡）或中欧班列（郑州）。

5.规范使用

中欧班列作为国家支持创建的品牌，品牌标识可授权国内各地方政府平台公司使用。

为打造中欧班列品牌，国铁集团在国内及境外中欧班列途经、始发和到达国家注册了“中欧班列”商标，制定了《“中欧班列”商标使用管理办法》，规范“中欧班列”商标管理和使用，促进中欧班列健康发展。

三、中欧班列客户服务和价格管理

为向客户提供优质的中欧班列服务，国铁集团按照统一品牌标志、统一运输组织、统一全程价格、统一服务标准、统一经营团队、统一协调平台，强化机制和装备保障的原则，指定中铁集装箱运输有限责任公司组建了专门的中欧班列客服中心和单证中心，为客户提供联运单证处理信息追踪、专业客服和专属品牌服务等基本服务，并根据客户的个性化需求，提供“门到门”运输、集装箱使用、代理理货、代理报关及综合物流等特色增值服务。

为提升中欧班列的价格竞争力，国铁集团明确中欧班列国内段铁路运价由国铁集团统一调整，各铁路局集团公司未经国铁集团批准不得出台与其相关的价格调整措施。

四、中欧班列运输组织管理

作为中欧间除海运、空运外的第三种物流方式，时效和价格是中欧班列的比较优势和核心竞争力。为提升中欧班列的运输时效竞争力，中欧班列在发展之初，就实施了欧洲方向按照速度标尺120km/h、亚洲方向按照速度标尺80km/h运行的铺画运行图，根据中欧班列境内外运输组织特点，采取了“图定临时结合”“境内外结合”的独特运输组织模式。

（一）“图定临时结合”运输组织方案

1.班列通道和主要线路

中欧班列按货源和出境口岸不同，分西、中、东三个通道组织开行。西部通道班列，主要吸引中西部地区与欧洲间的进出口货源，经陇海、兰新等线路运输，从阿拉山口（霍尔果斯）出入境。中部通道班列，主要吸引华北、华中地区与欧洲间的进出口货源，经京广、集二等线路运输，从二连浩特口岸出入境。东部通道班列，主要吸引华东和华南沿海、东北地区与欧洲间的进出口货源，经京沪、哈大等线路运输，从满洲里（绥芬河）口岸出入境。

2.临时开行方案

中欧班列临时开行方案是针对未纳入中欧班列图定开行方案以及图定开行方案无法满足开行需求的运输组织方式，一般用于满足处于市场培育期的新增中欧班列运输需求，以及受线条能力、牵引质量、轴重等因素限制无法按照图定开行方案开行的中欧班列运输需求。

采取临时开行方案的中欧班列按照技术直达列车的方式开行，使用符合80km/h速度标尺的普通货车编组，按调度命令指定的日期、车次、运行径路等要求开行。

3.图定开行方案

中欧班列图定开行方案是针对一段时期内开行稳定、达到一定开行频次而纳入运行图的运输组织方式，主要包含车次、装车组织站、始发（技术）站、到达（技术）站、卸车组织站编组内容、运行径路、开行周期、速度标尺等内容，运输部门根据开行方案铺画中欧班列运行图。

图定开行方案中欧班列一般按不低1 000km/昼夜的标准铺画运行图，使用车辆编组要求牵引质量应符合时速120km货物列车运行图相关技术条件。

4.图定和临时开行方案优化调整

为紧密对接市场需求，充分利用口岸和线路运输能力，按照“利用率低取消、临时稳定入图、线条能力充分利用”等原则，根据口岸能力和既有图定线条利用率情况，对图定和临时开行方案进行优化调整，近年来一般每个季度优化调整一次。

（二）境内外铁路运输协调

中欧班列开行需要经过货物集结、运输组织、口岸换装交接、进出境检查、通关报关、信息交换等诸多流程，是一项复杂的系统工程。在保证境内运输组织的同时也必须保证境外运输组织高效运转，才能让中欧班列取得竞争优势。2017年4月，在国铁集团的推动下，中国、白俄罗斯、德国、哈萨克斯坦、蒙古、波兰、俄罗斯七国铁路部门签署了《关于深化中欧班列合作协议》。2017年10月，七国铁路部门联合成立了中欧班列运输联合工作组，下设秘书处、运输组织和营销专家工作组、信息协作专家工作组，建立了中欧班列国际铁路合作机制。中铁集装箱运输有限责任公司是中欧班列客服中心和中欧班列运输协调委员会秘书处单位，负责中欧班列经营与客户服务工作，可提供境内外集装箱国际货运代理、单证制作、报关报检、接取送达、堆存保管等多语种客户服务。在中欧班列运输联合工作组框架下，根据中国段、宽轨段、欧洲段铁路运输特点，联合制定了《中欧班列合并优化编组运输组织协作办法》《中欧班列发生运输组织障碍时相互通报信息和协作办法》《中欧班列周运输预报办法》等合作文件，共同提升中欧班列全程运输组织效率和运行速度，打造中欧班列核心竞争力。

1.《中欧班列周运输预报办法》

为提高中欧班列运输组织效率，压缩国境站作业时间，七国铁路部门制定了《中欧班列周运输预报办法》来保障班列快速有序交接。各国铁路部门指定相应部门人员负责协调开展中欧班列周运输计划预报工作。班列始发国铁路部门于每周五向参与运送的其他国家铁路部门通报下一周的预报信息，并注明运行径路、国境口岸等必要信息；每日向接运方通报前一日中欧班列实际发运情况，以便接运方合理安排运输组织调度，保证班列在口岸顺利通行。

2.《中欧班列发生运输组织障碍时相互通报信息和协作办法》

为保障中欧班列运输安全，不断提高中欧班列的运行品质和客户服务水平，七国铁路部门制定了《中欧班列发生运输组织障碍时相互通报信息和协作办法》，以保证中欧班列发生运输组织阻碍时，各方能够相互及时通报信息进行协作。

中欧班列运输组织复杂，途经国家多，运行途中存在不可控风险，可能会遇到各种障碍。当班列运行途中出现以下问题时，事发国家铁路部门应及时通知所有参与运输的各国铁路部门发生障碍的详细情况和消除障碍的预计时间，同时始发、终到站铁路部门应及时通知发货人、收货人：

（1）途中列车解体。由于集装箱/车辆技术或商务故障导致装有集装箱的车辆被摘下，或由于单据办理不正确以及缺少运输或随车单据，致使装有集装箱的车辆在交接站被摘下。

（2）集装箱内货物被盗、丢失、损坏等。

（3）箱体损坏；箱货总重超过集装箱和专用平车标记重量；货物在集装箱内的不均匀装载，造成偏载、偏重；冷藏箱（特种箱）制冷设备故障等。

（4）列车在口岸站滞留超过48小时或在途中滞留超过24小时，口岸站没有空车用于保证及时换装，口岸站发送和处理能力发生较大变化。

（5）各方不能预见或预防的阻碍运输或造成班列交接时间超过12小时，以及阻碍技术作业、到发作业的不可抗力情况。

3.《中欧班列合并优化编组运输组织协作办法》

为有效利用宽轨段车辆和通过能力，以及加快口岸站换装速度，七国铁路部门制定了《中欧班列合并优化编组运输组织协作办法》，在准轨和宽轨转化的口岸站实施“三并二”或“二并一”集并运输。参与集并运输的中欧班列实施“三并二”集并运输后，每列班列装运不少于61个40英尺集装箱实施“二并一”集并运输后，装运不少于82个40英尺集装箱参与集并的班列应保证欧洲段的承运人唯一，不允许不同到站混编。集并运输组织需要各国铁路部门的密切配合，参与集并运输的班列自始发站发车后，发运国铁路部门应在规定的时间内通报班列车次、集装箱箱型、发车时间、到达口岸时间等所需预报信息，其他各国铁路部门对集并列车严格按照时刻表盯控，优先放行集并列车，保证编组列车在宽轨段全程运输的完整性。

五、中欧班列车辆要求

为保证运行速度120km/h的中欧班列的运输安全，车辆使用应重点做到以下三点：

（1）车辆部门要根据中欧班列的开行计划，在开行前选择足够数量的符合运行速度120km/h要求的两用及专用平车。

（2）运行速度120km/h及以上的中欧班列不得使用敞车，始发站货物装车前必须选用“120km/h货物快运车辆信息库”中的集装箱专用平车或共用平车，未纳入信息库的车辆不得编入120km/h的中欧班列。

（3）对于运行速度120km/h及以上的中欧班列，保证编组不大于50辆，计长不超70m，牵引质量不超2 500t，车辆轴重不大于18t，每辆总重不大于72t。始发站需通过汽车衡、钩头秤等称重装置，对每个集装箱进行称重，必须保证车辆总重不超72t。

六、中欧班列质量指标评价体系

为推进中欧班列高质量、可持续发展，更好地发挥中欧班列连接亚欧大市场的作用，2019年国铁集团建立了中欧班列质量指标评价体系。其主要指标如下：

（一）列

1.定义

列是指符合中欧班列定义、按照图定或临时开行方案开行的国际联运班列，每开行一次统计为1列。

2.公式

列=∑(图定中欧班列 + 临时中欧班列)

（二）发送箱

1.定义

发送箱是指中欧班列运输集装箱（含托运的空箱）的换算标准箱，是国际通用的集装箱发送量统计标准，单位为TEU。

2.公式

发送箱=∑(20英尺箱数量 + 40英尺箱数量 × 2 + 45英尺箱数量 × 2.25)

（三）重箱率

1.定义

重箱率是指报告期内中欧班列发送箱中重箱所占的比率，是反映班列运力利用情况和收益高低、货源充足程度的指标。

2.公式

重箱率=（重箱发送箱（TEU））/（重箱发送箱（TEU）+空箱发送箱（TEU））×100%

（四）回程/去程比

1.定义

回程/去程比是指报告期内回程班列数与去程班列数的比率，是反映班列运输双向均衡程度的指标。

2.公式

回程/去程比=（回程班列数（列））/（去程班列数（列））×100%

（五）折算列

1.定义

折算列是指报告期内按中欧班列重箱发送箱每列满编运载41车（82TEU）折算的列数，是反映班列货源支撑能力和开行规模的指标，单位为列。

2.公式

折算列=（重箱发送箱（TEU））/82TEU（列）

（六）月度开行方案兑现率

1.定义

月度开行方案兑现率是指月度实际开行列数与月度计划开行列数的比例，是反映班列组织能力、运力利用率和客户诚信度的指标。

2.公式

月度开行方案兑现率=月度实际开行列数/月度计划开行列数×100%

（七）班列线利用率

1.定义

班列线利用率是指报告期内某一条班列线实际开行班列数与该线开行能力的比率，是反映该班列线利用程度的指标，作为调整班列运行图的重要依据。

2.公式

班列线利用率=班列线开行列数/班列线开行能力×100%

（八）安全问题

1.定义

安全问题是指报告期内因匿报货物品名、夹带危险货物和违禁物品、装载加固不良、集装箱状态不良等问题，出现危及运输安全、货物安全、人身安全等情况，是反映班列安全运营质量的指标，单位为件。

2.公式

安全问题=$\sum$问题(件)

主要概念

国际铁路货物联运　国际铁路货物联运运单

基础训练

一、单项选择题

随堂测答案4

1.在国际铁路货物联运中，零担货物的重量以不超过（　　）千克为限。

A.2 000　　B.3 000

C.4 000　　D.5 000

2.俄罗斯、哈萨克斯坦等独联体国家以及蒙古国等国的铁路均采用（　　）形式支付过境费用。

A.只能由发货人通过代理支付　　B.可以由收货人通过代理支付

C.只能由收货人通过代理支付　　D.托运人代收

3.下列属于运输合同凭证的是（　　）。

A.运行报单　　B.运单正本　　C.运单副本　　D.货物交付单

4.反映中欧班列运力利用率和收益高低、货源充足程度的指标是（　　）。

A.发送箱　　B.重箱率

C.回程/去程比　　D.月度开行方案兑现率

5.过境费用的计收仍按《国际货协》的规定，通过铁路予以结算的制度是（　　）。

A.铁路结算制　　B.代理结算制　　C.佣金结算制　　D.委托结算制

二、多项选择题

1.根据发货人托运货物的数量、性质、体积、状态等条件，国际铁路货物联运的托运种类有（　　）。

A.整车货　　B.零担货　　C.大吨位集装箱　　D.散货

2.国际铁路货物联运运单包括（　　）。

A.货物到达通知单　　B.运单正本

C.运行报单　　D.货物交付单

3.国际铁路货物联运费用由（　　）构成。

A.过境路运送费用　　B.发送路运送运费

C.到达路运送费用　　D.中转路运送运费

4.中欧间已形成了西、中、东三大铁路运输通道，其中西通道主要吸引（　　）等地区的进出口货源。

A 西南、西北　　B.华中、华北、华东

C.华东、华南　　D.东北

三、简答题

1.简述国际铁路货物联运运单的特点。

2.简述国际铁路货物联运运单的构成与流转过程。

3.简述国际铁路货物联运货代进出口业务流程。

4.简述在缮制中铁联运提单时应注意的问题。

5. 简述中欧班列质量指标评价体系。

四、计算题

甲国有5个车辆的整车货物随旅客列车挂运经我国运往乙国，已知车辆标重为16吨，按过境里程和运价等级，该货物在《统一货价》中的基本运价率为6美元/吨，而根据运价里程和运价号查得该货物在我国国内《铁路货物运价规则》中的运价率折合美元为7美元/吨，若两个运价的计费重量均为货车标重，我国应向甲国发货人收取多少运费？

五、技能案例

【案例背景】

我国某外贸公司进口一批零部件，经俄罗斯办理零担铁路货运入境，货物在我国国内到站后，该外贸公司提货时发现运单中记载的货物发生部分短少，于是拒绝收货并拒绝支付到达路段的运费。

【技能思考】

结合本项目内容，分析该收货人的做法是否正确？为什么？

项目实训

【实训项目】

铁路运输运到逾期罚款的计算

【实训情境】

保加利亚瓦尔纳港口站于2023年9月10日以慢运整车承运一批机器30吨，经由鲁塞东/翁格内、后贝加尔/满洲里国境站，于2023年11月18日到达北京东站。已知逾期运到的铁路运费为10 000瑞士法郎。

【实训任务】

根据本项目内容，分析这批货物是否会逾期。如果逾期，铁路部门应向收货人支付的逾期罚款是多少？

项目五

国际航空货物运输

学习目标

能力目标：能够在掌握国际航空货物运输基础知识的基础上，具备缮制航空运单的能力；能够计算航空运费。

知识目标：了解国际航空货物运输基础知识；熟知航空货物运价与运费、航空运单；掌握国际航空货运代理业务流程。

素养目标：能按照国际航空货物运输业务流程和实践认知，结合职业道德和企业要求，自主解决航空货物运输业务中出现的常见问题；自觉学习航空货运相关知识，熟悉航空货运业务，坚定自己的业务能力信心，增强职业荣誉感。

项目引例

2023年12月，沈阳市沈河区A货运代理公司空运部接受货主的委托，将一台重12千克的红外线测距仪从沈阳空运至香港。该批货物价值6万余元人民币，但货物“声明价值”栏未填写。A货运代理公司按照正常的业务程序，向货主签发了航空分运单，并按普通货物的空运费率收取了运费。由于当时沈阳无直达香港的航班，所有空运货物必须在北京办理中转。为此，A货运代理公司委托香港B货运代理公司驻北京办事处办理中转业务。但是，由于航空公司的工作疏忽，该货物在北京至香港的运输途中遗失。

根据以上案情，请问：

(1) A货运代理公司和B货运代理公司的法律地位分别是怎样的？它们是否应对货物遗失承担责任？

(2) 本案例中的情况是否适用国际航空货运公约？为什么？

(3) 货主认为应按货物的实际价值进行赔偿，该主张是否有法律依据？为什么？

分析：(1) A货运代理公司是集运商，B货运代理公司是A货运代理公司的代理人，对承运人航空公司而言，它们都是托运人。它们对货物遗失不承担责任。

（2）本案例中的情况适用国际航空货运公约，因为货物从沈阳运至香港属于国际运输。

（3）货主的这一主张没有法律依据。因为货物“声明价值”栏未填写，即未办理声明价值和未支付声明价值附加费，所以航空公司按普通货物赔偿，最高限额为每千克20美元。

内容精讲

任务一 国际航空货物运输基础知识

一、国际航空货运发展概况

世界上第一架飞机正式问世于1903年，是美国莱特兄弟发明的，这是一架装有16马力4缸发动机的双翼飞机，人类由此进入航空时代。最初的飞机仅用于运送邮件，后来逐渐发展为载运货物和旅客。法国于1909年率先创办商业航空运输公司，随后英国、美国、德国等国家也相继开办航空运输业务。航空运输作为一种国际货运方式是在第二次世界大战以后才出现的。航空运输具有速度快、航线不受地形条件限制、安全准确和手续简便等优点，使其在开辟新市场、适应市场需要与变化、及时调整运力等方面具有其他运输方式不可比拟的优越性。因此，自航空运输方式出现后，其发展十分迅速，在整个国际贸易运输方式中所占的地位日益突出，航空货运的周转量也在稳步增长，尤其是近10年，航空运输业发展非常迅速。

我国民航业发展至今，历经了以下四个阶段：

第一阶段（1949—1977年），民航业开始筹建，实行军事化管理。

1949年11月2日，中共中央政治局会议决定，在人民革命军事委员会下设民用航空局，由空军负责管理。1958年2月27日，中国民用航空局划归交通部领导。1960年11月17日，中国民用航空局改称“交通部民用航空总局”。1962年4月13日，第二届全国人民代表大会常务委员会第五十三次会议决定民航局名称改为“中国民用航空总局”。1962年4月15日，中央决定将民用航空总局由交通部属改为国务院直属，其业务工作、党政工作、干部人事工作等都归空军负责管理。这一时期，民航由于领导体制几经改变，航空运输发展受政治、经济影响较大。1955年1月开辟了中苏航线，1956年开辟了至缅甸的航线，接着又开辟了至朝鲜、越南、蒙古国、老挝、柬埔寨等国家的航线。1974年后，先后开辟了至东京、大阪、卡拉奇、巴黎、长崎、曼谷等地区的航线。

第二阶段（1978—1986年），民航业走企业化道路，逐步开放市场。

1978年10月9日，邓小平同志指示民航要用经济观点管理。1980年2月14日，邓小平同志指出“民航一定要企业化”。同年3月5日，我国政府决定民航脱离军队建制，把中国民航局从隶属于空军改为国务院直属，实行企业化管理。这期间中国民航局是政企合一，既是主管民航事务的政府部门，又是以“中国民航”名义直接经营航空运输、通用航空业务的全国性企业。它下设北京、上海、广州、成都、兰州（后迁至西安）、沈阳六个地区管理局。1980年后又开通与纽约、旧金山、伦敦、悉尼、墨尔本等地区的航线。从1982年开始，国家对民航实行全行业财务承包，对地方管理局实行利润包干；紧接着国家放松了对民航业的市场准入。1984年，厦门航空——第一家股份制地方航空公司成立，拉开了地方兴办航空企业的序幕，随后全国先后兴办起数十家地方航空公司和机场。

第三阶段（1987—2001年），民航业全面进行体制改革，开始实行市场化经营机制。

1987年，我国政府决定对民航业进行以航空公司与机场分设为特征的体制改革：首先，组建了六个国家骨干航空公司，即中国国际航空公司、中国东方航空公司、中国南方航空公司、中国西南航空公司、中国西北航空公司、中国北方航空公司；其次，组建了民航华北、华东、中南、西南、西北和东北六个地区管理局，地区管理局既是管理地区民航事务的政府部门，又是企业，它们负责领导、管理各民航省（区、市）局和机场；最后，对航空运输服务保障系统也按专业化分工的要求进行了相应的改革，组建了中国航空油料总公司、中国航空器材公司和航空结算中心等。

第四阶段（2002年至今），我国民航业体制改革取得重大突破。

该阶段的主要内容包括：重组航空公司，机场实行属地管理，改革空中交通管理体制，改组民航服务保障企业，改革民航行政管理体制，改革民航公安体制。按照“民航体制改革方案”，民航体制改革之后，中国民用航空局作为国务院主管全国民航事务的直属机构，不再代行对六大航空公司和下属机场的国有资产所有者职能，而主要承担民用航空的安全管理、市场管理、空中交通管理、宏观调控及对外关系等方面的职能。《2022年交通运输行业发展统计公报》显示，截至2022年年底，我国颁证民用航空运输机场254个，比上年年末增加6个，其中定期航班通航机场253个，定期航班通航城市（或地区）249个。全年旅客吞吐量达到100万人次以上的机场69个，其中达到1 000万人次及以上的机场18个。全年货邮吞吐量达到10 000吨以上的机场51个。

二、国际航空运输的特点

（一）运送速度快

飞机的巡航速度已接近音速，而且可走两点之间的直线距离，因此航空运输具有非常快的运送速度。航空货运适合鲜活易腐和季节性商品、精密贵重物品及小件急需物资，是国际多式联运的重要组成部分，在国际物流中发挥着越来越重要的作用。

（二）不受地面条件影响，空间跨度大

航空运输利用天空作为自然通道，不受地理条件的限制，能跨越高山和大洋，并能深入内陆城市，使拥有机场的城市与世界相连，对外辐射面扩大。

（三）安全、准确

与其他运输方式相比，航空运输的安全性高，风险率约为三百万分之一。航空运输管理制度完善、操作规范严格，因此货运事故和货损都比较少。

（四）节约包装、保险、利息等费用

由于采用航空运输方式，货物在途时间短、周转速度快，企业存货可以相应减少。这一方面有利于资金的回收，减少利息支出；另一方面企业仓储费用也会降低。又由于航空货物运输安全准确、货损和货差少、保险费用较低，与其他运输方式相比，航空运输的包装简单，包装成本低，这使得企业的经营成本下降，收益增加。

由于航空货运的费用较其他运输方式更高，因此不适合低价值货物的运输；航空运载工具——飞机的舱容有限，对大件货物或大批量货物的运输有一定的限制。此外，飞机飞行安全容易受恶劣气候的影响。但总的来讲，随着新兴技术得到更为广泛的应用，产品更趋向薄、轻、短、小、高价值，管理者更重视运输的及时性、可靠性，航空货运将会有更大的发展空间。

三、国际航空货物运输组织

（一）国际民用航空组织

国际民用航空组织（International Civil Aviation Organization，ICAO）是政府间的国际航空机构，根据1944年在芝加哥签订的《国际民用航空公约》设立，是联合国所属专门机构之一。它成立于1947年4月4日，总部设在加拿大的蒙特利尔。该组织的宗旨是：发展国际航行的原则和技术，促进国际航空运输的规划和发展；发展安全而有效的国际航空运输事业，使其用于和平目的；制定国际空中航行原则，促进各国民航事业的安全化、正规化和高效化；鼓励民航业的发展，满足世界人民对空中运输的要求；保证缔约国的权利充分受到尊重，使各缔约国享有经营国际航线的均等机会。我国是该组织的成员，也是一类理事国。

动画5-1

国际民用航空组织

（二）国际航空运输协会

国际航空运输协会（International Air Transport Association，IATA），简称“国际航协”，是由各国航空运输企业所组成的大型国际组织，其会员包括全世界200多个国家和地区中经营国际、国内定期航班的航空公司。国际航协于1945年4月16日在古巴的哈瓦那成立，总部设在加拿大的蒙特利尔。国际航协的主要宗旨是：促进安全、正常和经济的航空运输，以造福世界各国人民，培植航空商业并研究与其有关的问题；为直接或间接从事国际航空运输业务的各航空运输企业提供协作的途径等。目前，我国大陆地区共有13家航空公司成为国际航协的会员。

动画5-2

国际航空运输协会

国际航协的活动主要包括：①协商制定国际航空客货运价；②统一国际航空运输规章制度；③通过清算所，统一结算各会员间以及会员与非会员间联运业务账目；④开展业务代理；⑤进行技术合作；⑥协助各会员改善机场布局和程序、标准，以提高机场运营效率等。

（三）国际货运代理协会联合会

国际货运代理协会联合会（International Federation of Freight Forwarders Associations，

FIATA）于1926年成立，总部设在瑞士的苏黎世，是一个非营利性国际货运代理行业组织。FIATA设立的目的是保障全球货运代理的利益并促进行业发展。国际货运代理协会联合会下设的委员会涉及海运、铁路运输、公路运输、航空运输、职业培训等，其中航空运输委员会是唯一的永久性机构。

我国对外贸易运输总公司作为国家级会员的身份，于1985年加入该组织。2000年9月，中国国际货运代理协会成立，次年作为国家级会员加入国际货运代理协会联合会。我国台湾和香港地区各有一个区域性会员，台湾以中国台北名称在国际货运代理协会联合会登记注册。目前，我国大陆有20多个个体会员，香港地区有105个个体会员，台湾地区有48个个体会员。

四、国际航空货物运输的国际公约

目前，调整国际航空货物运输关系的国际公约主要有三个：

（1）《统一国际航空运输某些规则的公约》，又称《华沙公约》，1929年在华沙签订，1933年2月13日生效。我国于1958年加入该公约。

（2）《修改1929年10月12日在华沙签订的统一国际航空运输某些规则的公约的议定书》，又称《海牙议定书》，签订于1955年9月，1963年8月1日生效。我国于1975年加入该议定书。

（3）《统一非缔约承运人所办国际航空运输某些规则以补充华沙公约的公约》，又称《瓜达拉哈拉公约》，签订于1961年，1964年5月1日生效。我国未加入该公约。

五、航空运输基础知识

（一）航空港

航空港是航空运输的经停点，又称航空站或者机场，是飞机起飞、降落、停放及组织、保障飞机活动的场所。

航空港按所处位置可分为干线航空港和支线航空港；按服务对象可分为军用航空港和民用航空港；按业务范围可分为国内航空港和国际航空港。国内航空港是指仅供国内航线的航空器使用，除特殊情况经批准外，不准外国航空器使用的航空港。国际航空港是经政府核准对外开放，并设有海关、移民、检疫及卫生机构，供国际航线上的航空器起降和营运的航空港。

拓展阅读5-1

机场等级

通常来讲，航空港内配有以下设施：①跑道与滑行道；②停机坪；③指挥塔或管制塔；④助航系统；⑤输油系统；⑥维护修理基地；⑦货运站；⑧其他各种公共设施。

（二）航空器

航空器主要是指飞机。飞机的构造包括机身、机翼、操纵装置、起落装置和推进装置。常见的飞机有螺旋桨式飞机、喷气式飞机和超音速飞机。此外，飞机还可按载量大小分为普通型和高载量型；按机身宽度可分为窄体飞机和宽体飞机；按用途可分为客机、全货机和客货混合型飞机。

飞机的舱位一般分为上舱和下舱。除全货机外，一般客货两用的混合型飞机都是上舱运客，下舱运货，因此，用来运货的舱位小，货运量有限。也有一些飞机的舱位是可变形舱，如将上舱的椅子拆除后可用来装货，运送旅客时再将椅子装上。还有一些机型较新的飞机，其下舱有空气调节装置，可承运活动物；而机型较陈旧的飞机，其下舱没有空气调节装置，只能承运普通货物。

航空运输货物主要装载在机舱部位。在日常操作中，除全货机外，一般均为上舱载客，底舱装货。货舱内一般不适合装载需低温保存的动植物或古董等。

（三）集装设备

航空运输中的集装设备（Unit Load Device，ULD）主要是指为提高运输效率而采用的托盘、集装箱等成组装载设备。为使用这些设备，飞机的甲板和货舱都设置了与其配套的固定系统。

由于航空运输的特殊性，这些集装设备无论是外形构造还是技术性能指标都有自身的特点。主要的航空集装箱有AMA箱、AAU箱、AMF箱和AKE箱，不同的航空集装箱有不同的规格，适合不同的机型。

（四）航线

动画5-3

航空航线

飞机的空中航行路线称为航空交通线，简称“航线”。航线不仅确定了飞机飞行的具体方向、起讫与经停点，而且根据空中交通管制的需要，规定了宽度（一般为15米）和飞行高度，以维护空中交通秩序，保证飞行安全。因此，航线是以空中走廊形式划定的飞行管制区。航线按飞越区域分为国际航线和国内航线。

（五）航班

飞机由始发站起飞，按照规定的航线经过经停站至终点站的运输飞行称为航班。航班分为去程航班和回程航班。班次是指在单位时间内（通常按一个星期计算）飞行的班数，包括去程和回程。在机型不变的情况下，班次增多表明提供的运输能力增强。班次是根据客观需要和主观能力来确定的。按照一定的办法给各个航班编排不同的号码，前面再加上公司的英文代码（如CA表示国航，JL表示日航）组成航班号，以方便区分和进行业务处理。

六、国际航空货物运输当事人

国际航空货物运输的各环节所涉及的相关当事人主要有发货人、航空货运代理公司（空运代理人）、航空公司（承运人）、地面运输公司和收货人等。

（一）航空公司

航空公司，又称承运人，它必须拥有飞机，从事以及接受办理与其能力相适应的航空运输（如客运、货运）业务。航空公司的主要任务是把所接受委托的客货，按指定要求从一个机场运往另一个机场。

（二）航空货运代理公司

航空货运代理公司，又称空运代理人，其工作是整个航空货物运输链中不可或缺的一个重要环节。由于空运货物一般价值高、时间紧，若处理不当会造成损失，因此货主往往委托空运代理人办理相关的手续事宜。

空运代理人主要从事航空货物在始发站交航空公司前的揽货、接货、报关、订舱以及在目的地从航空公司处接货、报关或送货等一系列业务。这就需要空运代理人拥有相当广泛的产品知识，了解复杂的法律和所需的单证，熟悉货物运载的要求和航运中转的手续，以及有关货运的管理、理赔、保险、报验、许可证、税收等方面的知识。此外，还必须及时掌握相关法规的变动要求。

根据国际航空运输协会的规定，空运代理人可从航空公司收取订舱佣金（5%）及运价回扣；按航空公司发布的运价率代发货人交付运费，并向发货人收取所提供的相关服务的手续费。

（三）当事人责任划分

在航空货物运输中，各有关当事人的责任划分如图5-1所示。

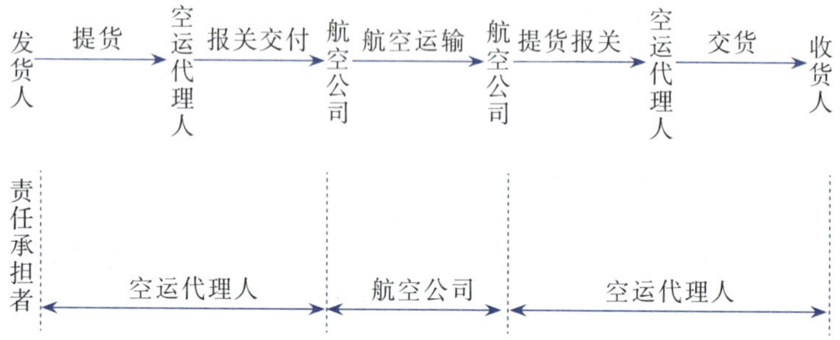

图5-1　当事人责任划分

航空公司与空运代理人之间职责分明。航空公司通过空运代理人接揽货物，增加运量，延伸服务功能；空运代理人则通过航空公司将货物按委托人的旨意运送给收（发）货人，是航空公司与收（发）货人之间联系的纽带。

七、国际航空运输的主要航线

（1）西欧—北美的北大西洋航线。该航线主要连接巴黎、伦敦、法兰克福、纽约、芝加哥、蒙特利尔等航空枢纽。

（2）西欧—中东—远东航线。该航线连接西欧各主要机场至远东的香港、上海、北京、东京、首尔等机场，并途经雅典、开罗、德黑兰、卡拉奇、新德里、曼谷、新加坡等航空站。

（3）远东—北美的北太平洋航线。这是北京、上海、香港、广州、东京等机场经北太平洋上空至北美西海岸的温哥华、西雅图、旧金山、洛杉矶等机场的航线，并可延伸至北美东海岸的机场。

八、国际航空货物运输的经营方式

（一）班机运输

班机运输是指具有固定开航时间、固定航线以及固定的始发站、目的港和途经站的航空运输方式。一般航空公司都使用客货混合型飞机，既可搭载旅客，又可运送少量货物。而较大的航空公司会在一些航线上开辟定期的货运航班，使用全货机运输。班机运输的特点包括：

（1）由于班机具有固定航线、固定停靠港和固定开航时间的特点，因此用班机运输货物可以比较容易地掌握货物的起运和到达时间，并能安全、迅速地到达世界上各通航地点，使贸易合同的履行较有保障。多数贸易商都会首选班机运输方式托运货物，特别是对市场上急需的商品、鲜活易腐货物以及精密、贵重商品（如高档奢侈品）的运送。

（2）班机运输一般是客货混载，因此货舱舱位有限，不能及时出运大批量的货物，往往需要分期分批运输，这是班机运输的不足之处。

（二）包机运输

包机运输的优点是：在空运旺季能缓解航班紧张状况，解决班机舱位不足的问题，特别是可解决批量海鲜、活动物的运输问题；弥补没有直达航班的不足，且不用中转，能减少货损、货差或丢失的现象；货物全部由包机一次运出，能节省时间和简化多次发货的手续。包机运输方式可分为整机包机和部分包机两类。

1.整机包机

整机包机，即包租整架飞机，是指航空公司按照与租机人事先约定的条件及费用，将整架飞机租给包机人，从一个或几个航空港装运货物至目的地。其适合大批量货物的运输。

整机包机的要求：包机人一般要在货物装运前一个月与航空公司联系，以便航空公司安排运载和向起降机场及有关政府部门申请，办理过境或入境的有关手续。

整机包机的费用：一次一议，随国际市场供求情况的变化而变化。原则上，包机运费按每一飞行公里固定费率核收，并按每一飞行公里费用的80%收取空放费。因此，在大批量货物使用包机时，要争取往返程都有货载，这样费用比较低。若只使用单程，运费则比较高。

2.部分包机

部分包机，是指由几家航空货物运输公司或发货人联合包租一架飞机，或者由航空公司把一架飞机的舱位分别卖给几家航空货物运输公司装载货物。部分包机适用于托运不足一整架飞机舱位但货量又较重（通常为1吨以上）的货物。

部分包机与班机运输的比较：①由于部分包机航线的起止点和中途停靠点以及起飞时间都可以由承租飞机的双方议定，因此部分包机的方式更具灵活性；②由于部分包机可使飞机的实载率提高，飞行时间也可“见缝插针”，因此运输费用比班机运输低；③部分包机的运输时间比班机运输时间长，尽管部分包机事先也议定好开航时间，但往往因需要等待其他货主备齐货物或可能由于货源不足而等待运输的货物，不能按时起飞。

各国政府为了保护本国航空公司的利益，常对从事包机业务的外国航空公司实行各种限制，如包机的活动范围比较窄、降落地点受到限制等。

（三）集中托运

集中托运，是指航空货运代理公司将若干批单独发运的货物组成一整批，向航空公司办理托运，采用一份航空总运单集中发运到同一目的站，由集中托运人在目的地指定的代理人负责收货、报关，再根据集中托运人签发的航空分运单分拨给各实际收货人的运输方式。航空运费的费率随托运货物数量的增加而降低，因此集中托运可争取到比较低廉的运价，是航空货物运输中最为普遍的一种运输方式。

集中托运只适合普通货物，对于实行等级运价的货物，如贵重物品、危险品、活动物以及文物和外交信袋等，均不能办理集中托运。由于在集中托运的情况下，货物的出运时间不确定，因此不适合易腐烂变质货物、紧急货物或其他对时间要求高的货物的运输。

（四）航空快递

动画5-4

航空快递

航空快递是由专门经营航空快递业务的企业与航空公司合作，向货主提供快速投递服务的运输方式。

航空快递的收件范围主要有文件和包裹两类。其中，文件主要是指商业文件和各种印刷品；包裹一般要求毛重不超过32千克（含32千克）或外包装单边不超过102厘米，三边相加不超过175厘米。近年来，随着航空运输行业竞争的激烈，快递公司为吸引更多的客户，对包裹大小的要求逐渐减少。

航空快递的特点包括：①速度快。航空快递自诞生之日起就强调快速服务，速度又被视为整个行业生存之本。一般洲际快件运送在1～5天完成；地区内部快件运送只需1～3天。这样的传送速度无论是传统的航空货运业还是邮政运输，都是很难达到的。②安全、可靠。由于在航空快递方式下，快件运送自始至终在同一公司内部完成，各分公司操作规程相同，服务标准也基本相同，且同一公司内部信息交流更加方便，对客户高价值、易破损货物的保护也更加妥帖，因此运输的安全性、可靠性也更高。③方便。航空快递不只涉及航空运输这一种运输形式，它更像陆空联运，通过将服务由机场延伸至客户的仓库、办公桌，航空快递真正实现了“门到门”服务，方便了客户。此外，航空快递公司对一般包裹代为清关，针对不断发展的电子网络技术又率先采用了EDI（电子数据交换）报关系统，为客户提供了更为便捷的网上服务；快递公司特有的全球性网络跟踪查询系统也给有特殊需求的客户带来了极大的便利。④航空快递同样有自己的局限性。航空快递服务所覆盖的范围不如邮政运输广泛，它毕竟是靠某个跨国公司的一己之力，所以各快递公司的运送网络只能涵盖那些商业发达、对外交流多的地区。

航空快递的主要业务形式包括：①门到门。这是航空快递公司最常用的一种服务形式。首先由发件人在需要时电话通知快递公司，快递公司接到通知后派人上门取件，然后将所有收到的快件集中到一起，根据其目的地分拣、整理、制单、报关，发往世界各地；到达目的地后，再由当地的分公司办理清关、提货手续，并送至收件人手中。

在这期间，客户还可利用快递公司的计算机网络随时对快件（主要指包裹）的位置进行查询；快件送达之后，也可以及时通过计算机网络将消息回馈给发件人。②门到机场。与前一种服务方式相比，门到机场的服务是指快件到达目的地机场后不是由快递公司去办理清关、提货手续并送达收件人的手中，而是由快递公司通知收件人自己去办理相关手续。采用这种业务形式的多是海关当局有特殊规定的货物或物品。③专人派送。这是指由快递公司指派专人携带快件在最短时间内将其直接送到收件人手中。其一般很少采用。

以上三种业务形式相比，“门到机场”的形式对客户来讲比较麻烦；“专人派送”的形式最可靠、最安全，同时费用也最高；而“门到门”的形式介于上述两者之间，适合绝大多数快件的运送。

任务二　国际航空货运代理业务流程

空运代理人除了提供订舱、租机、制单、代理包装、代刷标记、报关报验、业务咨询等传统代理服务之外，还提供以下服务：集中托运业务、机场至机场之外的地面运输服务、多式联运服务。国际航空货运代理业务流程包括国际货物运输的出口和进口业务流程。

一、国际航空托运条件

货物托运人办理航空货物托运手续时应做到：

（1）填写“航空货运委托书”。在托运货物时，必须详细如实填写“航空货运委托书”。不同性质的航空货物，其运输条件不同，则应分别填写“航空货运委托书”。

（2）提供有效证明文件。例如，托运政府限制托运的货物，需要在托运前办妥各项有效的证明文件，并在托运时明示。

（3）托运的货物中不准夹带禁止运输和限制运输的物品、危险品、贵重物品、现钞、证券等。

（4）活动物等必须提前办理订舱手续，选择直达航班且到达时间避开周末或节假日。

对货物的包装应做到：

（1）包装能保证在运输途中货物不致散失、渗漏、损坏或污染飞机设备和其他物件。凡国家有关机关规定有标准包装的货物，应按国家标准包装。

（2）托运人应在每件货物上标明发站、到站以及收货人、发货人的单位、姓名、地址。

（3）每件货物均应粘贴或拴挂货物标签。若发货人利用旧包装，则必须除去原包装上的所有残旧标志。

（4）货物不能使用有屑的包装材料，如麻布、草包等，也不能用麻绳、草绳作为捆扎材料。

二、国际航空货物出口运输代理业务流程

国际航空货物出口运输代理业务流程是指从托运人委托运输货物到航空承运人将货物装上飞机的货物流、信息流的运输组织与控制管理的全过程。

1.市场销售

市场销售，即承揽货物，航空货运代理公司需要及时向发货单位介绍本公司的业务范围、服务项目、各项收费标准等。货运代理与发货人达成运输意向后，可以向发货人提供代理航空公司的“货物托运书”（Shipper's Letter of Instruction，SLI）（以下简称“托运书”）。发货人发货时，首先要填写托运书，并加盖公章，作为货主委托代办货物出口航空运输的依据。

2.委托运输

发货人委托空运代理人空运出口货物，应填写托运书，而且托运人必须在上面签字或盖章。托运书是托运人用于委托承运人或其代理人填开航空运单的一种表单，上面列有填制货运单所需的各项内容，并印有授权承运人或其代理人代其在货运单上签字的文字说明。在接受托运人的委托后、进行单证操作前，空运代理人要对托运书中的价格、航班日期等进行审核；同时，空运代理人必须在托运书上签名并写上日期，以示确认。

3.审核单证

托运基本单证包括发票、装箱单、托运书、报关单等。特殊单证包括许可证、进料/来料加工登记电子手册、索赔返修协议（正本）、到付保函、关封。

4.预配舱

空运代理人汇总所接受委托的各票货物，计算出各航线的件数、重量、体积，按照客户的要求和货物情况，根据各航空公司不同机型对不同板箱的重量和高度要求，制订预配舱方案，并对每票货配上运单号。

5.预订舱

空运代理人根据所制订的预配舱方案，按航班日期打印出总运单号、件数、重量、体积等内容，向航空公司预订舱。

6.接受单证

空运代理人接受托运人或其代理人送交的已经审核确认的托运书及报关单证和收货凭证。

7.填制空运单

承运人或其代理人依据发货人提供的托运书填制空运单，空运单需用英文填写。集中托运货物的航空运单一般包括总运单和分运单。

8.接收货物

航空货运代理公司把即将发运的货物从发货人处接运过来并运送到自己的仓库。其中，接运一般与接单同时进行。如果是通过空运或铁路方式从内地运往出境地的出口货物，则航空货运代理公司要按照发货人提供的运单号、航班号、接货地点及接货日期等，代其提取货物；如果已在始发地办理了出口海关手续，则发货人应同时提供海关的

关封，航空货运代理公司接货时应对货物进行查验并办理交接手续。

9.标记和标签

（1）标记。托运人在货物外包装上写明有关事项并做记号。

（2）标签，即承运货物的标识。每件货物都要拴挂或粘贴有关标签；对于需特殊处理或照管的货物，要粘贴指示性标签。

10.配舱

在配舱时，需要核对货物的实际件数、重量、体积与托运书上预报数量的差别，注意对预订舱位、板箱的有效利用、合理搭配，按照各航班机型、板箱型号、高度、数量进行配载。

11.订舱

订舱，是指针对所接收的空运货物向航空公司正式提出运输申请并订妥舱位。货运代理公司订舱时，可依照发货人的要求选择最佳航线和最佳承运人，同时为发货人争取最低、最合理的运价。订舱后，航空公司签发舱单，同时给予装货集装箱凭证，以表示舱位订妥。

12.出口报关

出口报关，是指发货人或其代理人在货物发运前，向出境地海关办理货物出口手续，直至海关放行的过程。

13.出仓单

在制订了配舱方案后，可着手编制出仓单。出仓单上应载明出仓日期、承运航班日期、装载板箱型号及数量、货物进仓顺序编号、总运单号、件数、重量、体积、目的地（三字代码）和备注。出仓单交给出口仓库，用于制订出库计划，出库时点数并向装板箱交接；出仓单交给装板箱环节，是向出口仓库提货的依据，也是制作“国际货物交接清单”的依据；出仓单交给报关环节，是当报关有问题时，可有针对性地反馈，以采取相应措施。

14.提板箱与装板箱

除特殊情况外，航空货运均以集装箱和集装板方式进行。航空货运代理公司要根据订舱计划向航空公司申领板、箱，并办理相应的手续。

15.签单

海关放行货物，在货运单上盖章后，航空货运代理公司需到航空公司签单，只有签单确认后才允许将单、货交给航空公司。

16.交接单、货

（1）交单，即将随机单据和应由承运人留存的单据交给航空公司。随机单据包括航空运单正本、发票、装箱单、产地证明、品质鉴定书。

（2）交货，即把与单证相符的货物交给航空公司。交货之前必须粘贴或拴挂货物标签，清点和核对货物，填制货物交付清单。大宗货、集中托运货，以整板、整箱称重交接；零散小货按票称重，计件交接。

17.航班跟踪

货物交给航空公司后，航空公司可能会因为航班取消、延误等原因未能按预定时间运出货物，所以航空货运代理公司从单、货交给航空公司后就需要对航班、货物进行跟踪。

18.信息服务

航空货运代理公司应提供多方面的信息服务，如订舱信息、审单报关信息、仓库收货信息、交运称重信息、集中托运信息、单证信息等。

19.费用结算

费用结算包括与承运人结算费用、与发货人结算费用、与国外代理人结算到期运费和利润分成等。

三、国际航空货物进口运输代理业务流程

国际航空货物进口运输代理业务流程，是指代理公司针对货物入境提取或转运的整个流程所需办理的手续及准备单证的全过程。

1.代理预报

发货前，国外代理公司会将运单号、航班号、件数、重量、品名及收货人的地址、电话等内容通知目的地代理公司，目的是让目的地代理公司做好接货前的准备工作。

2.交接单、货

航空货物入境时，单据一般随机到达。运输工具与货物均处于海关监管之下，货物卸下后存入监管仓库进行舱单录入，将舱单上的总运单号、收货人、始发站、目的站、件数、重量等信息备案，海关留存，以备报关时使用。同时，根据运单上收货人的地址寄发提单、提货通知。

交接时要注意单单核对、单货核对。核对后如有问题，应及时处理有关单据和货物。如果发现货物短缺或破损及其他异常情况，应向航空公司索要商务事故记录，作为以后索赔的依据。

3.理货与仓储

货代公司接货后，将货物存入监管仓库，并组织理货与仓储。

（1）理货。应逐一核对每票货物的件数，检查有无破损，按照大货、小货，重货、轻货，单票货、混载货及危险品、贵重物品等类别分别进仓。

（2）仓储。注意防雨淋和受潮，货物不要放在露天地面上；注意防重压和温度变化导致货物变质；注意不要使危险品危及人员及其他货物安全；注意防贵重货物被盗。

4.理单、到货通知与运单处理

（1）理单。将集中托运进口总运单项下的分运单分别整理出来，审核与到货情况是否一致；同时，制作清单并分别输入海关系统，以便报关、报验、提货。

（2）到货通知。应尽早、尽快、妥当地通知货主到货情况，为减少仓储费用支出，提醒货主准备好单证报关提货。

（3）运单处理。运单上需盖的印章有：监管章（总运单）、代理公司分运单确认章

（分运单）和海关放行章等。

5.制单

制单，是指按海关要求，依据运单、发票、箱单及证明文件，制作进口货物报关单。进口报关是进口运输中的关键环节，在向海关申报后，海关会有初审、审单、征税、验放等环节。

6.发货、收费

（1）发货。办完报关报验等手续后，货主持盖有海关放行章等的进口提货单到监管仓库付费提货。

（2）收费。货代公司发放货物之前，应将费用收妥。应收费用有：到付运费及垫付佣金、报关费、仓储费、装卸费、代付费用、关税等。

7.送货与转运

国外货主有时要求将货物直接交给收货人，货代公司可以送货上门或提供国内转运服务。

任务三　国际航空货物运价与运费

（一）航空运输区划

由于航空运输具有一定程度的垄断性，因此与运费有关的各项规章制度、运费水平都是由国际航协统一协调制定的。在充分考虑了世界不同国家和地区的社会经济、贸易发展水平以后，国际航协将全球分为三个区域，简称“航协区”（IATA Traffic Conference Areas），每个航协区内又分成几个亚区。由于对航协区的划分主要从航空运输业务的角度考虑，依据的是不同地区的不同经济、社会以及商业条件，因此和我们熟悉的世界行政区划分有所不同。航协区的具体划分如下：

一区（TC1）：包括北美、中美、南美、格陵兰、百慕大和夏威夷群岛。

二区（TC2）：由整个欧洲大陆（包括俄罗斯的欧洲部分）及毗邻岛屿、冰岛、亚速尔群岛、非洲大陆及毗邻岛屿、亚洲的伊朗以及伊朗以西的地区组成。本区也是和我们所熟知的世界行政区划分差异最多的一个区，它主要有三个亚区：①非洲区。该区含非洲大多数国家和地区，但非洲北部的摩洛哥、阿尔及利亚、突尼斯、埃及和苏丹不包括在内。②欧洲区。该区包括欧洲国家和摩洛哥、阿尔及利亚、突尼斯三个非洲国家，以及土耳其（既包括欧洲部分，也包括亚洲部分）和俄罗斯的欧洲部分。③中东区。该区包括巴林、塞浦路斯、埃及、伊朗、伊拉克、以色列、约旦、科威特、黎巴嫩、阿曼、卡塔尔、沙特阿拉伯、苏丹、叙利亚、阿拉伯联合酋长国、也门等。

三区（TC3）：由整个亚洲大陆及毗邻岛屿（已包括在二区的部分除外）、澳大利亚、新西兰及毗邻岛屿、太平洋岛屿（已包括在一区的部分除外）组成。本区主要有四个亚区：①南亚次大陆区。该区包括阿富汗、印度、巴基斯坦、斯里兰卡等南亚国家。②东南亚区。该区包括中国、东南亚诸国、蒙古国、俄罗斯亚洲部分及土库曼斯坦等独联体国家、密克罗尼西亚等群岛地区。③西南太平洋洲区。该区包括澳大利亚、新西兰、所罗门群岛等。④日本、朝鲜区。该区仅包括日本和朝鲜。

（二）航空运费的相关概念

在计算航空货物运输费用时，要考虑三个因素：计费重量、有关的运价和费用、货物的声明价值。

1.计费重量

计费重量（Chargeable Weight），是用以计算航空货物运费的重量。货物的计费重量可以是货物的实际毛重，也可以是货物的体积重量，还可以是较高重量分界点的重量。国际航协规定，国际货物的计费重量以0.5千克为最小单位，重量不足0.5千克的，按照0.5千克计算；0.5千克以上、不足1千克的，按照1千克计算。

动画5-5

体积重量

（1）实际毛重（Actual Gross Weight）。它是指包括货物包装在内的货物重量。

（2）体积重量（Volume Weight）。它是指按照国际航协的规则，将货物的体积按一定的比例折合成的重量。

不论货物的形状是否为规则的长方体或正方体，在计算货物体积时，均以最长、最宽、最高三边的厘米长度计算。长、宽、高的小数部分按四舍五入取整。体积重量的折算，换算标准为每6 000立方厘米折合1千克。凡重量1千克、体积超过6 000立方厘米或366立方英寸的货物均为轻泡货物。轻泡货物以体积重量作为计费重量。

一般货物的计费重量以货物的实际毛重与体积重量两者比较取高者。

2.有关的运价和费用

（1）航空运价（Rates），是指承运人对所运输的每一重量单位货物（千克或磅）所收取的自始发地机场至目的地机场的航空费用，不包括承运人、代理人或机场收取的其他费用。

（2）航空运费，是指航空公司将一票货物自始发地机场运至目的地机场所应收取的运输费用。该费用根据每票货物（使用同一份航空运单的货物）所适用的运价和货物的计费重量计算而得。

（3）最低运费（Minimum Charge），又称起码运费，是指一票货物自始发地机场至目的地机场航空运费的最低限额，是航空公司办理一票货物所能接受的最低限额。

（4）其他费用（Other Charges），是指由承运人、代理人或其他部门收取的与航空货物运输有关的费用，包括在组织一票货物自始发地至目的地运输的全过程中，除航空运输费用之外的地面运输、仓储、制单、国际货物的清关等环节所收取的费用。

3.货物的声明价值

《华沙公约》中规定了最高赔偿责任限额，这一金额一般理解为每千克20美元或每磅9.07英镑或其他等值货币。声明价值费（费率通常为0.5%）的计算公式为：

声明价值费=（货物价值-货物毛重×20美元/千克）×声明价值费的费率

（三）航空运价的计算

1.一般货物运价

一般货物运价，即普通货物运价（General Cargo Rates，GCR），是使用最为广泛的一种运价。当一批货物既不属于特种货物，也不属于等级货物时，就应该使用一般货物运价。

运价的分类：①45千克（100磅）以下，运价类别代号为N（Normal Rates）；②45千克以上（含45千克），运价类别代号为Q（Quantity Rates）；③45千克以上的可分为100千克、200千克、250千克、300千克、500千克、1 000千克、2 000千克等多个收费重量分界点，但运价类别代号仍以Q表示。

普通货物运价的计算步骤：①计算计费重量；②找出适用运价；③计算航空运费（航空运费=计费重量×适用运价）；④当计费重量接近下一个较高重量分界点时，按照较高重量分界点的较低价计算航空运费，然后与适用运价计算的运费进行比较，取低者（注意取最低运费）；⑤填制货运单的运费计算栏。

【实例5-1】根据以下资料计算运费。

实例5-1

分析提示

Routing：Beijing，China（BJS）to Tokyo，Japan（TYO）

Commodity：MACHINES

Gross Weight：2 Pieces　EACH 18.90kgs

Dimensions：2 Pieces　70cm×47cm×35cm

公布运价如下：

Beijing Y.RENMINBI	CN CNY		BJS KGS
Tokyo	JP	M	230.00
		N	37.51
		45	28.13

值得注意的是，当一批货物采用上述方法计算的航空运费低于起码运费时，货物的起码运费即该批货的航空运费。

2.等级货物运价

等级货物运价（Commodity Classification Rates，CCR）适用于指定地区内部或地区之间的少数货物运输。其运价类别代号为S。

适用等级货物运价的货物通常有：①活动物、装活动物的集装箱和笼子；②贵重物品；③尸体或骨灰；④报纸、杂志、期刊、书籍、商品目录，以及盲人和聋哑人专用设备和书籍等；⑤作为货物托运的行李。其中，①～③项通常在普通货物运价的基础上增加一定百分比，④～⑤项在普通货物运价的基础上减少一定百分比。

【实例5-2】根据以下资料计算运费：

实例5-2

分析提示

Routing：Beijing，China（BJS）to Vancouver，Canada（YVR）

Commodity：Pig

Gross Weight：400kgs

Dimensions：150cm×130cm×120cm

公布运价如下：

Beijing Y.RENMINBI	CN CNY		BJS KGS
Vancouver	CA	M	420.00
		N	59.61
		45	45.68
		100	41.81
		300	38.79
		500	35.77

3.指定商品运价

指定商品运价（Specific Commodity Rates，SCR），通常是承运人根据在某一航线上经常运输某一种类货物的托运人的请求，或为促进某地区间某一种类货物的运输，经国际航空运输协会同意所提供的优惠运价。其运价类别代号为C。

对于一些批量大、季节性强、单位价值小的货物，航空公司可设置指定商品运价，运价优惠幅度不限，报民用航空局批准执行。

指定商品运价的计算步骤是：①查运价表，若始发地至目的地之间有公布的指定商品运价，则考虑使用SCR；②查TACT Books，找出指定商品的编号；③计算计费重量；④计算运费。

若计费重量>SCR的最低重量，则优先使用SCR，运费=计费重量×SCR。若计费重量<SCR的最低重量，则需要比较：按GCR计算运费，运费=计费重量×GCR；按SCR计算运费，运费=SCR的最低重量×SCR，取两者中低者为最后运费。

【实例5-3】根据以下资料计算运费：

实例5-3

分析提示

Routing：Shanghai，China（SHA）to Osaka，Japan（OSA）

Commodity：FRESH APPLES

Gross Weight：5 Pieces　EACH 65.20kgs

Dimensions：5 Pieces　102cm×44cm×25cm

公布运价如下：

Shanghai Y.RENMINBI	CN CNY		SAH KGS
Osaka	JP	M	230.00
		N	37.51
		45	28.13
	0008	300	18.80
	0300	500	20.61

4.集中托运货物运价

集中托运货物，又称混运货物，是指使用同一份货运单运输的货物中包含的有不同运价、不同运输条件的货物。集中托运货物运价的计算内容包括：

（1）申报方式与计算规则。其包括：①申报整批货物的总重量或总体积。计算规则：

混运的货物被视为一种货物，将其总重量确定为一个计费重量，运价采用适用的普通货物运价。②分别申报每一类货物的件数、重量、体积及货物品名。计算规则：按不同种类货物适用的运价与其相应的计费重量分别计算运费。注意：如果混运货物使用一个外包装将所有货物合并运输，则该包装物的运费按混运货物中运价最高的货物的运价计收。

（2）声明价值。混运货物只能按整票（整批）货物办理声明价值，不得办理部分货物的声明价值，或办理两种以上货物的声明价值。因此，混运货物声明价值费应按整票（整批）货物总的毛重（计费重量）计收。

（3）最低运费。混运货物的最低运费按整票（整批）货物计收，即无论是否分别申报的混运货物，按其运费计算方法计得的运费与起止地点间的最低收费标准比较，取高者。

【实例 5-4】根据以下资料计算运费：

Routing：Beijing，China（BJS）to Osaka，Japan（OSA）

Commodity：BOOKS and HANDICRAFT and FRESH APPLES

Gross Weight：100kgs and 42kgs and 80kgs

Dimensions：4 Pieces 70cm×47cm×35cm and 1 Piece 100cm×60cm×42cm and 2 Pieces 90cm×70cm×32cm

实例 5-4

分析提示

公布运价如下：

Beijing Y.RENMINBI	CN CNY		BJS KGS
Osaka	JP	M	230.00
		N	37.51
		45	28.13
	0008	300	18.80
	0300	500	20.61
	1093	100	18.43
	2195	500	18.80

任务四　国际航空运单

一、航空运单的概念和作用

（一）航空运单的概念

航空运单（Airway Bill）是承运人与托运人之间签订的运输契约，也是承运人或其代理人签发的货物收据。航空运单不仅应有承运人或其代理人签字，还必须有托运人签字。航空运单与铁路运单一样，不是物权凭证，不能凭此单提取货物，必须做成记名抬头，不能背书转让。收货人凭航空公司的到货通知单和有关证明提货。航空运单与海运提单类似，也有正面、背面条款之分。

（二）航空运单的作用

1.航空运单是发货人与航空运输承运人之间签订的运输合同

与海运提单不同，航空运单不仅证明航空运输合同的存在，而且航空运单本身就是发货人与航空运输承运人之间缔结的货物运输合同，在双方共同签署后产生效力，并在货物到达目的地交付给运单上所记载的收货人后失效。

2.航空运单是承运人签发的已接收货物的证明

航空运单也是货物收据，在发货人将货物发运后，承运人或其代理人会将其中一份（即发货人联）交给发货人，作为已经接收货物的证明。除非另外注明，它还是承运人收到货物并在良好条件下装运的证明。

3.航空运单是承运人据以核收运费的账单

航空运单分别记载着属于收货人负担的费用、属于应支付给承运人的费用和应支付给代理人的费用，并详细列明费用的种类、金额，因此可作为运费账单和发票。承运人往往也将其中的承运人联作为记账凭证。

4.航空运单是报关单证之一

出口时，航空运单是报关单证之一。在货物到达目的地机场进行进口报关时，航空运单通常也是海关查验放行的基本单证。

5.航空运单同时可作为保险证书

如果承运人承办保险或发货人要求承运人代办保险，则航空运单也可用作保险证书。

6.航空运单是承运人内部业务的依据

航空运单随货同行，证明了货物的身份。运单上载有有关该票货物发送、转运、交付的事项，承运人会据此对货物的运输做出相应安排。

二、航空运单的种类

拓展阅读5-2

航空运单的一般规定

（一）航空主运单（Master Air Waybill，MAWB）

凡由航空公司签发的航空运单称为主运单。它是航空公司据以办理货物运输和交付的依据，是航空公司和托运人订立的运输合同，每一批航空运输的货物都有自己相应的航空主运单。

我国国际航空运单一式十二联，包括三联正本、六联副本和三联额外副本。航空运单正本1，绿色联，注明“交承运人”，由托运人签字、盖章，由承运人留存，作为记账凭证。正本2，粉红色联，注明“交收货人”，随货同行，在目的地交给收货人，作为核收货物的依据，由托运人和承运人签字、盖章。正本3，蓝色联，由承运人接收货物后签字、盖章，交给托运人，是承运人或其代理人接收货物的依据。副本4，浅黄色联，是提取货物的收据。收货人提取货物时在此联签字，由承运人留存，作为货物已经交付收货人的凭证。副本5，白色联，目的地机场留存。副本8，白色联，是代理人联（存根联），由货运单填制人留存备查。

（二）航空分运单（House Air Waybill，HAWB）

集中托运人在办理集中托运业务时签发的航空运单称为航空分运单。在集中托运的情况下，除了航空公司签发主运单外，集中托运人还要签发航空分运单。

航空分运单是集中托运人与托运人之间签订的货物运输合同；而航空主运单是航空公司与集中托运人之间签订的货物运输合同，当事人为集中托运人和航空公司，货主与航空公司之间没有直接的契约关系。

不仅如此，由于在起运地由集中托运人将货物交付航空公司，在目的地由集中托运人或其代理人从航空公司处提取货物，再转交给收货人，因此货主与航空公司之间也没有直接的货物交接关系。

三、航空运单的缮制

航空运单（如样例5-1所示）的内容与海运提单类似，也有正面、背面条款之分，不同的航空公司也会有自己独特的航空运单格式。虽然各航空公司的运单可能千差万别，但是其大多借鉴的是国际航空运输协会推荐的标准格式，因此内容差别并不大。这里只介绍这种标准格式，即中性运单，有关需要填写的栏目说明如下：

（1）运单号码。编号的前三位为各国航空公司的代码，如中国国际航空公司的代码为999。“Not Negotiable”为不可转让。

（2）承运人（Carrier）。

（3）发货人名称及地址（Shipper's Name and Address）。在信用证结算方式下，此栏一般填写受益人的名称及地址；在托收结算方式下，此栏一般填写合同卖方的名称及地址。若信用证另有规定，则按信用证的要求填写。

（4）发货人账号（Shipper's Account Number）。此栏一般可不填。

（5）收货人名称及地址（Consignee's Name and Address）。在托收结算方式下，此栏一般填写合同买方的名称及地址；在信用证结算方式下，有的是以买方为收货人，有的是以开证行为收货人，根据信用证的规定填写此栏。

（6）收货人账号（Consignee's Account Number）。此栏一般可不填。

（7）签发运单的承运人的代理人名称及城市（Issuing Carrier's Agent Name and City）。若运单由承运人的代理人签发，则此栏填写实际代理人的名称及城市；若运单直接由承运人签发，则此栏可不填。

（8）代理人的国际航空运输协会代码（Agent's IATA Code）。此栏一般可不填。

（9）账号（Account No.）。此栏可填写代理人账号，供承运人结算时使用，一般可不填。

（10）起飞机场和指定航线（Airport of Departure and Requested Routing）。此栏一般仅填写起飞机场的名称。

（11）会计事项（Accounting Information）。此栏填写与费用结算有关的事项，如运费预付、到付或发货人结算使用的信用卡卡号、账号以及其他必要事项。

（12）转运机场/首程/路线及目的地（To/By First Carrier/Routing and Destination）。此栏按照货物运输途中需转运的实际情况填写。

To（By First Carrier）：由第一个承运人填写目的站机场或者第一个转运点的IATA三字代码，如CAN（广州的白云机场）、SGN（新山国际机场）。

样例5-1　航空运单

Shipper's Name and Address | Shipper's Account Number

Not Negotiable

Air Waybill

Issued by

Copies 1, 2 and 3 of this Air Waybill are originals and have the same validity.

Consignee's Name and Address | Consignee's Account Number

It is agreed that the goods described herein are accepted in apparent good order and condition (except as noted) for carriage and SUBJECT TO THE CONDITIONS OF CONTRACT ON THE REVERSE HEREOF. ALL GOODS MAY BE CARRIED BY ANY OTHER MEANS INCLUDING ROAD OR ANY OTHER CARRIER UNLESS SPECIFIC CONTRARY INSTRUCTIONS ARE GIVEN HEREON BY THE SHIPPER. THE SHIPPER'S ATTENTION IS DRAWN TO THE NOTICE CONCERNING CARRIER'S LIMITATION OF LIABILITY.
Shipper may increase such limitation of liability by declaring a higher value for carriage and paying a supplemental charge if required.

Issuing Carrier's Agent Name and City

Agent's IATA Code | Account No.

Accounting Information

Airport of Departure (Addr. of First Carrier) and Requested Routing

To	By First Carrier	Routing and Destination	to	by	to	by	Currency	CHGS Code	WT/VAL		Other		Declared Value for Carriage	Declared Value for Customs
									PPD	COLL	PPD	COLL		

Airport of Destination	Flight/ Date	For Carrier's Use only	Flight/ Date	Amount of Insurance	INSURANCE–If carrier offers insurance and such insurance is requested in accordance with the conditions thereof indicate amount to be insured in figures in box marked "Amount of Insurance".

Handling Information | SCI

No. of Pieces /RCP	Gross Weight	Kg Lb	Rate Class / Commodity Item No.	Chargeable Weight	Rate/ Charge	Total	Name and Quantity of Goods (Incl. Dimensions or Volume)

Prepaid	Weight Charge	Collect	Other Charges
	Valuation Charge		
	Tax		
	Total Other Charges Due Agent		Shipper certifies that the particulars on the face hereof are correct and that insofar as any part of the consignment contains dangerous goods, such part is properly described by name and is in proper condition for carriage by air according to the applicable Dangerous Goods Regulations.
	Total Other Charges Due Carrier		Signature of Shipper or its Agent
Total Prepaid		Total Collect	
Currency Conversion Rates		CC Charges in Dest. Currency	Executed on (date) at (place) Signature of Issuing Carrier or its Agent
For Carrier's Use only at Destination	Charges at Destination		Total Collect Charges

ORIGINAL 3 (FOR SHIPPER)

By (First Carrier): 由第一个承运人填写自身的名称，也可用IATA两字代码表示，如CZ（中国南方航空公司）、CA（中国国际航空公司）。

To（By Second Carrier）：由第二个承运人填写目的站机场或第二个转运点的IATA三字代码。

By（Second Carrier）：由第二个承运人填写自身名称或IATA两字代码，依此类推。

（13）目的地机场（Airport of Destination）。此栏填写货物运输的最终目的地机场。

（14）航班/日期（仅供承运人使用）（Flight/Date，For Carrier's Use only）。此栏填写飞机航班号及实际起飞日期。

（15）货币/费用代码（Currency/CHGS Code）。此栏填写支付费用时所使用的货币，以及此货币的国际标准代码，如USD、HKD等。费用代码可以不填。

（16）运输声明价值（Declared Value for Carriage）。在此栏填写托运货物总价值时，一般可按发票金额填写。如果不愿意申报，则填"NVD"（No Value Declared），即无申报价值。

《华沙公约》对由于承运人自身的疏忽或故意造成的货物的灭失、损坏或延迟规定了最高赔偿责任限额。如果所交运的货物（毛重）不超过每千克20美元（或等值货币），则无须填写声明价值金额，只填写NVD；如果货物（毛重）超过了每千克20美元，应填写实际价值，但要缴纳声明价值费；如果本栏不填，承运人或其代理人可以视为货物无声明价值。

（17）海关申报价值（Declared Value for Customs）。此栏所填价值是提供给海关的征税依据。当以出口货物报关单或商业发票作为征税依据时，此栏可不填或填"As per Invoice"；当货物是数量少且无商业价值的样品时，此栏可填"NCV"（No Commercial Value）。实际操作中，往往填"As per Invoice"。

（18）保险金额（Amount of Insurance）。如果发货人根据本运单背面条款的要求保险，则在此栏内注明保险金额；若发货人无此要求，则可填"NIL"或打"×××"。

（19）处理情况（Handling Information）。可利用此栏所需要注明的内容，填写承运人对货物处理的有关注意事项。

（20）件数（No.of Pieces）。在此栏填入所装载的总包装件数。此栏中的RCP（Rate Combination Point）是指运价组合点，在未公布直达运价的情况下，应填写运价组合点城市的IATA代码。

（21）毛重（千克/磅）（Gross Weight，Kg/Lb），此栏填写以千克或磅为计量单位的货物毛重（千克：K；磅：L）。

（22）费率等级（Rate Class）。此栏需要根据航空公司的有关资料，按实际填列费率等级代码。费率等级代码有：①"M"为Minimum Charge，即货物的起码运费；②"N"为Normal under 45kgs Rate，即45千克以下普通货物的费率；③"Q"为Quantity over 45kgs Rate，即45千克以上（含45千克）普通货物的费率；④"C"为Specific Commodity Rate，即特种货物费率（指定商品运价）；⑤"R"为Reduced Class Rate/Less than Normal Rate，即等级货物运价上附减运价；⑥"S"为Surcharged Class Rate/More than Normal Rate，即等级货物运价上附加运价。上述①~③项以45千克为计算界限，即重量分界点（Weight Break Point）；⑤项和⑥项中的等级货物运价是在普通货物运价的基础上附加或附减一定的百分比。

（23）商品编号（Commodity Item No.）。此栏按费率等级填列商品编号，一般可不填。当使用指定商品运价时，此栏填写指定商品品名代号；当使用等级货物运价时，此栏填写附加或附减运价的比例。

（24）计费重量（Chargeable Weight）。此栏填写航空公司用以计算运费的重量。

（25）费率（Rate/Charge）。此栏填写实际计费的费率。

（26）运费总额（Total）。此栏填写计收运费的总额，即计费重量与费率的乘积。

（27）货物品名和数量（包括容积或体积）（Name and Quantity of Goods（Incl.Dimensions or Volume））。此栏填写合同或信用证中规定的货物名称、唛头、数量及尺码。

（28）航空运费（预付/待付）（Weight Charge（Prepaid/Collect））。在对应的“预付”或“待付”栏内填入按重量计算的运费金额。

（29）其他费用（Other Charges）。当发生诸如运单费、危险货物费、起运地仓储费和目的地仓储费等费用时，此栏应填写“AWC”（Air Waybill Charge）、“MYC”（Fuel Oil Surcharge）等。若无此类费用，则此栏可不填。

（30）声明价值费（Valuation Charge）。此栏一般可不填。如需申报运输声明价值，承运人要收取声明价值费，必须与运费一起交付。

声明价值费=（声明价值-实际毛重×最高赔偿金额（一般为20美元））×声明价值费率（一般为0.5%）

（31）因代理人需要而产生的费用（Total Other Charges Due Agent）。此栏一般可不填。

（32）因承运人需要而产生的费用（Total Other Charges Due Carrier）。此栏一般填写“As Arranged”字样。

（33）预付费用总额/待付费用总额（Total Prepaid/Total Collect）。此栏涉及预付费用、待付费用和其他费用的总额，可在相应栏内填写“As Arranged”字样。

（34）发货人或其代理人签名（Signature of Shipper or Its Agent）。

（35）签发运单日期、地点及承运人或其代理人签字（Executed on Date/at Place/Signature of Issuing Carrier or Its Agent）。签单以后正本航空运单方能生效。此栏内的日期为签发日期，即货物的装运日期，此日期不得晚于信用证规定的装运日期。

以代理人身份签章时，如同提单一样，需在签章处加注“As Agents”字样；承运人签章则加注“As Carrier”字样。

（36）正本（Original）。按国际惯例，航空运单正本一式三联：第一联“Original 1”（For Issuing Carrier），由航空公司留存；第二联“Original 2”（For Consignee），随飞机转给收货人；第三联“Original 3”（For Shipper），交给发货人。

主要概念

集中托运　航空运价　班机运输　航空运单　航空主运单　航空分运单

基础训练

一、单项选择题

随堂测答案5

1.航空公司签发的运单为（　　）。

A.航空主运单　B.航空分运单

C.提单　D.承运合同

2.航空分运单的当事人包括（　　）。

A.航空货运代理公司和航空公司　B.航空货运代理公司和发货人

C.航空公司和发货人　D.航空公司和提货人

3.国际民用航空组织总部设在（　　）。

A.纽约　B.华盛顿　C.蒙特利尔　D.巴黎

4.一批货物重60千克，体积为300 000立方厘米，其航空运输的计费重量应为（　　）千克。

A.30　B.50　C.60　D.80

5.鲜活易腐商品和贵重物品最适宜采取（　　）。

A.火车运输　B.轮船运输　C.航空运输　D.邮政运输

二、多项选择题

1.现行的国际航空运输公约主要有（　　）。

A.《华沙公约》　B.《海牙议定书》

C.《国际货约》　D.《国际货协》

2.以下属于航空附加费的有（　　）。

A.起码运费　B.声明价值附加费

C.货到付款劳务费　D.中转手续费

3.下列物品中，不能办理航空集中托运的有（　　）。

A.贵重物品　B.活动物　C.危险物品　D.文物

4.各种不同的航空运价和费用都具有的共同点包括（　　）。

A.所报的运价是指从一个机场到另一个机场，而且适用于双向

B.从机场到机场的运价，包括其他额外费用

C.运价一律适用当地公布的货币

D.航空运单中的运价以出具运单之日所适用的运价为准

5.航空运单的性质和作用主要有（　　）。

A.承运合同　B.报关凭证　C.货物收据　D.物权凭证

三、简答题

1.简述航空运输的特点。

2.简述国际航空货物运输当事人及国际航空货物运输经营方式。

3.简述航空快递的特点。

4.简述国际航空货物运输的进出口业务流程。

5. 简述航空运单的主要作用、缮制方法及步骤。

四、计算题

1. 根据以下资料计算运费：

Routing：Shanghai，China（SHA）to Tokyo，Japan（TYO）

Commodity：SAMPLE

Gross Weight：25.20kgs

Dimensions：82cm×48cm×32cm

公布运价如下：

Shanghai Y.RENMINBI	CN CNY		SHA KGS
Tokyo	JP	M	230.00
		N	37.51
		45	28.13

2. 根据以下资料计算运费：

Routing：Shanghai，China（SHA）to Paris，France（PAR）

Commodity：TOY

Gross Weight：5.60kgs

Dimensions：40cm×28cm×22cm

公布运价如下：

Shanghai Y.RENMINBI	CN CNY		SHA KGS
Paris	FR	M	320.00
		N	50.37
		45	41.43

3. 根据以下资料计算运费：

Routing：Shanghai，China（SHA）to Osaka，Japan（OSA）

Commodity：FRESH APPLES

Gross Weight：5 Pieces EACH 65.20kgs

Dimensions：5 Pieces 102cm×44cm×25cm

公布运价如下：

Shanghai Y.RENMINBI	CN CNY		SHA KGS
Osaka	JP	M	230.00
		N	37.51
		45	28.13
	0008	300	18.80
	0300	500	20.61

4.根据以下资料计算运费：

Routing：Beijing，China（BJS）to Tokyo，Japan（TYO）

Commodity：SAMPLES

Gross Weight：25kgs

Dimensions：80cm×50cm×30cm

公布运价如下：

Beijing Y.RENMINBI	CN CNY		BJS KGS
Tokyo	JP	M	230.00
		N	37.51
		45	28.13

五、技能案例

【案例背景】

一票航空运输货物（机器设备）从新加坡经北京中转到天津，货运单号555-89783442（Airport of Departure：新加坡；Airport of Destination：北京），3件货物重量为178千克，计费重量共206千克，从新加坡运往北京采用飞机运输，再从北京转运至天津，采用卡车运输，但在高速公路上，不幸发生车祸，设备全部损坏。

【技能思考】

1.航空公司是否应承担赔偿责任？理由是什么？

2.如果赔偿，赔偿金额是多少？

项目实训

【实训项目1】

国际航空运输

【实训情境1】

托运人赵昂准备从北京运一只名贵犬到新加坡，代理人欲向航空公司交运。

【实训任务】

1.收运这只名贵犬的各注意事项应参照IATA出版的哪本手册？

2.托运人应提交哪些文件？

3.容器上应贴哪些标签？

4.托运人能否办理运费到付？

5.托运人应如何获悉运达目的站的时间？

【实训情境2】

托运人乔皓准备从上海运10枚金币到巴黎。该托运人欲请货运代理人代为向航空公司交运。

【实训任务】

假如你是代理人，请回答：

1.如何包装这票货物？

2.容器上应贴哪些标签？

3.在货运单栏"Nature and Quantity of Goods"内应该注明什么字样？

4.能否办理运费到付？

5.这票货物的声明价值不得超过多少美元？

【实训项目2】

缮制航空运单

【实训情境】

托运人将航空运单（如样例5-2所示）传真给国际货运代理人，并咨询关于货物运输的下列事宜，你作为国际货运代理人的操作人员，请用中文给予答复。

【实训任务】

1.该票货物的始发站机场是哪个机场？

2.该票货物的目的站机场是哪个机场？

3.该票货物的航空承运人是谁？

4.该票货物的货币币种是什么？

5.该票货物的运费支付方式是哪种？

6.该票货物的声明价值是多少？

7.该票货物的保险金额是多少？

8.该票货物的总运费是多少？

9.该票货物"Rate Class"栏中"Q"的含义是什么？

10.该票货物"Other Charges"栏中"AWC：50"的含义是什么？

样例5-2 航空运单

Shipper's Name and Address | Shipper's Account Number

CHINA INDUSTRY., BEIJING P.R.CHINA
Tel: 86（10）64596666
Fax: 86（10）64598888

Not Negotiable

Air Waybill

Issued by

Copies 1, 2 and 3 of this Air Waybill are originals and have the same validity.

Consignee's Name and Address | Consignee's Account Number

NEWYORK SPORT IMPORTERS,
NEWYORK, U.S.A.
TEL: 78789999

It is agreed that the goods described herein are accepted in apparent good order and condition（except as noted）for carriage and SUBJECT TO THE CONDITIONS OF CONTRACT ON THE REVERSE HEREOF. ALL GOODS MAY BE CARRIED BY ANY OTHER MEANS INCLUDING ROAD OR ANY OTHER CARRIER UNLESS SPECIFIC CONTRARY INSTRUCTIONS ARE GIVEN HEREON BY THE SHIPPER. THE SHIPPER'S ATTENTION IS DRAWN TO THE NOTICE CONCERNING CARRIER'S LIMITATION OF LIABILITY.

Shipper may increase such limitation of liability by declaring a higher value for carriage and paying a supplemental charge if required.

Issuing Carrier's Agent Name and City
KUNDA AIR FLIGHT CO., LTD

Accounting Information

Agent's IATA Code | Account No.

Airport of Departure（Addr. of First Carrier）and Requested Routing
BEIJING

To	By First Carrier	Routing and Destination	to	by	to	by	Currency	CHGS Code	WT/VAL PPD	WT/VAL COLL	Other PPD	Other COLL	Declared Value for Carriage	Declared Value for Customs
NYC	CA						CNY						NVD	NCV

Airport of Destination	Flight/Date	For Carrier's Use only	Flight/Date	Amount of Insurance
NEW YORK	CA921/30 JUL, 2023			

INSURANCE-If carrier offers insurance and such insurance is requested in accordance with the conditions thereof indicate amount to be insured in figures in box marked "Amount of Insurance".

Handling Information
1 COMMERCIAL INVOICE KEEP UPSIDE

SCI

No. of Pieces /RCP	Gross Weight	Kg Lb	Rate Class	Commodity Item No.	Chargeable Weight	Rate/ Charge	Total	Name and Quantity of Goods (Incl. Dimensions or Volume)
4	53.80	K	Q		77.00	48.34	3 722.18	MACHINERY DIMS: 70CM×47CM×35CM×4

Prepaid	Weight Charge	Collect
3 722.18		
	Valuation Charge	
	Tax	
	Total Other Charges Due Agent	
50	Total Other Charges Due Carrier	
3 772.18	Total Prepaid / Total Collect	
	Currency Conversion Rates / CC Charges in Dest. Currency	

Other Charges

AWC: 50

Shipper certifies that the particulars on the face hereof are correct and that insofar as any part of the consignment contains dangerous goods, such part is properly described by name and is in proper condition for carriage by air according to the applicable Dangerous Goods Regulations.

Signature of Shipper or Its Agent

30 JUL 2023 BEIJING

Executed on（date）at（place）
Signature of Issuing Carrier or Its Agent

For Carrier's Use only at Destination	Charges at Destination	Total Collect Charges	

ORIGINAL 3（FOR SHIPPER）

项目六

国际公路、内河、管道、邮政运输

学习目标

能力目标：能够在掌握国际公路、内河、管道、邮政运输基本内容后，具备办理相关业务的能力。

知识目标：理解公路、内河、管道、邮政运输的概念、特点；熟知公路、内河、管道、邮政运输的分类以及公路运输的责任范围；掌握国际公路运输业务及其单证。

素养目标：能按照国际公路、内河、管道、邮政运输业务流程和实践认知，结合职业道德和企业要求，自主解决国际公路、内河、管道、邮政运输业务中出现的常见问题；树立诚信意识，明确履行责任范围，树立良好的信用形象。

项目引例

2023年12月，大连鸿瑞分公司委托原告环球公司承担外销打火机的公路运输业务，原告转委托被告汽运公司运输，被告又委托永发公司运输，用于托运打火机的集装箱为G箱。永发公司所派的驾驶员赵昂将集装箱拖至大连鸿瑞分公司装货时，错把同一个拖卡上面的C箱（该箱本应装一批鞋子运到日本）交给厂方装了打火机，而在G箱中装入了鞋子。出口通关后，C箱运到了日本，G箱则运到了巴塞罗那。此后经有关方协商处理，打火机从日本重新运往巴塞罗那，产生了在日本的滞留费用及转运到巴塞罗那的运费，合计为46 936美元。大连鸿瑞分公司则在应付给原告的运费中扣除了该笔款项。

请问：1.本案例中两票货物的法律关系应如何确定？

2.被告是否应赔偿原告的损失？如果赔偿，被告之后应向谁追偿？

分析：1.本案例中两票货物涉及以下法律关系：大连鸿瑞分公司与环球公司是公路运输合同关系；环球公司与汽运公司是转委托运输代理关系；汽运公司与永发公司是公路运输合同关系。

2.被告应该赔偿原告损失，理由是未经委托人允许，擅自转委托，因此应对实际承运人的过失承担责任。赔偿后，被告应向实际承运人——永发公司追偿。

内容精讲

任务一 国际公路运输

一、公路运输

公路运输（Road Transportation）是现代运输的主要方式之一，也是构成陆上运输的两个基本运输方式之一。国际公路货物运输是指起运地点、目的地点或约定的经停地点位于不同的国家或地区的公路货物运输。在我国，只要公路货物运输的起运地点、目的地或约定的经停地点不在我国境内，均构成国际公路货物运输。目前，世界各国的国际公路货物运输一般以汽车作为运输工具，因此，国际公路货物运输与国际汽车货物运输这两个概念往往是可以相互替代的。

二、公路运输的特点

公路运输是一种机动灵活、简捷方便的运输方式，在短途货物集散运转方面，它比铁路、航空运输具有更大的优越性，尤其在实现“门到门（Door to Door）”的运输中，其重要性更为显著。尽管其他运输方式各有特点和优势，但或多或少都要依赖公路运输来完成最终两端的运输任务。但公路运输也具有一定的局限性，如载重量小，不适宜装载重件、大件货物；不适宜长途运输，车辆运行中震动较大，易造成货损、货差事故；运输费用高于水运和铁路运输。

国际公路货物运输可以广泛参与国际多式联运，是邻国之间边境贸易货物运输的主要方式，按照有关国家之间的双边或多边公路货物运输协定或公约运作。

目前，我国主要利用公路运输在中短程货物运输方面的优势，承担以下三个方面的进出口货物运输业务：

（1）公路过境运输。这是指根据相关国家政府间有关协定，经过批准，通过国家开放的边境口岸和公路进行出入国境的汽车运输。按途经国家的数量不同，公路过境运输可分为双边汽车运输和多边汽车运输。

（2）我国内地与港澳地区之间的公路运输。由于香港、澳门地区的特殊性，对于香港、澳门与内地之间的公路运输，并不完全按照内地货物运输进行运作和管理，而是依照国际公路运输进行管理，但管理模式又不是完全一样的。

（3）内陆口岸间的公路集疏运。公路承担我国出口货物由内陆向港口、铁路、机场集运，进口货物从港口、铁路、机场向内陆疏运，以及省与省之间、省内各地间的外贸物资的调拨。

三、我国公路运输发展

2022年年末全国公路里程535.48万千米，比上年年末增加7.41万千米。公路密度

55.78千米/百平方千米，增加0.77千米/百平方千米。公路养护里程535.03万千米，占公路里程比重为99.9%。2017—2022年全国公路总里程及公路密度如图6-1所示。

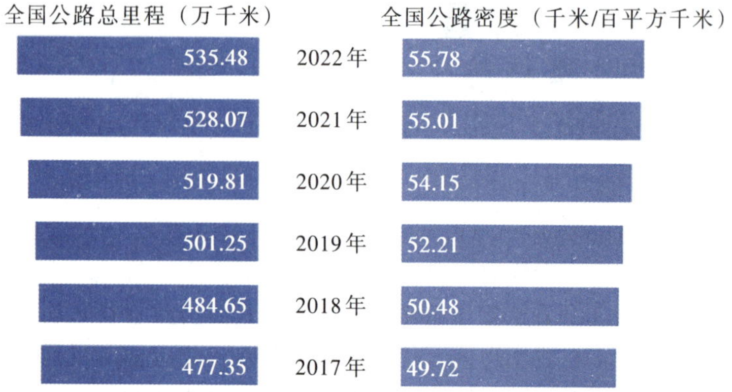

图6-1　2017—2022年全国公路总里程及公路密度

2022年年末全国四级及以上等级公路里程516.25万千米，比上年年末增加10.06万千米，占公路里程比重为96.4%、提高0.6个百分点。其中，二级及以上等级公路里程74.36万千米、增加2.00万千米，占公路里程比重为13.9%、提高0.2个百分点；高速公路总里程17.73万千米、增加0.82万千米，其中国家高速公路里程11.99万千米、增加0.29万千米。

2022年年末全国公路里程构成如图6-2所示。

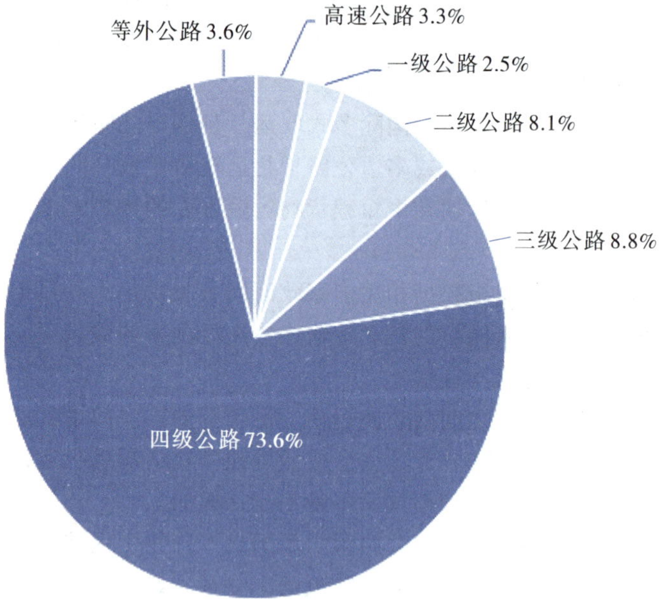

图6-2　2022年年末全国公路里程构成（按技术等级分）

2022年年末全国国道里程37.95万千米，省道里程39.36万千米。农村公路里程453.14万千米，其中县道里程69.96万千米、乡道里程124.32万千米、村道里程258.86万千米。

2022年年末全国公路桥梁103.32万座、8 576.49万延米，比上年年末分别增加7.20万座、1 196.27万延米，其中增加特大桥8 816座、1 621.44万延米，大桥15.96万座、4 431.93万延米。全国公路隧道24 850处、2 678.43万延米，比上年年末分别增加1 582处、208.54万延米，其中增加特长隧道1 752处、795.11万延米，长隧道6 715处、1 172.82万延米。

四、公路运输的分类

（一）按运输组织方法分类

（1）零担货物运输。托运人一次托运货物计费重量3吨及以下的为零担货物运输。

（2）整车货物运输。托运人一次托运货物计费重量3吨以上，或虽不足3吨，但其性质、体积、形状需要一辆汽车运输的为整车货物运输。

（3）集装箱运输。采用集装箱为容器，使用汽车运输的为集装箱运输。集装箱运输可以分为：①国际集装箱运输和国内集装箱运输；②标准集装箱运输和非标准集装箱运输；③普通集装箱运输和特种集装箱运输；④整箱运输和拼箱运输；⑤用托运人的集装箱进行的运输和用承运人的集装箱进行的运输；⑥用单车车辆的形式进行的集装箱运输和用牵引车加挂半挂车的列车组合形式进行的集装箱运输。

动画6-1

拼箱

（二）按运输速度分类

（1）快件货物运输。应托运人的要求，在规定的时间内将货物运达目的地。

（2）特快件货物运输。应托运人的要求，采取即托即运的形式运输货物。

（三）按运输条件分类

（1）一般货物运输。它是指对运输、装卸、保管无特殊要求的普通货物进行的运输。

（2）特种货物运输。它可以分为：①大型特型笨重物件运输。因货物的体积、重量，需要大型或专用汽车运输的为大型特型笨重物件运输。②危险货物运输。具有易燃、易爆、毒害、腐蚀、放射性等特性，在运输、装卸和储存保管过程中，容易造成人身伤亡和财产毁损而需要特别防护的货物，均属危险货物。③鲜活货物运输。它包括对易腐货物、活动物和有生植物等货物的运输。

（四）按运输车辆分类

（1）普通车辆运输。它是指对运输、装卸、保管无特殊要求的普通货物进行的车辆运输。

（2）特种车辆运输。凡由于货物的性质、体积或重量，需要大型汽车或核定载重吨位为40吨及以上的挂车，以及容罐车、冷藏车、保温车等车辆运输的为特种车辆运输。

动画6-2

冷藏车

（五）按经营方式分类

（1）公共运输业（Common Carrier）。这是指从事汽车货物运输业务并以整个社会为服务对象。其经营方式有：①定期定线。不论货载多少，在固定路线上按时间表行驶。②定线不定期。在固定路线上视货载情况派车行驶。③定区不定期。在固定的区域内根据货载需要派车行驶。

（2）契约运输业（Contract Carrier）。这是指按照承托双方签订的运输契约运送货物。与其签订契约的一般都是一些大的工矿企业，常年运量较大、较稳定。契约期限短的有半年、一年，长的可达数年。按契约规定，托运人保证提供一定的货运量，承运人保证提供所需的运力。

（3）自用运输业（Private Operator）。这是指工厂、企业、机关自置汽车，只运送自己的物资和产品，一般不对外营业。

（4）汽车货运代理（Freight Forwarder）。它本身既不掌握货源也不掌握运输工具，而是以中间人的身份一方面向货主揽货，一方面向运输公司托运，借此收取手续费用和佣金。例如，有的汽车货运代理专门向货主揽取零星货载，加以归纳集中成为整车货物，然后以托运人的名义向运输公司托运，赚取零担货物和整车货物运费之间的差价。

五、公路运费

公路运费均以“吨/千米”为计算单位，一般有两种计算标准：一种是按货物等级规定基本运费费率；另一种是以路面等级规定基本运价。凡是一条运输路线包含两种或两种以上的等级公路时，则以实际行驶里程分别计算运价。特殊道路，如山岭、河床、原野地段，则由承运人和托运人双方另议运价。

公路运费费率分为整车（Full Container Load，FCL）和零担（Less than Container Load，LCL）两种。后者一般比前者运费高30%～50%，按我国公路运输部门的规定，一次托运货物在2.5吨以上的为整车运输，适用整车费率；一次托运货物不满2.5吨的为零担运输，适用零担费率。凡1千克重的货物，体积超过4立方分米的为轻泡货物或尺码货物（Measurement Cargo）。整车轻泡货物的运费按装载车辆核定吨位计算。零担轻泡货物，按其长、宽、高计算体积、每4立方分米折合1千克，以千克为计费单位。此外，还有包车费率（Lump Sum Rate），即按车辆使用时间（如小时或天）计算。

六、公路运输的责任范围

（一）承运人责任

公路运输承运人的责任期限是从接收货物时起至交付货物时止。在此期限内，承运人对货物的灭失、损坏负赔偿责任。但不是由于承运人的责任所造成的货物灭失、损坏，承运人不予负责。

根据我国公路运输的规定，由于下列原因而造成的货物灭失、损坏，承运人不负责赔偿：①人力不可抗的自然灾害以及货物本身性质的变化或货物在运送途中的自然消耗；②包装完好无损，而内部短损变质；③违反国家法令或规定，被有关部门查扣、弃置或做其他处理；④收货人逾期提取或拒不提取货物而造成霉烂变质；⑤有随车押运人员负责途中保管照料。

对于货物赔偿金额，按实际损失价值赔偿。如货物部分损坏，按损坏货物所抵减的金额或按修理费用赔偿。提出赔偿的有效期限，自货物开票之日起，不得超过6个月。自提出赔偿要求之日起，责任方应在2个月内做出处理。

（二）托运人责任

公路运输托运人应负的责任基本与铁路、海上运输相同，主要包括：按时提供规定数量的货载；提供准确的、详细的货物说明；货物唛头标志清楚；包装完整，适于运输；按规定支付运费。一般均规定如因托运人的责任所造成的车辆滞留、空载，托运人需负担延滞费和空载费等损失。

七、国际公路货物运输公约和协定

动画6-3

联合运输

为了统一公路运输所使用的单证和承运人的责任，联合国欧洲经济委员会负责草拟了《国际公路货物运输合同公约》（以下简称《公约》），并于1956年5月19日在日内瓦由欧洲17个国家参加的会议上一致通过。该《公约》共有12章51条，在适用范围、承运人责任、合同的签订与履行、索赔和诉讼等方面都做了较为详细的规定。

此外，为了有利于开展集装箱联合运输，使集装箱能完好无损地通过经由国，联合国欧洲经济委员会成员之间于1956年缔结了关于集装箱的关税协定，即《根据TIR手册进行国际货物运输的有关关税协定》（以下简称《TIR协定》）。参加《TIR协定》的签字国有欧洲23个国家和欧洲以外的7个国家。《TIR协定》的宗旨是成员相互间允许集装箱免税过境。在《TIR协定》的基础上，根据欧洲经济委员会的倡议，还缔结了《国际公路车辆运输规定》。根据该规定，对于集装箱的公路运输承运人，如持有TIR手册，允许由发运地到达目的地，在海关签封下，中途可不受检查、不支付关税，也可不提供押金。这种TIR手册是由政府批准的运输团体发行的，这些团体大多是国际公路联合会的成员，它们必须保证监督其所属运输企业遵守海关法规和其他规则。

欧洲最初有23个国家参加了《TIR协定》，并从1960年开始施行。尽管上述《公约》和《TIR协定》有地区性限制，但它们仍不失为当前国家间公路运输的重要国际公约和协定，并对今后国际公路运输的发展具有一定影响。

八、国际公路货运业务

（一）公路货运代理的概念

公路货运代理，是指接受发货人、收货人的委托，为其办理公路货物运输及相关服务的人，其服务内容包括揽货、托运、仓储、中转、集装箱拼装拆箱、结算运杂费、报关、报验、保险、相关的短途运输服务及咨询业务。

（二）公路货运代理的特点

公路货运代理规模小、数量多、市场准入门槛低、机制灵活，同时，还具有以下特点：

1.身份多重性

在实践中，不论是公路货运代理还是货运配载服务经营者、货运信息中心，它们都突破了原有的代理人、中间人、咨询人的身份，以自己的名义开展全程运输组织，并从中赚取运费差价，从而成为承运人，有些企业成为第三方物流经营人，从事现代物流服务。

2.经营范围独特性

公路货运代理以从事其他运输方式的集疏运输服务、海关监管运输、保税运输、仓储与配送等服务为主。

3.服务多元化

在公路货运代理行业中，既有从事纯粹的公路货运代理、中介服务的企业，也有以自己拥有的少量车辆从事实际运输工作的企业，还有一些物流企业，按照服务内容和特点划分，这些企业包括纯运输物流企业、零担和快件类物流企业、流通配送型物流企业、综合类物流企业等。

（三）公路运输货运单证

国际公路货运中主要的货运单证是公路运单，通常称为托运单。为了加强公路出入境运输汽车的管理，我国交通部2005年颁布了《中华人民共和国出入境汽车运输管理规定》，规定中对国际道路货物运单（如样例6-1所示）的式样做出了明确的规定，并要求出入境汽车应随车携带国际汽车运输行车许可证、货运单，配有统一标志。

（四）公路运输运作流程

1.公路运输的基本业务流程

（1）接单：①公路运输主管从客户处接收（传真）运输发送计划；②公路运输调度从客户处接收出库提货单证；③核对单证。

（2）登记：①运输调度在运输登记表上记录送货目的地，为收货客户标定提货号码；②司机（指定人员及车辆）到运输调度中心领取提货单，并在运输登记表上确认签收。

（3）调用安排：①填写运输计划；②填写运输在途、送到情况，追踪反馈表；③电脑输单。

（4）车队交接：根据送货方向、重量、体积统筹安排车辆，告知客户运输计划，并确认提货时间。

（5）提货发运：①按时到达客户提货仓库；②检查车辆情况；③办理提货手续；④提货，盖好车棚，锁好箱门；⑤办好出厂手续；⑥电话通知收货客户预达时间。

（6）在途追踪：①建立收货客户档案；②司机及时反馈途中信息；③与收货客户电话联系送货事宜；④填写跟踪记录；⑤有异常情况及时与客户联系。

样例6-1　国际道路货物运单

No：000000

<table>
<tr><td colspan="3">1.发货人
名称________________________
国籍________________________</td><td colspan="4">2.收货人
名称________________________
国籍________________________</td></tr>
<tr><td colspan="3">3.装货地点
国家________________市____________
街道________________</td><td colspan="4">4.卸货地点
国家________________市____________
街道________________</td></tr>
<tr><td>5.货物标记和号码</td><td>6.件数</td><td>7.包装种类</td><td>8.货物名称</td><td>9.体积（m^3）</td><td colspan="2">10.毛重（kg）</td></tr>
<tr><td></td><td></td><td></td><td></td><td></td><td colspan="2"></td></tr>
<tr><td></td><td></td><td></td><td></td><td></td><td colspan="2"></td></tr>
<tr><td></td><td></td><td></td><td></td><td></td><td colspan="2"></td></tr>
<tr><td colspan="7">11.发货人指示</td></tr>
<tr><td colspan="7">a.进/出口许可证号码：　　　　　从　　　　　在　　　　　海关</td></tr>
<tr><td colspan="7">b.货物声明价值</td></tr>
<tr><td colspan="7">c.发货人随附单证</td></tr>
<tr><td colspan="3">d.订单或合同号</td><td colspan="4">包括运费交货点</td></tr>
<tr><td colspan="3">e.其他指示</td><td colspan="4">不包括运费交货点</td></tr>
<tr><td colspan="3" rowspan="2">12.运送特殊条件</td><td colspan="4">13.应付运费</td></tr>
<tr><td>发货人</td><td>运费</td><td>币别</td><td>收货人</td></tr>
<tr><td colspan="3" rowspan="4">14.承运人意见</td><td></td><td></td><td></td><td></td></tr>
<tr><td></td><td></td><td></td><td></td></tr>
<tr><td></td><td></td><td></td><td></td></tr>
<tr><td></td><td></td><td></td><td></td></tr>
<tr><td colspan="3">15.承运人</td><td>共计</td><td></td><td></td><td></td></tr>
<tr><td colspan="3">16.编制日期____________
到达装货______时________分
离去__________时________分
发货人签字盖章
承运人签字盖章</td><td colspan="4">17.收到本运单货物日期__________
到达卸货______时________分
离去__________时________分
收货人签字盖章</td></tr>
<tr><td colspan="3">18.汽车牌号__________车辆吨位__________
司机姓名__________拖挂车号__________
行车许可证号________________________</td><td colspan="4">19.运输里程__________过境里程__________
收货人境内里程__________
共计__________</td></tr>
<tr><td colspan="3">20.海关机构记载</td><td colspan="4">21.收货人可能提出的意见</td></tr>
</table>

说明：①本运单使用中文和相应国家文字印制；②此运单一般一式四联（如过境运输可印制一式六联或一式八联，供过境海关留存），即第一联存根、第二联始发地海关、第三联口岸地海关、第四联随车携带。

（7）到达签收：①按时准确到达指定卸货地点；②货物交接；③百分之百签收，保证运输产品的数量和质量与客户出库单一致；④了解收货人对客户产品在当地市场的销售情况。

（8）回单：①用电话或传真确认到达时间；②司机将回单寄回或传真回公司；③签收运输单；④定期将回单送至客户处；⑤将当地市场的销售情况及时反馈给客户。

（9）运输结算：①整理好收费票据；②编制收费汇总表交至客户，客户确认后将其交回结算中心；③结算中心开具发票，向客户收取运费。

2.公路零担运输的运作流程

零担车，是指装运零担货物的车辆，按照零担车发送时间的不同，可将零担货运划分为固定式和非固定式两类。

（1）固定式零担货运。这种运输方式一般靠固定式零担车完成，因此，固定式零担货运的组织，实际上就是固定式零担车的组织，通常称为汽车零担货运班车。这种零担货运班车一般是以营运范围内零担货物流量、流向，以及货主的实际要求为基础组织运输。运输车辆主要以厢式专用车为主，实行定车、定期、定线、定时运行。

根据货物流量、流向以及货主的实际要求，固定式零担货运班车又可分为：①直达式零担班车。它是指在起运站将各个发货人托运的同一到站且性质适宜配载的零担货物，同车装运后直接送达目的地的一种货运班车。②中转式零担班车。它是指在起运站将各个发货人托运的同一线路、不同到达站且性质适宜配载的零担货物，同车装运至规定中转到达站，卸后复装，重新组成新的零担班车运往目的地的一种货运班车。③沿途式零担班车。它是指在起运站将各个发货人托运的同一线路、不同到达站且性质适宜配载的零担货物，同车装运后在沿途各计划停靠站卸下或装上零担货物再继续物流运输组织与管理，直至到达最后终点站的一种货运班车。

在上述三种零担班车的运行模式中，以直达式零担班车最为经济，是零担货运的基本形式，这一形式具有以下特点：避免了不必要的换装作业，节省了中转费用，减轻了中转站的作业负担；减少了货物在中转站的作业时间，有利于运输安全和货物完好，减少事故发生，确保质量；减少了在途时间，提高了零担货物的运送速度，有利于加速车辆周转和物资调拨；减少了仓库内集结待运时间，充分提高了仓库货位的利用率。

（2）非固定式零担货运。它是指按照零担货流的具体情况，根据实际需要，随时使用零担货车的一种运输方式。这种运输方式由于缺少计划性，给运输部门和客户带来一定的不便，因此只适合在季节性或新辟零担货运线路上作为一项临时性的措施使用。它的内容及程序是：受理托运、过磅起票、验收入库、开票收费、配运装车、卸车保管、提货交付。

知识延伸6-1　　公路零担货物运输的业务流程与操作要求

公路零担货物运输的业务流程与操作要求见表6-1。

表 6-1　　公路零担货物运输的业务流程与操作要求

程序	操作人员	业务流程	操作要求
业务联络	业务员	1.预约 2.订立合同 3.接单（派车联系单、发货单） 4.电话客户可直接传递派单 5.将运输单分配给各调度员	1.以多种方式接单方便客户及时下达指令 2.确保客户满意 3.派单及时、准确
配载派车	调度员 司机	1.接单 2.按货物数量、品种及去向、时间要求配载 3.签订货物运输清单，落实车辆安全防护工作 4.发车至仓库或客户处提货	1.及时、优质、高效配载 2.确保车辆安全性 3.各项运输注意事项交代完整、清楚 4.确保车辆准时到位
装货发运	调度员 司机 仓管员 现场员 卸载员	1.凭单提货 2.仓库核对发货并登记 3.装车前后做好各项核对工作 4.规范文明、准确卸载 5.现场监督，记录作业情况	1.单、货相符 2.做好运输安全措施 3.文明卸载、按时发运 4.出库手续齐备、统计准确
在途跟踪	客服专员	1.主动向客户汇报货物在途状态 2.主动向客户提供查询服务	及时、妥善处理货运途中的问题
单货验收	调度员 司机	1.在指定仓位按时卸货 2.单据签章及时、完整、有效 3.收货人签收后通知调度员，回单返回及时	1.签收单据如有破损，司机负责 2.回单于卸货后5～7天内返回
单证处理	调度员 回单管理员 结算员	1.调度员将回单核对后交回单管理员 2.回单管理员将回单交结算员 3.结算员审核结算收支费用	1.回单返回及时、准确 2.统计、计价准确 3.结算费用及时

3.公路整车运输的运作流程

（1）运输准备过程。它是运输生产技术准备过程，即货物进行运输之前所做的各项技术性准备工作，包括车型选择、线路选择、装卸设备配置、运输过程的装卸、工艺设计等。

（2）基本运输过程。它是运输生产过程的主体，是指直接组织货物从起运地至目的地完成其空间位移的生产活动，包括起运站装货、车辆运行、终点站卸货等作业过程。

（3）辅助运输过程。它是指为保证基本运输过程正常进行所必需的各种辅助性生产活动。辅助生产过程本身不直接构成货物位移的运输活动，主要包括车辆、装卸设备、承载器具、专用设施的维护与修理作业，以及各种商务事故、行车事故的预防和处理工作，营业收入结算工作等。

（4）运输服务过程。它是指服务于基本运输过程和辅助运输过程中的各种服务工作和活动。例如，各种行车材料、配件的供应，以及代办货物

拓展阅读6-1

公路整车运输与零担运输业务运作对比表

的储存、包装、保险业务等，均属于运输服务过程。

知识延伸 6-2 公路运输业如何牵手现代物流业?

现代物流理论认为，现代物流服务的核心目标是在物流全过程中以最小的综合成本来满足顾客的需求。因此，现代物流具有信息化、网络化、自动化的特征。

我国传统公路运输业要在发展现代物流业中扮演重要角色，成为物流业中的主力，就必须使公路运输业满足现代物流的要求：首先，传统公路运输业要打破运输环节独立于生产环节之外的分业界限，通过供应链的概念建立起对公路运输业供、产、销全过程的计划和控制；其次，传统公路运输业要突破运输服务的中心是运力的观点，强调运输服务的宗旨是客户第一；最后，公路运输业应着眼于运输流程的管理和高科技与信息化。

目前，国外的公路运输业与电子商务紧密结合、共同发展，并通过企业之间的兼并与联盟，加速向全球的扩张。而国内公路运输业在现代物流方面的现状是：体制落后、设备陈旧、物流服务意识不强，以及公路运输支持系统，特别是公路运输所需的软件及硬件的开发和普及薄弱，缺乏统一规划和标准。

运输是物流的重要环节，公路运输更是以其机动灵活、实现“门到门”服务而在现代物流中起着重要作用。要使我国公路运输业从目前的困境中走出，公路运输业必须融入现代物流，成为真正意义上的“第三方物流”。因为公路运输业取得经济效益的最佳渠道是现代物流服务，所以发展现代物流就是要改变公路运输业传统揽货方式，获取增值效益。

任务二 国际内河运输

一、内河运输

内河运输（Inland Water Transportation）是指使用船舶通过国内的江湖河川等天然或人工水道，运送货物和旅客的一种运输方式。它是水上运输的组成部分，是内陆腹地和沿海地区的纽带，也是边疆地区与邻国边境河流的连接线，在现代化的运输中起着重要的辅助作用。内河运输适宜运送大宗货物，如矿砂、粮食、化肥、煤炭等，而且由于航运平稳，在运送石油等危险货物时也较安全。

二、内河运输的特点和作用

内河运输具有运量大、投资少、成本低、耗能少的特点，它对一个国家的国民经济和工业布局起着重要作用。

三、内河运输船舶

内河运输使用的船舶，由于内河吃水浅、河道狭、弯道多、水位涨落幅度大等特点，其结构和要求与海上船舶有所不同。内河使用的船舶主要有以下四种：

（1）内河货船。它是指本身具有动力，并有货舱可供装货的船舶，是内河运输的主要工具之一，内河货船的载重吨位、长度和吃水深浅，视河道条件而异，但一般比海上船舶小。内河货船具有使用方便、调度灵活的特点，但载重量小、成本大，一般多数作为内河定期经营船使用。

（2）拖船和推船。它们都是动力船，本身一般不装载货物，而起拖带和推动驳船的作用。前者在驳船前面，拖带驳船前进，这种方式称为拖带法；后者在驳船后面，顶推驳船往前行进，这种方式称为顶推法。以前内河运输的驳船主要使用拖船带动，而目前推船已逐渐取代拖船，这是因为顶推法比拖带法具有阻力小、推力大、操纵性强的优点。

（3）驳船。它按有无动力可分为机动驳船和非机动驳船；按使用拖带或顶推的方法分为拖驳船和推驳船。推驳船是一种规定尺码的标准型驳船，便于编队分节，所以又称分节驳。分节驳上没有舵、锚以及生活设施和救生设备，整个驳船是一个长方形的货舱，以供装货。近年来，驳船的发展具有标准化、系列化和专业化的特点。

（4）河/海型船。这种类型的船既可以在内河航行，又可以在沿海航行，现已发展成为一种独立的船型。河/海型船在结构上除了吃水较浅外，基本上与沿海船相似，它的优点是可以河海直达。

四、我国内河运输概况

内河航运服务在我国经济社会发展的巨大优势凸显，随着经济的增长，内河运输量也不断增长，整个内河航运业具有无限的发展机遇。

2022年年末，全国内河航道通航里程12.80万千米，比上年年末增加326千米。等级航道通航里程6.75万千米，占内河航道通航里程比重为52.7%，其中三级及以上航道通航里程1.48万千米，占内河航道通航里程比重为11.6%。

2022年年末各等级内河航道通航里程分别为：一级航道2 196千米，二级航道4 046千米，三级航道8 543千米，四级航道11 423千米，五级航道7 764千米，六级航道16 602千米，七级航道16 900千米，等外航道6.05万千米。

2022年年末各水系内河航道通航里程分别为：长江水系64 818千米，珠江水系16 880千米，黄河水系3 533千米，黑龙江水系8 211千米，京杭运河1 423千米，闽江水系1 973千米，淮河水系17 610千米。

近年来，中国水运业已形成了布局合理、层次分明、功能齐全、优势互补的港口体系。同时，全国高等级航道网也基本形成。中国港口吞吐量和装箱吞吐量连续多年保持世界第一。

任务三　国际管道运输

一、管道运输的概念与分类

（一）管道运输的概念

管道运输是随着石油原油的生产而产生的，是运输通道和运输工具合二为一的专门的运输方式。

管道运输的特点是：运输量大、连续、迅速、经济、安全、可靠、平稳，以及投资少、占地少、费用低，并可实现自动控制。除广泛用于石油、天然气的长距离运输外，还可运输矿石、煤炭、建材、化学品和粮食等。管道运输可省去水运或陆运的中转环节，缩短运输周期，降低运输成本，提高运输效率。

（二）管道运输的分类

（1）按运输对象，管道运输可分为：①液体管道运输，主要进行原油、成品油运输；②气体管道运输，主要进行天然气运输；③液浆管道运输，将待运输的煤、铁矿石、磷矿石、铜矿石、铝矾石和石灰石等固体物料破碎成粉粒状，与适量的液体，如水、燃料油、甲醇等配置成可泵送的液浆，经过管道运输至目的地后再将液浆脱水供用户使用。

（2）按铺设工程，管道运输可分为：①架空管道运输，是指架设在地面或水面上的管道，用于对气体、液体或松散固体的运输；②地面管道运输，是指铺设在地面或水面上的管道，用于对气体、液体或松散固体的运输；③地下管道运输，是指埋设在地面或水面下的管道，用于对气体、液体或松散固体的运输。

（3）按地理范围，管道运输可分为：①原油管道运输，是指用于从油矿至聚油塔或炼油厂的管道运输；②成品油管道运输，是指用于从炼油厂至海港或集散中心的管道运输；③系泊管道运输，是指用于从海港至海上浮筒的管道运输。

二、管道运输的发展

1865年，美国人S.V.锡克尔用管径50毫米、长4.6米搭焊的熟铁管，修建了一条全长9 756米的管道，由美国宾夕法尼亚州皮特霍尔铺至米勒油区铁路车站。沿线设3台泵，每小时输送原油13立方米。自世界上第一条输油管道建成至今，管道运输业已有近160年的历史。1880年和1893年相继出现管径100毫米的成品油管道和天然气管道。1886年在俄国巴库修建了一条管径100毫米的原油管道。20世纪50年代石油开发迅速发展，各产油国开始大量兴建油、气管道。20世纪70年代以后，管道运输技术又有较大提高，大型管道相继建成。1972年建成苏联至东欧五国的友谊输油管道，管径为1 220毫米和820毫米，全长9 739千米，年输送原油1亿吨。1977年建成贯穿美国阿拉斯加州南北、穿过北极圈的原油管道，管径1 200毫米，全长1 289千米，设计年输送原油1.2亿吨。中东国家的管道运输也迅速发展。随着北海油田、气田的开发，海洋管道逐渐由浅海走向深海，如北海油田至英国的原油管道和北海油田至德国的天然气管道相继建成投产。目前，世界上100%的天然气、85%以上的原油的运输都是通过管道输送实现的。全球在役油气长输管线总量约3 800条，总长度约为196.13万千米，其中，天然气管道占比64.94%，为最重要的管道构成；原油与成品油管道分别占比18.52%和12.68%。世界管道运输网分布很不均匀，主要集中在北美、欧洲、俄罗斯和中东地区，除中东地区外的亚洲其他地区、非洲和拉丁美洲的管道运输业相对落后。分地区看，北美的管道存量市场位居全球第一，占比超过40%，其后为俄罗斯及中亚、亚太等地区，占比分别在15%左右。按国家分布，美国、俄罗斯与加拿大排名居前，中国的油气长输管线与这些国家相比尚存在较大差距。

三、我国管道运输发展与现状

我国最早的一条石油管道于20世纪40年代初期铺设，是从印度边境通往我国云南昆明的石油管道，其目的是军事需要，由于该管道质量差、效率低，使用时间不长便弃之不用了。1974年12月27日，中国第一条“地下大动脉”——大庆油田至秦皇岛输油管道建成输油，这条管道全长1 152千米，对中国国民经济的建设、运输技术的发展起了重要作用。

中俄石油管道起自俄罗斯远东管道斯科沃罗季诺分输站，途经中国黑龙江省和内蒙古自治区的13个市、县、区，止于大庆站。管道全长999.04千米，俄罗斯境内72千米，中国境内927.04千米。中俄石油管道谈判历经15年，2009年2月17日最终签约，并于2011年1月1日正式投入运行，俄罗斯的原油开始进入中国境内位于漠河县兴安镇的首站储油罐内，标志着中国东北方向的原油进口战略要道正式贯通。按照双方协定，俄罗斯将通过中俄石油管道每年向中国供应1 500万吨原油，合同期20年。这是中国与俄罗斯建的第一条石油管道，具有标志性意义。

此外，中俄东线天然气管道起自俄罗斯东西伯利亚，由布拉戈维申斯克进入中国黑龙江省黑河市。俄罗斯境内管道全长约3 000千米，中国境内段新建管道3 371千米，利用已建管道1 740千米。2014年5月，该项目签约，期限30年。2019年12月2日，中俄东线天然气管道正式投产通气。自正式投产通气以来，哈尔滨海关所属黑河海关累计监管进口天然气突破100亿立方米。2020年7月28日，中俄东线天然气管道南段建设在江苏南通海门正式启动。2021年9月2日，中俄东线天然气管道关键控制性穿越工程——滹沱河定向钻穿越工程施工任务全部完成，本次完成的1 219毫米管径定向钻穿越长度达1 757米，创造了国内大口径管道穿越长度新纪录。2022年9月16日，国家管网集团发布，中俄东线天然气管道河北安平—山东泰安段通气运行。2022年12月7日，中俄东线天然气管道泰安—泰兴段投产。

中哈石油管道全长近3 000千米，其中阿特劳—阿拉山口管道段全长988千米。西起哈萨克斯坦中部的阿塔苏，抵达中国境内的新疆阿拉山口口岸，再延伸到新疆独山子，从阿拉山口口岸到独山子的中国境内距离为260多千米。

我国西气东输一线工程是将中国塔里木和长庆气田的天然气通过管道输往上海。管道全长约4 000千米，设计年输气量120亿立方米。起点自塔里木轮南，自西向东经新疆、甘肃、宁夏、陕西、山西、河南、安徽、江苏，终点为上海。西气东输二线工程西起新疆霍尔果斯口岸，南至广州，东达上海，途经新疆、甘肃、宁夏、陕西、河南、湖北、江西、湖南、广东、广西、浙江、上海、江苏、安徽14个省、自治区、直辖市，管道主干线和八条支干线全长9 102千米。

管道运输作为中国五大运输系统之一，在国民经济和社会发展中起着重要的作用。中国已建成大庆至秦皇岛、胜利油田至南京等多条原油管道运输线。国内油气长输管道资产主要为中石油、中石化、中海油等大型国有企业所有，从历年数据来看，中石油占比约70%。国内原油和成品油运输管网已实现西油东送、北油南下、海油上岸，天然气则实现了西气东输、川气出川、北气南下①。

对比“十二五”期间的实际建设规模，“十三五”油气长输管道具备广阔的成长空间。按照《油气发展“十三五”规划》，预计2020年年底，我国油气长输管道里程数将达到16.9万千米，按国家统计局的统计口径，届时的总里程数将为2015年的1.5倍，5年内新增里程数为6.03万千米。根据历史数据，2006—2015年，我国累计新增油气长输管道里程数为6.47万千米，其中，“十一五”期间新增3.45万千米，“十二五”期间新增3.02万千米。2022年年初，全球计划或在建的油气管道约16.6万千米。截至2022年年底，我国长输油气管网总里程约18万千米。其中原油管道2.8万千米，成品油管道3.2万千米，天然气管道12万千米。国家发改委与能源局《中长期油气管网规划》公布：2025年我国油气长输管道里程数将达到24万千米。至2025年，国内油气管网规模提升至24万千米，其中，天然气、原油、成品油管道里程数分别达到16.3万千米、3.7万千米、4万千米。届时，全国各省区市成品油、天然气主干管网将全部实现联通。天然气长输管道为主要净增量，2025年规划值为2015年实际值的2.55倍。随着中缅油气管道项目开工，我国西北、东北和西南陆上三大战略性油气进口通道格局基本形成。

（1）天然气管道。我国天然气管道经过几十年的发展，特别是西气东输一线投产后管道建设的加速发展，全国性输气管网已基本形成。

2021年，全国主干天然气管道总里程达到11.6万千米。长岭—永清管道、南北中通道郴州—韶关段、海南管网东环线、粤东LNG外输管线等建成投产，西气东输三线中段、永清—上海管道全面开工，西气东输四线完成核准，川气东送二线加快推进。储气设施开工建设全面提速，采暖季前地下储气库实现“应储尽储”。2021年，全国已建成储气能力同比增长15.8%，3年多时间实现翻番。

（2）原油管道。自1958年我国第一条长距离输油管道——新疆克拉玛依到独山子炼油厂输油管道建成后，随着东北、华北、华东和西北地区油田的相继开发和大中型炼油厂的建成投产，输油管道建设得到迅速发展。目前，原油管道已经在东北、西北、华北、华东和中部地区形成了区域性的输油管网。主干输油管道主要包括庆铁线及复线、铁大线、铁抚线、铁秦线、秦京线、阿独线、东黄线及复线、东临线及复线、鲁宁线、

① 西气东输：包括西气东输四线/五线、川气东送二线。分期建设新疆、鄂尔多斯等地区煤制气外输管道。北气南下：中俄东线黑河—华北—华东等天然气管线。同时，结合煤制气项目进展，规划蒙东煤制气外输管道项目等。

甬沪宁线及仪长线等。

(3) 成品油管道。近年来，我国成品油管道得到较大的发展，并已在西北、西南和珠三角地区建成骨干输油管道，形成了“西油东运、北油南下”的格局。主干成品油管道包括西部成品油管道、兰成渝成品油管道、兰郑长成品油管道、茂昆成品油管道等。

四、管道运输的优点和缺点

(一) 管道运输的主要优点

管道运输的主要优点包括：①不受地面气候影响并可以连续作业；②运输的货物无须包装，节省包装费用；③货物在管道内移动，货损、货差小；④费用省、成本低，单向运输，无回空运输问题；⑤经营管理比较简单。

(二) 管道运输的主要缺点

管道运输的主要缺点包括：①仅限于运输液体和气体货物；②永远单向运输，机动灵活性差；③固定投资大。

由于管道路线和运输的货物都是固定的，因此管道运输费用计算比较简单。按油类的不同品种规格规定不同的运费率。其计算标准多数以桶为单位，有的以吨为单位。此外，一般均规定每批货物的最低托运量。

任务四　国际邮政运输

一、国际邮政运输的概念

邮政运输（Parcel Post Transport），是指通过邮局寄交进出口货物的一种运输方式。邮政运输比较简便，只要卖方根据买卖合同中双方约定的条件和邮局的有关规定，向邮局办理寄送包裹手续，付清邮费，取得收据，就完成了交货任务。

国际邮政运输（International Parcel Post Transport）是一种具有国际多式联运性质的运输方式。一件国际邮件一般要经过两个或两个以上国家的邮政局和两种或两种以上不同运输方式的联合作业方可完成。

2022年交通运输行业发展统计公报显示：2022年年末全国拥有邮政行业各类营业网点43.4万处，比上年年末增加2.1万处，其中设在农村地区11.7万处、增加0.14万处。快递服务营业网点23.1万处、增加0.3万处，其中设在农村地区7.6万处、增加0.1万处。2022年年末全国邮政邮路4.4万条、1 142.5万千米。邮政农村投递路线10.4万条、414.7万千米。快递服务网络条数21.2万条、增加1.2万条，快递服务网络长度（单程）4 870.4万千米、增加564.8万千米。

二、国际邮政运输的特点

拓展阅读6-2

中国邮政发展史

（一）广泛的国际性

国际邮政是在国与国之间进行的。各国相互经转对方的国际邮件是在平等互利、相互协作的基础上，遵照国际邮政公约和协定的规定进行的，因此它具有广泛的国际性。为确保邮政运输的安全、迅速、准确，在办理邮政运输业务时，必须熟悉并严格遵守本国和国际的邮政各项规章制度。

（二）国际多式联运性质

国际邮政运输就其性质而言，具有国际多式联运性质。但从邮政托运人的角度来说，它只要向邮政局照章办理一次托运，一次足额付清邮资，并取得一张邮政包裹收据，全部手续即告完成。至于邮件运送、交接、保管、传递等一切事宜均由各国邮政局负责办理。

（三）实现了“门到门”运输

邮政局遍布各国各地，寄送邮件一般可在当地就近邮政局办理，邮件到达目的地后，收件人也可以在当地就近邮政局提取。因此，邮政运输基本上可以说是“门到门”运输。它为邮件托运人和收件人提供了极大的方便。

国际邮政运输与其他运输方式有所不同，国际邮政运输的主要任务是通过国际邮件的传递，加强各国人民之间的通信联系，促进相互间的政治、经济、文化交流。这与国际贸易货物运输在业务性质上是存在差别的。国际邮政运输对邮件重量和体积均有限制，如每件包裹重量不得超过20千克，长度不得超过1米。因此，邮政运输只适宜重量轻、体积小的货物，如精密仪器、机器零件、金银首饰、药品以及各种样品和零星物品等。

三、邮包种类、邮资和单证

拓展阅读6-3

万国邮政联盟组织

（一）邮包种类

国际邮件按运输方式不同，分为水陆路邮件和航空邮件；按内容性质和经营方式不同，分为函件和包裹。我国邮政规定，邮包分为：

（1）普通包裹。凡适于邮递的物品，除规定的禁寄和限寄物品外，都可以作为包裹寄送。

（2）脆弱包裹。它是指容易破损和需要小心处理的包裹，如玻璃器皿、古玩等。

（3）保价包裹。它是指邮局按寄件人申明价值承担补偿责任的包裹。一般适于邮递贵重物品，如金银首饰、珠宝、工艺品等。

以上包裹如以航空方式邮递，分别称为航空普通包裹、航空脆弱包裹和航空保价包裹。此外，国际上还有快递包裹、代收货价包裹、收件人免付费用包裹等，但是目前我国邮政暂不办理这些项目。

邮政局在收寄包裹时，均给寄件人以执据，因此包裹邮件属于给据邮件。给据邮件均可以办理附寄邮件回执。回执是在邮件投交收件人作为收到凭证的邮件。回执可按普通、挂号或航空方式寄送。

（二）邮资和单证

邮资是邮政局为提供邮递服务而收取的费用。各国对邮资采取的政策各有不同。有些国家把邮政收入作为国家外汇收入来源之一；有些国家要求邮政自给自足，收支大致相抵；有些国家则对邮政实行国家财政补贴。因此，世界各国的邮资水平不同。

根据《万国邮政公约》（Universal Convention of Post）的规定，国际邮资应按照与金法郎接近的等价折成其本国货币制定。邮联以金法郎为单位，规定了基本邮资以此为基础，允许各国可按基本国情增减。增减幅度最高可增加70%，最低可减少50%。国际邮资均按重量分级作为其计算标准。邮资由基本邮资和特别邮资两部分组成。基本邮资是指邮件运往寄达国应付的邮资，也是特别邮资计算的基础。基本邮资费率是根据不同邮件种类和不同国家地区制定的，邮政局对每个邮件都要照章收取基本邮资。特别邮资是为某项附加手续或责任而收取的邮资，如挂号费、回执费、保价费等，是在基本邮资的基础上按每件加收的，其中保价费则需要按货物所保价值计收。

邮政运输的主要单证是邮政收据（Post Receipt）。邮政收据是邮政局收到寄件人的邮件后所出具的凭证，是邮件灭失或损坏时凭以向邮政局索赔的凭证，也是收件人凭以提取邮件的凭证。

四、邮政运输的有关规定

（一）禁寄、限寄范围

国际邮件除必须遵照国际一般禁止或限制寄递的规定外，还必须遵守本国禁止和限制出口的规定、寄达国禁止和限制进口的规定、经转国禁止和限制过境的规定。

武器、弹药、易爆品、受管制的无线电器材、货币、票据和证券、黄金、白银、白金、珍贵古玩、内容涉及国家机密和不准出口的印刷品、手稿等，均属于禁止出口的物品。

限制出口物品是指有规定数量或经批准方可向外寄递的物品，如粮食、油料等，每次每件以1千克为限。对商业性行为的邮件，则按进出口贸易管理条例的规定，如规定需要附许可证邮递的物品，寄件人必须向当地对外贸易管理机构申请领取许可证，以便海关凭此放行。有些物品，如肉类、种子、昆虫标本等按规定需要附卫生检疫证书。

（二）有关重量、尺寸、封装和封面书写要求规定

按照国际和我国邮政规定，每件邮包重量不得超过20千克，长度不得超过1米。邮件封装视邮件内所装物品性质的不同，要求也有所不同。对封装总的要求以邮递方便、安全并保护邮件不受损坏、不丢失为原则。对封面书写则要求清楚、正确、完整，以便准确、迅速和安全邮递。

五、邮政运输的责任范围

根据邮政法规，寄件人应遵守有关规定，办理邮件委托手续并照章交付邮资；邮政部门负有安全、准确、迅速完成接受委托的邮递责任，并对邮件的灭失、短少、损坏负有补偿责任。若非因邮政部门的过失所造成的邮件灭失、短少、损坏，则邮政部门可免

于负责。

根据我国国家邮政局的规定，凡由于下列原因所造成的损失，邮政部门可免责：①不可抗力；②寄达邮局按法令予以扣留或没收；③违反了禁寄、限寄规定而被主管当局没收或销毁；④寄达国声明对普通包裹不负补偿责任；⑤属于寄件人的过失、所寄物品性质不符，以及邮件封装不妥；⑥虚报保价金额；⑦属于海关监督查验所做的决定；⑧寄件人未在规定期限内办理查询。

关于补偿范围和补偿金额：凡保价包裹和普通包裹，如由于邮政部门责任，邮政部门应负责予以补偿；保价包裹的补偿金额，最多不超过货价金额；普通包裹的补偿金额，每件不超过一定标准，如实际损失低于该标准，则按实际损失补偿。

主要概念

国际公路运输　国际内河运输　国际管道运输　国际邮政运输

基础训练

一、单项选择题

随堂测答案6

1. 下列运输方式中，随着石油的生产而产生和发展的是（　　）。

A. 公路运输　B. 航空运输　C. 管道运输　D. 内河运输

2. 具有“门到门”运输性质的运输方式是（　　）。

A. 邮政运输　B. 管道运输　C. 铁路运输　D. 大陆桥运输

3. 永远是单方向运输的是（　　）。

A. 铁路运输　B. 邮政运输　C. 管道运输　D. 公路运输

4. 下列方式中，具有多式联运性质的是（　　）。

A. 铁路运输　B. 航空运输　C. 公路运输　D. 邮政运输

5. 邮政运输的主要单据是（　　）。

A. 运单　B. 邮政收据　C. 邮件回执　D. 货物交付单

二、多项选择题

1. 管道运输的特点有（　　）。

A. 单方向运输　B. 多方向运输　C. 货物与运输工具同时移动　D. 运输通道与运输工具合二为一

2. 管道运输按铺设工程可分为（　　）。

A. 水中管道　B. 地下管道　C. 地面管道　D. 系泊管道

3. 国际邮政运输的特点是（　　）。

A. 具有广泛的国际性　B. 对邮件重量和体积没有限制　C. 具有国际多式联运性质　D. 具有“门到门”运输的性质

4. 管道运输按运输对象可分为（　　）。

A. 原油管道　B. 系泊管道　C. 液体管道　D. 气体管道

5.我国邮政规定，邮包分为（　　）。

A.普通包裹　　B.特殊包裹　　C.脆弱包裹　　D.保价包裹

三、简答题

1.简述公路运输的特点和作用。

2.简述公路运输的作业流程。

3.简述管道运输的优缺点。

4.简述邮政运输的特点。

5.简述邮政运输的免责范围。

四、技能案例

【案例背景】

2022年9月25日，某科技公司销售部花105元邮费，通过快递公司向某园艺设备公司邮寄一批价值1.5万余元的货物，未选择保价服务。数天后，某园艺设备公司仍未收到货。某科技公司起诉至法院，请求判令快递公司赔偿丢失货物的损失1.5万余元。

快递公司辩称未对邮件内容进行查验，不清楚其中是否为上述货物，某科技公司邮寄的快件确实在运输过程中发生灭失，快递公司愿意赔偿。由于某科技公司未选择保价服务，根据现有法规及快递业务服务标准中对赔偿标准的规定，对非信函件的快递按照不超过邮费5倍的原则赔偿，因此快递公司同意按邮费的5倍进行赔偿。2023年2月19日，法院以快递须知中有关保价的规定属无效的格式条款为由，一审判决快递公司按照遗失物品的实际价值，即1.5万余元向某科技公司承担赔偿责任。快递公司不服判决，提起上诉。2023年8月，二审法院做出维持原判的终审判决。

【技能思考】

结合国际邮政运输的相关规定，对此案例做出分析。

项目实训

【实训项目】

国际公路运输

【实训情境】

某货运代理公司作为货主的代理人安排货物出口工作。在货物从内陆往港口运输的过程中，由于定期货运汽车季节性短缺，一小部分货物由在汽车运输市场雇用的一辆货车运输，结果承运该货物的货车连同货物一起下落不明。

【实训任务】

1.货运代理人在什么情况下可以不承担责任？

2.货运代理人在什么情况下应承担责任？

项目七

集装箱运输、国际多式联运、大陆桥运输

学习目标

能力目标：能够以货代的身份完成集装箱货物进出口运输操作，并熟知集装箱运费的计算方法；能够对国际多式联运中涉及的各种实例进行分析、具备对国际多式联运的费用进行计算的能力。

知识目标：理解大陆桥运输及其线路、OCP运输、MLB运输、IPI运输；熟知集装箱运输的特点、种类、关系方、主要货运单证；掌握集装箱货物进出口运输操作、国际多式联运经营人、单证及计费业务。

素养目标：能按照集装箱运输、国际多式联运、大陆桥运输业务流程和实践认知，结合职业道德和企业要求，自主解决集装箱运输、国际多式联运、大陆桥运输业务中出现的常见问题；理解不忘初心的核心要义和精神实质，塑造学生的品格、品行和品位，树立正确的世界观、人生观和价值观，把学和做有机结合，做到学思用贯通、知信行统一；树立为客户服务的意识。

项目引例

一批货物由印度的马德拉斯港装船经新加坡转船运往温哥华，承运人签发了全程运输提单。在新加坡转船，货物在码头等候装第二程时，在露天仓库淋雨遭损。货主向承运人索赔，船方以货物不在船上而在陆地上受损，不属于海上运输为由拒赔。

请问：承运人拒赔理由是否充分？为什么？

分析：承运人拒赔的理由不充分。根据《联合国国际货物多式联运公约》对国际多式联运所下的定义，国际多式联运使用一份包括全程的多式联运单据，并由多式联运经营人对全程运输承担责任。也就是说，一旦在运输过程中发生货物灭失或损坏，则由多式联运经营人对全程运输负责。该批货物是在新加坡转船的过程中等候第二程运输时遭损的，承运人不能以货物不在船上而在陆地上受损，不属于海上运输为由拒赔。

内容精讲

任务一 集装箱运输

动画7-1

集装箱运输

集装箱运输（Container Transport）是以集装箱作为集合包装和运输单位，适合“门到门”交货的现代化成组运输方式，是成组运输中的一种高级运输形式，也是国际贸易货物运输高度发展的必然产物，目前已成为国际上普遍采用的一种重要的运输方式。

一、集装箱的概念及应具备的条件

集装箱（Container）在我国台湾和香港地区称为“货柜”或“货箱”，是指具有一定强度、刚度和规格，专供周转使用的大型装货容器，是一种运输设备。

国际标准化组织制定了集装箱统一规格，力求使集装箱达到标准化，该组织不仅对集装箱尺寸、术语、检验方法等做了规定，还对集装箱的构造、性能等技术特征做了一些规定。

集装箱的标准化促进了集装箱在国际的流通，对国际货物流转的合理化起了重要作用。根据国际标准化组织104技术委员会（International Standardization Organization Technical Committee 104，ISO/TC104）的规定，集装箱应具有以下条件：①具有耐久性，其坚固强度足以反复使用；②便于商品运送而专门设计的在一种或多种运输方式中无须中途换装、便于装卸和搬运的装置，特别是便于从一种运输方式转移到另一种运输方式的装置；③设计时应注意到便于货物装满或卸空；④内容积为1立方米或以上。

二、国际集装箱运输的发展

自1956年4月美国泛大西洋船公司“马科斯顿号”装载35英尺集装箱首航纽约—休斯敦航线的海上集装箱运输以来，至今已60多年了。由于集装箱运输的巨大优越性，集装箱化的热潮已遍及全球，已有100多个国家和地区开展集装箱运输。目前，集装箱运输已进入以国际远洋运输为主，以铁路运输、公路运输、航空运输为辅的，以多式联运为特征的新时期。

追溯集装箱运输的起源和发展过程，可以发现它经历了萌芽期、开创期、成长期、扩张期、成熟期五个不同的阶段。

1801—1955年是集装箱运输的萌芽期。在这一时期，集装箱运输的思想开始出现，人们在多种运输工具上开始尝试使用一些具备现代集装箱特征的运输设备，大多取得了较好的效果。这一时期为集装箱运输的诞生做了必要的思想准备和技术准备。

1956—1965年是集装箱运输的开创期。1956年4月，美国泛大西洋船公司在一艘T-2型油船甲板上设置了一个可装载58只35英尺集装箱的平台，取名为“马科斯顿号”，航行于纽约—休斯敦航线上，这成为公认的集装箱运输的正式开端。此后，该公司又于1957年10月将6艘C-2型货船改装成吊装式全集装箱船，取名“盖脱威城号”，载重量9 000吨，可装载226个35英尺集装箱，仍航行于纽约—休斯敦航线上。这是世界上第一艘全集装箱船，从此，海上集装箱运输才成为现实。在随后的10年中，集装箱运输航线在美国逐步发展起来。

1966—1970年，集装箱运输进入了成长期。1966年4月，海陆运输公司以经过改装的全集装箱船开辟了纽约—欧洲集装箱运输国际航线，标志着国际集装箱运输开始出现，集装箱运输从美国本土逐步走向国际化，扩展到日本和欧洲，为集装箱运输向多式联运发展打下了良好的基础。

1971—1988年，集装箱运输进入了扩张期。由于集装箱运输的高效率、高效益、高质量、便于开展联运等优点，集装箱运输深受货主、船公司、港口及有关部门的欢迎，发展极其迅速，逐步扩展到东南亚、中东及世界各主要航线。1971年年底，世界13条主要航线基本上实现了件杂货集装箱化。1980年5月在日内瓦通过了《联合国国际货物多式联运公约》，同时美国出现了集装箱多式联运。

1989年至今，集装箱运输进入了成熟期。目前，集装箱运输已遍及全球，发达国家件杂货运输的集装箱化程度已达80%以上。根据《劳埃德船舶日报》（Lloyd's List）公布的2022年全球100大集装箱港口排名，27个中国港口榜上有名。它们的排名分别是：上海港（第1）、宁波舟山港（第3）、深圳港（第4）、青岛港（第5）、广州港（第6）、天津港（第8）、香港港（第9）、厦门港（第14）、高雄港（第18）、太仓港（第22）、日照港（第30）、连云港港（第33）、钦州港（第35）、营口港（第39）、大连港（第45）、烟台港（第49）、福州港（第56）、东莞港（第57）、唐山港（第61）、南京港（第65）、嘉兴港（第75）、南通港（第84）、海口港（第86）、泉州港（第87）、锦州港（第95）、台北港（第98）、台中港（第99）。2022年全球港口集装箱吞吐量TOP10见表7-1。

表7-1　2022年全球港口集装箱吞吐量TOP10

排名	国别	港口	集装箱吞吐量（万TEU）		同比增长
			2022年度	2021年度	
1	中国	上海港	4 730	4 703	0.6%
2	新加坡	新加坡港	3 730	3 757	-0.7%
3	中国	宁波舟山港	3 335	3 108	7.3%
4	中国	深圳港	3 004	2 877	4.4%
5	中国	青岛港	2 567	2 371	8.3%
6	中国	广州港	2 486	2 447	1.6%
7	韩国	釜山港	2 207	2 271	-2.8%
8	中国	天津港	2 102	2 027	3.7%
9	中国	香港港	1 657	1 780	-6.9%
10	荷兰	鹿特丹港	1 445	1 530	-5.6%

三、我国国际集装箱运输的发展概况

我国国际集装箱运输起步较晚，但发展速度很快。我国集装箱运输最早是从铁路运输开始的。1973年，天津港接卸了第一个国际集装箱，开辟了海上国际集装箱运输，在历经20世纪70年代的起步、80年代的稳步发展后，20世纪90年代我国国际集装箱运输引起全世界航运界的热切关注。进入21世纪后，我国集装箱运输无论在数量还是质量方面都取得了跨越式的发展。

交通运输部公布了2023年前三季度全国港口吞吐量数据。前三季度，全国港口完成集装箱吞吐量23 072万TEU，同比增长5.2%，其中9月份共完成2 701万TEU。具体到各个港口，前三季度，上海、宁波舟山、深圳三大港口的集装箱吞吐量仍然稳居前三：其中，上海港前三季度共完成集装箱吞吐量3 619万TEU，同比增长3.7%，其中9月份完成集装箱吞吐量405万TEU；宁波舟山港前三季度共完成集装箱吞吐量2 726万TEU，同比增长3.6%，其中9月份完成集装箱吞吐量320万TEU；深圳港前三季度共完成集装箱吞吐量2 172万TEU，同比下跌1%，其中9月份完成集装箱吞吐量263万TEU。

表7-2为2023年1—9月全国港口集装箱吞吐量TOP20。

表7-2　2023年1—9月全国港口集装箱吞吐量TOP20

排名	港口	9月份吞吐量（万TEU）	1—9月总吞吐量（万TEU）	同比增长（1—9月）
1	上海港	405	3 619	3.7%
2	宁波舟山港	320	2 726	3.6%
3	深圳港	263	2 172	-1%
4	青岛港	249	2 143	11.8%
5	广州港	220	1 884	2.8%
6	天津港	202	1 762	6.5%
7	厦门港	107	930	2.2%
8	苏州港（内河）	84	691	3.4%
9	广西北部湾港	73	575	15.4%
10	连云港	55	441	12.5%
11	日照港	52	456	7.1%
12	大连港	46	354	16.7%
13	营口港	44	394	19.6%
14	烟台港	38	347	13.5%
15	东莞港	37	273	5%
16	福州港	32	271	8.1%
17	南京港（内河）	30	262	12.4%
18	佛山港（内河）	30	251	3.2%
19	嘉兴港	29	254	20.4%
20	武汉港	19	229	12%

注：以上排名按9月份吞吐量数据，其中广州港集装箱吞吐量包含广州港及广州港内河数据，东莞港集装箱吞吐量包含东莞港及东莞港内河数据。

四、集装箱运输的特点及优缺点

（一）集装箱运输的特点

（1）在全程运输中，以集装箱为媒介，使用机械装卸、搬运，无须接触或移动箱内所装货物。

（2）货物从内陆发货人的工厂或仓库装箱后，经由海、陆、空不同的运输方式，实现“门到门”运输。

（3）装卸快，效率高，而且可以减少货损、货差，保证货运质量。

（4）由一个承运人负责全程运输，简化货运手续，方便货主，提高工作效率。

（二）集装箱运输的优点、缺点

（1）集装箱运输的优点包括：①便于操作，节约劳动力和装卸费用，减少营运费用，降低运输成本；②减少货损、货差，提高货运质量；③简化包装，大量节约包装费用；④运输量大，运输速度快。

（2）集装箱运输的缺点包括：①一般来说，船公司要求一个公司包一个箱。如果货物装不了一个箱，那么相对来说费用昂贵。②受重量的限制，如果超重，则需要加收费用。

五、集装箱的种类

（一）通用（普通）干货集装箱（Dry Cargo Container）

通用（普通）干货集装箱（如图 7-1 所示），又称杂货集装箱，用来运输无须控制温度的件杂货，其使用范围极广，是最常用的集装箱。这种集装箱通常为封闭式，在一端或侧面设有箱门，常用来装运文化用品、化工用品、电子机械、工艺品、医药、日用品、纺织品及仪器零件等。也就是说，不受温度变化影响的各类固体散货、颗粒或粉末状的货物都可以由这种集装箱装运。

图7-1　通用（普通）干货集装箱

（二）保温集装箱（Keep Constant Temperature Container）

保温集装箱是为了运输需要冷藏或保温的货物，所有箱壁都采用导热率低的材料隔热而制成，保温集装箱可分为以下三种：

（1）冷藏集装箱（Reefer Container）（如图 7-2 所示）。它是以运输冷冻食品为主，能保持所定温度的保温集装箱。它专为运输如鱼、肉、新鲜水果、蔬菜等食品而特殊设计的。目前，国际上采用的冷藏集装箱基本上分为两种：一种是集装箱内带有冷冻机的，称为机械式冷藏集装箱；另一种是箱内没有冷冻机而只有隔热结构，即在集装箱端壁上设有进气孔和出气孔，箱子装在舱中，由船舶的冷冻装置供应冷气，称为离合式冷藏集装箱，又称外置式或夹箍式冷藏集装箱。

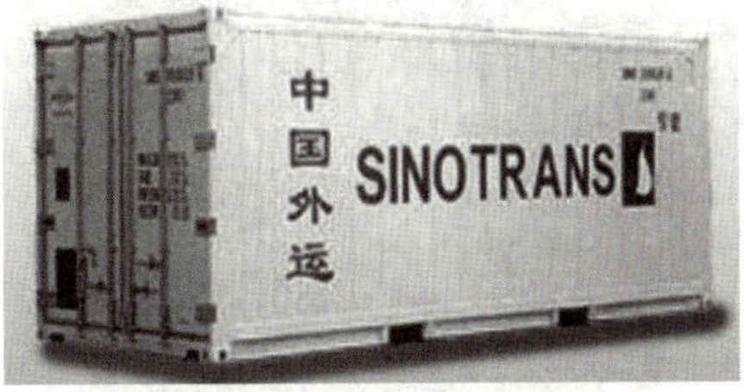

图7-2　冷藏集装箱

（2）隔热集装箱（如图7-3所示）。它是为载运水果、蔬菜等货物，防止温度上升过高，以保持货物鲜度而具有充分隔热结构的集装箱。通常用冰作制冷剂，保温时间为72小时左右。

图7-3　隔热集装箱

（3）通风集装箱（Ventilated Container）（如图7-4所示）。它是为装运水果、蔬菜等不需要冷冻而具有呼吸作用的货物，在端壁和侧壁上设有通风孔的集装箱，如将通风口关闭，同样可以作为杂货集装箱使用。

图7-4　通风集装箱

（三）罐式集装箱（Tank Container）

罐式集装箱（如图7-5所示），是专用以装运酒类、油类（如动植物油）、液体食品以及化学品等液体货物的集装箱。它还可以装运其他危险的液体货物。这种集装箱有单罐和多罐两种，罐体四角由支柱、撑杆构成整体框架。

图7-5　罐式集装箱

（四）散货集装箱（Bulk Container）

散货集装箱（如图7-6所示），是一种密闭式集装箱，有玻璃钢制和钢制两种。前者由于侧壁强度较大，因此一般装载麦芽和化学品等相对密度较大的散货；后者则用于装载相对密度较小的谷物。散货集装箱顶部的装货口设有水密性良好的箱盖，以防雨水侵入箱内。

图7-6　散货集装箱

（五）框架集装箱（Flat Rack Container）

框架集装箱（如图7-7所示），是没有箱顶和侧壁，甚至连端壁也去掉而只有底板和四个角柱的集装箱。这种集装箱可以从前后、左右及上方进行装卸作业，适合装载长大件和重货件，如重型机械、钢材、钢管、钢锭、木材等。框架集装箱没有水密性，怕水湿的货物不能装运，或用帆布遮盖装运。

图7-7　框架集装箱

（六）平台集装箱（Platform Container）

平台集装箱（如图7-8所示）是形状类似铁路平板车，仅有底板而无上部结构的一种集装箱。平台集装箱装卸作业方便，适宜装超重、超长货物，如长6米以上，宽4米以上，高4.5米左右，重量可达40公吨的货物；且两台平台集装箱可以连接起来，装80公吨的货物，用这种集装箱装运汽车极为方便。它是在框架集装箱上再简化而只保留底板的一种特殊结构的集装箱。这种集装箱的使用打破了过去一直认为集装箱必须具有一定容积的概念。

图7-8　平台集装箱

（七）敞顶集装箱（Open Top Container）

敞顶集装箱（如图7-9所示），是一种没有刚性箱顶的集装箱，但有由可折叠式或可折式顶梁支撑的帆布、塑料布或涂塑布制成的顶篷，其他构件与通用集装箱类似。这种集装箱适于装载大型货物和重货，如钢铁、木材，特别是像玻璃板等易碎的重货，利用吊车从顶部吊入箱内不易损坏，而且也便于在箱内固定。

图7-9　敞顶集装箱

（八）汽车集装箱（Car Container）

汽车集装箱（如图7-10所示），是一种运输小型轿车的专用集装箱，其特点是在简易箱底上装一个钢制框架，通常没有箱壁（如端壁和侧壁）。这种集装箱分为单层和双层两种。因为小轿车的高度为1.35～1.45米，如装在8英尺（2.438米）的标准集装箱内，其容积要浪费2/5以上，因而出现了双层集装箱。这种双层集装箱的高度有两种：

一种为10.5英尺（3.2米）；另一种为8.5英尺高的2倍。因此，汽车集装箱一般不是国际标准集装箱。

图7-10　汽车集装箱

（九）牲畜集装箱（Pet Container /Live-stock Container）

牲畜集装箱（如图7-11所示），是一种装运鸡、鸭、鹅等活家禽和牛、马、羊、猪等活家畜用的集装箱。为了遮蔽太阳，箱顶采用胶合板露盖，侧壁和端壁都有用铝丝网制成的窗，以保证良好的通风。侧壁下方设有清扫口和排水口，并配有上下移动的拉门，可把垃圾清扫出去，同时侧壁还装有喂食口。在船上，牲畜集装箱一般装在甲板上，因为甲板上空气流通，便于清扫和照看。

图7-11　牲畜集装箱

（十）服装集装箱（Garment Container）

服装集装箱（如图7-12所示），是一种在箱内上侧梁上装有许多根横杆，每根横杆上垂下若干条皮带扣、尼龙带扣或绳索的集装箱。成衣利用衣架上的钩，直接挂在带扣或绳索上，20英尺集装箱的单层11根梁，40英尺集装箱的单层22根梁，每根梁20根绳，每根绳13个绳结，单层挂衣每根梁最大承重为300千克。这种服装装载法属于无包装运输，它不仅节约了包装材料和包装费用，而且提高了服装的运输质量。

图7-12　服装集装箱

（十一）集装箱房（Container House）

集装箱房（如图7-13所示），又称集装箱房屋、集装箱活动房、集装箱住宅，是指主要以集装箱为基础材料稍经改造而成为有窗有门的房子。此类集装箱房常见于建筑工地作为工人的宿舍使用，也有人当作出租房屋使用，坚固耐用，搭建方便。因此，集装箱房被称为住人集装箱。

图7-13　集装箱房

六、集装箱代码、识别和标记

（一）识别系统

按国家标准（GB/T 1836—2017），集装箱识别系统由以下几个部分组成，它们应同时使用。如图7-14所示。

1.箱主代码

集装箱箱主代码应由3个大写拉丁字母组成，具备唯一性，且应在国际集装箱局（BIC）注册。

2.设备识别码

设备识别码由1个大写拉丁字母表示，如U、J、Z等，其中U代表所有集装箱，J表示集装箱所配置的挂装设备，Z表示集装箱拖挂车和底盘挂车。

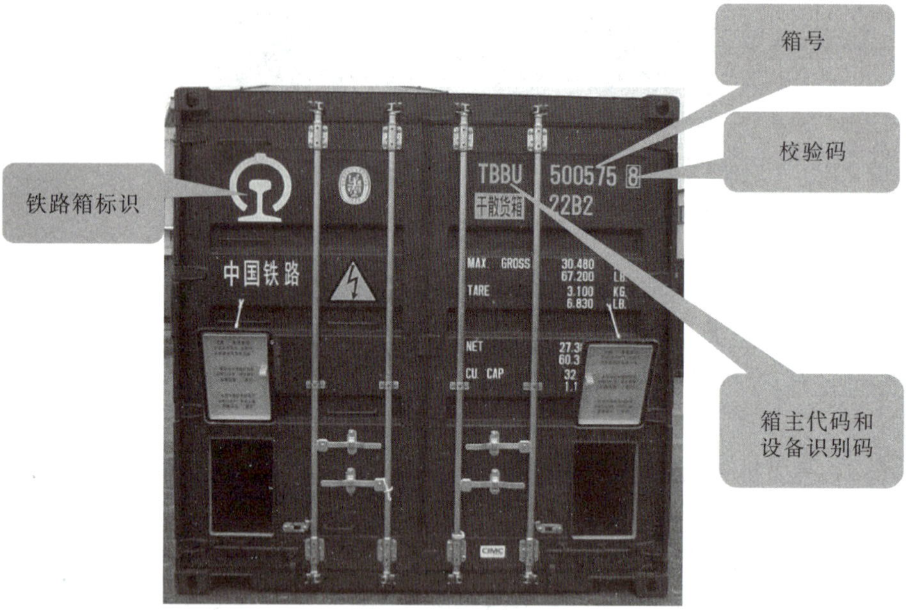

图7-14　集装箱标记

3.箱号

箱号由6位阿拉伯数字组成，不足6位时，应在前面置0以补足6位（例如：箱号为1234时，则以001234表示）。

4.校验码（核对数字）

校验码用于检验箱主代码和箱号传递的准确性，按一定的方法通过箱主代码、设备识别码和箱号求得。

（二）识别标记

上述所列的箱主代码、设备识别码、箱号和检验码为集装箱必备识别标记。

（三）国家代号、尺寸和箱型代码

集装箱箱体上涂打的国家代号表示国家或地区，按规定用2个拉丁字母表示。例如：CN表示中国内地，US表示美国，HK表示中国香港。

集装箱的外部尺寸和类型均应在箱体上标出以便识别，具备从箱顶起吊、搬运和堆码作业等条件的集装箱，均应按要求标出尺寸和箱型代码。

1.集装箱的尺寸（指外部尺寸）代码用2位字符表示。

第1位：由数字或拉丁字母表示箱长；

第2位：由数字或拉丁字母表示箱宽和箱高。

2.集装箱的箱型代码包括箱型及其特征信息，并用2位字符表示。

第1位：由1个拉丁字母表示箱型；

第2位：由1个数字表示该箱型的特征。

如集装箱尺寸代码“22G1”为集装箱尺寸与类型代号，“22”表示箱长为6 068mm，箱宽为2 438mm，箱高为2 591mm；“Gl”表示上方有透气罩的通用集装箱。

（四）集装箱的自重、总重

集装箱的自重指的是空集装箱的重量。

集装箱总重是集装箱的空箱重量和箱内装载货物的最大容许重量之和。

我国铁路集装箱的自重、总重用中文标示于箱门上。国际上则要求用英文“MAX GROSS”表示总重；“TARE”表示自重，“NET”表示净重，均以千克和磅同时标记。“CU. CAP”表示容积，以立方米和立方英尺表示。

（五）通行标记

集装箱应按规定涂打标记和标志，具有集装箱检验单位徽记、国际集装箱安全公约（CSC）安全合格牌照、国际铁路联盟标记，标有定期检验日期或连续检验计划标记。

（六）其他标记

其他标记有制造单位、时间，检修单位、时间等。

七、集装箱运输的关系方

集装箱运输的关系方主要有：无船承运人、实际承运人、集装箱租赁公司、集装箱堆场、集装箱货运站和联运保赔协会等。

（一）无船承运人（NVOCC）

无船承运人专门经营集装货运的揽货、装拆箱、内陆运输及经营中转站或内陆站业务，可以具备实际运输工具，也可以不具备实际运输工具。对真正的货主来说，它是承运人，而对实际承运人来说，它又是托运人。通常无船承运人应受所在国法律制约，在政府有关部门登记。

（二）实际承运人（Actual Carrier）

实际承运人是掌握运输工具并参与集装箱运输的人。它通常拥有大量集装箱，以利于集装箱的周转、调拨、管理以及集装箱与车、船、机的衔接。

（三）集装箱租赁公司（Container Leasing Company）

集装箱租赁公司是专门经营集装箱出租业务的公司，集装箱所有人为出租的一方，与使用人（一般是船公司或货主）为承租的一方，双方签订租赁合同。由出租人提供合格的集装箱交由承租人在约定范围内使用。

（四）集装箱堆场（Container Yard，CY）

集装箱堆场是办理集装箱重箱或空箱装卸、转运、保管、交接的场所。它是集装箱运输关系方的重要组成部分，在集装箱运输中起到重要作用。

（五）集装箱货运站（Container Freight Station，CFS）

集装箱货运站是指处理拼箱货的场所，其办理拼箱货的交接、配载、积载后，将箱子送往集装箱堆场，并接受集装箱堆场交来的进口货箱，进行拆箱、理货、保管，最后分给各收货人。同时，集装箱货运站也可按承运人的委托进行铅封和签发场站收据等业务。

它主要代表承运人办理下列业务：拼箱货的理货和交接；对货物外表检验，有异状时办理批注；拼箱货的配载、积载和装箱；进口拆箱货的拆箱和保管；代承运人加铅封并签发场站收据；办理编制各项单证等。

（六）联运保赔协会（Through Transport Club，TT Club）

联运保赔协会是一种由船公司互保的保险组织，对集装箱运输中可能遭受的一切损害进行全面统一的保险。这是集装箱运输发展后所产生的新的保险组织。

八、集装箱的尺寸、内容积、计算单位及校验位

（一）集装箱的尺寸

（1）集装箱的内尺寸（Container's Internal Dimensions）。它是指集装箱内部的最大长、宽、高尺寸。高度为箱底板至箱顶板最下面的距离，宽度为两内侧衬板之间的距离，长度为箱门内侧板至端壁内衬板之间的距离，它们决定集装箱内容积和箱内货物的最大尺寸。

（2）集装箱的外尺寸（Container's Overall External Dimensions）。它包括集装箱永久性附件在内的集装箱外部的最大长、宽、高尺寸。它是确定集装箱能否在船舶、底盘车、货车、铁路车辆之间进行换装的主要参数，是各运输部门必须掌握的一项重要技术资料。

（二）集装箱的内容积（Container's Unobstructed Capacity）

集装箱的内容积，是指按集装箱内尺寸计算的装货容积。同一规格的集装箱，由于结构和制造材料的不同，其内容积略有差异。集装箱内容积是物资部门或其他装箱人必须掌握的重要技术资料。

拓展阅读7-1

中国远洋运输公司的集装箱外部标志

（三）集装箱的计算单位

集装箱的计算单位，又称20英尺换算单位，是计算集装箱箱数的换算单位。目前，各国大部分集装箱运输，都采用20英尺和40英尺两种尺寸的集装箱。为使集装箱箱数计算统一化，把20英尺集装箱作为1个计算单位，40英尺集装箱作为2个计算单位，以便于统一计算集装箱的营运量。

（四）集装箱校验位

集装箱箱号（Container No.）指装运出口货物的集装箱箱号。填写托运单时必填此项。

标准集装箱箱号由11位编码组成，包括三个部分：

（1）第一部分由4个英文字母组成。前3个代码（Owner Code）主要说明箱主、经营人，第4个代码说明集装箱的类型。例如，CBHU开头的标准集装箱表明箱主和经营人为中远集运。

（2）第二部分由6位数字组成，是箱体注册码（Registration Code），是一个集装箱箱体持有的唯一标识。

（3）第三部分为校验码（Check Digit），即第11位编号，由前4个字母和6位数字经过校验规则运算得到，用于识别在校验时是否发生错误。通常情况下前面的任何一个字母或数字错误，都会导致检验位错误。校验码算法：A=10，B至K依次取12至21，L至U依次取23至32，V至Z依次取34至38。箱号第一位的值乘以2的0次幂，第二位乘以

2的1次幂……第十位乘以2的9次幂，然后求和。其和除以11的余数即为校验码的值。（注：当余数为10时，校验码为0）

九、集装箱运输的方式

集装箱运输是将一定数量的单件货物装入标准规格的金属箱内，以集装箱作为运送单位所进行的运输，适用于海洋运输、铁路运输及国际多式联运。

（一）集装箱货物的装箱方式

按集装箱货物的装箱数量和方式，可分为整箱和拼箱两种。

（1）整箱（Full Container Load，FCL）。它是指货方自行将货物装满整箱以后，以箱为单位托运的集装箱。这种情况在货主有足够货源装载一个或数个整箱时采用，除有些大的货主自己置备集装箱外，一般都是向承运人或集装箱租赁公司租用集装箱。空箱运到工厂或仓库后，在海关人员的监管下，货主把货装入箱内、加锁、铅封后交承运人并取得场站收据，最后凭收据换取提单或运单。

（2）拼箱（Less Than Container Load，LCL）。它是指承运人（或代理人）接受货主托运的数量不足整箱的小票货运后，根据货类性质和目的地进行分类整理，把去同一目的地的货，集中到一定数量拼装入箱。这种情况在货主托运数量不足装满整箱时采用。拼箱货的分类、整理、集中、装箱（拆箱）、交货等工作均在承运人码头集装箱货运站或内陆集装箱转运站进行。

（二）集装箱的交接地点

货物运输中的交接地点是指根据运输合同，承运人与货方交接货物、划分责任风险和费用的地点。目前，集装箱运输中货物的交接地点有门（双方约定的地点）、船边或吊钩、集装箱堆场和集装箱货运站。

（1）门，是指收货人、发货人的工厂、仓库，或者双方约定收、交集装箱的地点。这在多式联运中经常使用。

（2）船边或吊钩，简称“钩”，是指装货港或卸货港装卸船边或码头集装箱的装卸吊具，并以此为界区分运输装卸费用和责任界限。

（3）集装箱堆场，是指办理集装箱重箱或空箱装卸、转运、保管、交接的场所。对海运集装箱出口来说，堆场的作用就是把所有出口客户的集装箱在某处先集合起来（不论通关与否），到了截港时间，再统一上船（此时必定已经通关）。堆场是集装箱通关上船前的统一集合地，在堆场的集装箱货物等待通关，这样便于船公司、海关等进行管理。

（4）集装箱货运站，是指拼箱货装箱和拆箱的船、货双方办理交接的场所。承运人在一个港口或内陆城市只能委托一个集装箱货运站的经营者，由它代表承运人办理下列主要业务：拼箱货的理货和交接；对货物外表进行检验，如有异状应办理批注；拼箱货的配载、积载和装箱；进口拆箱货的拆箱和保管；代承运人加铅封并签发场站收据；办理编制各项单证等。

（三）集装箱的交接方式

1.FCL/FCL，即整箱交／整箱收

在这种交接方式下，集装箱的具体交接地点有以下四种情况：

（1）Door to Door，即“门到门”。它是指在发货人的工厂或仓库整箱交货，承运人负责运至收货人的工厂或仓库整箱交收货人。

（2）CY to CR，即“场至场”。它是指发货人在起运地或装货港的集装箱堆场整箱交货，承运人负责运至目的地或卸货港的集装箱堆场整箱交收货人。

（3）Door to CR，即“门至场”。它是指在发货人的工厂或仓库整箱交货，承运人负责运至目的地或卸货港的集装箱堆场整箱交收货人。

（4）CY to Door，即“场至门”。它是指发货人在起运地或装货港的集装箱堆场整箱交货，承运人负责运至收货人的工厂或仓库整箱交收货人。

2.LCL/LCL，即“拼箱交／拆箱收”

在这种交接方式下，集装箱的具体交接地点只有一种情况，为CFS to CFS，即“站到站”。它是指发货人将货物运往起运地或装货港的集装箱货运站，货运站将货物拼装后交承运人，承运人负责运至目的地或卸货港的集装箱货运站进行拆箱，当地货运站按件拨交各个有关收货人。

3.FCL/LCL，即“整箱交／拆箱收”

在这种交接方式下，集装箱的具体交接地点有以下两种情况：

（1）Door to CFS，即“门到站”。它是指在发货人的工厂或仓库整箱交货，承运人负责运至目的地或卸货港的货运站，货运站拆箱按件拨交各有关收货人。

（2）CY to CFS，即“场到站”。它是指发货人在起运地或装货港的集装箱堆场整箱交货，承运人负责运至目的地或卸货港的集装箱货运站，货运站负责拆箱拨交各有关收货人。

4.LCL/FCL，即“拼箱交／整箱收”

在这种交接方式下，集装箱的具体交接地点也有以下两种情况：

（1）CFS to Door，即“站到门”。它是指发货人在起运地或装货港的集装箱货运站按件交货，然后由承运人负责运至目的地收货人工厂或仓库整箱交货。

（2）CFS to CY，即“站到场”。它是指发货人在起运地或装货港的集装箱货运站按件交货，然后由承运人负责运至目的地或卸货港的集装箱堆场，整箱交收货人。

知识延伸7-1

集装箱堆场及场站

1.集装箱前方堆场（Marshalling Yard）

集装箱前方堆场，是指在集装箱码头前方，为加速船舶装卸作业，暂时堆放集装箱的场地。其作用是：在集装箱船到港前，有计划、有秩序地按积载要求将出口集装箱整齐集中堆放，卸船时将进口集装箱暂时堆放在码头前方，以加速船舶装卸作业。

2.集装箱后方堆场（Container Yard）

集装箱后方堆场，是指集装箱重箱或空箱进行交接、保管和堆存的场所。有些国家或地区对集装箱堆场并不分前方堆场或后方堆场，统称为堆场。集装箱后方堆场是集装箱装卸区的组成部分，是集装箱运输“场到场”交接方式的整箱货办理交接的场所（实际上是在集装箱装卸区“大门口”进行交接的）。

3.空箱堆场（Van Pool）

空箱堆场，是指专门办理空箱收集、保管、堆存或交接的场地，是专为集装箱装卸区或转运站堆场不足时设立的。这种堆场不办理重箱或货物交接。它可以单独经营，也可以在集装箱装卸区的区外另设。在有些国家，经营这种空箱堆场需要向航运公会声明。

4.中转站或内陆站（Container Depot or Inland Depot）

中转站或内陆站，是指海港以外的集装箱运输的中转站或集散地。它的作用除了没有集装箱专用船的装卸作业外，其余均与集装箱装卸区业务相同。中转站或内陆站包括集装箱装卸港的市区中转站、内陆城市、内河港口的内陆站。

十、集装箱货物进出口运输操作

（一）集装箱货物进口运输操作

1.寄送资料

起运港的船公司或其代理人应在货轮抵港前（近洋24小时前，远洋7天前）采用传真、电话或邮寄的方式向卸货港提供提单副本、舱单、装箱单、积载图、危险货物集装箱清单、危险货物说明书、冷藏箱清单等有关的、必要的卸船资料。

2.分发单证

船公司或其代理人应及时将起运港寄来的有关货运单证分别送给有关的进口货代或收货人、堆场和货运站，以便各有关单位在货轮抵港前做好各项准备工作。

3.发到货通知

船公司或其代理人应预告进口货代或收货人货轮抵港日期，并应于船舶到港后发正式到货通知。

4.换取提货单

进口货代或收货人接到通知后应持正本提单向船公司或其代理人换取提货单。

5.卸船提货

货箱自船上卸下后，整箱货先存放在堆场，拼箱货先运往货运站。进口货代或收货人应在规定的时间内向海关办理进口报关，海关放行后凭提货单至堆场提箱或在货运站开箱提货，同时在提箱前还应交付押金和办理设备交接单的手续。

6.提箱

收货人或其代理人在提箱时如发现铅封损坏或丢失、箱上有孔洞、货物短少或损坏等，应在提货单的“交货记录”栏上详细列明，并应要求堆场或货运站共同签认，以便事后凭以向船公司索赔。否则，船公司将不承担责任。

（二）集装箱货物出口运输操作

1.订舱

发货人根据进出口合同或信用证中的条款，或者货代根据委托人的委托书内容向船公司或其代理人填写集装箱货物托运单，办理订舱手续。

2.接受托运并制作场站收据

场站收据是承运人委托集装箱装卸区、中转站或内陆站收到整箱货或拼箱货后签发的收据。场站收据由发货人编制。

3.发送空箱

整箱货所需的空箱由船公司或其代理人送交，或由发货人领取；拼箱货所需的空箱由货运站送交。

4.集装箱的装箱与交货

（1）整箱货的装箱与交货。发货人或货代收到空箱后，应在装箱前（最晚不得晚于装箱前24小时）向海关办理报关，并应在海关监管下进行装箱，装箱完毕后由海关在箱门处施加铅封，铅封上的号码称为“封志（Seal）”，然后，发货人或货代应及时将重箱和场站收据一并送往堆场，堆场装卸区的工作人员点收货箱无误后，代表船方在场站收据上签字并将该收据退还发货人，证明已收到所托运的货物并开始承担责任。

（2）拼箱货的装箱与交货。对拼箱货来说，发货人应先行办理报关，然后将货物送交货运站，也可委托货运站办理报关。如属这种情况，则发货人应将报关委托书及报关所需要的单证连同货物一并送交货运站。货运站点收货物后，根据货物的性质、流向、目的港的不同进行拼装。这时发货人最好派人在现场监装，以防发生短装、漏装、错装等情况。货运站的工作人员在点收货物后或在拼装完毕后应代表船方在场站收据上签字并将该收据退交发货人，证明已收到所托运的货物并开始承担责任。

5.货物进港

发货人或货运站接到装船通知后于船舶开装前5天即可将重箱运进指定的港区备装，通常在船舶吊装前24小时停止货箱进港。

6.换取提单

场站收据是承运人或货运站收货的凭证，也是发货人凭以换取提单的唯一凭证。如果信用证上规定需要已装船提单，则应在货箱装船后换取已装船提单。

7.运费结算

运费通常包括基本海运费和附加费，运费的支付方式主要有“预付”、“到付”和“第三方支付”三种。

十一、集装箱运输的主要货运单证

（一）托运单（Dock Receipt，D/R）

托运单（如样例7-1所示）包含场站收据，承运人委托集装箱装卸区、中转站或内陆站收到整箱货或拼箱货后签发的收据。场站收据由发货人根据船公司印就的格式进行填制。场站收据的作用相当于传统运输中的大副收据，是发货人向船公司换取提单的凭证。

（二）装箱单（Container Load Plan，CLP）

装箱单是记载每箱货物信息的具体资料，是向海关申报的必要单证。装箱单是由装箱人根据已装入集装箱内的货物制作的，记载箱内所装货物的名称、数量、重量、交接方式及箱内积载顺序（自里到外）的单证。

样例7-1　托运单

Shipper（发货人）	D/R No.（编号）
Consignee（收货人） Tel:	**场站收据** DOCK RECEIPT
Notify Party（通知人） Tel:	Received by the Carrier the Total number of containers or other Packages or units stated below to be transported subject to the terms and conditions of the Carrier's regular form of B/L（for Combined Transport or Port to Port Shipment）which shall be deemed to be incorporated herein.
Pre-carriage by（前程运输）Place of Receipt（收货地点）	

Ocean Vessel（船名）	Voy. No.（航次）	Port of Loading（装货港）	Date（日期） 场站章
Port of Discharge（卸货港）	Place of Delivery（交货地点）	Final Destination for the Merchant's Reference（目的地）	

Container No. /Seal No.（集装箱号/封号）	Marks & Nos.（唛头和铅封号）	No. of Containers / of Packages（箱数/件数）	Kind of Packages/ Description of Goods（包装种类/货名）	Gross Weight（Kgs）（毛重）	Measurement（M^3）（尺码）

TOTAL NUMBER OF CONTAINERS OF PACKAGES（IN WORDS） 集装箱数或件数合计（大写）	
Container No.（集装箱号）　Seal No.（封号）　Packages（件数）	
Received（实收）	By Terminal Clerk/Tally Clerk（场站员/理货员签字）

Freight & Charges（运费计算）	Prepaid at（预付地点）	Payable at（到付地点）	Place of Issue（签发地点） Booking Approved by（订舱确认）
	Total Prepaid（预付总额）	No. of Original B（s）/L（正本提单份数）	Monetary Amount（货值金额）

Service Type on Receiving（接收服务类型） □-CY，□-CFS，□-DOOR	Service Type on Delivery（交付服务类型） □-CY，□-CFS，□-DOOR	Reefer Temperature Required（冷藏温度）	℉	℃

Type of Goods（货物种类）	□ Ordinary（普通），□ Reefer（冷藏）， □ Dangerous（危险品），□ Auto（裸装车辆） □ Liquid（液体），□ Live Animal（活动物），□ Bulk（散货）	Dangerous Goods（危险品）	Class: Property IMDG Code Page: UN No.

发货人或代理地址：			联系人：	电话：
可否转船	可否分批	装期	备注	装箱场站名称
有效期		制单日期		
海运费由　　支付 如预付运费托收承付，请填准银行账号				

（三）配载图（Cargo Plan）

配载图由外轮代理公司根据订舱清单、装箱单及堆场积载计划编制，并在船舶抵港征得船方同意后，即行装船。配载图由集装箱船各排每列和分层的横断构成。

（四）场站收据（Dock Receipt）

这是承运人委托集装箱装卸区、中转站或内陆站收到整箱货或拼箱货后签发的收据。场站收据由发货人编制。如同一批货物装有几个集装箱时，先凭装箱单验收，直到最后一个集装箱验收完毕，再由港站管理员在场站收据上签收。场站在收到整箱货或拼箱货后，若发现箱外表有异状，则应加批注。

（五）提货单（Delivery Order）

进口收货人或其代理人在收到“到货通知”后，需持运单正本向承运人或其代理人换取提货单，然后向海关办理报关，经海关在提货单上盖章放行后，才能凭该单向承运人委托的堆场或货运站办理提箱或提单。提货时，收货人或其代理人要在提货单上盖章以证明承运人的责任已结束。

提货单一般为一式五联。第一联为“提货单”，此联由港方留存；第二联为“费用账单”，此联由收货人留存；第三联也是“费用账单”，此联由港方留存；第四联和第五联均为“交货记录”，收货人提货时须在此两联上盖章，第四联由港方留存，第五联由港方转船代留存。

（六）设备交接单（Equipment Receipt）

设备交接单是集装箱所有人或租用人委托集装箱装卸区、中转站或内陆站与货方即用箱人或其代表之间交接集装箱及承运设备的凭证。设备交接单由承运人或其代理人签发给货方，据以向区、站领取或送还重箱或空箱。交接单背面印有交接使用条款，主要内容是集装箱及设备在货方使用期间产生的费用，以及遇有设备及所装货物发生损坏、灭失的责任划分和对第三者发生损害赔偿的承担。设备交接一般在区、站大门口办理。设备包括集装箱、底盘车、台车及电动机等。设备交接单分“出门”和“进门”两种。

十二、集装箱运输的费用

目前，集装箱货物海上运价体系基本上分为两类：一类是用件杂货运费计算，即以每运费吨为单位（俗称散货价）；另一类是以每个集装箱为计费单位（俗称包箱价）。

（一）件杂货的基本费率及附加费

（1）基本费率，参照传统件杂货运价，以运费吨为计算单位，多数航线上采用等级费率。

（2）附加费，除对传统件杂货收取常规附加费外，还要加收一些与集装箱货物运输有关的附加费。

（二）包箱费率（Box Rate）

包箱费率是以每个集装箱为计费单位，常用于集装箱交货的情况，即CF-CY条款或CY-CY条款，常见的包箱费率有以下三种表现形式：

（1）杂货包箱费率（Freight for All Kinds，FAK）。对每个集装箱不细分箱内货类，不计货量（在重量限额之内）统一收取的运价。

（2）集装箱包箱费率（Freight for Class，FCS）。按不同货物等级制定的包箱费率，集装箱普通货物的等级划分与杂货运输的等级划分一样，仍是1～20级，但是集装箱货物的费率级差远小于杂货的费率级差，一般低级的集装箱收费高于传统运输，高价货集装箱收费低于传统运输；同一等级的货物，重货集装箱运价高于体积货运价。可见，船公司鼓励人们把高价货和大体积货用集装箱运输。在这种费率下，拼箱货的运费计算与传统运输一样，根据货物名称查得等级，计算标准，然后确定相应的费率，乘以运费吨，即得运费。

拓展阅读7-2

整箱货海运运费的计算

（3）基础包箱费率（Freight for Basis，FCB），即按不同货物等级或货类以及计算标准制定的费率。

十三、集装箱所装货物、重量、装箱和施封的要求

（一）集装箱所装货物的要求

集装箱所装货物应符合所用箱型适箱货物要求，不得腐蚀、损坏箱体。铁路通用箱不得装运煤、焦炭等易污染箱体的货物。下列货物不得混装于同一集装箱内：①易腐货物与非易腐货物；②危险货物与非危险货物；③性质互抵的货物；④运输条件不同的货物。

（二）集装箱重量的要求

托运的集装箱，单箱总重不得超过其标记总重；且不得超过发站和到站的集装箱起重能力，在车上直接装卸货物的特种货物箱、专用箱等除外。

（三）集装箱货物装箱的规定

集装箱的装箱由托运人负责。装箱时应码放稳固，装载均衡，不超载、不集重、不偏重、不偏载、不撞砸箱体，采取防止货物移动、滚动或开门时倒塌的措施，保证箱内货物和集装箱运输安全。敞顶箱装运易扬尘货物，应采取苫盖篷布或抑尘等环保措施。一些装箱操作示范如图7-15至图7-18所示。

图7-15　正确装载方法

图7-16　错误装载方法

图7-17　木栅栏门挡加固

图7-18　斜支撑门挡加固

（四）集装箱施封的规定

集装箱施封由托运人负责。托运的重集装箱应当施封（结构上无法施封的除外）；通用集装箱施封时，确认左右箱门锁舌和把手入座后，在右侧箱门把手锁件施封孔处施封一枚；其他类型集装箱根据实际情况采取适合的施封方法。托运的空集装箱可不施封，托运人须关闭箱门，确认左右箱门锁舌和把手入座。

任务二　国际多式联运

一、国际多式联运的概念和特征

（一）国际多式联运的概念

国际多式联合运输（International Multimodal Transport），简称“国际多式联运”，是在集装箱运输的基础上发展起来的新型的运输方式，其以实现货物整体运输最优化效益为目标。

根据1980年《联合国国际货物多式联运公约》以及1997年我国交通部和铁道部共同颁布的《国际集装箱多式联运管理规则》的定义，国际多式联运是指“按照多式联运合同，以至少两种不同的运输方式，由多式联运经营人将货物从一国境内接管货物的地点运至另一国境内指定地点交付的货物运输”。

多式联运通常是以集装箱为运输单元，将不同的运输方式有机组合在一起，构成连续的、综合性的一体化货物运输。通过一次托运、一次计费、一份单证、一次保险，由各运输区段的承运人共同完成货物的全程运输，即将货物的全程运输作为一个完整的单一运输过程来安排。然而，它与传统的单一运输方式又有很大的不同。

（二）国际多式联运的特征

开展国际多式联运必须具备以下特征（或称基本条件）：

（1）必须要有一个多式联运合同，明确规定多式联运经营人（承运人）和托运人之间的权利、义务、责任、豁免的合同关系和多式联运的性质。

多式联运经营人根据合同规定，负责完成或组织完成货物的全程运输并一次收取全程运费。所以，多式联运合同是确定多式联运性质的根本依据，也是区别多式联运和传统联运的主要依据。

（2）必须使用一份全程多式联运单据。全程多式联运单据是指证明多式联运合同以及证明多式联运经营人已接受货物并负责按照合同条款交付货物所签发的单据。它与传统的提单具有相同的作用，也是一种物权证书和有价证券。国际商会为了促进多式联运的发展，于1975年颁布了《联合运输单证统一规则》，对多式联运单据作了认可的规定，如信用证无特殊规定，银行可接受多式联运经营人所签发的多式联运单据，这就为多式联运的发展提供了有利条件。

（3）必须是至少两种不同运输方式的连贯运输。多式联运不仅需要通过至少两种运输方式，而且是至少两种不同运输方式的组合。例如，海—海、铁—铁、空—空等，虽经两种运输工具，但属于同一种运输方式，因此不属于多式联运方式。又如，海—陆、海—空、陆—空或铁—公等，尽管是简单的组合形态，但是都符合多式联运的基本组合形态的要求。因此，确定一票货运是否属于多式联运方式，至少有两种不同运输方式的组合是一个重要因素。为了履行单一方式运输合同而进行的该合同所规定的货物接送业务，则不应视为多式联运。例如，航空运输长期以来普遍盛行汽车接送货物运输业务，从形式上来看已构成空—陆组合形态，但这种汽车接送习惯上视同航空业务的一个组成部分，作为航空运输的延伸，因此《联合国国际货物多式联运公约》规定，把这种接送业务排除在多式联运之外。这样进一步明确了两种不同运输方式组合的内容，以避免多式联运法规同单一方式法规在这个问题上的矛盾。

（4）必须是国家间的货物运输，这是区别于国内运输和是否适合国际法规的限制条件。也就是说，在国际多式联运方式下，货物运输必须是跨越国境的一种国际运输。

（5）必须由一个多式联运经营人对全程运输负总的责任，这是多式联运的一个重要特征。多式联运经营人也就是与托运人签订多式联运合同的当事人，也是签发联运单据的人，它在多式联运业务中作为总承运人对货主负有履行合同的责任，并承担自接管货物时起至交付货物时止的全程运输责任，以及对货物在运输途中因灭失、损坏或延迟交付所造成的损失负赔偿责任。多式联运经营人为了履行多式联运合同规定的运输责任，可以自己办理全程中的一部分实际运输，把其他部分运输以自己的名义委托给有关区段的运输承运人（俗称分承运人）办理，也可以自己不办理任何部分的实际运输，而把全程各段运输分别委托有关区段分承运人办理，分承运人与原发货人不发生任何交集。分承运人只与多式联运经营人联系，它们之间的关系是承托关系。

（6）必须是全程单一运费费率。多式联运经营人在对货主负全程运输责任的基础上，制定一个货物发运地至目的地全程单一费率，并以包干形式一次向货主收取。这种全程单一费率一般包括运输成本（全程各段运输费用的总和）、经营管理费用（如通信、制单以及劳务手续费等）和合理利润。

拓展阅读7-3

国际多式联运的优点及意义

二、国际多式联运经营人

（一）国际多式联运经营人的概念和特征

拓展阅读7-4

国际多式联运的基本形式及运输路线

1980年《联合国国际货物多式联运公约》规定，多式联运经营人（Multimodal Transport Operater，MTO）是指其本人或通过其代表订立多式联运合同的任何人，作为货主，而不是发货人的代理人或代表，也不是参加多式联运的承运人的代理人或代表，并且负有履行合同的责任。这里的“多式联运合同”是指多式联运经营人凭以收取运费，负责完成或组织完成国际多式联运的合同。由此可见，国际多式联运经营人是指本人或者委托他人以本人的名义与托运人订立一项多式联运合同并以承运人身份承担完成此项合同责任的人。国际多式联运经营人具有以下基本特征：

（1）无论是其本人还是通过其代理人，多式联运经营人必须是与托运人签订国际多式联运合同的合同主体，其本人是合同的一方当事人。

（2）多式联运经营人从接管货物起到交付货物止，对无论是否实际处于其掌控支配下的货物的灭失、损害以及迟延交付承担赔偿责任。

（3）多式联运经营人还必须承担多式联运合同中所规定的与运输和其他服务有关的相关责任，并保证将货物最终妥善交付给多式联运单据持有人或者单据中指定的收货人。

（4）多式联运经营人应当具备从事国际货物多式联运所要求的基本物质、技术条件和相应的资质能力。

（二）国际多式联运经营人应具备的基本条件

（1）取得从事国际多式联运的资格。

（2）具备国际多式联运线路以及相应的经营网站。

（3）与自己经营的国际多式联运线路有关的实际承运人、场站经营人之间存在长期的合作协议。

（4）具备必要的运输设备，尤其是场站设施和短途运输工具。

（5）拥有雄厚的资金，注册资金不能低于1 000万元人民币，并资信良好。每增设一个分支机构增加注册资本100万元人民币。

（6）拥有符合《国际集装箱多式联运管理规则》要求的国际多式联运提单。

（7）具备自己所经营国际多式联运线路的运价表。

（三）国际多式联运经营人的类型

根据是否拥有运输船舶，国际多式联运经营人可以分为以船舶运输为主的国际多式联运经营人和无船国际多式联运经营人两类。

1.以船舶运输为主的国际多式联运经营人

这类国际多式联运经营人在利用自己拥有的船舶提供港与港服务的同时将其服务扩展到包括陆上运输，甚至空运在内的“门到门”服务。一般情况下，这类国际多式联运经营人可能不从事公路、铁路、航空货物运输，而是通过与相关承运人订立分合同来安排相关的运输。此外，这类国际多式联运经营人也可能不拥有场站设施，而是与相关场站经营人订立装卸、仓储合同来安排相关的装卸、仓储服务。

2.无船国际多式联运经营人

根据是否拥有运输工具、场站设施，国际多式联运经营人可以分成以下三类：

（1）承运人型。这类国际多式联运经营人不拥有船舶，但拥有汽车、火车、飞机等运输工具，其在与货主订立国际多式联运合同后，除了利用自己拥有的运输工具完成某些区段的运输外，对于自己不拥有或不经营的运输区段则需要通过与相关的承运人订立分包合同来实现该区段的运输。与以船舶运输为主的国际多式联运经营人一样，这类国际多式联运经营人既是契约承运人，又是某个或几个区段的实际承运人。

（2）场站经营人型。这类国际多式联运经营人拥有货运站、堆场、仓库等场站设施，其在与货主订立国际多式联运合同后，除了利用自己拥有的场站设施完成装卸、仓储服务外，还需要与相关的各种运输方式的承运人订立分合同，由这些承运人来完成货物运输。

（3）代理人型。这类国际多式联运经营人不拥有任何运输工具和场站设施，需要通过与相关的承运人、场站经营人订立合同来履行其与货主订立的国际多式联运合同。

（四）国际多式联运经营人的责任制

1.责任期间

责任期间是货物运输合同的一个特殊概念，在一般合同中没有责任期间的规定。货物运输合同中引入这个特殊概念主要是为了适应各特定运输区段货物运输法的强制性，它不是合同期间，而是合同双方必须受特定区段货物运输法律规定约束的期间，因此称为“法律适用期间”也许更准确。

《联合国国际货物多式联运公约》根据集装箱运输下货物在货主仓库、工厂以及集装箱货运站、码头堆场进行交接的特点，依照《汉堡规则》，对多式联运经营人规定的责任期间是：“多式联运经营人对于货物的责任期间，自其接管货物之时起至交付货物时止。”

《联合国国际货物多式联运公约》对交付货物规定的形式有三种：①将货物交给收货人；②如果收货人不向多式联运经营人提取货物，则按多式联运的合同或按照交货地点适用的法律或特定行业惯例，将货物置于收货人支配之下；③将货物交给根据交货地点适用法律或规章必须向其交付的当局或其他第三方。

2.责任基础

责任基础是指多式联运经营人对于货物运输所采取的赔偿责任原则，分为两种：

（1）过失责任制。它是指按承运人对货损、货差是否有过失而决定其是否负责的原则。过失责任制又可分为完全过失责任和不完全过失责任两种。前者是指只要承运人对货损、货差有过失就应承担责任；而后者却附有一部分除外规定，即基本前提是应承担责任，但对某些过失，法律仍允许承运人免责。

（2）严格责任制。它是指除了不可抗力等有限的免责事由外，不论有无过失，承运人对于货损、货差均应承担责任。

3.责任形式

（1）责任分担制（Burden Sharing System），也称分段责任制。它是指多式联运经营人对货主并不承担全程运输责任，仅对自己完成的区段货物运输负责，各区段的责任原则按该区段适用的法律予以确定。由于这种责任形式与多式联运的基本特征相矛盾，因而只要多式联运经营人签发全程多式联运单据，即使在多式联运单据中声称采取这种形式，也可能会被法院判定此种约定无效而要求多式联运经营人承担全程运输责任。

（2）网状责任制（Network Liability System）。它是指多式联运经营人尽管对全程运输负责，但是对货运事故的赔偿原则仍遵照不同运输区段经常使用的法律规定。当无法确定货运事故发生区段时，则按海运法规或双方约定原则加以赔偿。目前，几乎所有的多式联运单据均采取这种赔偿责任形式。因此，无论是货主还是多式联运经营人，都必须掌握现行国际公约或国内法律对每种运输方式下承托双方的权利、义务与责任所做的规定。

（3）统一责任制（Uniform Liability System）。它是指多式联运经营人对货主赔偿时不考虑各区段运输方式的种类及其所适用的法律，而是对全程运输按统一的原则并一律按一个约定的责任限额进行赔偿。由于现阶段各种运输方式采用不同的责任基础和责任限额，因此目前多式联运经营人签发的提单均未能采取此种责任形式。不过前述所称的适用于单一运输方式法律的“多式联运”，如航空特快专递、机场—机场航空运输、港—港海上集装箱运输等，可以看作采用了统一责任制。因为在这种“多式联运”形式下，即使这种事故发生在陆运区段，多式联运经营人也应按空运或海运法规所规定的责任限额予以赔偿。

（4）经修订的统一责任制（Modiried Uniform Liability System）。它是介于统一责任制与网状责任制之间的责任制，也称混合责任制。它在责任基础方面与统一责任制相同，在赔偿限额方面则与网状责任制相同。目前，《联合国国际货物多式联运公约》基本上采取这种责任形式。即使采用经修订的统一责任制也将会对现有的运输法律体系产生一定的冲击，因此这也是造成该公约至今尚未生效的主要原因。

（五）国际多式联运经营人的业务范围和经营范围

（1）国际多式联运经营人既可以从事代理业务，也可以从事当事人业务，因而其业务范围非常广泛。国际多式联运经营人的业务范围有：①咨询业务；②货运代理业务；③运输经济业务；④承运人或场站经营人业务；⑤国际多式联运业务；⑥运输延伸服务——物流服务。

（2）在业务经营过程中，国际多式联运企业需要根据自己的经济实力、业务量大小采取合适的经营方式。目前，国际上通用的业务活动经营方式主要有三种：①企业独立经营方式。所有业务完全由国际多式联运企业及其附属机构独立经营。②两企业间联营方式。国际多式联运企业与其他独立经营企业联合经营国际多式联运业务。③代理方式。委托国内外同行作为联运代理，办理或安排承运工作和交接货物，签发或收回联运单证，制作有关单证，处理信息，代收、代付费用和处理货运纠纷等业务，代理关系可以是相互的，也可以是单方的。

在实际业务中，几乎所有的国际多式联运企业都是三种经营方式组合运用，其中以第①项和第③项的结合最为常见。

三、国际多式联运法规

《联合国国际货物多式联运公约》是当今世界上第一个多式联运公约。它是1980年5月在日内瓦召开的联合国国际多式联运公约会议的第二期会议上，经参加会议的84个贸易发展会议成员一致通过的。该公约包括总则、单据、多式联运经营人的赔偿责任、发货人的赔偿责任、索赔和诉讼、补充规定、海关事项和最后条款等8个部分，共计40条，并有一个前言和一个“有关国际货物多式联运的海关事项条款”的附件。其主要内容如下：①公约的适用范围；②有关国家的管理权限；③多式联运单据；④联运经营人的赔偿责任；⑤诉讼时效。公约规定在30个国家批准或加入1年之后即开始生效。每个缔约国在公约对该国生效之日或其后所订立的多式联运合同，应适用该公约的规定。

四、国际多式联运的主要业务程序

国际多式联运的主要业务程序：①受托申请、订立多式联运合同；②空箱发放、提取及运送；③出口报关；④货物装箱及接收货物；⑤向实际承运人订舱及接收货物；⑥向实际承运人订舱及安排货物运送；⑦办理货物保险；⑧签发多式联运提单，组织完成货物的全程运输；⑨办理运输过程中的海关业务；⑩货物交付；⑪货物事故处理等环节。

拓展阅读7-5

国际多式联运经营人的索赔与诉讼

五、国际多式联运单证与计费业务

（一）国际多式联运单证业务

国际多式联运单证，是指证明多式联运合同以及证明多式联运经营人接管货物并负责按合同条款交付货物的单证。该单证包括双方确认的取代纸张单证的电子数据交换信息。国际多式联运单证不是多式联运合同，只是多式联运合同的证明，同时是多式联运经营人收到货物的收据和凭其交货的凭证。在实践中一般称为国际多式联运提单。

国际多式联运提单，是指多式联运经营人对经由两种以上的不同运输方式运输的货物所出具的全程提单，是可以流通转让的。其作用是：①多式联运合同的证明，②双方在合同确定的货物运输关系中权利、义务和责任的准则；③多式联运经营人接管货物的证明和收据；④收货人提取货物和多式联运经营人交付货物的凭证；⑤货物所有权的证明。

知识延伸7-2　多式联运提单与联运提单的区别

多式联运提单与联运提单的区别：

（1）从签发地点来看，联运提单是在装港或承运人所在地签发，多式联运提单是在收货地或经营人所在地签发。

（2）在运输方式的组成上，联运提单只适用于由海运与其他运输方式所组成的各种联合运输。多式联运提单既适用于由海运同其他方式所组成的运输，也适用于除海运以外的其他方式的联合运输。

（3）在责任方面，联运提单的承运人仅对自己完成的区间承担责任，而签发多式联运提单的承运人则对联运中的各种运输都承担直接责任。

（二）国际多式联运计费业务

1.国际集装箱多式联运费用的构成

拓展阅读7-6

多式联运提单的签发

（1）运输总成本。其主要由集疏运费、港区服务费、海运运费、集装箱租赁费和保险费组成。

（2）经营管理费。其主要包括多式联运经营人与货主、各派出机构、代理人、实际承运人之间信息、单证的传递费用、通信费用、单证成本和制单手续费，以及各派出机构的管理费用。这部分费用也可以分别加到不同区段的运输成本中一并计算。

（3）经营利润。这是指多式联运经营人预期从该线路货物联运中获得的毛利润。

2.国际集装箱多式联运的计收方式

（1）单一运费制。它是指集装箱从托运到交付，所有运输区段均按照一个相同的运费率计算全程运费。在西伯利亚大陆桥运输中采用的就是这种计费方式。

（2）分段运费制。它是按照组成多式联运的各运输区段，分别计算海运、陆运、空运及港站等各项费用，然后合计为多式联运的全程运费。全程运费由多式联运经营人向货主一次计收，各运输区段的费用则由多式联运经营人与各区段的实际承运人分别结算。目前，大部分多式联运的全程运费均采用这种计费方式。

（3）混合计费制。理论上讲，国际多式联运企业应制定全程运价表，且采用单一运费率。然而，由于制定单一运费率是一件较为复杂的事情，因此作为过渡方法，目前有些多式联运经营人采取混合计费制：从国内接收货物地点至到达国口岸采取单一运费率，向发货人收取（预付）运费；从到达国口岸到内陆目的地的费用按实际成本确定，向收货人收取（到付）运费。

同步思考 7-1

国际多式联运纠纷案

2023年6月5日，A货主与B货代公司签订了一份关于货物全程运输的协议，约定由B货代公司承运A货主的货物，包括从A货主所在地汽车运输至中国香港以及中国香港至新加坡的海上船舶运输，A货主一次性支付全程运费。该协议并无关于运输烟花等危险品的约定，且B货代公司的经营范围仅为普通货物运输服务。在A货主处装车时，B货代公司发现所运货物为16 000箱烟花并表示拒绝运输，但A货主坚持要B货代公司承运，B货代公司遂接受了运输任务。在汽运过程中，由于司机违章抢道行驶与火车相撞，导致货物发生爆炸全损。双方当事人就有关责任和索赔发生纠纷并诉至法院。

同步思考 7-1

分析提示

请问：1.本案例中的情况是否属于国际多式联运合同纠纷？为什么？

2.A货主对此是否有责任？为什么？

3.B货代公司是否有责任？为什么？

六、国际多式联运合同

我国《海商法》第102条将多式联运合同（Multimodal Transport Contract）定义为："多式联运经营人以两种以上的不同运输方式，其中一种是海上运输方式，负责将货物从接收地运至目的地交付收货人，并收取全程运费的合同。"我国《海商法》调整的货物多式联运法律关系中，必须有一种运输方式为海上运输关系。

国际货物多式联运一般具有使用两种或两种以上运输工具、签发多式联运单证和由多式联运经营人[①]对全程运输负责的特征。同传统的运输方式相比，具有一次托运、一

① 多式联运经营人包括两类：一类是指"本人或者委托他人以本人名义与托运人订立多式联运合同的人"；另一类是指多式联运的组织者和全程运输的负责人。

次签单、一次投保的优势。

国际货物多式联运单证，是多式联运经营人接管货物后，由其或经其授权人签发给发货人，表明其收到货物并与之成立国际货物多式联运合同关系，保证向单证持有人交付货物的运输单据。

当国际货物多式联运的运输方式之一是海运，尤其是第一程运输是海运时，国际货物多式联运单证多表现为多式联运提单。国际货物多式联运单证的效力因货物交接方式的不同而有所不同。在拼箱货交接的情况下，多式联运经营人根据货物的外表状况对收货人负责；在整箱货交接的情况下，多式联运经营人仅凭集装箱的外表状况交付货物。无论是拼箱货还是整箱货，单证属于多式联运经营人按照单证记载收到货物的初步证据，但是单证一旦被转让给善意的第三人后，便成为绝对证据。

任务三　大陆桥运输

一、大陆桥运输概述

（一）大陆桥运输的概念

大陆桥运输（Land Bridge Transport），是指以横贯大陆上的铁路、公路运输系统作为中间桥梁，把大陆和海洋连接起来形成的海陆联运的连贯运输。

大陆桥运输主要是指国际集装箱过境运输，是国际集装箱多式联运的一种特殊形式。广义的大陆桥运输还包括小路桥运输和微型路桥运输。这是一种主要采用集装箱技术，由海运、铁路运输、公路运输、航空运输组成的现代化多式联合运输方式，是一个大的系统工程。

（二）大陆桥运输的起源

20世纪50年代初，日本运输公司将集装箱经太平洋运至美国西海岸，再利用横贯美国东西部的铁路运至美国东海岸，然后装船继续运往欧洲。由此产生了世界上大陆桥的雏形——美国大陆桥。

1967年，由于阿以战争，苏伊士运河被迫关闭，又赶上巴拿马运河拥挤堵塞，远东与欧洲之间的海上货船不得不改道绕航非洲好望角或南美洲德雷克海峡，导致航程和运输时间大大延长。当时又因油价猛涨，海运成本增加，加之正值集装箱运输兴起，所以大陆桥运输应运而生。

（三）大陆桥运输的特征

（1）采用海陆联运方式，全程由海运段和陆运段组成。

（2）比全程海运运程短，但需要增加装卸次数。在某一区域大陆桥运输能否存在和发展，主要取决于它与全程海运相比在运输费用和运输时间等方面的综合竞争力。

（四）大陆桥运输的优点

大陆桥运输的优点有：①缩短运输里程；②降低运输费用；③加快运输速度；④简化作业手续；⑤简化货物的包装，保证运输安全。

二、大陆桥运输线路

（一）西伯利亚大陆桥（Siberian Land Bridge，SLB）

西伯利亚大陆桥（又称第一欧亚大陆桥），是利用俄罗斯的西伯利亚铁路作为陆地桥梁，把太平洋远东地区与波罗的海和黑海沿岸以及西欧大西洋口岸连接起来。此条大陆桥运输线自符拉迪沃斯托克（海参崴）的纳霍德卡港口起，横贯欧亚大陆至莫斯科，然后分三路：一路自莫斯科波罗的海沿岸的圣彼得堡港，转船运往西欧北欧港口；一路从莫斯科至俄罗斯西部国境站，转欧洲其他国家铁路（公路）直运欧洲各国；另一路从莫斯科至黑海沿岸，转船往中东、地中海沿岸。所以，从远东地区至欧洲，通过西伯利亚大陆桥有海—铁—海、海—铁—公路和海—铁—铁三种运送方式。

（二）北美大陆桥（North American Land Bridge）

北美大陆桥是指北美的加拿大和美国都有一条横贯东西的铁路（公路）大陆桥，它们的线路基本相似，其中美国的大陆桥的作用更为突出。

美国有两条大陆桥运输线：一条是从西部太平洋口岸至东部大西洋口岸的铁路（公路）运输系统，全长约3 200千米；另一条是从西部太平洋口岸至南部墨西哥港口岸的铁路（公路）运输系统，全长1 000千米。

（三）新欧亚大陆桥

1990年9月11日，我国陇海—兰新铁路的最西段乌鲁木齐至阿拉山口的北疆铁路与哈萨克斯坦的德鲁贝巴站接轨，第二座亚欧大陆桥运输线全线贯通，并于1992年9月正式通车。此条运输线东起我国连云港港（其他港口亦可，如大连港、天津港、上海港、广州港等），西至荷兰鹿特丹港，跨亚欧两大洲，连接太平洋和大西洋，穿越中国、哈萨克斯坦、俄罗斯、波兰、德国到荷兰，辐射20多个国家和地区，全长1.08万千米，在我国境内全长4 134千米。

三、其他运输

（一）OCP运输

OCP是Overland Common Points的缩写，是用来说明海上运输目的地的术语，译为“陆路共通点”，在我国与美国签订的贸易合同的运输条款中经常见到。

所谓陆路共通点，是指美国西海岸有陆路交通工具与内陆区域相连通的港口。美国内陆区域是以落基山脉（Rocky Mountains）为界，即除紧邻太平洋的美国西部九个州以外，其以东地区均为适用OCP的地区范围。OCP的运输过程就是我国出口到美国的货物海运到美国西部港口（如旧金山、西雅图）卸货，再通过陆路交通（主要是铁路）向东运至指定的内陆地点。

1.OCP运输的特点

（1）OCP运输是一种特殊的国际运输方式。虽然它由海运、陆运两种运输形式来完成，但是它并不是国际多式联运。

（2）OCP运输是一种成熟的国际航运惯例。

（3）由于OCP运输只适用于美国或加拿大内陆区域，因此货物的最终目的地必须属于OCP地区范围。

2.OCP运输的要求

（1）卖方承担的责任、费用终止在美国西海岸港口，货物卸船后，由收货人委托中转商持正本提单向船公司提货，并负责运抵收货人指定地点。

（2）收货人在收到货物单证10天内，必须申请进口保税运输，以保证将货物最终运抵交货地。

（3）货物买卖合同和信用证中“目的港”栏内应加注“OCP”字样，在签发提单时，其签发要求应与货物买卖合同、信用证要求相符。

（4）如使用船公司美国航线专用提单时，因为该提单只有“卸货港”“最终交货地”两栏内容，所以在国内港口装船运往美国使用OCP运输方式而签发专用提单时，“目的港”栏内应注明“LOSANGELES OCP”字样。

（5）凡运往内陆公共点的集装箱货物，应在卸船45天内由收货人向铁路提供证明，如陆上运输单证、转运单、海关转运申请单等。

（6）OCP运输不是真正的多式联运，因此不具备多式联运一份单证、统一责任的要求。

（二）MLB运输

1.MLB运输的概念

MLB（Mini Land Bridge）称为小陆桥运输，是指比大陆桥的海—陆—海运输缩短了一段海上运输，形成了海—陆或陆—海的运输形式。

2.MLB运输的特点

MLB运输的特点包括：①避免了绕道巴拿马运河，节省了船舶过河费用，缩短了货运时间。从远东至墨西哥湾的货物，缩短的运输时间更为显著。②享受铁路集装箱专用列车的优惠价，降低了运输成本。③可以实现“门到门”运输。④运费偏高，且不稳定，加上货源不平衡，经常造成美国东海岸空箱积压。

3.MLB运输的主要路线

目前，MLB运输的主要路线包括：①远东到美国西海岸转内地或反方向运输；②澳大利亚到美国西海岸转内地或反方向运输；③欧洲到美国东海岸转内地或反方向运输；④欧洲到美国湾（墨西哥湾）地区转内地或反方向运输。

4.MLB运输的要求

（1）MLB运输是完整的多式联运，由多式联运经营人签发全程联运提单，并收取全程运费，对全程运输承担责任。

（2）提单中的“卸货港”“最终交货地”两栏应分别填写“LONG BEACH”与“MLB HOUSTON”字样。

（3）货物采用到岸价交易，发货人承担的责任、费用终止于最终交货地。

（4）MLB运输按照承运人或多式联运经营人在FMC注册的运价表计收运费，除非货方与承运人签署了服务合约，禁止任何形式的运费回扣。

（5）当货物托运人是无船承运人时，MLB运输的集装箱货物应出具两套提单：一套是无船承运人签发给货主的HOUSE B/L；另一套是船公司签发给无船承运人的MEMO B/L。前者给货主用于结汇，后者供无船承运人在美国的代理凭其向船公司提货。

（三）IPI运输

1.IPI运输的概念

IPI（Interior Point of Intermodal）称为内陆点多式联运，是指使用联运提单，经美国西海岸和美国湾沿海港口，利用集装箱拖车或铁路运输将货物运至美国内陆城市。

由于IPI运输向货方征收包括装运港至美国西海岸或东海岸的基本港口的运费加上由基本港口至内陆城市的运费在内的全程运费，并由一个或多个承运人提供或执行在起始地至目的地之间的连续运输，因此有的船公司将其称为直达服务（Through Service），也有的船公司为了区别于大陆桥运输、小陆桥运输，将其称为微桥（Micro Bridge）运输或半陆桥（Semi Land Bridge）运输。

2.IPI运输的要求

（1）MLB运输抵达的区域是美国东海岸和加勒比海区域，而IPI运输则运抵内陆主要城市。两者的运输方式、运输途径、运输经营人的责任和风险是完全相同的。OCP运输不是完整的多式联运，而IPI运输是完整的多式联运。

（2）提单中的“卸货港”“最终交货地”两栏应分别填写“LONG BEACH”与“MLB HOUSTON”字样

（3）多式联运经营人对货物承担的责任从接收货物时起至交付货物时止，即对全程运输负责。

（4）在到岸价的情况下，卖方承担的责任、费用终止于最终交货地。

（5）IPI运输使用两种不同的运输方式，但却使用同一份货运提单，并收取全程运费。

四、几种运输组织方式的区别

SLB、OCP、MLB、IPI四种运输组织方式的区别见表7-3。

表7-3　SLB、OCP、MLB、IPI四种运输组织方式的区别

比较项目	SLB	OCP	MLB	IPI
货物成交价	采用FCA或CIP应视合同中的约定	卖方承担的责任、费用终止于美国西海岸港口	卖方承担的责任、费用终止于最终交货地	与MLB相同
提单的适用	全程运输	海上区段	全程运输	全程运输
运费计收	全程计收	海、陆段分段计收	全程计收	全程计收
保险区段	全程投保	海、陆段分别投保	全程投保	全程投保
货物运抵区域	不受限制	OCP内陆公共点	美国东海岸和美国湾港口	IPI内陆点
多式联运	是	否	是	是

主要概念

集装箱　场站收据　国际多式联运　国际多式联运经营人　国际多式联运提单　大陆桥运输

基础训练

一、单项选择题

1.将太平洋远东地区与波罗的海和黑海沿岸以及西欧大西洋口岸连接起来的大陆桥是（　　）。

随堂测答案7

A.美国大陆桥　　B.加拿大大陆桥

C.新亚欧大陆桥　　D.西伯利亚大陆桥

2.1973年，我国开辟了第一条国际海上集装箱运输线，它的路线是（　　）。

A.上海至澳大利亚　　B.上海至日本

C.天津至美国　　D.厦门至加拿大

3.称为大副收据的是（　　）。

A.装货单　　B.收货单　　C.装货清单　　D.托运单

4.若集装箱的箱主代码为“COSU”，则其中“U”表示的是（　　）。

A.运输方式的种类　　B.集装箱的类型

C.集装箱的装箱方式　　D.箱主所在国代码

5.集装箱运输中对拼箱货集中装、拆箱的场所是（　　）。

A.发货人、收货人仓库　　B.码头

C.集装箱货运站　　D.集装箱堆场

二、多项选择题

1.集装箱运输特有的主要单证包括（　　）。

A.集装箱清单　　B.运费清单　　C.设备交接单　　D.场站收据

2.集装箱运输所涉及的关系方包括（　　）。

A.集装箱堆场经营人　　B.集装箱实际承运人

C.集装箱租赁公司　　D.无船承运人

3.在对国际多式联运的责任范围和赔偿限额方面，根据目前国际上的做法，可以分为（　　）。

A.统一责任制　　B.网状责任制　　C.层次责任制　　D.混合责任制

4.国际多式联运的组织形式主要有（　　）。

A.海陆联运　　B.海河联运　　C.陆桥联运　　D.海空联运

5.按全程收取运费的运输组织方式有（　　）。

A.OCP运输　　B.MLB运输　　C.IPI运输　　D.SLB运输

三、简答题

1.简述集装箱运输的特点及优点、缺点。

2. 简述集装箱货物进出口运输操作。

3. 简述集装箱运输的主要货运单证。

4. 简述开展国际多式联运必须具备的特征和基本条件。

5. 简述SLB、OCP、MLB、IPI四种运输组织方式的区别。

四、技能案例

【案例背景】

2023年12月我国重庆某出口企业同某国A公司达成一笔交易。买卖合同中规定：支付方式为即期付款交单；运输全程为重庆至汉堡，多式运输单据可以接受；禁止转运。重庆某出口企业按期将货物委托B外运公司承运，货物如期在重庆被装上火车经上海改装轮船运至香港，再在香港转船运至汉堡，并由B外运公司于装车日签发多式联运单据。但货到目的港后，A公司已宣布倒闭。当地C公司竟伪造假提单向第二程船公司在当地的代理人处提取了货物。重庆某出口企业装运货物后，曾委托银行按跟单托收（付款交单）方式收款。但因收货人已倒闭，货款无法收回，后又获悉货物已被冒领，重庆某出口企业遂与B外运公司交涉，凭其签发的多式联运单据要求其交出承运货物。B外运公司却借以承运人只对第一程运输负责，对第二程运输不负责为由，拒绝赔偿。于是，重庆某出口企业上诉至法院。

【技能思考】

对此案件，你认为法院应如何判决？理由何在？

项目实训

【实训项目】

国际货物运输方案的设计

【实训情境】

2023年11月，青岛海尔冰箱厂计划每月从青岛工厂将1 000台冰箱运往荷兰鹿特丹的某商品经销中心，现寻找合适的运输承运商。假设你是一家国际货运代理企业的业务员，计划承包此项业务。

【实训任务】

1. 简要说明运输方案设计的影响因素。

2. 列出可能的运输方案并给出你认为最佳的方案。

3. 简要说明整个运输的实施程序。

学习情境二　国际货物保险

项目八

风险、保险与保险的基本原则

学习目标

能力目标：能够充分利用保险的基本原则解决实际应用问题；具备订立保险合同的能力。

知识目标：理解风险概念、风险因素、风险事故、损失，以及风险的特点、保险原则的意义和作用；熟知风险的分类、保险的内容、补偿原则、重复保险分摊原则及计算；掌握风险管理、保险合同，以及各个保险原则的内容、特点和在不同险种中的应用。

素养目标：能够正确理解风险和保险的概念，做到学思用贯通、知信行统一；通过学习保险的基本知识，开启国际货物运输保险相关工作岗位职业生涯，提升自己的审美素养，激发自己的创新能力、职业认知、职业成就和职业素养。

项目引例

我国某外贸公司与荷兰进口商签订一份皮手套合同，价格条件为CIF鹿特丹，向中国人民保险公司投保了一切险，并注明皮手套怕变色、玷污等注意事项。之后用牛皮纸包好装入双层瓦楞纸箱，再装入20英尺集装箱。货物到达鹿特丹后检验结果表明：全部货物湿、霉、变色、玷污，损失价值达80 000美元。据分析：该批货物的出口地不异常热，进口地鹿特丹不异常冷，运输途中无异常，完全属于正常运输。

请问：保险公司对该项损失是否赔偿？为什么？

分析：保险公司对该批货物的损失不予赔偿。原因是：①根据中国人民保险公司《海洋运输货物保险条款》基本险的除外责任：在保险责任开始之前，被保险货物已存在品质不良或数量短少所造成的损失；被保险货物的自然损耗、本质缺陷、特性及市价跌落、运输延迟所引起的损失或费用，保险公司不负责赔偿损失。在本案例中，运输途中一切正常，货物发生质变不属于保险公司的责任范围，因此保险公司对该批货物的损失不予赔偿。②根据保险的基本原则，保险双方当事人已经在合同中明确遵守最大诚信原则的告知义务。

内容精讲

任务一　风险概述

一、风险的概念

渔民在长期的捕捞实践中，体会到风给他们带来的无法预测、无法确定的威胁。风即意味着险，这就是风险一词的由来。风险一词在早期被理解为客观的危险，但是后来主要用于与保险有关的方面，现代意义上的风险一词已经大大超越了“遇到危险”的狭义含义，而是“遇到破坏或损失的机会或危险”。被大多数人接受的定义为：遭受损失、伤害、不利或毁灭的可能性。“风险（Risks）”的一般概念，是指某种事件发生的不确定性。风险的特定概念，是指某种损失发生的不确定性。损失的不确定性，是指实际结果与预期结果的变动程度。变动程度越大，风险就越大；反之，风险就越小。风险具有发生的客观性和损失的不确定性。这种不确定性表现为：发生与否不确定；发生时间不确定；发生状况不确定；发生后果不确定。

当谈论某种风险时，必须弄清楚风险发生的频率和每次事故所导致保险标的的损失程度两个不同的概念。风险发生的频率，是指一定数量的标的在确定的时间内发生事故的次数。损失程度，是指每发生一次事故导致标的的毁损状况，即毁损价值占被毁损标的的全部价值的百分比。两者的关系是：事故发生的损失程度不大，而频率却很高；事故发生的频率虽然不高，但是一旦发生，损失程度却很大。

对全社会来说，损失的发生具有客观性，即某种损失是必然要发生的；但对社会个体来说，损失发生与否是不确定的，具有偶然性。因此，风险就是必然性与偶然性的统一体。

（一）风险因素

风险因素，是指能产生或增加损失概率和损失程度的条件或因素，是风险发生的潜在原因，是造成损失的内在或间接原因。风险因素可分为实质风险因素、道德风险因素、心理风险因素三类。

1.实质风险因素

实质风险因素，是指有形的、并能直接影响事物物理功能的因素，即某一标的本身所具有的足以引起或增加损失机会和加重损失程度的客观原因和条件。例如，人体生理器官功能；建筑物所在地、建材等；汽车的生产厂家、规格、刹车系统；地壳的异常变化、恶劣的气候、疾病传染等。

2.道德风险因素

道德风险因素，是指与人的品德修养有关的无形的因素，即由于个人不诚实、不正直或不轨企图，故意促使风险事故发生，以致引起社会财富损毁和人身伤亡的原因或条件。例如，欺诈、纵火、保险诈骗行为，以及恐怖分子进行的恐怖袭击等。在保险业务中，保险人不承保此类风险因素造成的损失，不承担因道德风险因素所引起的损失、赔偿或给付责任。

3.心理风险因素

心理风险因素，又称风纪风险因素，是指与人的心理状态有关的无形的因素，即由于人们不注意、不关心、侥幸，或存在依赖保险心理，以致增加风险事故发生的概率和加大损失的严重性的因素。例如，企业或个人投保财产保险后放松对财物的保护，或者在火灾发生时不积极施救，任其损失扩大等，都属于心理风险因素。

（二）风险事故

风险事故，又称风险事件，是指使风险的可能成为现实以致造成人身伤亡或财产损害的偶发事件。风险事故是造成损失的外在原因或者直接原因。

就某一事件来说，如果它是造成损失的直接原因，那么它就是风险事故，而在其他条件下，如果它是造成损失的间接原因，那么便是风险因素。例如，下冰雹使得路滑而发生车祸造成人员伤亡，这时冰雹是风险因素，车祸是风险事故。如果冰雹直接击伤行人或损毁农作物，那么它便成为风险事故。

（三）损失

损失，是指非故意的、非计划的和非预期的经济价值的减少。广义的损失除包括物质上的损失外，还包括精神上的损失。虽然“折旧”“馈赠”也使经济价值减少，但是因为不是非故意的、非计划的，所以不能被称为损失。由风险事故引发的非故意的、非预期的、非计划的经济价值的减少，是风险事故造成的结果。

在保险行业中，损失又分为直接损失和间接损失。直接损失，是指承保风险造成的财产本身的损失，如出租汽车损坏所需的修理费、财产的损毁与灭失、人身伤害。间接损失，又称利润损失或后果损失，是指由于直接损失而引起的损失，如出租汽车损坏后在修理期间因司机不能营业所导致的责任损失、收益损失、额外费用损失等。

风险因素、风险事故和损失三者之间密切相关，共同构成风险的统一体。它们之间存在一种因果关系，简单表述为：风险因素引起风险事故，风险事故则导致损失。

二、风险的特点

（一）风险存在的客观性

地震、台风、洪水、冰雹、火山喷发等自然灾害和意外事故都不以人的主观意志为转移，它们是独立于人的意志之外的客观存在。这是因为无论是自然界的物质运动还是社会发展的规律都是由事物的内部因素决定的，是由超过人们主观意识而独立存在的客观规律所决定的。人们只能在一定的时间和空间内改变风险存在和发生的条件，降低风险发生的频率和损失幅度，如疏通河道、加固堤坝以防洪水泛滥等，但不能彻底消除风险。

（二）风险存在的普遍性

自从人类出现以后就面临着各种各样的风险。随着科学技术的发展、生产力的提高、社会的进步又产生了新的风险且风险事故造成的损失也越来越大。比如，美国的航天飞机爆炸所带来的损失都是以亿美元为单位来计算的。总之，风险渗透到个人、企业、社会生活的方方面面，无时无处不存在。

（三）个别风险发生的偶然性

虽然风险是客观存在的，但是就某一具体风险事故而言，它的发生是偶然的，是一种随机现象。风险也可看作经济损失的不确定性。风险事故的随机性主要表现为：发生与否不确定；发生时间不确定；发生状况不确定；发生后果不确定。

（四）大量风险发生的必然性

个别风险事故的发生是偶然的，而大量风险事故的发生往往呈现出明显的规律性。运用统计方法处理大量相互独立的偶发风险事故，其结果可以比较准确地反映风险的规律性。根据以往大量的资料，利用概率论和数理统计的方法，可以测算出风险事故发生的概率及损失程度，并可绘制出损失分布的模型，成为风险估测的基础。例如，体育彩票是从1~36中选7个数字，属于偶然事件，但是把所有的偶然事件集中以后，会发现7个数字的和在120~160之间，这样就可以找到规律性和必然性。

（五）风险的可变性

在一定条件下，风险是可以转化的。随着人们风险意识的增强和风险管理方法的不断完善，某些风险可在一定程度上得以控制，其发生频率和损失程度可以降低。当然随着人类的进步和社会的发展，新的风险也在不断产生或增加，如“肺结核”“肥胖症”等。

三、风险的分类

人类对风险的认识是一个复杂的主观过程，通过对风险的分类可以全面、客观地认识风险，避免在风险认识过程中出现主观风险。对风险进行分类是全面认识风险的一种有效方法，因此必须对风险进行系统、全面的分析和研究，以有效控制风险，减少风险给人类的生命和财产造成的损失。

（一）按风险损害的对象分类

1.财产风险

财产风险（Property Risks），是指导致财产发生毁损、灭失和贬值的风险，并使财产的所有人、使用人和责任人遭受相应损失的不确定性状态。这种损失既有直接的，也有间接的。例如，一辆汽车在碰撞事故中受损，修理费用就是车主的直接损失，而为了修理汽车所花费的时间和精力，以及造成的误工等都属于间接损失。

2.人身风险

人身风险（Personal Risks），是指人们因生、老、病、死而导致的经济风险。虽然生、老、病、死是人生的必然现象，但是在何时发生并不确定，一旦发生将给其本人或家属造成精神痛苦和经济损失，尤其是经济主要来源人的死亡将导致其生活依赖人的生活困难。

3.责任风险

责任风险（Liability Risks），是指由于侵权行为造成他人的财产损失或人身伤亡，肇事人在法律上负有经济赔偿责任的风险。责任风险又可分为过失责任风险和无过失责任风险。过失责任风险，是指团体或个人因疏忽、过失而产生的侵权行为致使他人财产受损或人身受到伤害而在法律上负有经济赔偿责任的风险。无过失责任风险，又称绝对责任风险，如根据合同、法律规定，雇主对其雇员在从事工作范围内的活动中遭受身体伤害应承担的经济赔偿责任。

4.信用风险

信用风险（Credit Risks），是指在经济交往中权利人与义务人之间由于一方违约或犯罪而给对方造成经济损失的风险。

（二）按风险损失发生的原因分类

1.自然风险

自然风险（Physical Risks），是指由于地震、风暴、洪水、冰雹等自然现象和意外事故所致财产毁损和人员伤亡的风险。

2.社会风险

社会风险（Social Risks），是指由于个人或团体的过失、疏忽、侥幸、恶意等不当行为所致损害的风险。例如，偷窃、抢劫等造成损害的风险。

3.政治风险

政治风险（Political Risks），是指由于政治原因如政局的变化、政权的更替、政府法令和决定的颁布实施，以及种族和宗教冲突、叛乱、战争等引起社会动荡而造成损害的风险。

4.经济风险

经济风险（Economic Risks），是指在产销过程中由于有关因素的变动或估计错误而导致经营失败的风险。例如，市场预测失误、经营管理不善、消费需求变化、通货膨胀、汇率变动等因素所致经济损失的风险。

5.技术风险

技术风险（Technology Risks），是指随着社会的进步、科学技术的发展和生产方式的改变而导致的风险。例如，江、河、湖、海污染等造成损害的风险。

（三）按风险的性质分类

1.纯粹风险

纯粹风险（Pure Risks），是指直接造成损害可能性的风险，其导致的结果有两种，即损失和无损失。例如，火灾、水灾、风灾、雹灾、雪灾、车祸都属于纯粹风险。

2.投机风险

投机风险（Speculative Risks），是指可能产生收益和造成损害的风险，其导致的结果有三种，即损失、无损失和获利。例如，赌博、股票买卖都属于投机风险。

保险只对纯粹风险提供保障，而不对投机风险提供保障。保险区分为纯粹风险与投机风险的原因是：一般纯粹风险才具有可保性，而对于投机风险，在现有的承保技术条件下不具可保性。

（四）按风险涉及的范围分类

1.特定风险

特定风险（Particular Risks），是指与特定的人有因果关系的风险，即由特定的人所引起的且损失仅涉及个人的风险。例如，登山运动员攀登雪山时突遇雪崩而罹难；航天员在飞行过程中遇难等。

2.基本风险

基本风险（Fundamental Risks），是指损害波及社会的风险，它的起因及影响都不与特定的人有关，至少是不以个人的主观意志为转移。例如，偷窃、抢劫、罢工、暴动等与社会或政治有关的风险，以及雪崩、泥石流等与自然灾害有关的风险等。基本风险是从一个社会的宏观层面上进行界定和判断的，每一个社会都有基本风险，其造成的损失不是小概率的事件，损失面广，损失程度大。

随着时代的发展和人们观念的改变，特定风险和基本风险的界定有时也并非一成不变。也就是说，特定风险和基本风险的定义由原来的静态概念转变为动态概念，对某些风险来说会因时代背景不同而有所不同。例如，失业曾经被认为是特定风险，而当今则被视为基本风险。

（五）按研究风险的方法分类

1.静态风险

静态风险（Static Risks），是指在社会政治经济环境正常的情况下，由于自然现象的不规则变化及人们的错误判断和错误行为所导致的风险。例如，地震、洪水、飓风等自然灾害，以及交通事故、火灾、工业伤害等意外事故均属于静态风险。

2.动态风险

拓展阅读8-1

风险管理

动态风险（Dynamic Risks），是指以社会经济结构变动为直接原因的风险，主要是社会经济、政治以及技术、组织机构发生变动而产生的风险。例如，通货膨胀、汇率变化、罢工、暴动、消费者偏好改变、国家政策变动等均属于动态风险。动态风险大致分为管理上的风险、政治上的风险、创新上的风险三类。

四、风险、风险管理和保险的关系

（一）无风险无保险

风险是客观存在的，随时随地都在威胁着人们的生命和物质财产的安全，是不以人的主观意志为转移的。风险的发生直接影响着社会生产过程的持续进行以及家庭、个人的正常生活，因此人们产生了对损失进行补偿的需要。保险作为经济补偿或给付的一种方式，已经被社会大众所接受，保险已经进入千家万户。

（二）保险不保全部风险

无时不有、无处不在的风险虽然是保险产生和存在的前提，但是由于保险是一种无形贸易，属于商业性质的经营，因此保险人并不承保所有风险。

（三）风险的增多是保险发展的条件

风险的增多对保险提出了新的要求，促使保险人不断设计新险种，开发新产品，进而促进了保险业的繁荣。

（四）保险是风险管理的有效措施

保险作为风险转移的方法之一，是处理风险的有效手段。人们通过保险，把不能自行承担的风险转嫁给保险人，以小额的保险费支出换取对巨额风险的经济保障。

（五）风险管理水平制约保险的经营效益

虽然保险的经营效益受到多种因素的影响，但是风险管理技术无疑起着非常重要的作用。例如，对风险识别是否全面，对风险损失的频率和造成损失的程度估测是否准确，哪些风险可以承保，哪些风险不可以承保，保险的范围应有多大，保险的成本与效益的比较等，都制约着保险人的经营成果，而良好的保险经营效益，对保险的买方卖方都有好处。

任务二　保险概述

一、保险的概念与特征

（一）保险的概念

从经济学的角度来看，保险是以集中起来的保险费建立基金，对被保险人遭受保险责任范围内的损失给予补偿的一种制度。从法律角度来看，保险是一种合同行为，是一方同意补偿另一方损失的一种合同安排。同意提供损失赔偿的一方是保险人，接受损失赔偿的另一方是被保险人。投保人通过承担支付保险费的义务，换取保险人为其提供保险经济保障（赔偿或给付）的权利，这正体现了民事法律关系主体之间的权利和义务关系。

《中华人民共和国保险法》（以下简称《保险法》）将保险定义为：“保险，是指投保人根据合同约定，向保险人支付保险费，保险人对于合同约定的可能发生的事故因其发生所造成的财产损失承担赔偿保险金责任，或者当被保险人死亡、伤残、疾病或者达到合同约定的年龄、期限时承担给付保险金责任的商业保险行为。”

（二）保险的特征

（1）互助性。在一定条件下，保险分担了个别单位和个人所不能承担的风险，从而形成了一种经济互助关系。

（2）经济性。保险是一种经济保障活动，这种经济保障活动是整个国民经济活动的一个有机组成部分。保险体现了一种经济关系，即商品等价交换关系。

（3）法律性。从法律角度来看，保险是一种契约行为。保险双方当事人要建立保险关系，其形式是保险合同；要履行其权利和义务，其依据也是保险合同。

（4）科学性。保险以数理计算为依据收取保险费。保险人确定保险费时，一般都很慎重，以使其更加公平合理。保险经营的科学性无疑是现代保险存在和发展的基础。

二、可保风险

保险人承担的风险，称为可保风险。保险一般只保障纯粹风险，对有获利可能的投机风险一般是不予承保的。因为如果保险人承保了投机风险，那么很可能会引起风险，或者投保人通过保险图谋利益，这显然违反了保险原则，但是也并非所有的纯粹风险都是可保的。也就是说，可保风险必须具备以下条件：

（一）风险所产生的损失必须是可以用货币来计量的

凡是不能用货币计量其损失的风险是不可保的风险。但对人身安全保险来说，很难说清一个人的伤残程度或死亡所蒙受的损失值多少钱，因此死亡给付的标准在出立保单时就确定了。

（二）风险必须是偶然的

保险人承保的风险必须是有发生可能性的，同时又必须是偶然的和不可预知的。比如，自然损耗、折旧等必然发生的损失，保险人一般不予承保。如果风险肯定不会发生，保险也就没有必要了。所谓偶然和不可预知，是指对每一个具体的保险标的来说，事先无法知道它是否会发生损失以及损失的程度。对保险人而言，其可以通过历史资料的分析、大量统计材料的归纳和精确的推算，找到某一风险发生的规律性，减少其偶然性和不可预知性。

（三）风险必须是意外的

意外风险有主观、客观两层意思。从主观来讲，是指不是由被保险人故意行为所引起的，也就是说，对于被保险人的故意行为或不采取合理预防措施所造成的损失，保险人是不予赔偿的；从客观来讲，是指不是必然的，而上面谈到的自然损耗、折旧等就是必然的。

非意外风险属于不可保之列，或属于不可赔偿范围。

（四）风险必须是大量标的均有遭受损失的可能性

这是因为保险不是赌博，也不是投机，它是以大数法则作为保险人建立稳固的保险基金的数理基础，只有一个标的或少量标的所具有的风险，是不具备这种基础的。此外，还有一个明显的道理，保险人收取保险费，一定要与其承担的赔偿责任相适应。保险费过高，被保险人承担不起；保险费过低，保险人无法经营。以卫星保险为例，发射人造卫星是一个巨大的、复杂的工程，投资多、知识密集、风险大。人类最初发射人造卫星时，保险人因对其风险认识不清而不予承保。承保无疑是赌博，是冒险，而保险不是冒险。近些年来，由于航天事业的发展，保险标的数量已经足够大，如2022年全球共发射航天器2 500多个。在这种情况下，通过大数法则可以计算风险概率和损失程度，可以确定保险费率，因而卫星保险也风行全球。

拓展阅读8-2

保险与类似行为的比较

（五）风险有导致重大损失的可能性

只有风险的发生有导致重大的或比较大的损失的可能性，才会有保险的必要。如果可能的损失程度是轻微的，就不需通过保险来获取经济保障。因为这样在经济上是不合算的，同时也与保险的本质相悖。

以上五个可保风险条件是相互联系、相互制约的，在确认可保风险时，必须五个条件综合考虑，全面评估，以免发生承保失误。

三、保险的分类

（一）按实施的形式分类

1. 强制保险

强制保险（Compulsory Insurance），也称法定保险，是根据国家法律或者法令的规定采取强制形式实施的一种保险。强制保险是政府为了解决某些社会性的危险或某个领域的特殊危险，维护公共利益和无辜受害者的利益，实现一定的政策目标而实施的。由于强制保险保障范围广、最大限度分散风险且费率低，因此它是社会保险和政策性保险主要采用的形式。它的主要特点是：

（1）实施的强制性。凡在法律规定的范围之内的法人或者自然人，不管愿意与否都必须依法参加保险。

（2）保险人和被保险人必须按照有关法律规定，履行自己的权利和义务。

（3）保险金额由国家规定统一标准。

（4）虽然对强制保险的责任期限有一定的限制，但是保险责任并不因被保险人未履行缴纳保险费的义务而终止，保险人对迟交的保费采取收取滞纳罚金的做法。

2. 自愿保险

自愿保险（Voluntary Insurance），又称任意保险，是指在自愿协商的基础上由当事人订立保险合同而实施的一种保险。自愿保险是保险双方在平等互利、协商一致和等价有偿的基础上通过签订保险合同而形成的，其办理和形式都比较灵活，是一般商业保险的主要实施形式。目前，世界各国的保险业务绝大多数都是自愿保险。它的主要特点是：

（1）自愿保险不是全面投保或者不投保，其完全根据投保人意愿决定。

（2）自愿保险责任期限明确保险责任不是自动产生的，如果保险期限届满而投保人未办理续保手续保险责任即告终止。

（3）保险金额、保险责任等没有统一的规定，由双方在自愿的基础上自由确定。

（二）按保险保障的标的分类

1. 财产保险

财产保险（Property Insurance），是指以财产及其有关利益为保险标的的一种保险。当保险财产遭受保险责任范围内的损失时，由保险人提供经济补偿。

财产保险的种类主要有：以房屋、机器设备、材料、家庭财产、运输工具和运输途中的货物为标的的保险，以及工程保险、农业保险、海上石油开发保险等。

2. 人身保险

人身保险（Personal Insurance），是指以人的寿命和身体为保险标的的一种保险。保险人对被保险人在保险期间因意外事故、疾病等原因导致死亡、伤残，或者在保险期满后，根据保险条款的规定给付保险金。

人身保险的种类主要有：人身意外伤害保险、健康保险、人寿保险等。

3.信用与保证保险

（1）信用保险（Credit Insurance）。它是指权利人向保险人投保债务人信用风险的一种保险。实际上，信用保险就是将债务人的保证责任转移给保险人，当债务人不能履行其义务时，由保险人承担赔偿责任。

根据信用的种类不同，可将信用保险分为商业信用保险、银行信用保险和国家信用保险。如果保险标的是商品赊购方的信用，这种信用保险则称商业信用保险；如果保险标的是借款银行的信用，这种信用保险则称银行信用保险；如果保险标的是借款国的信用，这种信用保险则称国家信用保险。

根据被保险人贸易范围的不同，可以将信用保险分为国内信用保险和出口信用保险。如果保险标的是国内商人的信用，这种信用保险则称国内信用保险；如果保险标的是他国商人的信用，这种信用保险则称出口信用保险。

信用保险按保险期限的不同分为短期信用保险和中、长期信用保险。一般来说，短期信用保险是指信用期限不超过2年的信用保险，主要由商业信用保险公司提供保险业务；中期信用保险是指信用期限在2～5年的信用保险；长期信用保险是指信用期限在5年以上的信用保险。中、长期信用保险大多集中于对各种大型工程项目进行投保，其中大部分是由国有信用保险机构经营。

（2）保证保险（Guarantee Insurance）。保证保险是指在约定的保险事故发生时，被保险人须在约定的条件和程序成就时方能获得赔偿的一种保险，它实际上是一种建立在信用保险基础上的担保业务。保证保险是保险人为被保证人向权利人提供担保的一种保险。它包括两类保险：一类是狭义的保证保险，如履约保证保险；另一类是信用保险，如出口信用保险。它们的保险标的都是被保证人的信用风险，当被保证人的作为或不作为致使权利人遭受经济损失时，保险人负经济赔偿责任。因此，保证保险实际上是一种担保业务。

虽然保证保险具有担保性质，但是对于狭义的保证保险和信用保险而言，担保的对象是有区别的。凡被保证人根据权利人的要求，要求保险人承担自己（被保险人）信用的保险，属于狭义的保证保险；凡权利人要求保险人担保对方（被保证人）信用的保险，属于信用保险，权利人即被保险人。

保证保险的性质属于保险，而不是保证。在保证保险中，保险责任是保险人的主要责任，只要发生了合同约定的保险事由，保险人即应承担保险责任，这种责任因在合同有效期未发生保险事由而消灭。

4.责任保险

责任保险（Liability Insurance），是指以被保险人的民事损害赔偿责任作为保险对象的一种保险。凡按民法的规定应由被保险人对其因疏忽或过失造成的他人财产损失或人身伤害所应负的经济赔偿责任，由保险人承担。

单独承保的责任保险包括公众责任保险、产品责任保险、雇主责任保险、职业责任保险和第三者责任保险。

（1）公众责任保险（Public Liability Insurance），又称普通责任保险或综合责任保险，是以被保险人在公共场所的过错行为致使他人的人身或财产受到损害，依法应承担的民事经济赔偿责任作为保险标的的责任保险。公众责任保险的一般内容包括：

第一，责任范围。被保险人在保险期限内、在保险地点发生的依法应承担的经济赔偿责任及其有关的法律诉讼费用。

第二，保费计算。一般无固定的费率表，保费的计算公式如下：

应收保费=累计赔偿限额×适用费率

应收保费=保险场所占用面积（平方米）×每平方米保险费

第三，公众责任保险的赔偿。赔偿限额的确定：通常采用规定每次事故赔偿限额的方式，既无分项限额，又无累计限额。赔偿处理的程序：立案—现场查勘—写出查勘报告—进行责任审核—做好抗诉准备—计算保险赔款—支付保险赔款。

公众责任保险的主要险种有：①综合公共责任保险，承保被保险人在任何地点因非故意行为造成他人财产损失或人身伤害应负的经济赔偿责任；②场所责任保险，承保被保险人在被保险场所进行生产经营活动时因疏忽造成他人财产损失或人身伤害应负的经济赔偿责任，这是公众责任保险中业务量最大的险种；③承包人责任保险，专门承保承包人的损害赔偿责任；④承运人责任保险，专门承保承担各种客、货运输的部门或个人在运输过程中可能发生的损害赔偿责任。

（2）产品责任保险（Product Liability Insurance）。它是指产品在使用过程中因其缺陷而造成用户、消费者或公众的人身伤亡或财产损失时，依法应由产品供给方（如制造者、销售者、修理者等）承担的民事损害经济赔偿责任作为保险标的的责任保险。产品责任保险的一般内容包括：

第一，责任范围。保险人承保所保产品造成的对消费者或用户的财产损失、人身伤亡导致的经济赔偿责任及由此而导致的法律费用。该责任范围有两个限制性条件：造成责任事故的产品必须是用于销售的商品；产品责任事故的发生必须是在制造、销售该产品的场所范围之外的地点。

第二，除外责任。被保险人应承担的其他责任包括：被保险人所有照管或控制的财产损失；产品仍在制造或销售场所，其所有权未转移的责任事故；被保险人故意违法生产、出售造成的产品事故；被保险产品自身的损失；不按所保产品说明安装、使用或在非正常状态下使用时造成的责任事故。

第三，保险费率及赔偿。影响保险费率的因素有：产品特点及对人身或财产造成的损害风险的大小；产品数量与价格；承保的区域范围；产品制造者的技术水平和质量管理情况；赔偿限额的高低。赔偿以所保产品在保险期限内发生的事故为基础，不论产品是否在保险期限内生产或销售，均采用“事故发生制”进行经济补偿。

保险人在处理产品责任保险索赔案时，所要求的赔偿必须满足下列条件：①事故必须是偶然、意外发生的，被保险人预先无法预料。②产品事故必须在被保险人制造或销售场所以外的流通领域，并在规定的期限内发生。③产品的所有权必须已转移至用户或消费者手中，经被保险人同意赊欠或分期付款的产品视同所有权转移。④索赔的首次提出必须是在保单有效期内。因为产品责任险的责任是以索赔发生制为基础的，即对保单期限内的索赔事故负责，而不论引起该事故的有缺陷产品是否在保险期限内生产或销售。

拓展阅读8-3

产品责任保险与产品质量保证保险的区别

(3) 雇主责任保险（Employer Liability Insurance）。它是以被保险人（雇主）的雇员在受雇期间从事与业务有关的活动时因遭受意外而导致伤残、死亡，或患有职业病而依法或依雇佣合同应由被保险人承担的经济赔偿责任作为保险标的的责任保险。

雇主责任保险的一般内容：①责任范围。保险人负责承担由于各种意外的工伤事故和职业病的发生应由雇主对其雇员所承担的经济赔偿责任及其相关的法律费用。②主要除外责任。战争、罢工等风险引起的雇员伤害；被保险人故意行为；被保险人的雇员因自己的故意行为导致的伤害，或其由于疾病、分娩、流产以及由此而施行的手术所致的伤害。

(4) 职业责任保险（Professional Liability Insurance）。它是以各种专业技术人员在从事职业技术工作时因疏忽或过失造成合同对方或他人的人身伤害或财产损失而引起的经济赔偿责任作为承保风险的责任保险。职业责任保险的一般内容包括：

第一，承保方式。其包括：①以索赔为基础（较普遍）。保险人仅对在保险期限内受害人向被保险人提出的有效索赔承担赔偿责任，而不论导致该索赔案的事故是否发生在保险期限内。它实质上是将保险责任期限前置了。在实际业务中，保险人为控制责任，常常规定一个责任追溯日期（一般为3~5年），即保险人仅对追溯日以后、保险期满日以前发生的事故且在保险有效期内提出的索赔负赔偿责任。②以事故发生为基础。保险人仅对在保险有效期内发生的责任事故而引起的索赔承担赔偿责任，而不论受害方是否在保险有效期内提出索赔。它实质上是将保险责任期限延长了。

第二，职业责任保险的费率及赔偿。其包括：①影响保险费率的因素包括被保险人的职业种类、工作场所、工作单位性质、过去的赔付记录及同类业务的事故情况、该笔投保业务的数量、被保险人及其雇员的专业技术与工作责任心、赔偿限额及免赔额等；②保险赔偿的程序包括严格按承保方式进行审查；承担赔偿金及相关法律费用。

职业责任保险的主要险种有：医疗职业责任保险、律师职业责任保险、会计师职业责任保险，以及建筑、工程技术人员责任保险等。

(5) 第三者责任保险（Third Party Liability Insurance）。它是指被保险人或其允许的驾驶人员在使用保险车辆过程中发生意外事故，致使第三者遭受人身伤亡或财产直接损毁，依法应当由被保险人承担的经济责任，则由保险人负责赔偿。同时，若经保险人书面同意，被保险人因此发生仲裁或诉讼费用，保险人在责任限额以外赔偿，但最高不超过责任限额的30%。

(三) 按风险的转嫁形式分类

1.原保险

原保险，是指投保人与保险人之间直接签订保险合同而建立保险关系的一种保险。在原保险关系中，保险需求者将其风险转嫁给保险人，当保险标的遭受保险责任范围内的损失时，保险人直接对被保险人承担损失赔偿责任。

2. 再保险

再保险，也称分保，是保险人将其所承保的风险和责任的一部分或全部，转移给其他保险人的一种保险。转让业务的是原保险人，接受分保业务的是再保险人。这种风险转嫁方式是保险人对原始风险的纵向转嫁，即第二次风险转嫁。

再保险与原保险的关系是：再保险合同以原保险合同为基础，同时又脱离原保险合同而独立存在；再保险合同与原保险合同在当事人和性质两个方面存在差异。

3. 共同保险

共同保险，也称共保，是由几个保险人联合直接承保同一标的或同一风险而保险金额不超过保险标的的价值的一种保险，在发生赔偿责任时，其赔偿按照保险人各自承保的金额比例分摊。与再保险不同，这种风险转嫁方式是保险人对原始风险的横向转嫁，它仍属于风险的第一次转嫁。

4. 重复保险

重复保险，是指投保人以同一保险标的、同一保险利益、同一保险事故分别与两个以上保险人订立保险合同的一种保险。与共同保险相同，重复保险也是保险人对原始风险的横向转嫁，也属于风险的第一次转嫁。只不过在大多数情况下，重复保险的保险金额总和超过保险价值，因此这时各保险人的赔偿金额要按一定标准进行分摊。

（四）按投保单位分类

1. 团体保险

团体保险，是指以集体名义签订保险合同，由保险人向团体内的成员提供保障的保险。

2. 个人保险

个人保险，是指以个人的名义向保险人投保的保险。

（五）按经营保险的性质分类

1. 营利保险

营利保险，是指保险人以营利为目的经营的保险。商业性保险属于营利保险，保险人以营利为目的开展业务，将其经营所得的利润或结余进行分配。

2. 非营利保险

非营利保险，是指保险人不以营利为目的经营的保险。非营利保险一般是出于某种特定的目的，由政府资助营运，以保证经济的协调发展和安定社会秩序为目标而实施的保险保障计划。

四、保险的职能

保险的职能分为基本职能和派生职能。基本职能是保险原始与固有的职能，不因时间的变化和社会形态的不同而改变。派生职能是随着保险内容的丰富和保险种类的发展，在保险基本职能的基础上产生的新职能。

（一）保险的基本职能

保险的基本职能，即保险的经济保障功能，具体表现为保险补偿的职能和保险给付的职能。

1.保险补偿的职能

保险补偿是指在特定灾害事故发生时，在保险的有效期限和保险合同约定的责任范围及保险金额内，按其实际损失数额给予赔付。这种赔付原则使得已经存在的社会财富因灾害事故所致的实际损失在价值上得到了补偿，在使用价值上得以恢复，从而使社会再生产过程得以连续进行。

2.保险给付的职能

由于人的价值是很难用货币来计量的，因此人身保险是经过保险人和投保人双方约定进行给付的保险，即人身保险的职能不是损失补偿，而是定额给付。

（二）保险的派生职能

保险的派生职能主要是指保险的投资职能与防灾防损职能。

1.保险的投资职能

保险的投资职能，即保险融通资金的职能或保险资金运用的职能。由于保险的补偿与给付的发生具有一定的时差性，这就为保险人进行资金运用提供了可能。同时，保险人为了使保险经营稳定，必须保证保险基金的保值与增值，这也要求保险人对保险资金进行合理运用。

2.保险的防灾防损职能

防灾防损是风险管理的重要内容，保险本身就是风险管理的一项重要措施。保险人为了稳定经营，要对风险进行分析、预测和评估，通过人为的事前预防，可以减少损失的发生。而且，防灾防损作为保险业务操作的环节之一，贯穿在整个保险工作之中。

五、保险的作用

保险的作用是保险职能在具体实践中所产生的效应。在不同的社会发展时期，由于保险所处的经济条件不同，保险的职能在人们的实践中表现的效果不一样，因此保险的作用也不尽相同。保险的作用可以从宏观和微观两个方面予以阐述。

（一）保险的宏观作用

保险的宏观作用，是指保险对全社会、对国民经济总体所产生的经济效应。它保障社会再生产的正常运行；有助于财政收支计划和信贷收支计划的顺利实现；有利于对外经济贸易发展，平衡国际收支；有利于科学技术向现实生产力的转化。

（二）保险的微观作用

保险的微观作用，是指保险对企业、家庭和个人所起的保障作用。它有助于受灾企业及时恢复生产；有利于企业加强经济核算，增强市场竞争能力，促进企业加强风险管理；有利于安定群众生活，促进个人或家庭消费的均衡。

六、保险合同

（一）保险合同的概念与特点

我国《保险法》第10条对保险合同的定义：“保险合同是投保人与保险人约定保险权利义务关系的协议。”它包含以下两层含义：当事人是投保人和保险人；内容是关于保险的权利、义务关系。

保险合同的基本特点是：

1.保险合同是有偿合同

保险合同的有偿性主要体现为：投保人要取得保险的风险保障，必须支付相应的代价，即保险费；保险人要收取保险费，必须承诺承担保险保障责任。

2.保险合同是保障合同

保险合同的保障性主要体现为：保险合同双方当事人一经达成协议，保险合同从约定生效时起到终止的整个期间，投保人的经济利益受到保险人的保障。

3.保险合同是有条件的双务合同

保险合同与一般合同的双务性并不完全相同，即保险人的赔付义务只有在约定的事故发生时才履行，因而保险合同是附有条件的双务合同。

4.保险合同是附和合同

附和合同，是指合同内容一般不是由当事人双方共同协商拟定，而是由一方当事人事先拟定，印就好格式条款供另一方当事人选择，另一方当事人只能进行取与舍的决定，无权拟定合同的条文。

5.保险合同是射幸合同

射幸合同是合同的效果在订约时不能确定的合同，即合同当事人一方并不必然履行给付义务，而只有当合同中约定的条件具备或合同约定的事件发生时才履行给付义务。

6.保险合同是最大诚信合同

任何合同的订立，都应以合同当事人的诚信为基础。

（二）保险合同的分类

1.按合同的性质分类

（1）补偿性保险合同。它是指保险人的责任以补偿被保险人的经济损失为限，并不得超过保险金额的合同。各类财产保险合同和人身保险中的医疗费用保险合同都属于补偿性保险合同。

（2）给付性保险合同。它是指保险金额由双方事先约定，在保险事件发生或约定的期限届满时，保险人按合同规定的标准金额给付的合同。各类寿险合同属于给付性保险合同。

2.按保险价值在订立合同时是否确定分类

（1）定值保险合同。它是指在订立保险合同时，投保人和保险人即已确定保险标的的保险价值，并将其载明于合同中的保险合同。例如，以农作物、货物运输、字画、古玩等为保险标的的财产保险合同。

（2）不定值保险合同。它是指投保人和保险人在订立保险合同时不预先约定保险标的的价值，仅载明保险金额作为保险事故发生后赔偿最高限额的保险合同。大多数财产保险业务均采用不定值保险合同的形式。

3.按承担风险责任的方式分类

（1）单一风险合同。它是指只承保一种风险责任的保险合同。

（2）综合风险合同。它是指承保两种以上特定风险责任的保险合同。

（3）一切险合同。它是指保险人承保合同中列明的除不保风险之外的一切风险的保险合同。

4.按保险金额和出险时价值对比关系分类

（1）足额保险合同。它是指保险金额等于保险事故发生时的保险价值的保险合同。

（2）不足额保险合同。它是指保险金额小于保险事故发生时的保险价值的保险合同。

（3）超额保险合同。它是指保险金额大于保险事故发生时的保险价值的保险合同。

5.按保险标的分类

（1）财产保险合同。它是指以财产及有关的经济利益为保险标的的保险合同。财产保险合同可分为财产损失保险合同、责任保险合同、信用保险合同。

（2）人身保险合同。它是指以人的寿命和身体为保险标的的保险合同。人身保险合同可分为人寿保险合同、人身意外伤害保险合同、健康保险合同。

6.按保险合同当事人分类

（1）原保险合同。它是指保险人与投保人直接订立的保险合同，合同保障的对象是被保险人。

（2）再保险合同。它是指保险人为了将其所承担的保险责任转移给其他的保险人而订立的保险合同，合同直接保障的对象是原保险合同的保险人。

（三）保险合同的要素

1.保险合同的主体

保险合同的主体是保险合同的参加者，是在保险合同中享有权利并承担相应义务的人，保险合同的主体包括保险合同的当事人、关系人。保险合同的当事人包括保险人、投保人。保险合同的关系人包括：①被保险人。它是受保险合同保障，且有权按照保险合同的规定向保险人请求赔偿或给付保险金的人。②受益人。它一般属于人身保险范畴的特定关系人，即在人身保险合同中由被保险人或投保人指定，当保险合同规定的条件实现时有权领取保险金的人。未确定受益人有两种情况：一是被保险人或投保人未指定受益人；二是受益人先于被保险人死亡，受益人依法丧失受益权，受益人放弃受益权，而且没有其他受益人。

2.保险合同的客体

（1）保险利益是保险合同的客体。它是在民事法律关系中主体享受权利和履行义务时共同指向的对象。

（2）保险标的是保险利益的载体。它是投保人申请投保的财产及其有关利益，或者人的寿命和身体，是确定保险合同关系和保险责任的依据。

3.保险合同的内容

保险合同的内容，是指保险合同当事人之间由法律确认的权利和义务及相关事项。

（1）保险条款及其分类。

第一，按照保险条款的性质不同，保险条款可分为：①基本条款。它是保险人事先拟定并印就在保险单上的有关保险合同双方当事人权利和义务的基本事项。②附加条款。它是保险合同双方当事人在基本条款的基础上，根据需要另行约定或附加的、用以扩大或限制基本条款中所规定的权利和义务的补充条款。

第二，按照保险条款对当事人的约束程度，保险条款可分为：①法定条款。它是由法律规定的保险双方当事人的权利和义务的保险条款。②任意条款。它是相对于法定条款而言的，是指由保险合同当事人在法律规定的保险合同事项之外，就与保险有关的其他事项所做的约定。

（2）保险合同的基本事项。其包括：保险合同当事人和关系人的姓名或者名称、住所、保险标的、保险责任和责任免除。其中，责任免除是对保险人承担责任的限制，即保险人不负赔偿和给付责任的范围。责任免除明确的是哪些风险事故的发生造成的财产损失或人身伤亡与保险人的赔付责任无关，主要包括法定的和约定的责任免除条件。

责任免除分为四种类型：①不承保的风险，即损失原因免除，如在现行的企业财产基本险中，保险人对地震引起的保险财产损失不承担赔偿责任；②不承担赔偿责任的损失，即损失免除，如正常维修、保养引起的费用及间接损失，保险人不承担赔偿责任；③不承保的标的，包括绝对不保的标的，如土地、矿藏等，以及可特约承保的标的，如金银、珠宝等；④投保人或被保险人未履行合同规定义务的责任免除。

4.保险期间和保险责任开始时间

保险期间是保险合同的有效期间。保险责任开始时间是保险人开始承担保险责任的起点时间（通常以某年、某月、某日、某时表示）。

5.保险价值

保险价值的确定主要有三种方法：

（1）由当事人双方在保险合同中约定，当保险事故发生后，无须再对保险标的估价，就可直接根据合同约定的保险标的的价值计算损失。

（2）按事故发生后保险标的的市场价格确定，即保险标的的价值随市场价格而变动，保险人的赔偿金额不超过保险标的在保险事故发生时的市场价格。

（3）依据法律具体规定确定保险价值。

6.保险金额

保险金额，是指保险人承担赔偿或者给付保险金的最高限额。在定值保险中，保险金额为双方约定的保险标的的价值。在不定值保险中，保险金额可以按下述方法确定：

（1）由投保人按保险标的的实际价值确定。

（2）根据投保人投保时保险标的的账面价值确定。无论在定值保险中还是在不定值保险中，保险金额都不得超过保险价值，超过的部分无效。

7.保险费以及支付办法

缴纳保险费是投保人的基本义务。投保人支付保险费的多少是由保险金额的大小、保险费率的高低以及保险期限等因素决定的。

保险费率是保险人在一定时期按一定保险金额收取保险费的比例（通常用百分率或千分率表示）。保险费率由纯费率和附加费率两部分组成。

纯费率，也称净费率，是保险费率的基本部分。在财产保险中，纯费率主要是依据保险金额损失率（损失赔偿金额与保险金额的比率）来确定的；在长期寿险中，纯费率则是根据人的预定死亡（生存）率和预定利率等因素来确定的。

附加费率，是指在一定时期内保险人业务经营费用和预定利润的总和与保险金额的比率。

8.保险金赔偿或给付办法

在财产保险中，保险金赔偿或给付办法表现为支付赔款；在人寿保险中，保险金赔偿或给付办法表现为给付保险金。

9.违约责任和争议处理

10.订立合同的年、月、日

七、保险合同的成立、转让、变更、解除与终止的法律规定

（一）保险合同的成立

从法律角度来看，保险合同的成立必须经过要约与承诺两个法律程序。

在保险业务中，保险人一经无条件地接受了投保人的投保申请，并据此签发了保险单，保险合同即告成立。

（二）保险合同的转让

转让方和受让方不需要征得保险人同意，这样做主要是给货物买卖双方带来便利，有利于商品流转和国际贸易往来，这也是海上货物运输保险中的一大特点。我国《海商法》第229条规定：“海上货物运输保险合同可以由被保险人背书或者以其他方式转让，合同的权利、义务随之转移。”保险单的转让包括：

（1）财产保险单的转让。各国法律一般都认为，保险单不是保险标的所有权的附属物，不能随保险标的所有权的转让而转让。保险单的转让必须经保险人的同意，否则保险合同从保险标的所有权转移之时起即告终止。

需要注意的是，货运保险合同的转让不需经保险人的同意，而只需由被保险人背书后，随着货物所有权的转让而转让。

（2）人寿保险单的转让。人寿保险单可以自由转让，除非合同中有限制转让的规定。人寿保险单的转让不需经保险人的同意。

（三）保险合同的变更

保险合同的变更，是指在保险合同的有效期内，合同的内容发生改变的情况。各国保险法律一般都规定，保险合同成立以后，投保人可以提出变更保险合同内容的请求，但必须经保险人同意并办理变更手续，有时还需增加保险费，变更合同方才有效。同

时，保险合同的变更必须采取书面形式。

（四）保险合同的解除

保险合同的解除，是指在合同没有履行或没有完全履行时，当事人一方基于合同成立后所发生的情况，使合同无效的一种单独行为。其具体包括：①法定解除。它是指当法律规定的原因出现时，合同当事人一方依法行使解除权，解除已经生效的合同关系。②任意解除。它是指法律允许双方当事人都有权根据自己的意愿解除合同关系。③约定解除。它是指双方当事人在合同中对解除合同的条件做出明确的约定，一旦出现了约定的条件时，一方或双方即有权利据以解除保险合同。

（五）保险合同的终止

保险合同的终止，是指当事人之间由合同所确定的权利和义务关系，因法律规定的原因出现而不复存在。其具体包括：①保险合同的自然终止。保险合同成立后，虽然未发生保险事故，但是如果合同的有效期已届满，保险人的保险责任即自然终止。②保险合同因保险赔款已履行而终止。保险事故发生后，保险人履行了全部保险金额的赔偿或给付义务后，保险责任即告终止。

任务三　保险的基本原则

一、保险利益原则

（一）保险利益的概念

保险利益（Insurance Interests），又称可保利益，是指投保人对保险标的所具有的法律上承认的利益，体现了投保人或被保险人与保险标的之间存在的利害关系。如果保险标的安全，投保人或被保险人可以从中获益；而一旦保险标的受损，被保险人则会蒙受经济损失。

任何一个保险合同都有特定的合同对象。特定的保险标的是保险合同订立的必要内容，但是订立保险合同的目的并不是保障保险标的的本身，而是保障投保人存在于保险标的之上的经济利益，即保险标的是这种经济利益的载体。只要投保人对保险标的所具有的经济利益是合法利益，就可以通过给保险标的购买保险而获得保险保障。也就是说，保险合同保障的不是保险标的本身，而是投保人或被保险人对保险标的所具有的合法的经济利益，即保险利益。

保险标的和保险利益是两个完全不同的概念，但是两者之间又是相互依存、密切相关的。保险利益以保险标的的存在为条件，只要保险标的存在，投保人或被保险人的经济利益也就存在，但如果保险标的遭受损失，投保人或被保险人也将承受经济上的损失。

动画8-1

可保利益原则

（二）保险利益原则及其作用

保险利益原则，是指投保人在投保时必须对保险标的具有保险利益，才能同保险人签订有效的保险合同，被保险人在进行索赔时必须对遭受损失的保险标的具有保险利益，保险人才对被保险人进行损失赔偿。

将保险利益的要求应用于投保环节，可以判断投保人是否有资格就某一特定的标的进行投保。如果投保人对保险标的没有保险利益，则其与保险人所签订的保险合同是非法的、无效的，这样可以有效地控制保险的诈骗和赌博行为。将保险利益的要求应用于保险理赔环节，可以判断被保险人是否有资格就某一受损的保险标的进行索赔，并衡量被保险人能获得多少赔偿。如果被保险人对保险标的没有保险利益，则保险人不承担损失的赔偿责任。保险利益原则可以有效控制被保险人利用保险获得不当得利的行为。保险利益原则的确立规范了保险的经营活动，对保险业的发展起到了推动作用。

1.可以防止保险合同变为赌博性合同

保险不是赌博，保险合同与赌博性合同的界限在于投保人对其投保的标的是否具有保险利益。如果投保人在没有保险利益的情况下与保险人签订了保险合同，则这个合同就是以他人的生命和财产进行赌博的合同。如果《保险法》对利用保险合同进行赌博没有任何限制，任何对保险标的没有利害关系的人都可以通过保险标的的损失而获得损失赔偿，即被保险人不是获得损失赔偿而是通过损失牟利，这样就违背了保险的宗旨，并将保险引入歧途。保险利益原则的确立，要求投保人或被保险人必须对保险标的具有保险利益，才能同保险人订立有效的保险合同，这一规定可以从根本上避免保险合同变为赌博性合同。

2.可以防止被保险人的道德风险

所谓道德风险，是指被保险人为获得保险赔款而故意作为或不作为，由此造成或扩大保险标的的损失。如果《保险法》不规定保险必须具备保险利益，则保险的开办势必纵容了被保险人的道德风险，破坏了社会道德，导致社会道德标准的下降，增加了社会财富受损的机会。有了保险利益原则，在保险事故发生时，保险赔款的支付是以被保险人对保险标的具有合法的利害关系为前提，因而保险标的的损坏或灭失，只能给被保险人带来损失，不会带来好处，这样便可有效防止道德风险的发生。

3.可以限制保险赔偿的程度

被保险人参加保险后，当保险标的发生损失时，保险人只能按照损失发生时被保险人对保险标的所具有的经济利益进行赔偿，即被保险人可以获得的赔偿金额不能超过其对保险标的所具有的保险利益的金额，否则就违背了保险经济补偿的目的，并且会诱发被保险人的道德风险。

（三）保险利益的构成要件

投保人或者被保险人通过保险手段进行风险转移并寻求保障的经济利益，必须是可以保险的利益。判定某种利益是否可以保险主要有以下条件：

1.保险利益必须是合法的利益

法律认可的利益又可称为适法的利益，即得到法律认可。受到法律保护的利益在受到损害时才能构成保险利益。由不法行为所产生的利益，不得作为保险利益。比如，为盗窃而来的财物投保财产险，保险合同是无效的。

2.保险利益必须是确定的利益

仅由投保人主观上认定存在，而在客观实际中并不存在的利益，不应作为保险利益。确定的保险利益包括投保人对保险标的的现有利益和由现有利益产生的期待利益。现有利益，是指投保人已经实际取得的经济利益，如投保人已购买的汽车、现有的机器设备和已经取得的知识产权等。期待利益，是指由现有利益产生的将来可以获得的利益，如出租房屋而预期可以获得的租金收入，维修设备而预期可以得到的修理费收入等。

3.保险利益必须是可以衡量、计算、估价的利益

保险本质是对被保险人遭受的经济损失给予经济补偿。经济上的利益，是指可以用货币计算估价的利益，又称金钱上的利益。保险既不能保障保险标的不发生损失，也不能补偿被保险人遭受的非经济损失，如感情痛苦、刑事处分、精神创伤等，这些虽然与当事人有利害关系，但是这种利害关系不表现为直接的经济利益损失，因此不能成为保险利益。

但是，需要注意的是，人身保险的标的是人的身体健康和生命，而这一切虽然是无价的，但是被保险人的生、死、伤、残等均可使被保险人或其受益人在经济上受到影响，而这种影响是可以用货币来计算的，因此人身是可以保险的。

（四）保险利益的运用

1.财产保险的保险利益

财产保险的可保利益通常产生于财产的所有权，即投保人或被保险人由于对投保的保险标的具有合法的所有权，而对其具有保险利益。但是，财产保险的可保利益又不限于财产所有权，凡是因财产发生意外事故而遭受经济损失，或因财产安全而获得利益或预期受益者，均对财产具有保险利益。

财产保险的保险利益产生的法律关系有：①投保人对保险标的具有所有权，即财产的所有人对财产具有可保利益；②投保人对保险标的有法律连带责任；③投保人对保险标的承担有保证责任，即财产的保证人对财产具有可保利益；④投保人对保险标的具有收益权或预期收益权；⑤投保人对保险标的具有管理、维修责任，即财产的受托人对委托人的财产具有可保利益。

投保人投保财产保险，必须对投保标的具有上述法律关系之一，保险合同才是有效的合同。

2.责任保险的保险利益

责任保险的保险利益有以下几种：

（1）各种固定场所，如饭店、医院、商店、旅馆、影剧院、娱乐场所等，因其对顾客、观众等造成人身伤害或财产损失，依法应承担经济赔偿责任对其具有保险利益，可投保公众责任保险。

（2）制造商、销售商、修理商等，因其制造、销售、修理的产品有缺陷造成用户或消费者的人身伤害或财产损失，依法应承担经济赔偿责任对其具有保险利益，可投保产品责任保险。

（3）各类专业人员，如药剂师、律师、会计师、工程师等，因工作上的疏忽或过失致使他人遭受损害，依法应承担经济赔偿责任对其具有保险利益，可投保职业责任保险。

（4）雇主对雇员在受雇期间因从事与职业有关的工作而患职业病或伤、残、死亡等，依法应负担医药费、工伤补贴、家属抚恤费等对其具有保险利益，可投保雇主责任保险。

3.信用保险与保证保险的保险利益

信用保险与保证保险的保险标的是一种信用行为。信用保险的保险利益，是指债权人担心债务人到期无法偿还债务而致使自身遭受经济损失，从而债权人对债务人的信用具有保险利益，这时债权人可以投保信用保险。保证保险的保险利益，是指债务人对自身的信用具有保险利益，可以按照债权人的要求投保自身信用的保险，即保证保险。

4.人寿保险的保险利益

人寿保险的保险标的是人的生命或身体，签订人身保险合同要求投保人与保险标的之间存在经济利害关系。《保险法》中规定，人身保险的保险利益可分为以下四种情况：

（1）本人对自己的生命和身体具有保险利益，可以作为投保人为自己投保。

（2）投保人对配偶、子女、父母的生命和身体具有保险利益，可以作为投保人为他们投保。由于配偶之间、父母与子女之间具有法律规定的抚养或赡养责任，被保险人的死亡或伤残会给投保人造成经济损失，因此投保人对其配偶、父母、子女具有保险利益，可以作为投保人为他们投保。

（3）投保人对上述两项以外与投保人有抚养、赡养或者扶养关系的家庭其他成员、近亲属具有保险利益。由于与投保人有抚养、赡养或者扶养关系的家庭成员、近亲属的伤亡，可能会给投保人带来经济上的损失，因此投保人对他们具有保险利益，可以为他们投保。

（4）除上述规定外，被保险人同意投保人为其订立合同的，视为投保人对被保险人具有保险利益。在国外，在判定投保人对他人的生命和身体是否具有保险利益方面，主要有两种观点：一是利害关系论。只要投保人对被保险人的存在具有精神和物质幸福，被保险人死亡或伤残会造成投保人痛苦和经济损失，有这种利害关系存在就具有保险利益。英国、美国等国一般采用这种主张，如债权人对债务人具有保险利益，企业对其职工具有保险利益。二是同意或承认论。只要投保人征得被保险人同意或承认，就对其生命或身体具有投保人身保险的保险利益。德国、日本、瑞士等国采用这种观点。根据我国《保险法》的规定，我国对人身保险合同的保险利益的确定方式是采取了限制家庭成员关系范围并结合被保险人同意的方式。

在订立合同时，投保人对被保险人不具有保险利益的，合同无效。如果被保险人因合同“除外责任”规定的原因死亡，如自杀、刑事犯罪被处决等，则均构成保险利益的消灭，从而保险合同失效。由于人身保险标的的特殊性，一般不存在保险利益的转移。只有那些为一般利害关系而订立的人身保险合同，如债权债务关系，可以作为继承人的利益继续存在，否则，人身保险的保险利益不得继承或转让。

5.海上保险的保险利益

海上保险的标的主要是船舶、货物、运费及承运人的法律责任和合同责任。海上保险的保险利益可以基于所有权而产生，也可以基于符合法律规定的权利和义务关系而产生。

（1）船舶。对船舶具有可保利益的人主要是船舶所有人，即船东，以及对船舶具有合法的利害关系的其他人，主要是船舶的债权人。

（2）运费。对运费具有可保利益的人主要是船东、租船人及承运人。

（3）货物。对货物具有可保利益的人主要是买方和卖方、货物的抵押贷款人等。

（4）赔偿责任。承运人经营海上货物运输业务，根据有关法律和提单条款对货主和其他关系方承担了法律或者合同责任，因此承运人在经营活动中的疏忽和过失将使其面临各种民事损害赔偿的请求，承运人对由此而产生的赔偿具有保险利益。

二、最大诚信原则

（一）最大诚信原则的概念

动画8-2

最大诚信原则

最大诚信（Utmost Good Faith）原则，也称最高诚信原则，是指保险双方当事人在签订和履行保险合同的过程中，都能做到最大限度的诚实和守信，没有隐瞒与保险标的有关的重要事实，不逃避或减少按合同规定对另一方应承担的责任。最大诚信原则起源于海上保险。

（二）规定最大诚信原则的原因

在保险活动中，之所以规定最大诚信原则，主要归因于保险信息的不对称性和保险合同的特殊性。一方面，在保险经营中，无论是保险合同订立时还是保险合同成立后，投保人与保险人对有关保险的重要信息的拥有程度是不对称的。

对保险人而言，投保人转嫁的风险性质和大小直接决定着其能否承保与如何承保。然而，保险标的是广泛而且复杂的，作为风险承担者的保险人却远离保险标的，而且对有些标的难以进行实地查勘。因此，保险人只能根据投保人的告知与陈述来决定是否承保、如何承保以及确定保险费率。这就使得投保人的告知与陈述是否属实和准确将直接影响保险人的决定。于是要求投保人基于最大诚信原则履行告知义务，尽量对保险标的的有关信息进行披露。

对投保人而言，由于保险合同条款的专业性与复杂性，一般的投保人难以理解与掌握，对保险人使用的保险费率是否合理、承保条件及赔偿方式是否苛刻等也是难以了解的，因此投保人主要根据保险人为其提供的条款说明来决定是否投保以及投保的险种。于是也要求保险人基于最大诚信原则，履行其应尽的此项义务。

保险合同属于典型的附和合同，因此为避免保险人利用保险条款中含糊或容易使人产生误解的文字来逃避自己的责任，保险人应履行其对保险条款的告知与说明义务。另外，保险合同又是一种典型的射幸合同。由于保险人所承保的保险标的的风险事故是不确定的，而投保人购买保险仅支付较少量的保费，保险标的一旦发生保险事故，被保险人所能获得的赔偿或给付将是保费支出的数十倍、数百倍甚至更多。因而，就单个保险合同而言，保险人承担的保险责任远远高于其所收取的保费，倘若投保人不诚实、不守信，必将引发大量保险事故陡然增加保险赔款，使保险人不堪负担而无法永续经营，最终将严重损害广大投保人和被保险人的利益。因此，要求投保人基于最大诚信原则，履行告知与保证义务。

（三）最大诚信原则的内容

对被保险人来说，最大诚信原则主要涉及三个方面的内容：

（1）告知（Disclosure）与不告知（Non-disclosure）。告知，是指被保险人在投保时把其所知道的有关保险标的重要事项告诉保险人。所谓的重要事项（Material Facts），也称重要事实，是指一切可能影响保险人做出是否承保及确定保险费率的有关情况。若投保时被保险人对重要事项故意隐瞒即构成不告知。对于不告知的法律后果，我国《海商法》第223条对被保险人故意和非故意违反告知义务的情况，作了不同规定。如果被保险人的不告知是故意所为，保险人有权解除合同，并且不退还保险费；合同解除前发生保险事故造成损失的，保险人不负赔偿责任。如果被保险人的不告知不是故意所为，保险人有权解除合同或者要求相应增加保险费。保险人解除合同的，对于合同解除前发生保险事故造成的损失，保险人应当负赔偿责任。但是，未告知或错误告知的重要情况对保险事故的发生有影响者除外。

各国保险立法关于投保人告知义务的形式有两种：一是“无限告知”义务，即投保人应自动将其所知道的与保险标的有关的一切重要事实告知保险人，而不仅限于投保单所列的内容。前述告知义务即属此种形式。二是“询问告知”形式，即保险人在投保单上将自己所要了解的事项列出，由投保人逐项回答，凡属投保单上所询问的事项均视为重要事实，投保人只需逐项如实回答，即认为已履行告知义务。

不告知，即隐瞒，这意味着投保人没有履行其应尽的义务。当投保人有告知义务而没有履行时，投保人对其应尽的告知义务保持沉默就构成隐瞒。

投保人不履行合同项下的告知义务，产生的法律后果因隐瞒的动机不同而有所不同。如果是不知道而不告知，保险人可以解除保险合同，并退还投保人缴纳的保险费；如果投保人是有意识地故意不告知，如对重要事项故意隐瞒，保险人可以解除保险合同，但不退还投保人缴纳的保险费；如果投保人编造虚假事实，恶意欺骗保险人，构成了保险欺诈，保险人除了解除保险合同，不退还保险费外，还可以起诉投保人，投保人还要对其恶意的欺骗行为承担刑事责任。

拓展阅读8-4

保险人的告知与未告知

（2）保证（Warranty）。一般意义上的保证为允诺、担保，这里的保证是指保险人和投保人在保险合同中约定，投保人或被保险人在保险期限内担保对某种特定事项的作为或不作为或担保其真实性。可见，保险合同保证义务的履行主体是投保人或被保险人。保证通常分为明示保证和默示保证。

明示保证（Express Warranty）是在保险单中订明的保证。明示保证作为一种保证条款，必须写入保险合同或写入与保险合同一起的其他文件中，如提单等。明示保证通常用文字来表示，以文字的规定为依据。明示保证又可分为确认保证和承诺保证。确认保证事项涉及过去与现在，它是投保人或被保险人对过去或现在某一特定事实存在或不存在的保证。例如，某人确认他从未得过重病，即他在此事项认定以前与认定时从未得过重病，但并不涉及今后他是否会患重病。承诺保证，是指投保人对将来某一特定事项的作为或不作为，其保证事项涉及现在与将来，但不包括过去。例如，某人承诺今后不再吸烟，即他保证从现在开始不再吸烟，但在此之前他是否吸烟则不予追究。

默示保证（Implied Warranty），是指一些重要保证并未在保单中订明，但却是当事人双方在订约时都清楚的保证。与明示保证不同，默示保证不通过文字来说明，而是根据有关的法律、惯例及行业习惯来决定。虽然没有文字规定，但是被保险人应按照习惯保证作为或不作为。默示保证实际上是法庭判例影响的结果，也是某行业习惯的合法化。

拓展阅读8-5

违反保证义务的法律后果

因此，默示保证与明示保证具有同等的法律效力，对被保险人具有同等的约束力。例如，在海上保险合同中通常有三项默示保证，即船舶的适航保证、不改变航道的保证和航行合法的保证。

（3）陈述和错误的陈述。陈述（Representation），是指投保人在签订合同时，对其知道的有关保险标的的情况向保险人所做的说明。根据陈述内容的不同，陈述可以分为三种：

第一种，对重要事实的陈述，即投保人对重要事实的陈述必须真实，必须严格属实，不能有任何欺骗行为。如果投保人所做的说明有虚假的内容或故意编造的谎言，即视为对重要事实的错误陈述。

第二种，对一般事实的陈述，即投保人对一般事实的陈述只要基本正确即可视为真实。换言之，即使投保人所做的陈述与保险标的实际情况不完全一致，也不视为错误陈述，保险人不得以此为由，解除保险合同。

第三种，对希望或相信发生的事实的陈述，即投保人对此类事实的陈述，只要出于善意和诚信，即可为真实的陈述。这种陈述即使与实际情况有出入，保险人也不能解除合同。根据英国《1906年海上保险法》的规定，投保人所做的各种陈述，均可以在合同订立之前予以撤回或更正。

拓展阅读8-6

弃权与禁止反言

陈述的方式可以是口头的，也可以是书面的。陈述可以在保险合同订立之前撤回或者更改，但书面形式的陈述往往被视为保险合同的一种明示保证，投保人必须严格遵守。当保险标的的实际情况与书面的陈述不符时，不论其内容是否重要，都视为违反了保证，保险人有权解除保险合同。

错误的陈述（Misrepresentation）。投保人对重要事项所做的陈述如果与实际情况不符、不真实，就构成了错误陈述。只要错误陈述成立，保险人即可以此为由解除保险合同。

二、近因原则

（一）近因原则的概念

近因，是指引起事故发生的最直接的、最有效的、起主导作用或支配作用的原因。

近因原则（Proximate Cause），是指依据近因的标准去判定数个原因中哪个是近因，以判明事故与保险标的损失之间的因果关系，从而确定保险责任的一项基本原则。

（二）保险事故中的近因原则的判定

1.判定单一原因造成损失的近因

单一原因主要指事故的近因只有一个，属于承保风险或除外责任，保险人则仅负责赔偿由于承保风险而造成的损失。

2.判定多种原因相关联造成损失的近因

（1）保险单未列明的其他风险导致承保风险造成的损失，一般属于保险责任，应予以赔偿。

（2）除外责任风险导致承保风险造成的损失，一般不属于保险责任。

（3）承保风险导致除外风险造成的损失，一般应予以赔偿。

对原因不明的损失近因的判定，一般是根据客观事实进行推断。正确推断造成损失的近因，首先要收集有关损失的各种资料，要从各个方面收集，越多越好，为判定损失近因做好准备。然后根据所掌握的材料，分析指出损失的主要原因，以正确确定造成损失的近因。

（三）判定保险责任近因的原则

（1）如果承保风险与其他未指明风险同时发生，承保风险为近因。

（2）如果承保风险与除外责任同时发生，除外责任风险为近因。

（3）如果事件有连续性，最后的事件为近因。

（4）如果事件各因素可以分开，保险人仅负责保险责任，对除外责任及保险责任以外的风险不予负责。

（5）如果事件的诸因不能区分开，保险人负全部保险责任。

同步思考 8-1 **船舶沉没近因案**

同步思考 8-1

分析提示

一艘船对海上危险造成的损失进行了投保，但敌对行为造成的损失除外。第一次世界大战期间，该船在英吉利海峡被鱼雷击中，但仍行驶抵达法国勒阿弗尔目的港。港口当局害怕船沉在码头泊位上，要求该船移到港口外。由于海浪冲击，该船沉没海底。

请问：在此案例中，什么是船舶沉没的近因呢？

四、补偿原则

（一）补偿原则的概念

补偿原则（Principle of Indemnity），又称损害赔偿原则，是指保险合同生效后，如果发生保险责任内的损失，被保险人有权按照合同的约定，获得全面、充分的赔偿。保险赔偿是弥补被保险人由于保险标的遭受损失而实际失去的经济利益，被保险人不能因保险赔偿而获得额外的利益，保险赔偿也不会超过保险合同中约定的投保金额。

保险补偿原则是对补偿性的保险合同的赔偿金额所做的各种限制性规定，这些限制规定使得被保险人通过保险赔偿仅仅恢复到受损前的经济状态，防止因保险补偿而获利导致的道德风险的产生。补偿原则主要是通过在保险合同中规定保险利益、保险金额及代位求偿权体现出来的。

（二）影响保险赔偿金额的因素

（1）保险金额。它是指投保人对保险标的的投保金额，是保单上确定的保险人负责损失赔偿的最高责任限额，是计算保险费的依据。

（2）保险价值。它是指投保人或被保险人对保险标的所具有的可保利益的货币表现形式，是确定保险金额的依据。

（3）不定值保险。它是指在投保时投保人与保险人双方对保险标的的保险价值不加以确定，而留待损失发生后再具体核实保险标的的保险价值。

（4）定值保险。采用定值保险的方式，保险标的的保险价值在投保时保险合同双方就已经将其确定，投保人以双方确定的保险价值进行投保，损失发生后，保险人按照确定的价值进行赔偿。

（三）补偿原则的内容

1.请求损失赔偿的条件

请求损失赔偿的条件包括：①被保险人对保险标的必须具有可保利益；②被保险人遭受的损失必须在保险责任范围之内；③被保险人遭受的损失必须能用货币衡量。

2.保险人履行损失赔偿的限度

（1）以实际损失为限。损失补偿原则的宗旨是防止被保险人因保险标的遭受损失而获利，因此保险赔偿数额不能超过保险标的的实际损失。实际损失通常是根据保险标的受损时的市场价值确定的。

（2）以保险金额为限。保险金额是保险人所承担的赔偿责任的最高限额，赔偿金额只能等于或者低于保险金额，而不能超过保险金额。

（3）以可保利益为限。保险人对被保险人的赔偿以被保险人所具有的保险利益为前提条件和最高限额，即被保险人所得的赔偿以其受损标的的保险利益为最高限额。

保险人一般以上述三个限额中的最小值为实际赔偿限额。

3.损失赔偿的方式

（1）第一损失赔偿方式。它是指把保险标的的损失分为两部分：第一部分为保险金额以内的部分，保险人对此部分损失承担赔偿责任；第二部分是超过保险金额的部分，保险人不承担赔偿责任。因此，当损失金额≤保险金额时，赔偿金额=损失金额；当损失金额>保险金额时，赔偿金额=保险金额。该赔偿方式一般只针对信誉良好的被保险人适用。

（2）比例赔偿方式。比例赔偿方式是由保险人按照各自承保的保险金额与所有保险人承保的保险金额的总和的比例来分摊保险赔偿责任的一种损失分摊方式。该赔偿方式一般适用于不足额投保。比例赔偿方式是按保障程度计算的，其计算公式为：

保险赔偿金额=损失金额×保障程度

保障程度=保险金额÷损失当时保险财产的实际价值

实例 8-1

分析提示

【实例 8-1】某投保人将其价值100万元的财产分别向甲、乙、丙三家财产保险公司投保同一险种，三家保险公司承保的金额分别是40万元、60万元、100万元。当发生保险事故时，保险标的遭受的损失为80万元，则该投保人所获得的保险赔付的总额为80万元。试求：三家保险公司的赔偿金额分别为多少？

（3）定值保险赔偿方式。它是指保险双方在投保时就约定投保标的的价值，按照该约定的价值投保，缴纳保险费。当保险标的发生保险事故并全部损失时，保险人按照约定的价值（保险金额）全赔，而不管保险标的损失时的实际价值；当保险标的遭受部分损失时，先确定损失程度，然后保险人按照损失程度在保险金额的限度内赔付。定值保险赔偿方式的计算公式为：

保险赔偿金额=损失程度×保险金额

（4）限额责任赔偿方式。它是指保险双方在投保时除了约定投保金额，还约定一个损失的限额（免赔额），包括绝对免赔额和相对免赔额。不管是绝对免赔额还是相对免赔额，当保险标的发生保险事故并遭受损失时，只要其损失额小于等于免赔额，保险人则无须赔偿。

如果是绝对免赔额，当保险标的发生保险事故并遭受损失时，其损失额超过免赔额，保险人只赔偿超过部分的损失；如果是相对免赔额，当保险标的发生保险事故并遭受损失时，其损失额超过免赔额，保险人连同免赔额在内的损失都给予赔偿。限额责任赔偿方式的计算公式为：

保险赔偿金额=损失金额×赔偿比例

赔偿比例=该保险人单独承保时的赔偿金额÷所有保险人单独承保时的赔偿金额的总和

实例 8-2

分析提示

【实例 8-2】在实例8-1中，保险赔款按限额责任赔偿方式分摊。试求：三家保险公司的赔偿金额分别是多少？

（四）补偿原则的例外

人身保险合同不是补偿性合同，而是给付性合同。保险金额是根据被保险人的需要和支付能力来确定的，当保险事故发生时，保险人按照双方事先约定的保险金额给付。因此，补偿原则不适用于人身保险。

五、代位求偿原则

（一）代位求偿原则的概念

代位求偿权（Right of Subrogation），是指当保险标的因遭受保险责任事故而造成损失，应当依法由第三者承担赔偿责任时，保险人自支付保险金之日起，相应取得向对此损失负有责任的第三者请求赔偿的权利。

代位求偿来源于保险补偿原则对保险不当得利的限制。当保险标的发生了保险责任范围内的损失时，被保险人有权向保险人要求损失赔偿，这种索赔权是根据保险合同产生的合同权利。如果这项损失是由于第三者的责任造成的，被保险人就有权根据民法中有关侵权的规定，要求肇事者对损失进行赔偿，被保险人的这一索赔权是建立在民法的基础上的。根据民事法律关系产生的权利，保险人不能以保险标的的损失是由第三者责任方所致为由而拒绝履行其保险合同责任。同样，第三者责任方也不能以受损标的已有保险为由解除自己的民事损害赔偿责任。在这两种法律权益依法并存的情况下，被保险人因依法享有双重的损害赔偿请求权而获得双重的补偿。这种双重补偿无疑会使被保险人获得超过其实际损失的补偿，而出现因损失而获得额外利益的情况。这种获利不符合保险的赔偿原则。为了解决这一矛盾，《保险法》规定保险人按照合同规定对被保险人履行了损失赔偿责任以后，可以采取代位求偿权的方式向第三者责任方追偿，这样使得被保险人既能及时取得保险赔偿，又可避免产生双重补偿，同时第三者责任方也不能逃脱应承担的法律责任。因此，代位追偿权是保险法律中所特有的一种法律关系。

（二）代位求偿原则的条件

代位求偿原则的条件包括：①损害事故发生的原因、受损保险标的都属于保险责任范围；②保险事故的发生是由第三者的责任造成的；③保险人按合同规定对被保险人履行赔偿义务后才有权取得。

（三）行使代位求偿权的时间

保险人从何时起可以行使代位求偿权，我国《保险法》以及国外法律规定，代位求偿权的行使应以保险人的赔付为先决条件，即保险人在没有赔付以前无权行使代位求偿权，只有在赔付后才可享有代位求偿权。

（四）代位求偿原则的权限

根据法律规定，保险人履行了赔付责任后，有权取代被保险人的一切法律及合同权益，但保险人要求取代请求的数额应以其赔偿给被保险人的金额为限。由于《保险法》规定若以代位原则向第三者责任方提起诉讼，则必须以被保险人的名义进行，因此法院判决的追偿金额大于保险人的赔偿金额的案件经常发生，保险人原则上只能占有自己已赔付的数额，超出部分数额应归还被保险人。

六、重复保险分摊原则

（一）重复保险分摊原则的概念

重复保险（Double Insurance），是指投保人对同一保险标的、同一保险利益、同一保险事故分别向两个或两个以上的保险人订立保险合同，且保险金额总和超过保险价值的一种保险。

重复保险分摊原则，是指投保人向多个保险人重复保险，投保人的索赔只能在保险人之间分摊，赔偿金额不得超过损失金额。重复保险分摊原则是补偿原则的一种派生原则，它不适用于人身保险，而与财产保险业务中发生的重复保险密切相关。

在重复保险的情况下，当发生保险事故时，对于保险标的所受损失由各保险人分摊。如果保险金额总和超过保险价值，各保险人承担的赔偿金额总和不得超过保险价值。这是补偿原则在重复保险中的运用，以防止被保险人因重复保险而获得额外利益。

（二）重复保险分摊金额的计算方法

1.最大责任分摊法

最大责任分摊法，是指各保险人在按最大责任进行损失分摊时，以各个保险人承保的保险金额与各保险人承保的保险金额的总和的比例作为分摊损失金额的计算方法。保险金额是保单上规定的保险人负责损失赔偿的最高责任限额。其计算公式为：

$$\text{各保险人承担的赔偿金额}=\text{损失金额}\times\frac{\text{该保险人承保的保单项下的最高赔偿限额}}{\text{各保险人承保的保单项下最高赔偿限额总和}}$$

实例8-3

分析提示

【实例8-3】某保险标的的实际价值是200万元，投保人分别向甲保险公司投保80万元，向乙保险公司投保120万元，向丙保险公司投保40万元，向丁保险公司投保160万元。发生保险事故后，该保险标的实际损失为60万元，如果按照最大责任分摊法，则各家保险公司承保的保险标的的保险金额总计为400万元。试求：四家保险公司应承担的赔偿金额分别是多少？

2.单独责任分摊法

单独责任分摊法，是指按照各保险人在无他保的情况下单独应负的赔偿金额作为基数加总得出各保险人应分摊的比例，然后据此计算赔款的方法，即按各保险人单独赔付时应承担的最高责任比例来分摊损失赔偿金额的方法。其计算公式为：

$$\text{各保险人承担的赔偿金额}=\text{损失金额}\times\frac{\text{该保险人承保的保单项下的赔偿限额}}{\text{各保险人承保的保单项下的赔偿限额总和}}$$

实例8-4

分析提示

【实例8-4】某保险标的的实际价值是200万元，投保人分别向甲保险公司投保80万元，向乙保险公司投保120万元，向丙保险公司投保40万元，向丁保险公司投保160万元。如果在这四张保单同时有效的期间内，该保险标的实际损失为60万元，各保险公司在无他保的情况下，应负的最高赔偿金额分别是甲保险公司80万元、乙保险公司120万元、丙保险公司40万元、丁保险公司160万元。在这个实例中，各保险公司的赔款限额总和为400万元。试求：四家保险公司应承担的赔偿金额分别是多少？

3.共同责任分摊法

共同责任分摊法，是指各保险人在进行损失分摊时，首先将几张保单中最低保额部分的损失列为共同责任，由各保险人平均分摊，然后将超出共同责任的损失部分由承保了较高保额的保险人承担赔偿责任。

实例8-5

分析提示

【实例8-5】货主为价值25 000元的同一批货物向A和B两家保险公司投保了海上货物运输保险，保单A的保险金额为15 000元，保单B的保险金额为25 000元。若货物损失了70%，则损失金额为17 500元。按照共同责任分摊法，试求：两家保险公司应承担的赔偿金额分别是多少？

主要概念

风险　风险因素　风险事故　损失　投机风险　财产风险　责任风险　信用风险　风险管理　保险自愿　保险信用　保险责任　保险　原保险　再保险　重复保险　保险利益　最大诚信原则　近因原则　补偿原则　代位求偿原则

基础训练

一、单项选择题

随堂测答案8

1.保证保险中的义务人指的是（　　）。

A.投保人　　B.被保险人

C.保险人　　D.担保人

2.当法庭认为合同条款模糊不清时，可以对合同做出支持投保人合理预期的解释，这表明保险合同是（　　）。

A.有偿合同　　B.双务合同　　C.射幸合同　　D.附和合同

3.（　　）是指被保险人在签订合同时，对其知道的有关保险标的的情况向保险人所做的说明。

A.告知　　B.陈述　　C.保证　　D.担保

4.代位求偿原则和重复保险分摊原则的最根本依据是（　　）。

A.可保利益原则　　B.最大诚信原则　　C.近因原则　　D.补偿原则

5.投保人对保险标的所具有的可保利益的货币表现形式为（　　）。

A.保险金额　　B.保险费　　C.保险价值　　D.保险费率

二、多项选择题

1.按风险损失发生的原因划分，风险可分为（　　）。

A.自然风险　　B.社会风险　　C.政治风险　　D.经济风险

2.风险识别的方法主要有（　　）。

A.法律合同分析法　　B.财务报表分析法

C.组织机构图分析法　　D.生产流程图分析法

3.根据信用种类的不同，信用保险分为（　　）。

A.商业信用保险　　B.银行信用保险

C.国家信用保险　　D.出口信用保险

4.对被保险人来说，最大诚信原则主要涉及（　　）。

A.投保与不投保　　B.赔偿与不赔偿

C.告知与不告知　　D.陈述与错误陈述

5.下列保险合同中，投保人具有可保利益的是（　　）。

A.雇主为雇员投保的人身意外伤害险

B.财产的受托人为该财产投保的火灾保险

C.丈夫为妻子投保的健康保险

D.债权人为债务人投保的人寿保险

三、简答题

1.简述保险利益原则及其作用。

2.简述保险利益的构成要件。

3.简述最大诚信原则的内容。

4.简述保险事故中的近因原则是如何判定的。

5.简述补偿原则中损失赔偿的方式。

四、计算题

某保险标的的实际价值为100万元，投保人分别向甲保险公司投保了40万元、向乙保险公司投保了60万元、向丙保险公司投保了20万元。如果这三张保单在同时有效的期间内，该保险标的发生了60万元的实际损失，按最大责任分摊法进行损失分摊，甲、乙、丙三家保险公司应承担的赔偿金额分别是多少？

五、技能案例

【案例背景1】

2023年7月25日，大连某进出口公司与英国G公司签订订货合同，进出口公司向G公司出售600吨电解金属粉，价格条件为CIF（到岸价）。某进出口公司将提单转让给G公司。8月8日，进出口公司就该批货物的运输向原告某保险公司投保一切险。在货物装上船后，由于水手操纵吊杆失误，导致船舶倾斜，部分集装箱掉进海里，包括进出口公司托运的1个集装箱。另外2个没有落水的集装箱被运往目的港，G公司凭提单提取了该2个集装箱。G公司仅向进出口公司支付了2个集装箱的货款，进出口公司向保险公司索赔落水集装箱所装货物的损失。保险公司向进出口公司支付了保险金，取得了进出口公司签署的权益转让书，对被告某船务公司提起诉讼，要求其支付保险金损失及利息。

【技能思考】

1.本案保险公司是否能够取得代位求偿权？为什么？

2.海上保险代位求偿权取得须满足的条件是什么？

【案例背景2】

案例一：FOB装船前的货物保险

我国某进出口公司以FOB价格向国外客户购买了一批集装箱货物，收货时发现货物被盗，最终确认货物系在海外运输公司仓库被盗，进出口公司请求保险公司赔偿，保险公司拒绝。法院认为，本案买卖合同约定的价格条件是FOB，意为货物在装运港越过船舷或装船后，货物的风险才发生转移。在此之前，货物的风险则仍由卖方承担。因此，货物被盗时，进出口公司不具有保险利益，不能获赔。

案例二：CIF买方破产时的货物保险

在CIF贸易中，卖方作为被保险人投保一切险，货物在越过船舷后因投保风险而灭失，买方此时已被国外法院宣告破产，卖方持有保险单以被保险人身份向保险人索赔，但遭到了拒绝，理由是卖方没有保险利益。卖方遂向法院起诉，要求判决保险人赔偿其因为保险风险导致的货物损失。

案例三：运输途中转卖货物的货物保险

FOB的买方A将货物以CIF价格转卖给B，货物在运输途中因保险风险全损，保险公司以A在转让保单时已经不再具有保险利益而认定保单转让无效，拒绝赔偿。

【技能思考】

请根据上述三个案例，结合保险利益的相关内容，分析拒绝赔偿的理由。

项目实训

【实训项目】

保险代位求偿权的实施

【实训情境】

某年10月6日，保险人鹰星公司承保自荷兰鹿特丹运往中国上海的29卷装饰纸。投保人为香港添百利木业有限公司（以下简称“添百利公司”），收货人是江苏美亚装饰耐火板有限公司（以下简称“美亚公司”），保险条款为一切险加战争险（ICC（A））。该批货物于10月6日装船，中外运公司的代理人——中外运德国公司签发了以中外运作为承运人的已装船清洁提单，承运船舶为“HANJIN SAVANNAH”轮。该批货物于11月6日到达上海港，11月16日收货人美亚公司从码头提货，开箱后发现货物有水湿现象。11月17日中国外轮理货公司出具了发现货物水湿的报告，11月23日，鹰星公司在目的港的检验代理人中国人民保险公司上海分公司委托上海东方公估行对受损货物进行了检验并出具了检验报告，认定货损原因系承运船舶在运输过程中淡水进入集装箱所致，认定货物实际损失为23 521.96美元。鹰星公司依保险条款向收货人美亚公司进行了赔偿，收货人美亚公司授权香港美亚新染化有限公司接受赔款。鹰星公司按美亚公司的指示进行了赔付，并从美亚公司处得到代位求偿权益转让书。因此，鹰星公司据此主张权利，要求承运船舶赔偿其损失。

【实训任务】

根据实操情境设计，浅谈保险公司如何取得被保险人对第三者责任方的代位求偿权。

提示：我国《海商法》第42条第1款、第252条第1款、第257条第1款的规定。

项目九

海上运输货物保险合同与保障范围

学习目标

能力目标：具备能够对共同海损和单独海损实例进行辨析的能力。

知识目标：理解海上保险的概念和特征、海上保险的分类；熟知海上保险合同的概念及特征；掌握海上保险合同的构成要素、海上运输货物保障范围。

素养目标：通过海上运输货物保险合同与保障范围知识，能够掌握海上保险合同的缮制，并具备用其分析其中的保险条款的能力；树立正确的世界观、人生观和价值观，做到学思用贯通、知信行统一；不断提高专业技能，具备外贸业务人员最基本的职业道德修养和职业实践素养。

项目引例

2023年8月，大连某货轮在某港装货后，航行途中不慎发生触礁事件，船舶搁浅，不能继续航行。事后船方反复开倒车强行浮起，但船底被划破，致使海水渗入货舱，造成船货部分损失。为使货轮能继续航行，船长发出求救信号，船被拖至就近港口的船坞修理，暂时卸下大部分货物。在这期间，船方支出修理费5 000美元，增加各项费用（包括员工工资）共计3 000美元。船修复后继续装上原货起航。次日，突遇恶劣气候，使船上装载的某货主的一部分货物被海水浸湿。

请问：1.从货运保险义务方面分析以上所述的各项损失属于什么性质的损失。

2.在投保了平安险的情况下，被保险人有权向保险公司提出哪些赔偿要求？

分析：1.本案例中货轮因触礁造成船底被划破，致使海水渗入货舱，造成货物的部分损失，以及货轮遇恶劣气候导致装载的某货主的一部分货物被海水浸湿的损失都属于单独海损；而因修理货轮花费的修理费和各项费用开支共计8 000美元，则属于共同海损。

2.在投保了平安险的情况下，被保险人有权就所有损失向保险公司提出赔偿要求。因为根据1981年1月1日生效的中国人民保险公司的《海洋运输货物保险条款》对平安险的承保范围规定："对在运输工具已经发生了搁浅、触礁、沉没、焚毁等意外事故的情况下，货物在此前后又在海上遭受恶劣气候、雷电、海啸等自然灾害，所造成的部分损失，保险公司给予赔偿。”本案例中发生的情形符合该规定，因此被保险人有权就所有损失向保险公司提出赔偿要求。

内容精讲

任务一　海上运输货物保险合同

一、海上保险的概念和特征

海上保险属于财产保险的范畴，是指保险人对于承保财产因海上风险所造成的损失给予经济补偿的制度。海上保险作为保险的具体类型之一，基于自身的特定内容形成了以下特征：

（一）承保风险的综合性和复杂性

海上保险所针对的风险主要是航海中所遇到的自然灾害和意外事故。海上地理环境和自然条件的特殊性，使得航海风险大于陆上风险，致损原因也更为复杂。它可以是台风、海啸等自然灾害引起的，也可以是船舶本身的缺陷导致的船舶碰撞、触礁、搁浅、沉没等，甚至航海事故可以起因于海盗、船员的不法行为或者有关当局对船舶扣押等人为灾难。海上保险的承保风险不仅具有复杂性，而且以综合性为特点。因为它所承保的风险不限于在海上发生，还包括与海上航行有关的发生于内河或者陆上的事故。随着国际多式联运和集装箱运输综合保险的发展，海上保险承保风险综合性的特点更为突出。

（二）承保标的的多样性和流动性

海上保险的保险标的具有多样性，具体包括：船舶、货物、运费、法律责任（如船舶碰撞或漏油污染等事件引起的赔偿责任）及其相关的经济利益。海上保险合同主要是围绕船舶和运输的货物，为海上运输活动提供保障，而这些船舶或运输的货物往往是处于流动状态的，因而海上保险的承保标的具有流动性的特点。

（三）承保内容的多变性和国际性

海上保险是与海上货物运输紧密联系的，从而要受海上运输活动的影响。由于在海上运输中经常会出于贸易经营的需要而转让提单、转让或出售船舶、将船舶予以抵押等，因此引起海上保险合同的转让较为频繁。对保险人来说，这意味着承保对象的变化。此外，海上运输是为国际贸易提供服务的，从而决定了海上保险合同具有国际性。

二、海上保险的分类

（一）根据保险标的划分，海上保险可分为货物保险、船舶保险、运费保险、保赔保险及海上石油勘探开发保险

（1）货物保险的对象主要是贸易商品。

（2）船舶保险承保货船、客船、拖船、油轮等各种类型的船舶的船壳、机器设备、船舶费用及碰撞责任等。

（3）运费保险承保班轮运输和租船运输中的运费风险。一般而言，只有“到付运费”才是此种保险的保险标的。

（4）保赔保险，是指由船东组织起来的互保协会承保的风险。此种风险是一般保险人不予承保的。

（5）海上石油勘探开发保险是一种综合险，承保在海上石油勘探开发过程中发生的财产损失、费用损失及产生的责任。

（二）根据保险价值划分，海上保险可分为定值保险和不定值保险

（1）定值保险，是指保险人与被保险人对保险标的事先约定一个价值，并依该价值确定保险金额，依该保险金额收取保险费并支付保险赔偿的保险。

（2）不定值保险，是指保险人与被保险人不约定保险价值，保险合同中只载明保险金额，在出险后，再核定保险标的的价值，并依该价值进行赔付的保险。

一般而言，海上运输货物均采用定值保险，船舶保险则采用不定值保险。

（三）根据海上保险的期间，海上保险可分为航程保险、定期保险、混合保险、船舶停泊保险和船舶建造保险

（1）航程保险，是指保险在规定的航程范围内有效。航程保险是从空间角度来限制责任人的责任期间的，即明确规定起运港和目的港。

（2）定期保险，是指保险合同的有效期是以时间来限制的。定期保险不能笼统地写明保险期为半年或1年，而应写明具体的起止时间。保险合同一般写明自中午12：00起至中午12：00止，如不写明，则以当天的零时为准。

（3）混合保险，是指同时以时间和空间来限制保险合同的期间。

（4）船舶停泊保险，是指承保船舶在停泊期间的风险。船舶在停泊期间的风险程度远远低于船舶在航运中的风险程度，其保费也往往会便宜许多。

（5）船舶建造保险，是指专门承保船舶在建造期间的各种风险。它的承保期间从船舶开始建造时起至船舶下水时止。

（四）根据承保方式，海上保险可分为逐笔保险、流动保险、总括保险和预约保险

（1）逐笔保险，是指保险人与被保险人针对某一保险标的逐笔商定承保项目的保险。多数保险合同均属于这一类保险。

（2）流动保险，是指在保险合同中约定保险人承担的最高责任限额，由保险人按约定的办法预收保费，被保险人定期向保险人报告保险标的的实际价值，在发生损失时，保险人在其最高责任限额内予以赔偿的保险。

(3) 总括保险，是指在保险期间内，当发生保险责任内的损失时，保险人予以赔付，但每次赔付的金额应在保险总金额内扣除的保险。当保险金额被扣完时，保险人的责任即解除。

(4) 预约保险，是指保险人与被保险人事先签订一个保险合同，规定在约定范围内的风险均由保险人自动承保的保险。

三、海上保险合同的概念及特征

海上保险合同，是指保险人按照约定对被保险人遭受保险事故造成保险标的的损失和产生的责任负责赔偿，由被保险人支付保险费的合同。由于海上保险合同所发生的权利和义务关系有其特殊性，因此海上保险合同除具有一般经济合同的共同属性外，还具有以下特征：

（一）海上保险合同是射幸合同（Aleatory Contract）

由于约定的保险事故是一种不确定的事件，它是否发生、何时发生，以及发生以后保险标的遭受损失的程度如何，都带有偶然性的性质。

（二）海上保险合同是有条件的双务合同（Bilateral Contract）

海上保险合同的双务性在于，对投保人或被保险人而言，是以支付保险费为义务而取得保险保障的权利；对保险人而言，是以履行损失补偿责任为义务而收取保险费的权利。双方的权利和义务是相互关联、互为条件的。

（三）海上保险合同是保障合同（Guarantee Contract）

投保人向保险人支付保险费，目的是通过保险保障其对保险标的的经济利益，而保险人以收取保险费为条件，当保险标的遭受损失时，向被保险人提供保障。

（四）海上保险合同是最大诚信合同（Utmost Good Faith）

最大诚信原则是保险合同的双方在签订合同时必须遵循的原则，海上保险合同的签订也必须遵守最大诚信原则。

（五）海上保险合同是附和合同（Adhesive Contract）

海上保险合同不同于一般经济合同，它不是议商合同，而是附和合同，由保险人根据过去承保、理赔工作的经验以及有关资料事先制定，并印成固定的条款。海上保险合同采取附和合同的形式，可免除保险人分别同所有的被保险人逐项议商合同条件的麻烦。

被保险人在投保时，只能根据制作好的合同基本条款做出选择。即使有特别的情况需要扩大或限制基本条款的权利和义务，也只能作为附加条款。原来的基本条款，原则上不能改变。

四、海上保险合同的构成要素

保险合同是一种经济合同，是调整合同当事人之间符合民事法律规定、具有民事权利义务内容的社会关系的合同。任何一种民事法律关系都包括主体、客体和内容三个方面。

（一）海上保险合同的主体

海上保险合同的主体（Subject of Marine Insurance Contract），是指与海上保险合同有直接关系的当事人，即保险人、投保人和被保险人。

1.保险人（Insurer）

在海上保险合同中，保险人是指按照合同约定，收取保险费，承担赔偿责任的一方当事人。根据各国保险业的实际情况，保险人是经营保险业务的经济组织或个人。它的组织形式包括股份有限公司、相互保险公司、保险合作社、国家经营保险及个人经营保险等。不论哪种形式的保险组织要成为海上保险合同的保险人必须经过政府机构的批准，取得保险人资格，即具有经营海上保险业务范围的资格。在我国，所有的财产保险公司都可以经营海上保险业务。

2.投保人（Proposer）

投保人，又称要保人（Applicant），是指经申请与保险人订立海上保险合同，负有缴纳保险费义务的一方当事人。投保人的条件包括：①投保人可以是法人，也可以是自然人；②投保人必须具有民事权利能力和民事行为能力，否则合同无效；③投保人在投保时可以不具有保险利益；④投保人必须承担缴纳保险费的义务，即使海上保险合同已经转让。

3.被保险人（Insured，the Assured）

海上保险合同的被保险人，是指承受保险事故所造成保险标的损失的后果，并有权请求赔偿的一方当事人。被保险人是在海上保险合同中获取保险保障的直接承受者，是享有保险金请求权的人。海上保险中的投保人和被保险人的关系：投保人和被保险人是一体的；投保人和被保险人是不同的人。

保险人在经营业务中，为了更好地展开保险业务，往往通过保险代理人代理保险业务。在国外，投保人也往往委托保险经纪人代办保险手续。保险代理人、经纪人和公证人在保险合同的订立和履行中起到了一定的作用。

（二）海上保险合同的客体

海上保险合同的客体不是保险标的本身，而是投保人或被保险人对保险标的所具有的可保利益。具有可保利益的人可以将其利益的全部或一部分投保。若投保的是全部利益，则称为“足额保险”；若投保的是部分利益，则称为“不足额保险”；若保险金额超过保险价值，则称为“超额保险”。海上运输货物保险中所要求的可保利益有其特殊性：虽然被保险人对保险标的应具有可保利益，但并不要求其在投保时就应对保险标的具有可保利益，而仅要求其在保险标的发生损失时必须具有可保利益。这一点与一般财产保险合同有所不同。

（三）海上保险合同的内容

海上保险合同的内容，是指海上保险合同民事主体享有的民事权利和承担的民事义务。海上保险合同的主要内容有：保险人与被保险人名称、保险标的、保险价值、保险金额、保险责任和除外责任、保险期间、保险费等。

1.保险人与被保险人名称

保险人，是指与投保人签订保险合同，并承担赔偿或者给付保险金责任的保险公司，是保险合同的一方当事人。在我国，保险人均为保险公司，其他任何单位和个人不得经营保险业务。

被保险人，是保险合同的另一方当事人。我国《保险法》第10条第2款规定："投保人是指与保险人订立保险合同，并按照合同约定负有支付保险费义务的人。"投保人可以是法人，也可以是自然人。

2.保险标的

保险标的（Subject Matter Insured），是指保险人与被保险人在海上保险合同中约定给予保险的财产、责任或利益。保险标的的范围很广，主要有船舶、货物以及其他与航海有关的财产和利益。

3.保险价值

保险价值（Insured Value），是指保险责任开始时保险标的实际价值和保险费的总和。在实际保险业务中，被保险人在投保时，要正确确定保险标的的实际价值是困难的，无论是对设备异常复杂、国际市场价值变动不定的现代船舶，还是对品种繁多、运杂费不易准确计算的货物来说，都是如此，所以通常都是由保险人与被保险人来议定约束双方的保险标的的价值。

4.保险金额

保险金额（Amount Insured，Sum Insured），是指保险人与被保险人约定在保险单中载明对保险标的所受损失给予赔偿的最高数额。其约定应以不超过被保险人对保险标的所具有的可保利益为限。如果保险金额与保险价值一致，即全额保险。如果保险标的因保险事故遭受全损，保险人应按保险金额赔偿。如果被保险人只投保保险价值的一部分，这种保险称为不足额保险。在不足额保险条件下，被保险人应对保险金额和保险价值之间的差额自行负责，保险人对此不负赔偿责任。

5.保险责任和除外责任

保险责任（Insurance Liability），是指海上保险合同成立后，保险人只对发生在保险责任范围内的保险事故所造成的保险标的的损失负责赔偿。

除外责任（Excluded Liability），是指根据法律规定或约定，保险人不承担赔偿责任的风险范围。在不同的海上保险合同中，除外责任的风险范围是不同的。我国《海商法》第242条、第243条和第244条规定了保险人在货物、船舶保险责任中的除外责任。

6.保险期间

保险期间（Insurance Period），又称保险期限，是指保险合同的有效期间，即明确规定海上保险合同效力发生和终止的期限。不同的海上保险合同有着不同的保险期限。它一方面是计算保险费的依据，另一方面又是保险人与被保险人履行权利和义务的责任期限。

7.保险费

保险费（Premium），是指保险合同的对价。双方当事人关于保险费的条款必须达成一致，保险合同才能成立，否则，保险合同不能成立。保险合同成立后，如果被保险人拒绝缴纳保险费，保险人有权解除合同。

任务二　海上运输货物保障范围

一、海上风险

（一）海上风险的概念

海上运输货物保障的风险为海上风险，是指海上偶然发生的自然灾害和意外事故，而并不包括海上经常发生和必然发生的事件。与海上风险相对应的外部原因所造成的风险，包括一般外来风险和特殊外来风险，均属于保障的风险。

英国的《1906年海上保险法》第3条规定："海上危险是指由于航海的后果所造成的危险或与航海有关的危险。"被列为海上风险的有：海难、火灾、战祸、海盗、盗窃、捕获、扣押、限制、政府和人民的限制、抛弃、船员的不法行为、其他类似性质的或在保险合同中所注明的风险。

在现代海上保险业务中，保险人所承保的海上风险是有特定范围的：一方面不包括一切在海上发生的风险；另一方面它又不限于航海中所发生的风险。也就是说，海上风险是一个广义的概念，它既包括海上航行中特有的风险，又包括一些与海上运输有关的风险。

（二）海上风险的分类

海上保险所承保的海上风险按性质分类，可分为海难（Perils of the Sea）和外来风险（Extraneous Risks）两类。其中海难按发生性质，可分为自然灾害和意外事故两类。

1.自然灾害

自然灾害（Natural Disasters），是指不以人的意志为转移的自然界的力量所引起的灾害。它是客观存在的人力不可抗的灾害事故，是保险人承保的主要风险。但是，在海上货物运输保险的灾害事故中，保险人承保的自然灾害并不是泛指一切由于自然界力量所引起的灾害事故。

我国的保险条款规定，保险人承保的自然灾害仅指恶劣气候、雷电、海啸、地震、洪水等人力不可抗的灾害。

伦敦协会保险条款规定，在保险人承保的风险中，属自然灾害性质的风险有雷电，地震，火山爆发，浪击落海，以及海水、湖水或河水进入船舶、驳船、运输工具、集装箱、大型海运箱或储存处所等。

（1）恶劣气候。它一般是指海上的飓风（8级以上的风）和大浪（3米以上的浪）引起的船体颠簸倾斜，并由此造成船体、船舶机器设备的损坏，或者由此而引起的船上所载货物的相互挤压、碰撞而导致的货物的破碎、渗漏、凹瘪等损失。

（2）雷电。它是指货物在海上或陆上运输过程中由于雷电所直接造成的损失，或者由于雷电引起的火灾所造成的货物的灭失与损坏。

（3）海啸。它是指由地震或风暴所引起的海面巨大涨落的现象，按其成因可分为地震海啸和风暴海啸两种。

（4）浪击落海。它通常是指存放在舱面上的货物在运输过程中受海浪的剧烈冲击而落海造成的损失。我国现行的《海洋运输货物保险条款》的基本条款不承保此项风险，这项风险可以通过投保舱面险而获得保障。ICC（B）条款和ICC（A）条款均承保此项风险，但是投保人就堆放在甲板上的货物申请保险时，必须履行事先告知的义务，并且缴纳额外的保险费。

（5）洪水。它是指因江河泛滥、山洪暴发、湖水上岸及倒灌或暴雨积水使保险标的遭受泡损、淹没、冲散等损失。

（6）地震。它是指由于地壳发生急剧的自然变化，使地面发生震动、坍塌、地陷等造成的保险标的的损失。世界上易发生地震的区域主要有：北美的太平洋海岸 、日本到南太平洋岛屿等。

（7）火山爆发。它是指由火山喷发所引起的地震以及喷发的火山岩灰造成的保险标的的损失。

（8）海水、湖水或河水进入船舶、驳船、运输工具、集装箱、大型海运箱或储存处所等所造成的保险标的的损失。

2.意外事故

意外事故（Fortuitous Accidents），是指人或物体遭受外来的、突然的、非意料之中的事故。例如，船舶搁浅、触礁、沉没、互撞或与其他固体物如流冰、码头碰撞，以及失踪、失火、爆炸等。在海上保险业务中，保险人承保的所谓意外事故并不是泛指海上发生的所有意外事故，它主要包括：火灾、爆炸、搁浅、触礁、沉没、碰撞、倾覆、投弃、吊索损害，以及海盗行为，或船长、船员的不法行为等。

3.外来风险

在海上保险业务中，保险人除了承保上述各项海上风险外，还承保外来风险所造成的损失。外来风险，是指海上风险以外的其他外来原因造成的风险。货运保险中所指的外来风险必须是意外的、事先难以预料的风险，而不是必然发生的外来因素。外来风险可分为一般外来风险和特殊外来风险两种。

（1）一般外来风险。在海上保险业务中，保险人承保的一般外来风险有：偷窃、短少和提货不着、渗漏、短量、碰损、破碎、钩损、淡水雨淋、生锈、玷污、受潮受热、串味。

（2）特殊外来风险。它是指战争、种族冲突，或一国的军事、政治、国家政策、法律以及行政措施等的变化。常见的特殊外来风险有：①战争风险。它是指由于战争行为、敌对行为以及由此引起的捕获、拘留、扣留、禁止及各种战争武器所引起的货物损失的风险。②罢工风险。它是指由罢工者、被迫停工工人或参加工潮、暴动、民众斗争的人员的行为所造成的货物损失的风险。③拒收风险。它是指由于进口国的政府或有关当局拒绝进口或没收的行为所造成的货物损失的风险。

二、海上损失

海上损失，简称“海损”，是指被保险货物在海运过程中，由于海上风险所造成的损坏或灭失。根据国际市场的一般解释，凡与海陆连接的陆运过程中所发生的损坏或灭失，均属于海损范围。按货物损失的程度划分，分为全部损失和部分损失。

（一）全部损失

全部损失，简称“全损”，是指在运输过程中，整批货物或不可分割的一批货物的全部灭失或等价全部灭失。

1.实际全损

实际全损（Actual Total Loss），是指该批保险标的因完全灭失或完全变质已失去原有的使用价值，或者货物实际上已不可能归还被保险人。构成保险标的实际全损的情况有：①保险标的全部灭失，如船、货遇难沉没；②保险标的已全部丧失无法复得，如船、货被劫或被扣押；③保险标的已丧失商业价值或原有用途，如水泥遭水浸泡而成为硬块；④船舶失踪达到一定时期，如船舶半年杳无音讯。

2.推定全损

货物发生保险事故后，认为实际全损已经不可避免，或者为避免发生实际全损所需支付的费用与继续将货物运抵目的地的费用之和超过保险价值的，称为推定全损（Constructive Total Loss）。构成保险标的推定全损的情况有：①保险标的受损后，修理费用估计将超过标的修复后的价值；②保险标的受损后，整理和续运到目的地的费用将超过标的到达目的地的价值；③保险标的的实际全损已经无法避免，或者为了避免实际全损需要施救等所花的费用将超过获救后的标的价值；④保险标的遭受保险责任范围内的事故，使被保险人失去标的所有权，为收回这一所有权所需花费的费用将超过收回后的标的价值。

动画9-1

推定全损

综上所述，实际全损，是指保险标的完全灭失，或虽未灭失但已丧失原有的用途。推定全损，是指保险标的受损后并未灭失，但若进行施救、整理、修复所需的费用或加上续运至目的地的费用，将会超过标的到达目的地的价值。推定全损的赔偿方法可分为按全损赔偿和按实际损失赔偿。

（1）按全损赔偿。在货物发生严重损失后，之所以将其推定为全损，目的是从保险人处获得全额赔偿。由于推定全损的货物存在残余价值，若保险人对推定全损的货物按全损赔偿，势必出现被保险人因保险赔偿而额外获利的现象，这是有悖保险的赔偿原则的。

按照海上保险的国际惯例，如果被保险人想获得全损赔偿，其必须无条件地把受损的保险货物委付给保险人。

委付，是指被保险人在保险标的遭受到严重损失，处于推定全损状态时，向保险人声明愿意将保险货物的一切权益（包括财产权以及一切由此而产生的权利和义务）转让给保险人，而要求保险人按货物全损给予赔偿的一种特殊的索赔方式。由于委付是海上货物运输保险中处理索赔的一种特殊方法，各国保险法对委付都有严格的规定。一般来讲，委付的构成必须符合下列条件：①委付通知必须及时发出，可以是书面的，也可以是口头的，保险人可以用明示或默示的行为表示接受委付，但保险人的沉默不得视为接受委付；②委付时必须将保险标的全部进行委付，而不能只委付其中的一部分；③委付不能带任何条件；④委付必须经过保险人的承诺才能生效。

委付的具体操作方法：

第一，当保险货物遭受到严重损失后，被保险人应立即以书面或口头的方式向保险人发出委付通知。这样做一方面向保险人表达其希望转移货物所有权并获得全损赔偿的愿望；另一方面便于保险人在必要时能及时采取措施，避免全损或尽量减少保险标的的损失。

第二，保险人一旦接到被保险人的委付通知，应立即通知被保险人采取必要的减少损失的措施，并着手调查造成货物损失的原因及货物损失的程度。

按照国际惯例，保险人原则上不接受被保险人的委付申请，因为委付申请一旦接受便不能撤销，并承担因接受委付申请而产生的一切法律责任。

第三，经过保险人对受损保险标的损失原因及损失程度的调查，确认损失是保单承保风险造成的，并且损失程度严重，可以构成推定全损后，保险人有两种选择：一是接受委付并对被保险人按全损进行赔偿；二是不接受委付，但仍对被保险人按全损赔偿，在这种情况下，受损货物的一切权益仍归被保险人。

（2）按实际损失赔偿。对于经调查确认保险标的损失程度不严重，不构成推定全损的委付申请，保险人将按保险标的的实际损失程度，向被保险人履行赔偿责任。另外，对于可以推定全损的严重货损，若被保险人没有向保险人发出委付申请，保险人对这项损失只能按货物的实际损失进行赔偿。

知识延伸 9-1　　实际全损与推定全损的区别

区别如下：

（1）实际全损的保险标的已无可挽救，完全丧失；而推定全损的保险标的所受的损失是可以修复的。

（2）对于推定全损，被保险人可以作为全损处理，也可以作为部分损失处理。

（3）如果按全损获得赔偿必须向保险人发出委付通知，这是保险人与被保险人之间办理赔偿的一种手续，其目的是将受损标的的一切权益转移给保险人而要求按推定全损赔偿。如果不能及时发出委付通知，该项损失只能作为部分损失进行赔偿。

（4）如果保险人接受这种委付通知，则要根据保险单赔偿全损。保险人支付全损赔款后就享有保险标的的所有权以及对第三者责任方的追偿权。

（二）部分损失

部分损失，是指保险标的的一部分在运输途中遭受损失和灭失，或者保险标的的损失没有达到全损的程度。凡不属于实际全损和推定全损的损失，即部分损失包括单独海损和共同海损。

1.单独海损

单独海损（Particular Average），是指仅涉及船舶或货物所有人单方面利益的损失。这种损失只属于特殊利益方，不属于其他货主或船方，由受损方单独承担。构成单独海损的条件有：①必须是意外的、偶然的或其他承保危险所直接导致的损失；②必须是船方、货方或其他利益方单方面所遭受的损失。

根据国际海上保险的惯例，保险人对单独海损的赔偿常采用下列方式处理：①单独海损绝对不予赔偿。这种规定常用于海上船舶保险。②除某些特定危险所造成的单独海损以外，单独海损不赔偿。我国的平安险条款对单独海损的赔偿规定就属于这种情况。③单独海损赔偿。单独海损没有超过约定金额者不赔。也就是说，保险人只对超过约定金额部分的单独海损给予赔偿。④全部予以赔偿。外国的水渍险条款对单独海损的赔偿规定属于这种情况。⑤不加任何特别限制，凡是单独海损均予以赔偿。

2.共同海损

动画 9-2

共同海损

在海洋运输途中，当船舶、货物或其他财产遭遇共同危险时，为了解除共同危险，有意识地采取合理的救难措施，由此直接造成的特殊牺牲或支付的特殊费用，称为共同海损（General Average）。所谓有意识，是指共同海损的发生必须是人为的、经过人的周密计划的，不是意外的；所谓合理，是指在采取共同海损施救行为时，必须符合当时实际情况的需要，并能在节约的前提下较好地解除危及船、货的危险。例如，为了使搁浅船只浮起，应该抛出较重的、价值较低的、便于抛出的货物。如果危险还没有危及船、货的共同安全，即使船长有意做出合理的牺牲和支付了额外的费用，也不能算作共同海损。造成共同海损最主要的原因是自然灾害和意外事故。此外，还有其他原因，如船员不适应途中某地气候而生病，使船无法继续航行等。

共同海损的损失包括共同海损牺牲、共同海损费用及共同海损分摊三种。

（1）共同海损牺牲。它是指共同海损措施所造成的船舶或货物本身的灭失或损坏。常见的共同海损牺牲有：①抛弃；②救火；③自动搁浅；④起浮脱险；⑤船舶在避难港卸货、重装或倒移货物、燃料或物料，这些操作造成船舶和货物的损失；⑥将船上货物或船舶物料当作燃料，以保证船舶继续航行；⑦割断锚链，为避免发生碰撞等紧急事故，停泊的船舶来不及正常起锚，有意识地砍断锚链、丢弃锚具，以便船舶启动，由此造成的断链弃锚的损失。

按照英国《1906年海上保险法》的规定，被保险人对其在海上运输途中发生的共同海损牺牲，可以从保险人处获得全部赔偿，而无须先行使从其他分摊责任方进行分摊的权利。

（2）共同海损费用。它是指为了避免共同危险由船方采取措施而支出的特殊费用。常见的共同海损费用有：①避难费用，是指船舶在航行途中发生了严重的危险不能继续航行，必须驶入避难港修理，由此导致的驶往和驶离避难港的费用，如驶往和停留避难港期间合理的船员工资，给养和燃料、物料的费用，卸载、重装或倒移船上货物、燃料和物料的费用，为安全完成航程而修理船舶的费用；②杂项费用，是指与处理共同海损有关的费用，包括共同海损损失检验费、船舶在避难港的代理费、电报费、船东检修人员的费用、船东或承运人垫付的共同海损费用的利息和手续费、共同海损理算费用等。

（3）共同海损分摊。共同海损牺牲和共同海损费用都是为了使船舶、货物免于遭受损失而支出的，因而应该由各受益方按最后获救价值的比例分摊，这种分摊称为共同海损分摊。

共同海损分摊有两个原则：分摊以实际遭受的损失或额外增加的费用为准；无论受损方还是未受损方均应按保险标的的价值比例分摊。在进行共同海损分摊时，一般以《11974年约克-安特卫普规则》的规定为准。

构成共同海损的条件有：

首先，共同海损的危险必须是真实存在的、紧迫的和不可避免的。只凭主观臆测可能会有危险发生而采取某些措施或可以预测的常见事故所造成的损失，都不能构成共同海损。

其次，共同海损行为必须是为了船、货的共同安全而有意识地采取紧急、合理的措施。例如，船在航行中搁浅，涉及船主和货主的共同利益。

拓展阅读9-1

共同海损的理算与担保

再次，共同海损必须是主动采取合理措施所做出的特殊牺牲和支付的特殊费用。例如，支付的费用是船舶运营所应支付费用以外的费用，是为了解除危险造成的。

最后，共同海损行为必须是最终有效的，即只有避免了船、货的全损，共同海损才能成立。这是因为，若共同海损行为无效，船、货全损，则共同海损分摊的基础便不存在，共同海损也就无法成立。

3.单独海损和共同海损的区别

（1）损失的构成不同。单独海损，一般是指货物本身的损失，不包括费用损失；而共同海损既包括货物的损失，又包括因采取共同海损行为而引起的费用的损失。

（2）造成海损的原因不同。单独海损是承保风险所直接导致的船、货损失，一般是由海上风险直接导致的；而共同海损是为了解除或减轻船、货、受益者三方共同风险而人为造成的损失。

（3）损失的承担者不同。单独海损由受损方自行承担损失；而共同海损则由船、货、受益者三方按获救财产价值大小的比例分摊。若被保险人已投保海运保险，则由保险人按合同规定承担对被保险人分摊金额的赔偿责任。

【实例9-1】　**海上损失案**

“昌隆号”货轮满载货物驶离上海港。开航后不久，由于空气温度过高，导致老化的电线短路引发大火，将装在第一货舱的1 000条出口毛毯完全烧毁。该货轮到新加坡港卸货时发现，装在同一货舱中的烟草和茶叶由于羊毛燃烧散发出的焦煳味而不同程度受到串味损失。其中，由于烟草包装较好，串味不是非常严重，经过特殊加工处理，仍保持了烟草的特性，但是等级已大打折扣，售价下跌三成。而茶叶则完全失去了其特有的芳香，不能当作茶叶出售了，只能按廉价的填充物处理。

该货轮经印度洋时，不幸与另一艘货船相撞，第二货舱破裂，舱内进入大量海水，剧烈的震荡和海水浸泡导致舱内装载的精密仪器严重受损。为了救险，船长命令使用亚麻临时堵住漏洞，造成大量亚麻损失。在该货轮停靠泰国港避难进行大修时，船方联系了岸上有关专家对精密仪器的抢修事宜进行了咨询，发现整理恢复费用十分昂贵，已经超过了货物的保险价值。为了方便修理货轮，不得不将第三货舱和第四货舱中的部分纺织品卸下，在卸货时有一部分货物有钩损。

实例9-1

分析提示

请问：上述货物损失属于什么损失？

三、海上费用

保险人承担的海上运输货物保险的费用损失主要有施救费用、救助费用、特别费用和续运费用。

（一）施救费用

施救费用，又称诉讼及劳务费用，是指保险标的在遭遇保险责任范围内的灾害事故时，被保险人或其代理人、雇用人及受让人根据保险合同中施救条款的规定，为了避免或减少保险标的的损失，采取各种抢救与防护措施而支出的合理费用。

为了鼓励被保险人对受损的保险标的采取积极的抢救措施，减少灾害事故对被保险货物的损坏和影响，防止损失的进一步扩大，减少保险赔偿的支出，世界各国的保险法规及保险条款一般都规定，保险人对被保险人所支出的施救费用承担赔偿责任，赔偿金额以不超过该批被救货物的保险金额为限。

施救条款不是针对保险标的本身的损失赔偿，而是针对被保险人根据施救条款的规定采取施救措施而支出的费用的损失赔偿。它是一项补充性的保险条款或独立的协议，因此施救费用的偿付不受保险标的的损失赔偿的影响，保险人对施救费用的赔偿义务独立于其对保险标的的损失赔偿义务。

构成施救费用的条件

（1）对保险标的进行施救的必须是被保险人或其代理人或受让人，其目的是减少保险标的遭受的损失。其他人采取此项措施必须是受被保险人的委托，否则，由此产生的费用不视为施救费用。

（2）保险标的遭受的损失必须是保单承保的风险造成的，否则，被保险人对货物进行施救所支出的费用，保险人不予承担责任。如果为避免或减轻保险标的的损失并非由保险人承保的风险所致，同样也不能视为施救费用。

（3）施救费用的支出必须是合理的。一般认为施救费用的支出不应超过保险金额，超过部分则视为不合理的费用。

（二）救助费用

救助费用，是指船舶和货物在海上航行中遭遇保险责任范围内的灾害事故时，由保险人和被保险人以外的第三者自愿采取救助措施，并成功地使得遇难船舶和货物脱离险情，由被救的船方和货方支付给救助方的报酬。

保险人负责赔偿的救助费用，是指载货船舶在航行中遭遇海难时，由独立于保险合同以外的第三者前来救助并获得成功后，根据“无效果、无报酬”原则由载货船舶的承运人支付给救助方的报酬。

在多数情况下，救助费用是为船、货各方的共同安全而支付的，属于船舶正常航行以外的费用。救助费用作为共同海损性质的费用由受益各方共同分担。

根据《海洋运输货物保险条款》及船舶保险条款的相关规定，船方和货方分摊的救助费用可以向保险人索赔。

（三）特别费用

特别费用，是指运输工具在海上遭遇海难后，在中途港或避难港卸货、存包、重装及续运货物所产生的费用，其目的是防止或减少货物的损害。按照国际惯例，这种费用也都属于海上保险承保的责任范围。

（四）续运费用

续运费用，又称额外费用，是指因保单承保风险引起的保险标的的运输在非保单载明的目的地（港）终止时，保险人对保险标的的卸货、仓储及继续运往保单载明的目的地（港）等所产生的额外费用。

拓展阅读9-2

海上救助

主要概念

海上保险合同　自然灾害　意外事故　实际全损　推定全损　委付　部分损失　单独海损　共同海损　共同海损分摊　施救费用　救助费用

基础训练

一、单项选择题

1.保险标的在海上运输中遭受承保风险之后，虽然未达到完全灭失的状态，但是可以预见全部损失不可避免，这种情况属于（　　）。

A.实际全损　　B.共同海损

C.推定全损　　D.单独海损

随堂测答案9

2.一般情况下，救助人获得救助报酬的首要前提是（　　）。

A.救助人无过失　　B.救助行为有效果

C.救助措施合理　　D.救助防止或减轻了环境污染

3.目前，国际上普遍使用的共同海损的理算规则是（　　）。

A.《1974年约克-安特卫普规则》　　B.《北京理算规则》

C.《海牙规则》　　D.《维斯比规则》

4.海上保险合同的转让是指（　　）。

A.被保险人将其保险合同中的权利和义务转让给另一个人的行为

B.可保利益的转让

C.保险标的的转让

D.保险合同随保险标的的所有权发生转移而转让

5.船舶遇难后，在避难港支出的货物卸货费属于（　　）。

A.施救费用　　B.救助费用

C.特别费用　　D.续运费用

二、多项选择题

1.构成施救费用的条件包括（　　）。

A.进行施救的人可以是任何人

B.进行施救的人必须是被保险人或其代理人或受让人

C.施救的目的必须是减少保险标的的损失

D.保险标的遭受的损失可以是保险承保的风险，也可以不是保险承保的风险

2.海上保险保障的共同海损损失包括（　　）。

A.共同海损牺牲　　B.共同海损费用

C.共同海损分摊　　D.单独海损

3.按照海上保险的惯例，海上部分损失分为（　　）。

A.实际损失　　B.推定损失

C.共同海损　　D.单独海损

4.常见的特殊外来风险有（　　）。

A.战争　　B.罢工

C.交货不到　　D.拒收

5.下列海上风险中属于意外事故的是（　　）。

A.搁浅　　B.爆炸

C.海水进入船舶中　　D.偷窃

三、简答题

1.简述海上运输货物保险合同的特征。

2.简述海上保险合同的构成要素。

3.简述委付的构成及其必须符合的条件。

4.简述构成共同海损的条件。

5.简述共同海损和单独海损的区别。

四、技能案例

【案例背景1】

某货轮从天津新港驶往新加坡，在航行中船舱货物起火，大火蔓延至船舱，船长为了船、货的安全决定采取紧急措施，往舱中灌水灭火。虽然火被扑灭，但是由于货轮主机受损，无法继续航行。于是，船长决定雇用拖船，将货轮拖回新港修理，检修后，重新驶往新加坡。事后调查，这次事件造成的损失有：①1 000箱货物被烧毁；②600箱货物由于灌水灭火受到损失；③主机和部分甲板被烧坏；④拖船费用；⑤额外增加的燃料费用和船长、船员的工资。

【技能思考】

从上述情况和各项损失的性质来看，哪些属于单独海损？哪些属于共同海损？为什么？

【案例背景2】

某外贸公司按CIF术语出口一批货物，价值30 000美元，装运前已向保险公司按发票总值110%投保平安险，6月初货物装妥顺利开航。载货船舶于6月13日在海上遇到暴风雨，使一部分货物受损，损失的价值为2 100美元。数日后，该船舶又触礁，使该批货物又遭到部分损失，损失的价值为8 000美元。

【技能思考】

保险公司对该批货物的损失是否应赔偿？为什么？

【案例背景3】

我国A公司按CIF术语向鹿特丹出口食品1 000箱。货物装运后，A公司凭装船清洁提单和投保的一切险及战争险的保险单，向银行收妥货款。货到目的港后经收货人复验，发现下列情况：①该批货物共有10个批号，抽查发现其中2个批号涉及200箱食品中细菌含量超过进口国标准；②实收995箱，短少5箱；③有10箱货物外表状况良好，但箱内货物共短少60千克；④货物延迟到达，市价跌落。

【技能思考】

试分析上述情况，哪些损失应向保险公司索赔？

【案例背景4】

我国通力公司与美国罗斯公司于2023年10月20日签订了购买52 500吨饲料的CFR合同，通力公司开出信用证，装船期限为2024年1月1日至1月10日，由于罗斯公司租来运货的“亨利号”在开往某外国港口的途中遇到飓风，因此装船期限延至2024年1月20日。承运人在取得罗斯公司出具保函的情况下，签发了与信用证条款一致的提单。“亨利号”在途经某海峡时起火，造成部分饲料烧毁。船长在命令救火过程中又造成部分饲料湿毁。由于装船期限延迟，饲料到达目的地时赶上了饲料价格下跌，通力公司在出售余下的饲料时不得不大幅度降低价格，给通力公司造成了很大的经济损失。

【技能思考】

请分析：

1.途中烧毁的饲料属于什么损失？应由谁承担？

2.途中湿毁的饲料属于什么损失？应由谁承担？

3.通力公司是否能追偿饲料价格下跌造成的损失？向谁追偿？为什么？

4.承运人可否向托运人追偿责任？为什么？

项目实训

【实训项目】

共同海损与共同海损分摊

【实训情境】

2023年11月，大连某货轮在航行途中因设备故障起火，该船的第四货舱内发生火灾，经灌水灭火后统计损失，被火烧毁货物价值5 000美元，因灌水救火被水浸坏的货物价值6 000美元。船方宣布为共同海损。

【实训任务】

1.船方宣布损失为共同海损是否合理？

2.被火烧毁的货物损失为5 000美元，船方是否应负责赔偿？理由是什么？

3.被水浸坏的货物损失为6 000美元，属于什么性质的损失？应由谁负责？

项目十

海洋运输货物保险险别与条款

学习目标

能力目标：能够具备利用海洋运输货物保险险别和条款辨析实例的能力。

知识目标：理解伦敦保险协会海运货物保险条款；熟知我国海运货物基本险的责任范围、海运运输货物专门保险；掌握我国海洋货物运输保险条款的险别、海运货物保险基本险的责任起讫。

素养目标：通过海洋运输货物保险险别与条款，能够具有辨析保险险别和分析保险条款的能力；树立正确的世界观、人生观和价值观，做到学思用贯通、知信行统一；通过海洋运输货物保险险别与条款知识，提高分析问题的决策和认知能力。

项目引例

2022年6月，我国某进出口公司以CIF术语与外商签订一份合同（注：合同由进口商制作），出口电缆若干，总金额为27.3万美元，其中90%的货款采用即期信用证支付，10%的货款待货物到达目的地收货人仓库后，经买方查验无误后再付。合同的保险条款规定：Insurance is to be covered by the Sellers. Such Insurance shall be upon Terms and Conditions consistent with sound commercial practice for 110% of the full CIF value of the final Destination and for a period not later than 90 days after arrival of the buyer's warehouse。

该进出口公司于9月收到国外银行开来的信用证后（金额为24.6万美元），在交货前向中国人民保险公司投保了一切险和战争险。

2022年10月底，该进出口公司将全部货物装船运往目的港，并取得船公司签发的清洁已装船提单。12月船到目的港，全部货物卸下海轮，货物数量与提单相符，然后用汽车运到收货人仓库，仓库出具了清洁仓库收据。

2023年1月，收货人发现货物在仓库内有部分丢失，损失价值为18.3万美元。于是买方凭保险单向中国人民保险公司索赔。中国人民保险公司认为，保险单载明被保险人投保的是一切险和战争险，其责任起讫为“仓至仓”和“水面责任”，此案中保险标的物已安全如数运抵收货人仓库，保险责任已告终止，所以拒赔。

2023年2月底，进口人来电通知我方进出口公司：在合同的保险条款中规定保险期限不能少于货物到达买方仓库后90天，而贵公司只投保一切险和战争险，货物在到达我方仓库后22天发生部分丢失，属贵方漏保，造成18.3万美元损失。现在通知贵方，损失金额从27.3万美元的货物中扣除，其余9万美元汇付给贵公司。我方同意了。

请问：我方是否应当承担损失？应吸取什么教训？

分析：我方应承担损失。对于卖方办理保险的情况，应该在签订合同时明确投保险别，不应该由卖方投保的，应该与买方进行磋商，否则应该按照合同或者信用证要求进行投保。另外，卖方还应该清楚海运保险的保险责任期限。

内容精讲

任务一　我国海洋货物运输保险险别与条款

一、我国海洋货物运输保险的险别

我国现行的海洋货物保险条款是1981年1月1日的修订本，根据不同的运输方式分别订有适用不同运输方式的保险条款，以《海洋运输货物保险条款》使用最普遍，其主要内容有保险人的义务和索赔期限。

（一）保险人的承保责任范围

海运货物保险险别分为基本险和附加险两类。基本险，又称主险，是可以独立投保的险别，它包括平安险、水渍险和一切险。附加险是对基本险的补充和扩展，是不能单独投保的，只能在投保了基本险的基础上加保，它包括一般附加险、特别附加险和特殊附加险。

1.平安险的责任范围

动画 10-1

平安险

平安险（Free from Particular Average，FPA），原文的含义是“单独海损不赔”。它的承保责任范围是：

（1）被保险货物在运输途中由于恶劣气候、雷电、海啸、地震、洪水等自然灾害造成整批货物的全部损失或推定全损。

（2）由于运输工具遭受搁浅、触礁、沉没、互撞、与流冰或其他物体碰撞以及失火、爆炸等意外事故造成货物的全部或部分损失。

（3）恶劣气候、雷电、海啸等自然灾害所造成的部分损失。

（4）在装卸或转运时由于一件或数件货物整件落海造成的全部或部分损失。

（5）被保险人对遭受保险责任范围内风险的货物采取抢救、防止或减少货损的措施而支付的合理费用，但以不超过被救货物的保险金额为限。

（6）运输工具遭遇海难后，在中途港、避难港由于卸货所引起的损失以及由于卸货、存仓和运送货物所产生的特别费用。

（7）共同海损的牺牲、分摊和救助费用。

（8）运输契约订有“船舶互撞责任”条款的，根据该条款规定应由货方偿还船方的损失。

同步思考 10-1　　**平安险的责任范围案件**

同步思考 10-1

分析提示

大连某公司有批玻璃制品出口日本，由甲、乙两货轮分别载运，货主投保了平安险。甲货轮在航行途中与其他船舶发生碰撞事故，玻璃制品因此而发生部分损失；乙货轮在航行途中遇到暴风雨，致使玻璃制品相互碰撞而发生部分损失。事后，货主向保险公司提出索赔。

请问：保险公司该如何处理？

2.水渍险的责任范围

动画 10-2

水渍险

水渍险（With Average /With Particular Average，WA/WPA），原文的含义是“负责单独海损”。它的承保责任范围包括两个部分：①平安险所承保的全部责任；②被保险货物在运输途中，由于恶劣气候、雷电、海啸、地震、洪水等自然灾害所造成的部分损失。

我国水渍险条款与国际保险市场的水渍险条款基本相同，但有些国家则有免赔额（率）的规定。欧洲大陆国家习惯采用绝对免赔率；英国、美国则习惯采用相对免赔率；我国没有免赔率的规定。目前，国际保险市场也逐渐效仿我国水渍险“不计免赔率”的优惠办法。

3.一切险的责任范围

动画 10-3

一切险

一切险（All Risks）的责任范围，除包括平安险和水渍险的责任外，还包括被保险货物在运输途中由于一般外来原因所造成的全部或部分损失。

（二）海运货物保险基本险的除外责任

除外责任，是指保险人不负赔偿责任的风险范围，即除外不保的项目。其具体包括：①被保险人的故意行为或过失所造成的损失；②属于发货人责任所引起的损失；③在保险责任开始前，被保险货物已存在的品质不良或数量短少所造成的损失；④被保险货物的自然损耗、本质缺陷、特性以及市价跌落、运输延迟所引起的损失或费用；⑤战争险和罢工险条款规定的责任范围和除外责任。

同步思考 10-2　　**海运货物保险的除外责任案**

同步思考 10-2

分析提示

B公司向海湾集团出口蜡烛一批，投保的是一切险。由于货轮陈旧、速度慢，再加上该货轮沿途到处揽载，结果航行3个月才到达目的港。卸货后，蜡烛因受热时间过长已全部溶解软化，无法销售。

请问：这种情况下保险公司是否可以拒赔？

（三）海运货物保险附加险

进出口商除了投保货物的上述基本险外，还可根据货物的特点和实际需要，酌情选择若干适当的附加险。附加险包括一般附加险、特别附加险和特殊附加险。

1.一般附加险

（1）偷窃提货不着险（Theft Pilferage and Non-delivery，T.P.N.D.）。它是指在保险有效期内，保险人对保险标的由于被偷窃、整件提货不着所造成的损失负赔偿责任。为了便于确定责任，对于偷窃损失，被保险人必须在及时提货后10天之内申请检验；对于整件提货不着，被保险人必须向责任方、港方、海关或有关当局取得证明。

（2）淡水雨淋险（Rain and/or Fresh Water Damage，R.F.W.D.）。它是指承保货物在运输过程中，由于淡水、雨水及冰雪融化所造成的损失。由于平安险和水渍险只负责海水所致的损失，不负责淡水所致的损失，因而这一险别是在此基础上的延伸。

（3）短量险（Risk of Shortage）。它是指承保货物在保险期限内发生数量短少和重量短缺的损失，但不包括正常运输过程中货物的自然损耗。

（4）混杂、玷污险（Risk of Intermixture and Contamination）。它是指承保货物在运输过程中，由于混进杂质或与其他物质相接触而被玷污所引起的损失。

（5）渗漏险（Risk of Leakage）。它是指承保的流质、半流质、油类货物在运输过程中，由于容器损坏而引起渗漏的损失，或用液体储运的货物如盐渍肠衣、湿牛皮等因液体渗漏而使货物发生变质、腐烂等损失。

（6）碰损、破碎险（Risk of Clash and Breakage）。它是指承保货物在运输途中，因受外力影响造成的碰损、破碎的损失。由于平安险和水渍险对运输途中由海难造成保险货物的碰损、破碎负赔偿责任，加保本险主要是对一切外来因素造成货物的碰损、破碎等损失均予负责。

（7）串味险（Risk of Odour）。它是指承保货物在运输途中，因受其他带有异味物品的影响而引起串味损失。若该项串味损失是由运输方装载不当所引起的，则保险人在进行赔偿后，有权向运输方追偿。

（8）受潮、受热险（Damage Caused by Sweating and Heating）。它是指承保货物在运输途中，因气温的突然变化或船上通风设备失灵等使船舱内水汽凝结，引起货物受潮、受热而变质的损失。

（9）钩损险（Hook Damage）。它是指承保的袋装或捆装等货物在运输和装卸过程中，因使用手钩或吊钩等工具造成货物的包装破裂、物资外漏的损失。

（10）包装破裂险（Loss for Damage Caused by Breakage of Packing）。它是指承保的袋装、桶装等货物在运输过程中因包装破裂造成保险货物的短少、玷污等损失。由于包装破裂造成物资的损失，从其他附加险的责任中可以得到保障，因此这一保险主要解决的是修补或调换包装的损失。

（11）锈损险（Risk of Rust）。它是指承保的金属或金属制品在运输过程中，因生锈而造成的损失。只要不是原装的问题，保险人都应予负责。但是，对裸装的金属板、金属块、金属条、金属管等保险人不予承保。

2.特别附加险

（1）交货不到险（Failure to Deliver Risk）。它是指承保货物从装上船舶算起，满6个月仍未运抵原定目的地交货所造成的损失。不论任何原因，保险人均按全损赔付。在交货不到的情况下很可能被保险货物并未实际遭受全损，如禁运或在中途港被另一个国家强迫卸货等，因此该附加险特别强调在按全损赔付后，应由被保险人将货物的全部权益转移给保险人。

（2）进口关税险（Import Duty Risk）。它是指承保货物到达目的港后，因遭受保险责任范围内的损失，但仍须按完好货物缴纳进口关税所造成的损失。

（3）舱面险（On Deck Risk）。该附加险承保的是由于体积大、有毒性、有污染性、易燃易爆等特性而必须装在舱面上的货物。该附加险除了对原保险单险别的条款负责外，还包括货物被抛弃或风浪冲击落水的损失。由于装载在舱面的货物极易受损，通常保险人只承保在平安险基础上加保的舱面险，而不接受在一切险基础上加保的舱面险，以免责任过大。

（4）拒收险（Rejection Risk）。它是指承保货物由于在卸货港被进口国的政府或有关当局拒绝进口或没收所造成的损失。保险人按该货物的价值予以赔偿。被保险人在加保拒收险时，必须备有一切必需的、有效的进口特许证或许可证。

（5）黄曲霉素险（Aflatoxin Risk）。它是指承保货物在卸货港被进口国当地检疫部门检验证明，因含有黄曲霉素且超过了进口国的限制标准，而必须拒绝进口、没收或强制改变用途所造成的损失。

（6）出口货物到我国澳门或香港（包括九龙）存仓火险责任扩展条款（Fire Risk Extension Clause for Storage of Cargo at Destination Macao or Hong Kong.including Kowloon）。该条款的目的是保障过户银行的利益。内地出口到港澳地区的货物，如直接装卸到保险单载明的过户银行所指定的仓库，加此条款可延长存仓期间的火险责任。保险期限从货物进入过户银行指定的仓库时开始，直到过户银行解除货物权益或者运输责任终止时算起，满30天为止。

3.特殊附加险

（1）战争险（War Risk）。它是指承保战争或类似战争行为等引起保险货物的直接损失。

（2）战争险的附加费用（Additional Expenses War Risks）。它是指承保战争险责任内的风险引起的航程中断或挫折，或由于承运人行使运输契约中有关战争险条款规定所赋予的权利，把货物卸在保险单规定以外的港口，而产生的应由被保险人负责的那部分附加的合理费用。例如，卸货、存仓、转送、关税以及保险等费用，由保险人予以赔偿。

（3）罢工险（Strikes Risk）。它是指承保因参加工潮、暴动和民众斗争的罢工者、被迫停工的工人采取行动造成保险货物的损失及其他任何人的恶意行为造成的损失。但是，该附加险负责的损失仅是直接损失，对于间接损失是不负责任的。

同步思考 10-3

附加险赔偿案

同步思考 10-3

分析提示

W公司按CIF条件出口大豆1 000千克，共计10 000包。合同规定投保一切险加战争险、罢工险。货物卸至目的港后，当地码头工人开始罢工。在工人与政府的武装力量对抗中，该批大豆有的被撒落地面，有的被当作掩体，有的丢失，货物损失近半。

请问：这种损失保险公司是否负责赔偿？

我国海洋运输保险险别与保险范围见表10-1。

表10-1 我国海洋运输保险险别与保险范围

险别	名称	英文	保险范围
基本险	平安险	FPA	除自然灾害引起的部分损失不赔以外，其他损失均予以赔偿
	水渍险	WA/WPA	自然灾害引起的部分损失也在赔偿范围之内
	一切险	All Risks	既包括水渍险的范围，又包括一般附加险险别引起的损失
附加险	一般附加险		偷窃提货不着险、淡水雨淋险、短量险、锈损险等11种
	特别附加险		交货不到险、进口关税险、舱面险等6种
	特殊附加险		战争冲突、海盗等引起的战争险；罢工、暴动等引起的罢工险；战争险的附加费用

我国海洋运输保险险别与责任对照见表10-2。

表10-2 我国海洋运输保险险别与责任对照

险别		海损			其他损失	
		全损	部分损失		一般其他损失	特殊其他损失
			共同海损	单独海损		
基本险	平安险	√	√	√		
	水渍险	√	√	√		
	一切险	√	√	√	√	
附加险	一般附加险				√	
	特别附加险					√
	特殊附加险					√

二、海运货物保险的责任起讫

动画10-4

仓至仓条款

保险的责任起讫，又称保险期间或保险期限（Period of Insurance），是保险人对被保险人承保责任起讫的时间规定。我国海运货物保险基本险的责任起讫，一般采用“仓至仓”条款，主要可以概括为以下内容：

（一）“仓至仓”条款

“仓至仓”条款（Warehouse to Warehouse Clause），即保险人对保险标的所承担的保险责任，从保险单所载明的起运港（地）发货人的仓库开始，直到货物运达保险单所载明的目的港（地）收货人的仓库为止。

事实上，货物运抵目的港（地）的情况并不像上面所述的那样简单。责任的终止应按照不同的情况加以规定。

（1）当被保险货物在最后卸货港全部卸离海轮后，并未进入收货人的最后仓库，保险责任可以从卸离海轮时算起，满60天为止。

（2）被保险货物在目的港卸货后，收货人并未运往最终仓库，而是对货物进行分配、分派或者分散转运，保险责任在这时即终止。

（3）保险单上所载的目的地不在卸货港，而是在内陆某地，收货人在内陆运输途中将货物进行分配、分派或分批运往各地，即使其中有一部分仍运往保险单载明的最终仓库，保险责任在开始分配时即全部终止。

以上三种情形保险责任的终止以首先发生者为准。

（二）扩展责任

扩展责任（Extend Cover），是指虽然在我国的海运险条款中未明确写入，但是实际上作为“责任起讫”的一部分予以负责。扩展责任主要包括以下内容：

（1）转运。被保险货物在正常运输情况下发生的转运均予负责。

（2）中途转载。若被保险货物在中途某港口卸下后，不再继续运往保险单载明的原目的港（地），则保险责任终止期限仍以货物卸离海轮后60天为限。但是，若货物在此以前又运往非保险单所载的另一目的地，则在货物开始起运时责任即告终止。

（3）无法控制的变更。在被保险人无法控制的情况下所引起的运输契约终止、绕道、被迫卸货、重装或转载，被保险人一经获悉应及时通知保险人，保险人在加收附加费后原保险继续有效。

（4）驳运险责任。保险人对在起运港及中转港的驳运险责任均予负责，全损险则对每一驳运工具分别作为单独的全损。

三、被保险人的义务

我国的海洋货物运输险条款明确规定了被保险人的应尽义务，并申明如果由于被保险人未能履行其义务，从而影响到保险人的利益，那么保险人有权拒赔。这些义务具体来讲，共有以下五项：

（1）当被保险货物运抵保险单所载明的目的港（地）以后，被保险人应及时提货；

当发现被保险货物遭受任何损失时，应立即向保险单上所载明的检验、理赔代理人申请检验；当发现被保险货物整件短少或有明显残损时，也应立即向承运人、受托人或有关当局（如海关、港务当局等）索取货损、货差证明；若货损、货差是由于承运人、受托人或其他有关方的责任所造成的，则应以书面方式向其提出索赔，必要时还需要取得延长时效的认证。

（2）对遭受保险责任范围内风险的货物，被保险人应迅速采取合理的抢救措施，防止或减少货物的损失。

（3）当遇航程变更或发现保险单所载明的货物、船名或航程有遗漏或错误时，被保险人应在获知后立即通知保险人，并在必要时加缴保险费。

（4）被保险人向保险人索赔时，必须提供保险单正本、提单、发票、装箱单、货损和货差证明、检验报告及索赔清单。涉及第三者责任的，还必须提供向责任方追偿的有关函电及其他必要的单证或文件。

（5）在获悉有关运输契约中"船舶互撞责任"条款的实际责任后，应及时通知保险人。

四、索赔期限

我国海运险条款规定，被保险人的索赔时效从被保险货物在最后卸货港全部卸离海轮后起算，最多不超过2年。

五、保险费的计算

保险费是保险人经营业务的基本收入，也是被保险人获得损失赔偿权的对价。投保人交付保险费，是保险合同生效的前提条件。在投保人交付保险费之前，保险人可以拒绝签发保险单据。保险费的计算公式为：

实例 10-1

分析提示

保险费=保险金额×保险费率

国际货物运输保险通常以CIF价格的110%计算保险金额。

【实例 10-1】我国某外贸公司出口一批价值为CIF 12 000美元的货物。现按价格加成10%投保一切险和战争险，查保险费率表得出一切险和战争险的费率分别为0.5%和0.04%。请计算保险金额和保险费。

同步思考 10-4　"仓至仓"条款下的赔偿案

同步思考 10-4

分析提示

有一份CIF合同，卖方在装船前向保险公司投保了"仓至仓"条款的一切险，但货物在从卖方仓库运往码头的途中，发生了保险责任范围以内的损失。事后卖方以保险单含有"仓至仓"条款为由，要求保险公司赔偿此项损失，但遭到保险公司拒绝。保险公司认为货物未装运，损失不在保险责任范围内。

请问：在上述情况下，保险公司能否拒赔？为什么？

六、海运运输货物专门保险

（一）海洋运输冷藏货物保险

1.海洋运输冷藏货物保险的险别

海洋运输冷藏货物保险的险别包括冷藏险（Risk for Shipment of Frozen Products）和冷藏一切险（All Risks for Shipment of Frozen Products）两类。

2.海洋运输冷藏货物保险的除外责任

（1）被保险鲜货在运输过程中的任何阶段，因未存放在有冷藏设备的仓库或运输工具中，或辅助运输工具没有隔温设备所造成鲜货腐烂的损失。

（2）被保险鲜货在保险责任开始时，因未保持良好状态，包括整理加工和包装不妥、冷冻上的不合规定及肉食骨头变质所引起的鲜货腐烂的损失。

3.海洋运输冷藏货物保险的责任起讫

“仓至仓”条款对海洋运输冷藏货物保险的规定：货物到达保险单所载明的最终目的港，如在30天内卸离海轮，并将货物存入岸上冷藏仓库后仍继续负责，但负责到从货物全部卸离海轮时算起满10天为止。如果在上述期限内货物一经移出冷藏仓库，保险责任即告终止。如果货物卸离海轮后不存入冷藏仓库，保险责任至卸离海轮时终止。

4.赔款的处理

海洋运输冷藏货物保险对赔款的规定是，对同一标记和同一价值的或不同标记但是同一价值的各种包、件、扎、块等，除非另有规定，均视作同一重量和同一保险价值计算赔偿。

（二）海运散装桐油保险条款

1.海运散装桐油保险的责任范围

海运散装桐油保险只负责不论任何原因所致的桐油超过保险单规定免赔率的短少、渗漏损失，或不论任何原因所致的桐油污染或变质的损失。

2.海运散装桐油保险的保险期限

（1）在正常运输情况下，海运散装桐油保险的责任自桐油运离保险单载明的起运港的岸上油库开始，包括整个运输过程，直至运达保险单载明的目的地岸上油库责任终止，而且最多只负责海轮到达目的港后15天。

（2）在非正常运输情况下，桐油应在运到非保险单载明的港口的15天内卸离海轮，保险责任在桐油卸离海轮后满15天终止。若15天内该货物在该地被出售，则保险责任在交货时终止。

（3）如果在上述15天内桐油继续运往保险单所载明的原目的地或其他目的地，则保险责任的终止按（1）项的规定执行。

3.特别约定

（1）被保险人必须在起运港取得船上油舱的清洁合格证书，桐油装船后的容量、重量、温度证书和装船桐油的品质检验合格证书。

（2）当发生意外在中途港卸货时，在卸货前必须对桐油进行品质检验，取得证书。同时，还要对所卸桐油的油驳、岸上油库及重新装载桐油的船舶油舱等容器进行检验并取得合格证书。

（3）桐油到达指定目的港后，在卸货前，还必须由保险单指定的检验人对桐油的温度、容量、重量及品质进行检验，出具证书。

（三）卖方利益险

卖方利益险是在卖方没有投保货运基本险的情况下，为保障自身在货物运输途中遇到事故时，买方不付款赎单而遭受的损失设立的。卖方利益险适用于付款交单（D/P）、承兑交单（D/A）或赊账（O/A）等成交方式。

卖方利益险的条件：一是被保险货物的损失必须属于货运保险的承保责任；二是买方拒绝支付该受损货物部分的货款。

同步思考 10-5　　被保险人向保险公司索赔具备的条件

2023年8月，大连某出口公司对外签订一份以FOB为条件的农产品合同，买方已向保险公司投保“仓至仓”条款的一切险。货物从卖方仓库运往装运码头途中发生保险责任范围内的损失，事后卖方以保险单含有“仓至仓”条款，要求保险公司赔偿，但遭拒绝。后来卖方又请买方以买方的名义凭保险单向保险公司索赔，但同样遭到拒绝。

请问：保险公司拒绝赔偿的原因是什么？

同步思考10-5
分析提示

任务二　英国伦敦保险协会海运货物保险条款

在国际保险市场上，英国伦敦保险协会所制定的《协会货物保险条款》（Institute Cargo Clause，ICC）对世界各国有着广泛的影响。目前，许多国家在海运保险业务中直接采用该条款。

在我国，按CIF条件出口，一般以中国人民保险公司所制定的保险条款为依据，但如果国外客户要求按英国伦敦保险协会所制定的《协会货物保险条款》为依据，也可酌情接受。

一、《协会货物保险条款》的种类

《协会货物保险条款》包括：①协会货物条款（A）（Institute Cargo Clauses（A），ICC（A））；②协会货物条款（B）（Institute Cargo Clauses（B），ICC（B））；③协会货物条款（C）（Institute Cargo Clauses（C），ICC（C））；④协会战争险条款（货物）（Institute War Clauses（Cargo））；⑤协会罢工险条款（货物）（Institute Strikes Clauses（Cargo））；⑥恶意损害险条款（Malicious Damage Clauses）。

其中，ICC（A）、ICC（B）、ICC（C）是基本险，协会战争险条款（货物）、协会罢工险条款（货物）及恶意损害险条款是附加险。除了恶意损害险条款外，前五种条款都可以单独投保。另外，ICC（A）包括恶意损害险，但在投保ICC（B）或ICC（C）时，应另行投保恶意损害险。

二、《协会货物保险条款》中主要险别的承保风险与除外责任

（一）ICC（A）的承保风险与除外责任

1.承保风险范围

ICC（A）类似于我国的一切险，采用“一切风险减除外责任”的概括式规定方法，即除了“除外责任”项下所列的风险保险人不予负责外，其他风险均予负责。

2.除外责任

（1）一般除外责任。它主要包括：因被保险人故意的不法行为所造成的损失或费用；自然渗漏，重量、容量的自然损耗或自然磨损；包装或准备不足或不当所造成的损失或费用；保险标的的内在缺陷或特性所造成的损失或费用；直接由于迟延引起的损失或费用；由于船舶所有人、经理人、租船人或经营人破产或不履行债务所造成的损失或费用；由于使用任何原子或热核武器所造成的损失和费用。

（2）不适航、不适货除外责任。它主要是指被保险人在被保险货物装船时已知道船舶不适航，以及船舶、运输工具、集装箱等不适货。

（3）战争除外责任。它主要包括：由于战争、内战、敌对行为等所造成的损失或费用；由于捕获、拘留、扣留等（海盗除外）所造成的损失或费用；由于漂流的水雷、鱼雷等所造成的损失或费用。

（4）罢工除外责任。它主要包括：由于罢工者、被迫停工工人等所造成的损失或费用；任何恐怖分子或出于政治动机而行动的人所造成的损失或费用。

（二）ICC（B）的承保风险与除外责任

1.承保风险范围

类似于我国的水渍险，采用承保除外责任之外列明风险的办法。

（1）灭失或损害合理归因于下列原因的：火灾、爆炸；船舶或驳船触礁、搁浅、沉没或倾覆；陆上运输工具倾覆或出轨；船舶、驳船或运输工具同除水以外的任何外界物体碰撞；在避难港卸货；地震、火山爆发、雷电。

（2）灭失或损害由下列原因造成的：共同海损牺牲；抛货；浪击落海；海水、湖水或河水进入船舶、驳船、运输工具、集装箱、大型海运箱或储存处所；货物在装卸时落海或摔落造成整件的全损。

2.除外责任

ICC（A）的除外责任加上ICC（A）的“海盗行为”与“恶意损害险”。

3.ICC（A）与ICC（B）的区别

（1）在ICC（A）中，仅规定保险人对因被保险人故意的不法行为所造成的损失或费用，不负赔偿责任；而在ICC（B）中，则规定保险人对被保险人以外的其他人的故意非法行为所致的风险不负责任。可见，在ICC（A）中，恶意损害的风险被列为承保风险，而在ICC（B）中，保险人对此项风险却不负赔偿责任，被保险人若想获得此种

风险的保险保障，则需加保恶意损害险。

（2）在ICC（A）中，标明“海盗行为”不属除外责任；而在ICC（B）中，保险人对此项风险不负保险责任。

（三）ICC（C）的承保风险与除外责任

1.承保风险范围

类似于我国的平安险，仅承保重大意外事故的风险，而不承保自然灾害及非重大意外事故的风险。

（1）灭失或损害合理归因于下列原因的：火灾、爆炸；船舶或驳船触礁、搁浅、沉没或倾覆；陆上运输工具倾覆或出轨；在避难港卸货。

（2）灭失或损害由下列原因造成的：共同海损牺牲；抛货。

2.除外责任

ICC（C）的除外责任与ICC（B）完全相同。ICC（A）、ICC（B）、ICC（C）的承保风险范围类似于CIC（中国保险条款）的一切险、水渍险和平安险。它们的不同之处在于：①海盗行为所造成的损失是ICC（A）的承保范围，而在CIC一切险中是除外责任；②ICC（A）包括恶意损害险，而CIC一切险中不包括此险别；③ICC（B）、ICC（C）改变了CIC水渍险与平安险对承保范围中某些风险不明确的弊病。

《协会货物保险条款》采取列明风险的办法，即把承保风险和损失一一列明。《协会货物保险条款》的责任起讫也是“仓至仓”条款，但是比我国条款的规定更为详细。《协会货物保险条款》的承保风险范围与除外责任见表10-3。

（四）战争险的承保风险与除外责任

1.承保风险范围

战争险的承保风险范围包括：①直接由于战争、内战、革命、造反、叛乱，或由此引起的内乱，或任何交战方之间的敌对行为所造成的运输货物的损失；②由于上述原因所引起的捕获、扣押、扣留、拘禁或羁押等所造成的运输货物的损失；③各种常规武器所造成的运输货物的损失。

2.除外责任

与ICC（A）的除外责任相同之外，还包括：①基于航程或航海上的损失或受阻的任何索赔不负赔偿责任；②由于敌对行为使用原子或热核武器所造成的损失不负赔偿责任。

战争险的责任起讫适用于“水面”条款，以“水上危险”为限。

（五）罢工险的承保风险与除外责任

1.承保风险范围

罢工险的承保风险范围包括：①由于罢工工人、被迫停工工人，或参与工潮、暴动或民变的人员所造成的损失或费用；②罢工、被迫停工、工潮、暴动或民变所造成的损失和费用；③由于恐怖分子或出于政治动机而行动的人所造成的损失或费用。

表 10-3　　《协会货物保险条款》的承保风险范围与除外责任

承保风险范围	A	B	C
1.火灾、爆炸	√	√	√
2.船舶、驳船的触礁、搁浅、沉没、倾覆	√	√	√
3.陆上运输工具的倾覆或出轨	√	√	√
4.船舶、驳船或运输工具同除水以外的任何外界物体碰撞	√	√	√
5.在避难港卸货	√	√	√
6.地震、火山爆发或雷电	√	√	√
7.共同海损牺牲	√	√	√
8.抛货	√	√	√
9.浪击落海	√	√	×
10.海水、湖水或河水进入船舶、驳船、运输工具、集装箱、大型海运箱或储存处所	√	√	×
11.货物在船舶或驳船装卸时落海或跌落，造成任何运输货物的全损	√	√	×
12.由于被保险人以外的其他人（如船长、船员等）的故意违法行为所造成的损失或费用	√	×	×
13.海盗行为	√	×	×
14.下列除外责任范围以外的一切风险	√	×	×
除外责任	A	B	C
1.被保险人的故意违法行为所造成的损失和费用	×	×	×
2.自然渗漏，重量、容量的自然损耗或自然磨损	×	×	×
3.包装或准备不足或不当所造成的损失或费用	×	×	×
4.保险标的的内在缺陷或特性所造成的损失或费用	×	×	×
5.直接由于迟延引起的损失或费用	×	×	×
6.由于船舶所有人、经理人、租船人或经营人破产或不履行债务所造成的损失和费用	×	×	×
7.由于使用任何原子或热核武器等所造成的损失和费用	×	×	×
8.船舶不适航，船舶、装运工具、集装箱等不适货	×	×	×
9.战争	×	×	×
10.罢工	×	×	×

2.除外责任

除了与ICC（A）的除外责任相同之外，还包括：①由于罢工、被迫停工、工潮、暴动或民变所造成的各种劳动力流失、短缺，或抵制所引起的损失和费用不负赔偿责任；② 基于航程或航海上的损失或受理的任何索赔不负赔偿责任；③由于战争、内战、革命、造反、叛乱，或由此引起的内乱或交战方之间的敌对行为所造成的损失和费用不负赔偿责任。

罢工险的责任起讫适用于“仓至仓”条款。

（六）恶意损害险的承保风险

若要对恶意损害造成的损失取得保险保障，可以投保ICC（A），或在投保ICC（B）或ICC（C）时加保恶意损害险。

三、协会海运货物保险的保险期限

海运货物保险的保险期限为“仓至仓”；海运货物战争险的保险期限仅限于“水上危险”。ICC（A）、ICC（B）、ICC（C）三个条款的保险期限是在运输条款（Transit Clause）、运输契约终止条款（Termination of Contract of Carriage Clause）和航程变更条款（Change of Voyage clause）中规定的。

运输条款规定，保险人对被保险货物应负“仓至仓”的责任，以及被保险人在无法控制的情况下发生船绕航、运输迟延、被迫卸货、重新装载、转运，或由于承运人行使运输契约所赋予的自由处置权而发生变更航程等情况，被保险人无须告知保险人及加付保险费。

运输契约终止条款规定，由于被保险人无法控制的原因，被保险货物在运抵保险单所载明的目的地以前，运输契约即在其他港口或处所终止，则在被保险人立即通知保险人并在必要时追加一定保险费的条件下，保险继续有效，直至货物在这个卸货港口或处所以及送交之时为止，但最长时间不超过货物到达该港口或处所满60天。

航程变更条款主要规定，在保险责任开始之后，如果被保险人要求变更保险单所载明的目的地，则在立即通知保险人并另行确定保险费及保险条件的情况下，保险责任仍然有效。

主要概念

平安险　水渍险　一切险　一般附加险　特别附加险　特殊附加险　“仓至仓”条款

基础训练

一、单项选择题

随堂测答案10

1.ICC中承保责任包括恶意损害险的是（　　）。

A.ICC（A）　　B.ICC（B）

C.ICC（C）　　D.ICC（D）

2.在ICC（A）的除外责任规定中，特别指出不包括海盗行为的是（　　）。

A.一般除外责任　　B.不适航与不适货除外责任

C.战争险除外责任　　D.罢工险除外责任

3.根据我国海运货物保险条款，“浪击落海”可以通过投保（　　）险别获得保障。

A.淡水雨淋险　　B.短量险　　C.舱面险　　D.交货不到险

4.舱面险属于（　　）。

A.平安险　　B.水渍险　　C.附加险　　D.一切险

5.在保险人所承保的海上风险中，雨淋、渗漏属于（　　）。

A.自然灾害　　B.意外事故　　C.一般外来风险　　D.特殊外来风险

二、多项选择题

1.ICC（B）的承保风险包括（　　）。

A.火灾、爆炸　　B.海盗行为

C.共同海损牺牲　　D.地震、火山爆发或雷电

2.常见的特殊外来风险有（　　）。

A.战争　　B.罢工　　C.交货不到　　D.拒收

3.ICC（A）予以承保，而我国《海洋运输货物保险条款》的基本险不保的风险是（　　）。

A.投弃　　B.浪击落海　　C.海盗行为　　D.恶意损害行为

4.属于海上货运保险承保的意外事故有（　　）。

A.投弃　　B.吊索损害

C.搁浅　　D.船长、船员的不法行为

5.出口茶叶时为防止运输途中串味，办理投保时，可投保（　　）。

A.串味险　　B.平安险加串味险

C.水渍险加串味险　　D.一切险加串味险

三、简答题

1.简述ICC（A）、ICC（B）、ICC（C）三个条款在承保风险上的区别。

2.简述平安险、水渍险和一切险的承保范围及三者的区别。

3.简述平安险、水渍险、一切险的承保范围与ICC（A）、ICC（B）、ICC（C）三个条款在承保范围上的区别。

4.简述海运货物保险的责任起讫。

5.简述海运货物保险附加险的内容。

四、技能案例

【案例背景】

我国某公司以CIF术语出口一批化肥，装运前按合同规定已向保险公司投保水渍险，货物装妥后顺利开航。载货船舶起航后不久在海上遭遇暴风雨，海水涌入舱内，致使部分化肥浸有水渍，损失价值达1 000美元。数日后，又发现部分化肥袋包装破裂，估计损失达1 500美元。

【技能思考】

请结合保险理赔、CIF的风险划分界限及中国人民保险公司《海洋运输货物保险条

款》的内容分析，该损失应由谁承担？

五、计算题

1. 中国A公司对外出售货物一批，合同规定：数量100公吨，单价每公吨1 000英镑，CIF伦敦，卖方按发票金额加一成投保水渍险（保险费率为0.3%）和短量险（保险费率为0.2%）。试计算：A公司的投保金额是多少？应向保险公司支付多少保险费？

2. 某出口货物1×20FCL（15MT）FOB深圳价格为USD 2 000/MT。现在客户要求报CIF Hamburg，已知1×20TEU深圳至汉堡运费为USD 1 500，码头费为CNY 1 000/20TEU，投保一切险附加战争险（保险费率为0.4%）。请计算CIF价格（人民币汇率按6.8计算）。

项目实训

【实训项目】

国际海上货物运输保险险别的综合运用

【实训情境】

2023年10月，法国某公司（买方）与中国某公司（卖方）在上海订立了购买200台电子计算机的合同，每台CIF上海1 000美元，以不可撤销的信用证支付，2023年12月马赛港交货。2023年11月15日，中国银行上海分行（开证行）根据卖方指示向买方开出了金额为20万美元的不可撤销的信用证，委托马赛的一家法国银行（议付行）通知并议付此信用证。2023年12月20日，卖方将200台计算机装船，并获得信用证要求的提单、保险单、发票等单据，随即要求议付行议付货款。经审查无误，议付行将20万美元支付给开证行。然而，载货船离开装运港10天后，由于在航行途中遇上特大暴雨和暗礁，货船及货物全部沉入大海。此时，开证行已收到了议付行寄来的全套单据，买方也已得知所购货物全部灭失的消息。中国银行上海分行拟拒绝议付行已议付的20万美元的货款，理由是买方不能得到所购买的货物。

【实训任务】

1. 这批货物的风险自何时起由卖方转移给买方？

2. 开证行能否由于这批货物全部灭失而免除其所承担的收款义务？依据是什么？

3. 买方的损失如何得到补偿？

项目十一

海上货物运输保险实务

学习目标

能力目标：能够具备缮制投保单和保险单的能力；能够利用所学的知识计算保险费、海上保险赔款。

知识目标：理解投保险别的选择；熟知海上保险单的种类、批改与转让，以及索赔方式、索赔程序和索赔单据；掌握保险单的缮制、保险金额的确定、保险费的计算、海上保险赔款的计算。

素养目标：通过海上货物运输保险实务，践行外贸业务实践，具备外贸业务人员最基本的业务处理能力；树立正确的世界观、人生观和价值观，做到学思用贯通、知信行统一；通过学习海上货物运输保险实务知识，熟知海上货物运输保险业务中的单据缮制和基本活动，为职业生涯树立职业素养。

项目引例

有一份CIF合同，卖方投保了一切险，自法国内陆仓库起，直到美国纽约的买方仓库止。合同中规定，投保金额是“按发票金额另加10%”。卖方在货物装船后，凭提单、保险单、发票、品质检验证书等单证向买方银行收取了货款。后来，货物在运到纽约港前遇险且全部损失。当卖方凭保险单要求保险公司赔付“发票金额另加10%”的这部分金额时，却遭到保险公司的拒绝。

请问：卖方是否有权利要求保险公司赔付“发票金额另加10%”的这部分金额？为什么？

分析：根据本案例的情况，卖方无权要求这部分赔款，保险公司只能将全部损失赔偿支付给买方。

1.在国际货物运输保险中，投保加成是一种习惯做法。保险公司允许投保人按发票总值加成投保，习惯上是加成10%。当然，加成多少应由投保人与保险公司协商约定，不限于10%。在国际商会的《2020年国际贸易术语解释通则》中，关于CIF卖方的责任有以下规定：“自费向信誉卓著的保险人或保险公司投保有关货物运送中的海洋险，并取得保险单，这项保险应投保平安险，保险金额包括CIF价另加10%。”

2.在CIF合同中，虽然由卖方向保险公司投保，负责支付保险费并领取保险单，但在卖方提供符合合同规定的单据（如提单、保险单等）换取买方支付的货款时，这些单据（包括保险单）已合法、有效地转让给买方。买方作为保险单的合法受让人和持有人，也就享有根据保险单所产生的全部利益，包括超出发票总值的保险价值的各项权益都应属买方享有。因此，在本案例中，保险公司有权拒绝向卖方赔付任何金额，也有义务向买方赔付包括加成在内的全部保险金额。

内容精讲

任务一 投保

一、投保

我国出口货物一般采取逐笔投保的办法。按FOB或CFR术语成交的出口货物，卖方无办理投保的义务，但卖方在履行交货之前，货物自仓库到装船这一段时间内，仍承担货物可能遭受意外损失的风险，需要自行安排这段时间内的保险事宜。按CIF或CIP等术语成交的出口货物，卖方负有办理保险的责任，一般应在货物从装运仓库运往码头或车站之前办妥投保手续。我国进口货物大多采用预约保险的办法，进出口公司或其收货代理人同保险人事先签有预约保险合同。签订合同后，保险人负有自动承保的责任。

二、投保险别的选择

投保人在办理投保时，主要涉及险别的选择、保险金额的确定、保险费的计算等项工作。对投保险别的选择，一般考虑以下因素：

（一）货物的性质和特点

不同性质和特点的货物，在运输途中可能遭遇的风险和发生的损失往往有很大的差别，因此在投保时必须充分考虑货物的性质和特点，据以确定适当的险别。例如，粮谷类商品（如花生、豆类等）的特点是含有水分，经过长途运输水分蒸发，可能造成短量；在运输途中如果通风设备不良，则易发汗、发热而使货物发霉。对此类商品，一般可以在投保水渍险的基础上加保短量险和受潮、受热险。

（二）货物的包装

有些货物在运输及装卸转运过程中，常因包装破损而造成质量上或数量上的损失。因此，在办理投保和选择险别时，对货物包装在运输过程中可能发生的损坏及其对货物可能造成的损失也应加以考虑。

（三）运输路线及船舶停靠港口

海运中船舶的航行路线和停靠的港口不同，对货物可能遭受的风险和损失也有很大不同。某些航线途经气候炎热的地区，如果载货船舶通风不良，就会增大货损。同时，由于不同停靠港口在设备、装卸能力等方面有很大差异，因此进出口货物在港口装卸时发生货损、货差的情况也会有所不同。

（四）运输季节

运输季节不同，也会给运输货物带来不同的风险和损失。

（五）目的地市场的变化趋势

为了保证尚在运输中的货物不受目的地市场价格变化的影响，在投保时应考虑另加增值保险。

拓展阅读 11-1

出口企业办理货物保险的具体投保程序

（六）各国贸易习惯

各国的贸易习惯不同，投保的险别不同，投保何种险别应在合同中规定。若在合同中对此没有规定，则须按照国际惯例及有关国家的法律规定办理。

三、投保单的缮制

货物运输保险投保单（如样例11-1所示）的缮制内容如下所述：

拓展阅读 11-2

投保单

（1）保险人，即承保人。一般为保险公司或保险商或其代理人，但不能为保险经纪人。

（2）被保险人。被保险人是受保险合同保障的一方，即谁投保，谁为被保险人。如果以CIF或CIP条件成交，由卖方办理保险，一般以卖方为被保险人；如果以FOB或CFR条件成交，由买方自行投保，以买方为被保险人；如果信用证要求以进口商为被保险人或指明要过户给某一银行或第三者，则应在投保单上填明。

（3）保单号次。此项确定保险保障的贸易货物的具体批号，以便发生索赔时进行核对。若是出口货物，则填写该批货物的发票号码；若是进口货物，则填写贸易合同号码。

（4）唛头和铅封号。此项应填写商品的运输标志，或写明按发票规定（如注明“as Invoice”字样）。

（5）数量。此项写明包装方式以及包装数量，并填写最大包装的件数。如果一次投保有数种不同包装，可以件（Packages）为单位。散装货应填写散装重量。如果采用集装箱运输，应予注明（如注明“in Container”字样）。

（6）保险货物项目。此项应填写保险货物的名称，按发票或信用证填写，如果货名过多，可只写统称，不必过于具体。

（7）保险金额。此项填写按照贸易合同或信用证规定的加成计算得出的保险金额。计算时一般按发票的金额加成。保险金额货币名称要与发票一致。

（8）装载运输工具。海运时应写明具体的船名。如果中途需转船，已知第二程船名时应填写船名；如果不知道第二程船名，则注明转船字样；如果采用集装箱运输，应予注明。

（9）起运日期。此项一般应注明“按照提单”字样，或注明船舶的大致开航日期。

样例11-1 货物运输保险投保单

PICC

中国人民保险公司大连分公司

货物运输保险投保单

APPLICATION FORM FOR CARGO TRANSPORTATION INSURANCE

被保险人：
INSURED：
发票号：
INVOICE NO.：
合同号：
CONTRACT NO.：
信用证号：
L/C NO.：
发票金额： 投保加成：
INVOICE AMOUNT： PLUS：
兹有下列物品向中国人民保险公司大连分公司投保（INSURANCE IS REQUESTED ON THE FOLLOWING COMMODITIES)：

唛头和铅封号 MARKS & NOS.	数量 QUANTITY	保险货物项目 DESCRIPTION OF GOODS	保险金额 AMOUNT INSURED

起运日期： 装载运输工具：
DATE OF COMMENCEMENT： PER CONVEYANCE S.S：
自 经 至
FROM VIA TO
提单号： 赔款偿付地点：
B/L NO.： CLAIM PAYABLE AT：
投保险别（PLEASE INDICATE THE CONDITIONS &/ OR SPECIAL COVERAGES)：

请如实告知下列情况：（如“是”打“√”，如“不是”打“×”）
1.货物种类： 袋装 散装 冷藏 液体 活动物 机器/汽车 危险品等级
GOODS: BAG/JUMBO BULK REEFER LIQUID LIVE ANIMAL MACHINE/AUTO DANGEROUS CLASS
2.集装箱种类： 普通 开顶 框架 平板 冷藏
CONTAINER： ORDINARY OPEN FRAME FLAT REEFER
3.转运工具： 海轮 飞机 驳船 火车 汽车
BY TRANSIT： SHIP PLANE BARGE TRAIN TRUCK
4.船舶的特殊情况： 船籍： 船龄：
PARTICULAR OF SHIP： REGISTRY： AGE：

备注：被保险人确认本保险合同条款和内容已经完全了解。 THE ASSURED CONFIRMS HEREWITH THE TERMS AND CONDITIONS OF THIS INSURANCE CONTRACT FULLY UNDERSTOOD. 投保日期（DATE)：	投保人签章 APPLICANT'S SIGNATURE 电话（TEL)： 地址（ADD)：

本公司自用（FOR OFFICE USE ONLY)
费率： 保费：
RATE： PREMIUM：
经办人： 核保人： 负责人： 联系电话：
承保公司签章
INSURANCE COMPANY'S SIGNATURE

（10）起运港和目的港（自、经、至）。此项分别填写起始地和目的地的名称。中途如需转船，则应注明转船地的名称。若到目的地后，需转运内陆，应注明内陆地的名称。如果到达目的地的路线不止一条，则需要填写经过的中途港（地）的名称。

（11）投保险别。此项写明险别及按什么保险条款执行。

（12）赔款偿付地点。通常在目的地支付赔款。如果被保险人要求在目的地以外的地方赔款，应予注明。

（13）投保人签章。此项应如实填写投保人的名称、电话、地址。

（14）投保日期。投保日期应在船舶开航日期或货物起运日期前。

四、保险金额的确定和保险费的计算

（一）保险金额的确定

1.保险金额（Amount Insured）

按照国际保险市场的习惯做法，出口货物的保险金额一般按CIF货价另加10%计算，这增加的10%称为保险加成，即买方进行这笔交易所付的费用和预期利润。保险金额的计算公式为：

保险金额=CIF货值×（1+加成率）

2.保险费（Premium）

投保人按约定方式缴纳保险费是保险合同生效的条件。保险费率（Premium Rate）是保险人根据一定时期、不同种类的货物的赔付率，按不同险别和目的地确定的。保险费则根据保险费率，按保险金额计算，其计算公式为：

保险费=保险金额×保险费率

在出口业务中，CFR和CIF是两种常用的术语。鉴于保险费是按CIF货价为基础的保险金额计算的，两种术语价格应按下述方式换算。

由CIF换算成CFR：CFR=CIF×［1-保险费率×（1+加成率）］

由CFR换算成CIF：CIF=CFR÷［1-保险费率×（1+加成率）］

在进口业务中，按双方签订的预约保险合同承担，保险金额按进口货物的CIF货价计算，不另加减，费率按“特约费率”规定的平均保险费率计算。如果是FOB进口货物，则按平均运费率换算为CFR货价后再计算保险金额，其计算公式如下：

FOB进口货物：保险金额=［FOB×（1+平均运费率）］÷（1-平均保险费率）

CFR进口货物：保险金额=CFR÷（1-平均保险费率）

保险金额原则上应与保险价值相等。但实际上有不足额保险、足额保险和超额保险三种情况。在不定值保险情况下，超额部分通常是无效的。保险人只按保险价值赔付。

国际贸易运输货物保险的保险金额，一般是以发票价值为基础确定的。从买方来看，是以CIF货价为保险金额，但在货物发生损失时，被保险人已支付的如开证费、电报费、借款利息、税款等可以获得的预期利润，仍无法从保险人处得到。因此，各国保险法及国际惯例一般都规定，进出口货物运输的保险金额可在CIF货价基础上适当加成10%投保，但并非一成不变。加成率可由保险双方根据不同货物、不同地区进口价格与当地市价之间的差价、不同的经营费用和预期利润约定不同的加成率。

在我国出口业务中，保险金额一般也按CIF货价加成10%计算。当国外买方要求将保险加成率提高到20%或30%时，其保费差额部分应由国外买方负担；当国外买方要求加成率超过30%时，应征得保险人同意，不然会因加成率过高，保险金额过大，造成一些不良情况的发生。如果出口按CFR成交，买方要求卖方按CIF货价加成10%代办投保，其保险金额的计算公式为：

实例 11-1

保险金额=CFR×（1+加成率）÷［1-（1+加成率）×保险费率］

分析提示

【实例 11-1】大连某公司于2023年9月出口一批小五金商品到欧洲某港口，原报CFR欧洲某港口，总金额为10 000美元，投保一切险（保险费率为0.6%）及战争险（保险费率为0.04%），保险加成率为10%，现改报CIF。试计算出该批货物的保险金额。

（二）保险费的计算

1.保险费的性质

（1）保险人承保一定保险责任的价格是以一定的保险费率的形式表示的。

（2）保险费率的核算同一般商品价格的核算不同。

（3）就个别投保人而言，以支付保险费为代价换取的是保险人的一种承诺。

2.保险费的计算

保险费的计算公式为：

实例 11-2

保险费=保险金额×保险费率

保险费=CIF×（1+加成率）×保险费率

分析提示

【实例 11-2】某出口货物，发票总金额为CIF20 000美元，信用证规定按发票金额加一成（即110%发票金额）投保一切险和战争险，保险费率分别为0.5%和0.1%。试求这批货物的保险费。

同步思考 11-1

同步思考 11-1

分析提示

我国某出口公司原来对外报价CFR鹿特丹1 890美元，后来外商要求改报CIFC5%鹿特丹。规定按发票金额的120%投保一切险和战争险，一切险的保险费率为0.6%，战争险的保险费率为0.03%。

试以CIFC5%的价格，计算该公司应付给保险公司的保险费及应付的佣金。

3.保险费率

中国人民保险公司出口货物的保险费率分为一般货物费率和指明货物加费费率两类，而进口货物的保险费率分为特约费率和进口货物费率。

（1）一般货物费率。它适用于所有海运出口的货物。凡投保基本险别（如平安险、水渍险、一切险）的所有海运出口货物，均须依照一般货物费率所列标准核收保险费。

（2）指明货物加费费率。它是针对某些易损货物加收的一种附加费率。指明货物中还有一部分货物规定有免赔率。免赔率，是指保险人对于保险货物在运输途中发生的货损、货差在一定的比率内不负赔偿责任。免赔率有绝对免赔率和相对免赔率两种。

(3) 特约费率。它适用于同中国人民保险公司签订预约保险合同的进出口公司。这种费率对每一大类商品只设定一个费率，不分国家和地区，有的不分货物及险别，其实质是一种优惠的平均费率。

(4) 进口货物费率。它适用于未与中国人民保险公司签订预约保险合同的其他单位。这种费率分一般货物费率和特价费率两种。一般货物费率是按照不同的运输方式，分地区、分险别制定的。一般货物费率不分商品，除特价费率中列出的商品外，适用于其他一切货物。特价费率是对一些指定的商品投保一切险时采用的费率。

任务二　海上保险单据

一、海上保险单

海上保险单是证明海上保险合同成立的法律文件，它既反映了保险人与被保险人之间的权利和义务关系，又是保险人的承保证明。一旦发生承保责任范围内的损失，它就是被保险人进行索赔的法律依据。

二、海上保险单的分类

(一) 按保险价值是否确定分类

1.定值保险单

定值保险单 (Valued Policy)，是指在保险单内订明保险人与被保险人事先约定的保险标的价值的保险单。通常投保人以这个价值作为保险金额进行投保。双方约定的保险价值，可以包括货价、运费、保险费以及预期利润和有关费用。

2.不定值保险单

不定值保险单 (Unvalued Policy)，是指保险人与被保险人在保险单内不事先约定保险标的的价值，而留待以后再行确定的保险单。在不定值保险下，若发生损失，保险价值依照“保险责任开始时货物在起运地的发票价格以及运费加保险费的总和计算”，即按CIF货价计算，不包括预期利润。由此计算出来的保险价值，若等于保险金额（足额保险），保险赔款按实际损失计算；若低于保险金额（超额保险），保险赔款最高不超过保险价值；若高于保险金额（不足额保险），保险赔款按保险金额与保险价值的比例计算，最高不超过保险价值。

不定值保险单大多应用于海运货物保险和船舶保险以外的财产保险或责任保险。

(二) 按船名是否确定分类

1.船名已定保险单

船名已定保险单，是指被保险人投保时载货的船舶已经确定，并在保险单上注明船名及开航日期的保险单。一般保险单都属于此类。

2.船名未定保险单

凡投保时不能确定载货船舶的名称，需要以后确定的，就是船名未定保险单。属于这类保险单的主要有流动保险单、预约保险单及总括保险单三种。

（三）按保险单形式分类

1.保险单

保险单（Insurance Policy），又称“大保单”，是承保一个指定航程内某一批货物的运输保险，是一种最规范的、在国际贸易中使用最广泛的保险单据（背面载明保险人与被保险人之间的权利和义务关系），是正规的保险合同。

2.保险凭证

保险凭证（Insurance Certificate），又称“小保单”，是简化的保险合同。保险凭证的内容，除背面未印有详细条款外，正面内容与保险单相同，在法律上与保险单具有同等法律效力。目前，各国在信用证上的保险条款中，一般都有规定保险单与保险凭证均为可接受的条款，但信用证规定提交单据为保险单时，则议付行不接受以保险凭证代替保险单凭以议付。

3.联合凭证

联合凭证（Combined Certificate），是发票与保险单的结合，比保险凭证更为简化的一种保险单据。它是保险人将保险险别、保险金额、保险和理赔代理人的名称和地址以及保险编号加注在外贸公司的发票上，并经保险人签章，其他项目以发票上所列为准。这是一种把发票和保险单结合起来的联合凭证，它与保险单一样具有同等的法律效力。目前，联合凭证仅适用于我国港澳地区及新加坡、马来西亚的部分地区的出口业务。

4.批单

批单（Endorsement），是指投保人需补充或更改保险单内容时出具的一种凭证。批单必须粘贴在原保险单上，并加盖骑缝章。

5.预约保险单

预约保险单（Open Policy），是指保险人与被保险人双方签订的预约保险合同。它规定了总的保险范围、保险期限、保险种类、保险限额、航程区域、运输工具、保险条件、保险费率和保险结算办法等。在这个范围内的被保险货物，一经起运保险人即自动承保。但是，被保险人在获悉每批货物装运时，应及时将装运通知书（包括货物的名称、数量、保险金额、船名、运输工具、起讫地点、起运日期等）送交保险人，并按约定办法缴纳保险费，即完成了投保手续。在实际业务中，预约保险单适用于进口货物的保险，它可以防止因漏保或迟保而造成无法弥补的损失。

在保险业务中，保险单据的转让无须取得保险人的同意，也无须通知保险人，即使在保险标的发生损失后，保险单据仍可有效转让。保险单据的出单日期不得迟于运输单据所列货物装船或发运或承运人接受监管的日期。因此，办理投保手续的日期也不得迟于货物装运日期。

此外，还有暂保单（Cover Note）。暂保单作为一种临时性保险单，在规定的有效期内（一般为30天），其效力与正式保险单相同。

（四）按保险期限分类

（1）航程保险单（Voyage Policy）。它是指保险人与被保险人约定由保险人承保一定航程内风险的保险单。

（2）定期保险单（Time Policy）。它是指保险人承保一定时期内风险的保险单。这种保险单在货物运输保险中很少应用，一般是在船舶保险中应用。

（3）混合保险单（Mixed Policy）。它是指兼有航程和定期两种性质的保险单。在这种保险单下，保险人仅对在保险期限内及船舶在规定的航程内所发生的损失负赔偿责任。

三、海上保险单的批改和转让

（一）保险单的批改

（1）投保人或被保险人如果需要对保险单内容进行变更或修改，应以书面方式向保险人申请批改。通常只要不超过保险条款规定的范围，保险人都会接受。若涉及扩大承保责任或增加保险金额，必须在被保险人不知有损失事故发生的情况下，在货物抵达目的地之前申请办理，并需要缴纳一定的保险费。

（2）保险人批改保险单时，一般采用签发批单的方式进行。此项工作可以由保险人自己办理，也可以由保险人授权的设在国外港口的代理人办理。保险人或其代理人所签发的批单，一般应加贴在原保险单上，成为原保险单的一个组成部分，对双方当事人均有约束力。如果批改的内容与保险合同的内容有抵触，则应以批单为准。

（二）保险单的转让

1.保险单转让的概念

保险单的转让，一般是指保险单权利的转让，即被保险人将根据保险单赋予的损害赔偿请求权及相应的诉讼权转让给受让人。

2.保险单转让的有关规定

（1）海运货物保险单可以不经保险人的同意而自由转让；船舶保险单则必须征得保险人的同意才能转让。

（2）海上保险单的转让，必须在保险标的所有权转移之前或转移的同时进行，如果所有权已经转移，事后再办理保险单的转让，这种转让是无效的。

（3）在海上保险单办理转让时，无论损失是否发生，只要被保险人对保险标的仍然具有可保利益，保险单均可有效转让。

（4）保险单的受让人只能享有与原被保险人在保险单下享有的相同权利和义务。

（5）保险单转让后，受让人有权以自己的名义向保险人提起诉讼，保险人也有权如同对待原被保险人一样，对保险合同项下引起的责任进行辩护。

（6）保险单的转让可以采取由被保险人在保险单上背书或其他习惯方式进行。按照习惯做法，采用空白背书方式转让的保险单，可以自由转让；采用记名背书方式转让的保险单，则只有被背书人才能成为保险单权利的受让人。

四、保险单的缮制

海洋货物运输保险单（如样例11-2所示）的缮制内容如下所述：

（1）发票号码（Invoice No.）。该项填写投保货物商业发票的号码。

（2）保险单号次（Policy No.）。该项填写保险单号码。

（3）被保险人（Insured）。如来证无特别规定，保险单的被保险人应是信用证上的受益人。由于出口货物绝大部分由外贸公司向保险公司投保，按照习惯此项填写出口公司的名称。但是，在遇到特殊规定时，则应按照L/C的特殊规定填写内容。

例如，如果信用证要求保险单为TO THE ORDER OF...或IN FAVOR OF...BANK（以……银行抬头或受益），则应在此项填写“出口公司名称+HELD TO THE ORDER OF...BANK（或IN FAVOR OF...BANK）”；如果信用证有特殊要求，所有单据以……为抬头人，那么应在此项填写“以……为被保险人”字样，这种保险单不需要背书；如果信用证规定，以第三者名称，即中性名称作为抬头人（TO THE THIRD PARTY），则此项应填写“TO WHOM IT MAY CONCERN（被保险利益人）”字样；如果信用证规定，保单为空白抬头（TO ORDER），则此项应填写“THE APPLICANT+出口公司名称+FOR THE ACCOUNT OF WHOM IT MAY CONCERN（受益人为被保险利益人）”字样。

（4）保险货物项目。此项应填写保险货物的名称，按发票或信用证填写，如果货物过多，可只写统称，不必过于具体。

（5）包装、单位及数量（Packing，Unit，Quantity）。与提单相同，此项写明包装方式以及包装数量，并填写最大包装件数。如果一次投保有数种不同包装时，可以件（Packages）为单位。散装货应填写散装重量。如果采用集装箱运输，应予注明（如注明“in Container”字样）。

（6）保险金额（Amount Insured）。一般按照发票金额加一成（即110%发票金额）填写，至少等于发票金额。对超出110%的保险费可要求由开证人承担，最终以双方商定的比例计算得出。中国人民保险公司不接受保险金额超过发票总值30%的保险单，这是因为：防止个别买主故意灭失货物，串通当地检验部门取得检验证明，向保险人索赔。保险金额尾数四舍五入取整，金额的大小写必须一致，并使用与信用证或发票相同的货币开立保单。

（7）承保险别（Conditions）。承保险别主要包括具体的投保险别、保险责任的起讫时间、适用保险条款的文本及日期。出口公司只需在副本上填写这一栏的内容，当全套保险单填好交给保险人审核、确认时，再由保险人把承保险别的详细内容加注在正本保险单上。被保险人填制此项时，应注意严格按信用证规定的险别投保，并且为了避免混乱和误解，最好按信用证规定的顺序填写。

（8）货物标记（Marks & Nos.），即唛头和铅封号，此项填写应与发票和运输单据一致。如果唛头较为复杂，可注明“AS PER INVOICE NO. ...”字样（被保险人索赔时一定要提交发票）。如果信用证规定所有单据均要显示装运唛头，则应按照实际唛头填写。

样例11-2　海洋货物运输保险单

中保财产保险有限公司
The People's Insurance (Property) Company of China, Ltd
海洋货物运输保险单
MARINE CARGO TRANSPORTATION INSURANCE POLICY

发票号码：　　　　保险单号次：
Invoice No.:　　　　Policy No.:
被保险人：
Insured:
中保财产保险有限公司（以下简称"本公司"）根据被保险人的要求，及其所缴付约定的保险费，按照本保险单承保险别和背面所载条款及所附的特别条款承保下列货物的运输保险，特签发本保险单。
This policy of insurance witnesses that The People's Insurance (Property) Company of China, Ltd (hereinafter called "the Company"), at the request of the "Insured" and in consideration of the agreed premium paid to the Company by the Insured, undertakes to insure the undermentioned goods in transportation subject to the condition of this Policy as per the Clauses printed overleaf and other special clauses attached hereon.

唛头和铅封号 Marks & Nos.	数量 Quantity	保险货物项目 Descriptions of Goods	保险金额 Amount Insured

承保险别：
Conditions:
总保险金额：　　　　保费：　　　　费率：
Total Amount Insured:　　　　Premium:　　　　Rate:
装载运输工具：　　　　开航日期：
Per Conveyance S.S.:　　　　Sailing on or about:
装运港：　　　　目的港：
From:　　　　To:
所保货物如发生本保险单项下可能引起索赔的损失或损坏，应立即通知本公司下述代理人查勘。如有索赔，应向本公司提交保险单正本（本保险单共有　份正本）及相关文件。如一份正本已用于索赔，其余正本则自动失效。
In the event loss or damage which may result in a claim under this Policy, immediate notice applying for survey must be given to the Company's Agent as mentioned hereunder. Claims, if any, one of the original Policy which has been issued in (　) Original(s) together with other relevant documents shall be surrendered to the Company, if one of the Original Policy has been accomplished, the others to be void.
赔款偿付地点：
Claim Payable at:
出单日期：　　　　在：
Date:　　　　At:
地址：
Address:

中保财产保险有限公司
THE PEOPLE'S INSURANCE (PROPERTY) COMPANY OF CHINA, LTD

Authorized Signature

（9）总保险金额（Total Amount Insured）。将保险金额以大写的形式填入。计价货币也应以全称形式填入。保险金额使用的货币应该与信用证使用的货币一致，保险总金额大写应与保险金额的阿拉伯数字一致。

（10）保费（Premium）。一般已经由保险人在保险单上印有“AS ARRANGED”字样，出口公司不必填写具体金额。但是，如果信用证要求：INSURANCE POLICY OR CERTIFICATE FOR FULL INVOICE VALUE PLUS 10% MARKED PREMIUM PAID. 或 INSURANCE POLICY OR CERTIFICATE ENDORSED IN BLANK FULL INVOICE VALUE PLUS 10% MARKED PREMIUM PAID USD...，制单时应将印好的“AS ARRANGED”字样删除，并且加盖核对章后打上“PAID”或“PAID USD...”字样。

（11）装载运输工具（Per Conveyance S.S.）。该项填写装载船的船名。当货物由两程运输完成时，应分别按照提单填写第一程船名和第二程船名。例如，第一程船名为DAEWOO，第二程船名为PIONEER，则该栏应填写“DAEWOO/ PIONEER”字样。如果转运到内陆，则应填写“OTHER CONVEYANCE”字样。如果船名未知，则应填写“TO BE DECLARED”字样。

（12）开航日期（Sailing on or about）。该项一般填写提单装运日期，若填写时不知道准确的日期，则可填写提单签发日前5天之内的任何一天的日期，或填写“AS Per B/L”字样，即以提单为准。

（13）装运港、目的港（From...to...）。该项填写“FROM...（装运港）”和“TO...（目的港）”字样。当一批货物经转船到达目的港时，这一栏填写“W/A（VIA）...（转运港）”字样。

（14）保险单份数（Copies of Insurance Policy）。当信用证没有特别说明保险单份数时，出口公司一般提交一套完整的保险单（一份原件，一份复印件）。当来证要求提供的保险单为“IN DUPLICATE /IN TWO FOLDS/IN TWO COPIES”时，出口公司提交一份正本保险单和一份副本保险单构成全套保险单，其中正本保险单可经背书转让。根据《UCP500》的规定，正本保险单必须有“正本（ORIGINAL）”字样。

（15）赔款偿付地点（Claim Payable at）。一般将目的地作为赔付地点，将目的地名称填写入该栏。赔款货币一般是与信用证和投保额相同的货币。

（16）出单日期（Date）。它是指保险单的签发日期。由于保险人采用“仓至仓”条款，因此要求保险手续在货物离开出口方仓库前办理。保险单的日期也应是货物离开出口方仓库前的日期。

（17）投保地点（At）。该项填写投保地点的名称，一般为装运港（地）的名称。

（18）保险人签名（Authorized Signature）。

任务三　索赔

一、保险索赔

动画 11-1

索赔

保险索赔是保险标的在遭受保险事故后，被保险人凭保险单有关条款的规定，向保险人要求赔偿损失的行为。

从保险人的角度来说，自它接到被保险人损失通知时起，包括处理赔款案件的全过程，称为理赔（Claims Settlement）。

拓展阅读 11-3

索赔工作应注意的问题

这项工作涉及被保险人投保的根本目的和切身利益，保险人应在“重合同、守信用”的前提下，本着“主动、迅速、准确、合理”的原则，妥善处理好索赔工作。做好这项工作对于正确发挥保险的补偿作用、促进对外经济贸易的发展、提高保险企业的信誉等有着非常重要的作用。

二、索赔方式

拓展阅读 11-4

海上保险索赔的原因

被保险人在获悉保险标的受损后，可以直接提出索赔或间接提出索赔。

（一）直接索赔

直接索赔，是指被保险人直接以书面形式提出索赔。其主要包括：①直接责任索赔，是指被保险人向保险人直接提出索赔。②转位责任索赔，是指被保险人先直接向负有责任的第三者提出索赔，然后就第三者责任方赔偿后的不足部分向保险人或其代理人提出索赔。由于转位责任索赔强调第三者责任方的赔偿责任，因此又称“追偿索赔”。

（二）间接索赔

间接索赔，是指被保险人委托其代理人或保险经纪人以书面形式向保险人或其代理人提出索赔请求。在这种方式下，被保险人委托的代理人或保险经纪人的行为被视为被保险人的行为，其行为结果由被保险人承担。被保险人向其代理人签发授权委托书，代理人在索赔时必须出示授权委托书，而保险人或其代理人不得无故拒绝被保险人委托的代理人或保险经纪人提出的赔偿请求。

三、索赔时效

根据我国《海商法》的规定，海上保险合同中，被保险人向保险人要求保险赔偿的请求权的时效期间为2年，自事故发生之日起计算。在时效期间的最后6个月内，因不可抗力或其他障碍不能行使请求权的，时效中止。自中止时效的原因消除之日起，有效期间继续计算。时效因请求人提起诉讼、提交仲裁或者被请求人同意履行义务而中断。但是，请求人撤回起诉、撤回仲裁或者起诉被裁定驳回的，时效不中断。请求人申请扣船的，时效自申请扣船之日起中断。自中断时起，时效期间重新计算。

四、索赔程序

（一）损失通知和申请检验

当被保险人获悉或发现保险货物已经遭受损失时，应该马上通知保险人。因为一经通知，表示索赔行为已经开始，不再受索赔时效的限制，保险人在接到损失通知后即能采取相应措施，如检验损失，提出施救意见，确定保险责任，核查发货人或承运方责任等。延迟通知会耽误保险人办理有关手续，引起异议，影响索赔。

在出口货物运输保险单上应写明保险人在目的港检验、理赔代理人的名称、地址。被保险人可就近通知保险人及其代理人，并申请对货损进行检验。在检验的同时，还应会同保险人及其代理人对受损货物采取相应的施救、整理措施，以避免损失的进一步扩大。检验完毕，应提交检验报告，作为向保险人索赔的重要证件。出口货物运输保险一般由国外代理人或其他公证机构出具检验报告，应视作一种公证证明，但它并不是最后决定保险责任的依据。因此，在检验报告中往往注明本检验报告并不影响保险人的权利，即赔偿还是不赔偿取决于保险人。

在我国，进口货物运输保险较多地采取联合检验报告的形式，由收货人会同当地保险公司对现场检验情况进行记录，最后由保险公司进行核赔。

（二）采取合理施救措施

保险货物受损后，作为货主的被保险人应该对受损货物采取合理的、及时的施救措施，以防止损失的进一步扩大，被保险人不能因为有了保险就完全把责任转嫁给保险人，特别是对受损货物，被保险人仍有处理的职责与义务，如对受损货物的转售、修理、改变用途等。这是因为被保险人对于货物的性能、用途比保险人更为熟悉，能更好地利用物资。在我国，无论是进口货物受损还是国内运输的货物受损，原则上都应由货主自行处理。

（三）索赔单据

保险货物的损失向承运人等第三者的追偿手续办妥后，就应向保险人或其代理人提出赔偿请求。提出赔偿时，被保险人应将有关的单证备齐。保险人通常要求被保险人提供以下单证或单据：

1.保险单原件或保险凭证正本

保险单原件或保险凭证正本，是向保险人索赔的基本证件，可证明保险人承担保险的责任及范围，是保险人理赔的依据之一。

2.运输契约

运输契约包括海运提单、陆空运单等运输单证。这些单证能证明保险货物承运的状况，如承运件数、运输路线、交运时货物状态，以确定受损货物是否是保险所承保的责任及在保险责任开始前的货物情况。

3.发票

货物的发票是计算保险赔款金额的重要依据。

4.装箱单、磅码单

装箱单、磅码单可证明保险货物装运时的件数和重量，是核对损失数量的依据。

5.向承运人等第三者责任方请求赔偿的函电或其他单证和文件

这些文件中应包括第三者责任方的答复文件，这是证明被保险人已经履行了其应该办理的追偿手续，即维护了保险人的追偿权利。至于第三者责任方是否承担责任则不是被保险人所能决定的。

6.检验报告

检验报告是损失原因、损失程度、损失金额、残余物资价值及受损货物处理经过的证明，是确定保险责任和赔偿金额的主要证件。检验报告可以由第三方公证，检验机关出具，也可以由保险人及其代理人出具。一般来说，出口货物往往由保险人及其代理人或检验机构出具。进口货物则由保险人或者其他代理机构如交通、铁路、民航等部门同收货人联合出具。

7.海事报告摘录或海事声明书

当船舶在航行途中遭受海难，即属于人力不可抗的事故，船长要在海事日志中记录，同时还要申明船方不承担因此而造成的损失。这些证明对保险人确定海事责任有直接的作用。当遇到一些与海难有关的较大损失案件时，保险人要求提供此类证明。

8.货损、货差证明

保险货物交付给承运人运输时是完好的，由承运人签发清洁提单或者无批注的运单。当货物抵达目的地发现残损或短少时，应由承运人或其代理人签发货损、货差证明，它既可作为向保险人索赔的有力证明，又可作为日后向承运方追偿的依据，特别是整件短少的货物，更应要求承运方签发货损、货差证明。

9.索赔清单

索赔清单，是指被保险人要求保险人给付赔款的详细清单，主要写明索取赔款数额的计算依据以及有关费用的项目和用途。

同步思考 11-2　　**海上保险索赔案**

A货代公司接受货主委托，安排一批茶叶海运出口。A货代公司在提取了船公司提供的空集装箱并装箱后，将整箱货交给船公司。同时，货主自行办理了货物运输保险。收货人在目的港拆箱提货时发现集装箱内异味浓重，经查明，该集装箱前一航次所载货物为精萘，其气味使茶叶串味。

请问：1.收货人可以向谁索赔？为什么？

2.最终应由谁对茶叶串味事故承担赔偿责任？

同步思考 11-2

分析提示

五、海上保险赔款的计算

索赔案件经过审定，如果属于保险责任范围，则进行赔付。不同的索赔案件有不同的赔款计算方法。

（一）全部损失

保险合同双方当事人按定值保险承保的货物，如发生保险责任范围内的实际全损或推定全损，不论损失当时的实际价值是否高于或低于约定价值，只要保险金额同约定价值相等，保险人应予以赔偿。

按不定值保险承保的货物，如发生保险责任范围内的实际全损或推定全损，按实际价值作为赔款计算的依据。出险时，如果货物的实际价值高于保险金额，保险人可按保险金额赔付；如果货物的实际价值低于保险金额，则保险人可按实际价值赔付。

（二）部分损失

1.数量损失的计算

数量损失的计算公式为：

赔款金额=保险金额×损失数量（或重量）÷货物总件数（或总重量）

2.质量损失的计算

在计算受损货物的质量损失时，首先确定货物完好价值和受损价值，计算出贬值率，以此乘以保险金额，得出应付赔款。对于完好价值和受损价值，一般以货物运抵目的地检验时的市价为准。如果受损货物在中途处理不再运往目的地，则可按处理地的市价为准。质量损失的计算公式为：

赔款金额=保险金额×（货物完好价值-受损后的价值）÷货物完好价值

3.加成投保的计算

损失按发票价值计算，且保险金额高于发票价值时，加成投保的计算公式为：

赔款金额=保险金额×按发票价值计算的损失额÷发票金额

4.扣除免赔率的计算

免赔率，是指保险人对损失免除部分赔偿责任的百分比。免赔率分为相对免赔率和绝对免赔率两种。相对免赔率，是指损失达到规定的免赔率时，保险人对全部损失如数赔偿。其目的是减少零星琐碎的小额赔款，但如果保险标的的损失没有达到规定的免赔率，保险人则不予赔偿。绝对免赔率，是指损失超过规定的免赔率时，保险人只对超过免赔的部分进行赔偿。其目的是减少自然损耗或运输损耗损失的赔偿。在海上货物运输保险中，绝对免赔率应用较多。绝对免赔率的货物发生损失时，其计算公式为：

免赔重量=已损货物重量×每件原装重量×免赔率

赔偿重量=损失重量-免赔重量

赔款金额=保险金额×赔偿数量÷保险重量

（三）散装货物的短量损失

1.包括中途耗损的计算

包括中途耗损的计算公式为：

短少数量=装船重量-实到重量

赔款金额=保险金额×短少数量÷装船重量

2.不包括中途耗损的计算

不包括中途耗损的计算公式为：

应到重量=装船重量-途耗

短少数量=应到重量-实到重量

赔款金额=保险金额×短少数量÷应到重量

（四）理赔结案

通过一系列的理赔工作，从立案、赔案的审核到赔款的计算，理赔工作接近完成，准备向索赔人支付赔偿。

1.数量损失的赔偿计算

数量损失的赔偿计算公式为：

赔款金额=保险金额×损失数量（或重量）÷货物总件数（或总重量）

实例 11-3
分析提示

【实例 11-3】某货物一批共5包，每包400千克，保险金额为50 000美元，投保短量险，运输途中短少800千克。试计算保险人应赔付的赔款金额。

2.质量损失的赔偿计算

质量损失的赔偿计算公式为：

赔款金额=保险金额×（货物完好价值-受损后价值）÷货物完好价值

实例 11-4
分析提示

【实例 11-4】一批货物500箱，保险金额为50 000美元，货物受损后只能按8折出售，当地完好价值为60 000美元。试计算保险人应赔付的赔款金额。再如，500箱货物中只有200箱受损，按当地完好价值每箱120美元的8折出售。试计算保险人应赔付的赔款金额。

在实际业务中，经协议也可按发票价值计算。其计算公式为：

赔款金额=保险金额×按发票价值计算的损失额÷发票金额

在不定值保险条件下，货物保险价值按装运地发票价值加运费和保险费的总和（即CIF货价）计算。其计算公式为：

赔款金额=保险金额×按CIF货价计算的损失额÷CIF货价

3.关于共同海损牺牲和分摊的赔偿计算

共同海损牺牲和分摊的赔偿计算公式为：

赔款金额=保险金额×（货物损失的价值+出售费用）÷货物完好价值

实例 11-5
分析提示

【实例 11-5】某载货船舶在航程中发生共同海损，船舶损失20万元，货物损失25万元，救助费4.5万元，损失运费0.5万元，共计50万元。假设各方分摊价值如下：

船舶：700万元

货物：290万元（货主甲120万元、货主乙100万元、货主丙70万元）

运费：10万元

分摊总值：1 000万元

分摊比例：50÷1 000=5%

试计算各方的共同海损分摊额。

主要概念

保险金额　保险费率　海上保险单　定值保险单　不定值保险单　保险单　保险凭证　预约保险单

基础训练

一、单项选择题

随堂测答案 11

1.中国人民保险公司的进口货物费率适用于与其签订有预约保险协议的进出口公司的进口货物的保险费计算的是（　　）。

A.特约费率　　B.特价费率

C.进口货物费率　　D.一般货物费率

2.从保险合同成立的法律角度来看，投保人填写的投保单构成了保险合同的（　　）。

A.本身　　B.依据　　C.要约　　D.承诺

3.暂保单的有效期限一般为（　　）。

A.10天　　B.15天　　C.30天　　D.45天

4.下列保险单证中只有我国采用，并仅适用于内地对港澳地区出口业务的是（　　）。

A.保险单　　B.保险凭证　　C.联合凭证　　D.暂保单

5.我国现行的《海洋运输货物保险条款》规定，索赔时效是从保险货物在最后的卸载港完全卸离海轮起（　　）年。

A.1　　B.2　　C.3　　D.4

二、多项选择题

1.处理理赔和索赔的主要依据是（　　）。

A.索赔函　　B.索赔清单　　C.租船合同　　D.提单

2.中国人民保险公司为适应所有出口货物，将出口货物费率分为（　　）。

A.特殊货物费率　　B.特价费率

C.特约费率　　D.一般货物费率

3.货物运输保险单中，属于船名未定的保单是（　　）。

A.流动保险单　　B.暂保单　　C.预约保险单　　D.总括保险单

4.以下关于保险凭证的说法正确的是（　　）。

A.俗称“小保单”，是一种简约化的保险单

B.既有正面内容，又有背面内容

C.与保险单一样具有同等的法律效力

D.在实务中，保险单可以代替保险凭证

5.按保险单形式可划分为（　　）。

A.保险单　　B.保险凭证　　C.联合凭证　　D.批单

三、简答题

1. 简述保险险别的选择及考虑的因素。

2. 简述海上保险单的批改和转让。

3. 简述保险单的缮制。

4. 简述索赔的程序。

5. 简述保险金额和保险费的计算。

四、计算题

1. 一批出口货物，保险金额为210 000港元，货物受损后只能按8折出售，该货物以当地的完好价值计230 000美元。请问保险人应该赔付的金额是多少？

2. 有一批货物投保一切险，投保金额为20 000美元。货物在运输途中遭受了保险责任范围内的损失。已知该货物在目的地的完好价值为28 000美元，受损后价值为15 000美元。请问保险公司应赔付的金额是多少？（小数保留至0.01）

3. 某载货船舶在航行中发生共同海损，船舶损失30万元，货物损失40万元，救助费用8万元，损失运费2万元，共计80万元。已知船舶、货物、运费三方分摊价值分别为：船舶800万元，货主甲200万元、货主乙350万元、货主丙240万元，运费10万元。请计算各方应承担的共同海损分摊额。

五、技能案例

【案例背景】

G公司以CIF价格条件引进一套英国产检测仪器，因合同金额不大，合同采用简式标准格式，保险条款只简单规定“保险由卖方负责”。到货后，G公司发现一部件变形影响其正常使用。G公司向外商反映要求索赔，外商答复仪器出厂经严格检验，有质量合格证书，不属于其责任。后经商检部门检验，认为是运输途中部件受到震动、挤压造成的。

于是，G公司向保险公司索赔，保险公司则认为此情况属“碰损、破碎险”承保范围，但G公司提供的进出口货物运输保险保单上只保了“协会货物条款（C）”，没有投保“碰损、破碎险”，所以G公司无法向保险公司索赔。

G公司无奈只好重新购买此部件。G公司既浪费了金钱，又耽误了时间。

【技能思考】

请结合国际贸易中的保险条款、CIF贸易术语性质及保险险别和保险金额作答，并说明此案例给我们带来什么教训。

项目实训

【实训项目1】

缮制投保单

【实训情境】

中国机械设备进出口公司以FOB价从新加坡富达贸易有限公司进口一批货物，我方以预约保险方式投保，现富达贸易有限公司传来保险申请书（附装运通知）如样例11-3所示。

样例11-3　保险申请书（附装运通知）

FUDA TRADING CO.，LTD

Commercial Building 19A07 Singapore

Tel：65-2210001　Telex：65-22104521

To：CHINA NATIONAL MACHINERY IMPORT & EXPORT CORPORATION

INSURANCE DECLARATION

（SHIPPING ADVICE）

Singapore，Aug.25th，2023

Dear Sirs，

L/C No.：MS2312

Cover Note（or Open Policy）No.：AD335

Under the Captioned Credit and Cover Note（or Open Policy），please insure the goods as detailed in our Invoice No.1824 enclosed，other particulars being given below：

Carrying Vessel's Name：STAR RIVER V.052

Shipment Date：on or about Aug.25th，2023

B/L NO.：COSMN7982

Covering Risks：（as Arranged）

Kindly forward directly to the insured your Insurance Acknowledgment.

FUDA TRADING CO.，LTD

Encl.

FUDA TRADING CO.，LTD

Commercial Building 19A07 Singapore

Tel：65-2210001　Telex：65-22104521

COMMERCIAL INVOICE

No.：1824

Date：15th August 2023

Messrs：CHINA NATIONAL MACHINERY IMPORT & EXPORT CORPORATION

From Singapore to Shanghai per Conveyance STAR RIVER V.052 on or about Aug. 25th，2023

L/C No.：MS2312　　Contract No.：90129

MARKS & OS.	DESCRIPTION OF GOODS	QUANTITY	UNIT PRICE	AMOUNT
MADE IN SINGAPORE 30 SETS	1.SPARE PARTS OF HTP-TYP I 2.SPARE PARTS OF HTP-TYP II 3.SPARE PARTS OF HTP-TYP III	10SETS 10SETS 10SETS	USD2 000.00 USD3 000.00 USD5 000.00	20 000.00 30 000.00 50 000.00
PACKING：IN WOODEN CASES OF ONE SET EACH			FOB SINGAPORE	USD100 000.00

SAY U.S. DOLLARS ONE HUNDRED THOUSAND ONLY.

DRAWN UNDER L/C NO. MS2312 ISSUED BY COMMERCIAL BANK SINGAPORE DATE 10TH AUG. 2023.

FUDA TRADING CO.，LTD

E.& O.E.

合同保险条款：INSURANCE TO BE COVERED BY THE BUYER FOR FULL CIF VALUE PLUS 10 PCT COVERING ALL RISKS AND WAR RISKS SHOWING CLAIMS IF ANY PAYABLE IN CHINA. 已知海运费 USD1 700；保险费：USD300。我方自行投保，请填写投保单一份。

【实训任务】

根据所给资料结合本项目的内容，缮制投保单，如样例11-4所示。

样例11-4　投保单

PICC

中国人民保险公司上海分公司

货物运输保险投保单

APPLICATION FORM FOR CARGO TRANSPORTATION INSURANCE

被保险人：

INSURED：

发票号：

INVOICE NO.：

合同号：

CONTRACT NO.：

信用证号：

L/C NO.：

发票金额　　投保加成：

INVOICE AMOUNT：　　PLUS：

兹有下列物品向中国人民保险公司上海分公司投保（INSURANCE IS REQUESTED ON THE FOLLOWING COMMODITIES）：

唛头和铅封号 MARKS & NOS.	数量 QUANTITY	保险货物项目 DESCRIPTION OF GOODS	保险金额 AMOUNT INSURED

起运日期：　　装载运输工具：

DATE OF COMMENCEMENT：　　PER CONVEYANCE S.S.：

自　　经　　至

FROM　　VIA　　TO

提单号：　　赔款偿付地点：

B/L NO.：　　CLAIM PAYABLE AT：

投保险别（PLEASE INDICATE THE CONDITIONS &/ OR SPECIAL COVERAGES）：

请如实告知下列情况：（如“是”打“√”，如“不是”打“×”）

1.货物种类：　袋装　散装　冷藏　液体　活动物　机器/汽车　危险品等级

GOODS：　BAG/JUMBO　BULK　REEFER　LIQUID　LIVE ANIMAL　MACHINE/AUTO　DANGEROUS CLASS

2.集装箱种类：　普通　开顶　框架　平板　冷藏

CONTAINER：　ORDINARY　OPEN　FRAME　FLAT　REEFER

3.转运工具：　海轮　飞机　驳船　火车　汽车

BY TRANSIT：　SHIP　PLANE　BARGE　TRAIN　TRUCK

4.船舶的特殊情况：　船籍：　船龄：

PARTICULAR OF SHIP：　REGISTRY：　AGE：

备注：被保险人确认本保险合同条款和内容已经完全了解。

THE ASSURED CONFIRMS HEREWITH THE TERMS AND CONDITIONS OF THIS INSURANCE CONTRACT FULLY UNDERSTOOD.

投保日期（DATE）：

投保人签章

APPLICANT'S SIGNATURE

电话（TEL）：

地址（ADD）：

本公司自用（FOR OFFICE USE ONLY）

费率：　　保费：

RATE：　　PREMIUM：

经办人：　核保人：　负责人：　联系电话：

承保公司签章

INSURANCE COMPANY'S SIGNATURE

【实训项目 2】

缮制保险单

【实训情境】

出口商（托运人）：DAYU CUTTING TOOLS I/E CORP
774 DONG FENG EAST ROAD，TIANJIN，CHINA

进口商（收货人）：FAR EASTERN TRADING COMPANY LIMITED
336 LONG STREET NEW YORK

发票日期：2023 年 5 月 15 日

发票号：X118

合同号：MK007

信用证号：4I-19-03

装运港：TIANJIN

中转港：HONG KONG

目的港：NEW YORK

运输标志：FETC MK007 NEW YORK C/No.1-UP

货名：CUTTING TOOLS

数量：1 500 SETS

包装：纸箱装，每箱 3 SETS

单价：CIF NEW YORK USD 128/SET

原产地证书号：IBO12345678

商品编码：1297 0400

保险单号：ABX999

保险单日期：2023 年 5 月 18 日

保险加成率：10%

提单日期：2023 年 5 月 20 日

船名、航次：HONGXING V.777

险别：COVERING ICC（A）AS PER INSTITUTE CARGO CLAUSE OF 1982

赔付地点：NEW YORK IN USD

【实训任务】

根据所给资料结合本项目的内容，缮制海洋货物运输保险单，如样例 11-5 所示。

样例11-5　海洋货物运输保险单

中保财产保险有限公司

The People's Insurance (Property) Company of China, Ltd

海洋货物运输保险单

MARINE CARGO TRANSPORTAION INSURANCE POLICY

发票号码：　　　　保险单号次：

Invoice No.:　　　　Policy No.:

被保险人：

Insured:

中保财产保险有限公司（以下简称“本公司”）根据被保险人的要求，及其所缴付约定的保险费，按照本保险单承保险别和背面所载条款及所附的特别条款承保下列货物的运输保险，特签发本保单。

This Policy of Insurance witnesses that The People's Insurance (Property) Company of China, Ltd (hereinafter called "the Company") at the request of the "Insured" and in consideration of the agreed premium paid to the Company by the Insured, undertakes to insure the undermentioned goods in transportation subject to the conditions of this Policy as per the Clauses printed overleaf and other special clauses attached hereon.

唛头和铅封号 Marks & Nos.	数量 Quantitys	保险货物项目 Description of Goods	保险金额 Amount Insured

承保险别：

Conditions:

总保险金额：　　　　保费：　　　　费率：

Total Amount Insured:　　　　Premium:　　　　Rate:

装载运输工具：　　　　开航日期：

Per Conveyance S.S.:　　　　Sailing on or about:

起运港：　　　　目的港：

From:　　　　To:

所保货物如发生本保险单项下可能引起索赔的损失或损坏，应立即通知本公司下述代理人查勘。如有索赔，应向本公司提交保险单正本（本保险单共有　　份正本）及相关文件。如一份正本已用于索赔，其余正本则自动失效。

In the event loss or damage which may result in a claim under this Policy, immediate notice applying for survey must be given to the Company's Agent as mentioned hereunder. Claims, if any, one of the Original Policy which has been issued in (　　) Original (s) together with other relevant documents shall be surrendered to the Company.If one of the Original Policy has been accomplished, the others to be void.

赔款偿付地点：

Claim Payable at:

出单日期：　　　　在：　　　　地址：

Date:　　　　At:　　　　Address:

中保财产保险有限公司

THE PEOPLE'S INSURANCE (PROPERTY) COMPANY OF CHINA, LTD

Authorized Signaturer

项目十二

陆运货物保险、空运货物保险、邮包货物保险

学习目标

能力目标：能够对陆运货物、空运货物及邮包货物进行保险，并具备分析和应用的能力。

知识目标：理解空运货物保险的责任范围；熟知邮包货物保险；掌握陆运货物保险。

素养目标：通过陆运货物保险、空运货物保险、邮包货物保险知识，能够正确理解“不忘初心”的核心要义和精神实质；树立正确的世界观、人生观和价值观，做到学思用贯通、知信行统一；夯实专业实践技能，具备外贸业务人员最基本的职业道德修养与业务能力素质。

项目引例

2023年8月2日，新加坡A公司（买方）与某医药保健品进出口公司（卖方）签订了成交确认书。根据合同规定，由卖方按照CIF新加坡的价格向A公司销售虫草300千克，货物由中国空运到新加坡，并由卖方负责投保，合同总额为24.6万美元。卖方于2023年8月12日在广州把300千克虫草交付D公司承运，并由D公司出具了广州至新加坡的全程空运单。同时，卖方向保险公司办理了货物的投保手续，保险公司出具了航空运输货物保险单，保险金额为26.84万美元，运输方式为空运，投保险种为航空运输一切险，起运地为广州，目的地为新加坡，赔付地点为新加坡。卖方把背书后的保险单连同其他单据送交A公司，A公司成为上述保险单的合法受益人。8月23日，A公司在新加坡机场仓库提货时，发现虫草全部被盗，A公司通知了保险公司在新加坡的保险代理人到场查验，证实货物在运输途中被盗。货损发生后，A公司凭保险单和其他单据向保险公司提出索赔，保险公司经过调查发现，保险单上约定的由广州空运至新加坡的运输方式和路线被改为由广州陆运至香港，再由香港空运至新加坡。而且交付时陆运和空运的毛重不同，说明货物是在广州出关后在陆运途中被盗的。因此，保险公司以本案涉及的损失是由

发货人在事先未通知保险人的情况下擅自改变运输方式所引起的，属于保险除外责任，拒绝赔付。

分析：保险公司出具的保险单上已明确约定，货物装载工具是飞机，起运地是广州，目的地是新加坡。保险单上没有约定可以陆空联运，也没有约定可以从广州以外的起运地空运。发货人在事先没有通知保险公司的情况下擅自改变运输方式和路线，已经严重违反了保险公司在保险单上的约定。这种改变增加了运输环节，导致货物在运输途中的风险增大。依据《航空运输货物保险条款》的规定，由发货人责任引起的损失，属于保险的除外责任，保险公司不负责赔偿。

我国《保险法》第52条规定："在合同有效期内，保险标的的危险程度显著增加的，被保险人应当按照合同约定及时通知保险人，保险人可以按照合同约定增加保险费或者解除合同。保险人解除合同的，应当将已收取的保险费，按照合同约定扣除自保险责任开始之日起至合同解除之日止应收的部分后，退还投保人。被保险人未履行前款规定的通知义务的，因保险标的的危险程度显著增加而发生的保险事故，保险人不承担赔偿保险金的责任。"应该说，这项法律规定正是对类似本案例的大量司法实践的总结。

内容精讲

任务一　陆运货物保险

一、陆运险与陆运一切险

（一）责任范围

陆运险的承保责任范围与《海洋运输货物保险条款》中的水渍险相似。保险人负责赔偿被保险货物在运输途中遭受暴风、雷电、洪水、地震等自然灾害，或由于运输工具遭受碰撞、倾覆、出轨或在驳运过程中因驳运工具遭受搁浅、触礁、沉没、碰撞，或由于遭受隧道坍塌、崖崩或失火、爆炸等意外事故所造成的全部或部分损失。此外，陆运险还承保被保险人对遭受保险责任范围内风险的货物采取抢救、防止或减少货损的措施而支付的合理费用。陆运一切险的承保责任范围与《海洋运输货物保险条款》中的一切险相似。

（二）责任起讫

陆上运输货物险的责任起讫也采用"仓至仓"条款。保险单自被保险货物运离保险单所载明的起运地仓库或储存处所开始运输时生效，包括正常运输过程中的陆上和与其有关的水上驳运在内，直至该项货物运达保险单所载目的地收货人的最后仓库或储存处所或被保险人用作分配、分派的其他储存处所为止。如果未运抵上述仓库或储存处所，则保险责任以被保险货物运抵最后卸载的车站满60天为止。

陆上运输货物险的索赔时效为：从被保险货物在最后目的地车站全部卸离车辆后算起，最多不超过2年。

二、陆上运输冷藏货物险

（一）责任范围

陆上运输冷藏货物险主要的责任范围除负责陆运险列举的自然灾害和意外事故所造成的全部或部分损失外，还负责赔偿由于冷藏机器或隔温设备在运输途中损坏所造成的被保险冷藏货物解冻融化以致腐败的损失。但对于因战争、罢工或运输延迟而造成的被保险冷藏货物的腐败或损失，以及被保险冷藏货物在保险责任开始时未能保持良好状况，如整理、包扎不妥，或冷冻不合规定及骨头变质造成的损失除外。一般的除外责任条款也适用此险别。

（二）责任起讫

陆上运输冷藏货物险的责任起讫，是自被保险货物运离保险单所载起运地的冷藏仓库装入运送工具开始运输时生效，包括正常的陆运及其有关的水上驳运在内，直至货物到达保险单所载明的目的地收货人仓库为止。但是，最长保险责任的有效期限以被保险货物到达目的地车站后10天为限（中国人民保险公司的该项保险条款还规定：装货的任何运输工具，必须有相应的冷藏设备或隔温设备，或供应和储存足够的冰块使车箱内始终保持适当的温度，保证被保险冷藏货物不致因融化而腐败，直至到达目的地收货人仓库为止）。

陆上运输冷藏货物险的索赔时效为：从被保险冷藏货物在最后目的地全部卸离车辆后算起，最多不超过2年。

三、陆上运输货物战争险

加保陆上运输货物战争险（Overland Transportation Cargo War Risks）后，保险人负责赔偿在火车运输途中由于战争、类似战争行为和敌对行为、武装冲突所造成的损失，以及各种常规武器如地雷、炸弹所造成的损失。但是，由于敌对行为使用原子或热核武器所造成的损失和费用，以及因执政者、当权者或其他武装集团的扣押、拘留致使承保运程的丧失和挫折而造成的损失除外。

陆上运输货物战争险的责任起讫与海运战争险相似，以货物置于运输工具时为限，即自被保险货物装上保险单所载起运地的火车时开始到卸离保险单所载目的地火车时为止。如果被保险货物不卸离火车，则保险责任自火车到达目的地的当日午夜算起，满48小时为止；如果在运输中途转车，则不论货物在当地卸载与否，保险责任以火车到达该中途站的当日午夜算起，满10天为止；如果货物在此期限内重新装车续运，保险责任可恢复有效。但需指出的是，如果运输契约在保险单所载目的地以外的地点终止，该地即视作本保险单所载目的地，在货物卸离该地火车时为止，如不卸离火车，则保险责任以火车到达该地当日午夜算起，满48小时为止。

任务二 空运货物保险

一、航空运输险和航空运输一切险

（一）责任范围

（1）航空运输险的责任范围。保险人负责赔偿被保险货物在运输途中遭受雷电、火灾、爆炸或由于飞机遭受恶劣气候或其他危难事故而被抛弃，或由于飞机遭受碰撞、倾覆、坠落或失踪等自然灾害和意外事故所造成的全部或部分损失。

（2）航空运输一切险的责任范围。除上述航空运输险的全部责任外，保险人还负责赔偿被保险货物由于被偷窃、短少等外来原因所造成的全部或部分损失。

（二）责任起讫

航空运输险和航空运输一切险的责任起讫，均采用“仓至仓”条款，但与海洋运输险的“仓至仓”条款不同的是：如果货物运达保险单所载明目的地而未运抵保险单所载明的收货人仓库或储存处所，则保险责任以被保险货物在最后卸载地卸离飞机后算起，满30天为止；如果在上述30天内被保险货物需转送到非保险单所载明的目的地，则保险责任以该项货物开始转运时终止；如果被保险货物在非保险单所载目的地出售，保险责任至交货时为止，但不论任何情况，均以被保险货物在卸载地卸离飞机后算起，满30天为止；如果被保险货物在上述30天期限内继续运往保险单所载原目的地或其他目的地，保险责任的规定即在保险单所载目的地或其他目的地卸离飞机后算起，满30天为止。

二、航空运输货物战争险

航空运输货物战争险是航空运输货物险的一种特殊附加险。只有在投保了航空运输险或航空运输一切险的基础上，才可加保航空运输货物战争险。

加保航空运输货物战争险后，保险人赔偿在航空运输途中由于战争、类似战争行为、敌对行为或武装冲突以及各种常规武器和炸弹所造成的损失，但不包括因使用原子或热核武器所造成的损失。

航空运输货物战争险的责任起讫，是自被保险货物装上保险单所载明的起运地的飞机时起，直至卸离保险单所载明的目的地的飞机时止。如果被保险货物不卸离飞机，则保险责任自飞机到达目的地当日午夜算起，满15天为止；如果被保险货物需在中途转运，则保险责任自飞机到达转运地的当日午夜算起，满15天为止；如果货物在此期间装上续运的飞机，保险责任可恢复有效。

任务三　邮包货物保险

一、邮包险和邮包一切险

邮包险的承保责任范围，包括被保险邮包在运输途中由于恶劣气候、雷电、海啸、地震、洪水、自然灾害或由于运输工具搁浅、触礁、沉没、碰撞、出轨、倾覆、坠落、失踪，或由于失火和爆炸等意外事故造成的全部或部分损失。另外，邮包险还承保被保险人对遭受保险责任范围内风险的货物采取抢救、防止或减少货损的措施而支付的合理费用，但以不超过该批被救货物的保险金额为限。

邮包一切险的承保责任范围，除包括上述邮包险的全部责任外，还负责被保险邮包在运输途中由于一般外来原因所致的全部或部分损失。

然而，保险人对因战争、类似战争行为、敌对行为、武装冲突、海盗行为、工人罢工所造成的损失，或直接由于运输延迟或被保险货物本质上的缺陷或自然损耗所造成的损失，以及属于寄件人责任和被保险邮包在保险责任开始前已存在的品质不良或数量短少所造成的损失，或被保险人的故意行为、过失所造成的损失，不负赔偿责任。

邮包险和邮包一切险的责任起讫，是自被保险邮包离开保险单所载起运地寄件人的处所运往邮局时起，直至被保险邮包运达保险单所载明的目的地邮局发出通知书给收件人当日午夜算起，满15天为止。但在此期限内，邮包一经递交至收件人的处所，保险责任即终止。

二、邮包战争险

邮包战争险是邮政包裹保险的一种特殊附加险。只有在投保了邮包险或邮包一切险的基础上，经投保人与保险人协商，才可加保邮包战争险。

加保邮包战争险后，保险人负责赔偿在邮包运输过程中由于战争、类似战争行为、敌对行为、武装冲突、海盗行为以及各种常规武器如水雷、鱼雷、炸弹所造成的损失。此外，保险人还负责赔偿被保险人对遭受以上保险责任范围内风险的货物采取抢救、防止或减少损失的措施而支付的合理费用。但是，保险人不承担因使用原子或热核武器所造成的损失的赔偿。

邮包战争险的责任起讫，是自被保险邮包经邮政机构收讫后从储存处所开始运送时算起，直至该邮包运达保险单所载明的目的地送交收货人为止。

主要概念

陆上运输冷藏货物险　陆上运输货物战争险　邮包战争险

基础训练

一、单项选择题

1.空运货物保险对货物在运达目的地后的保险责任终止日期规定为（　　）。

随堂测答案 12

A.卸离飞机后满10天　　B.卸离飞机后满15天

C.卸离飞机后满30天　　D.卸离飞机后满60天

2.陆上运输货物险的责任起讫采用（　　）。

A."门到门"条款　　B."钩至钩"条款

C."钩至仓"条款　　D."仓至仓"条款

3.陆上运输冷藏货物险最长保险责任的有效期限，以被保险货物到达目的地车站后（　　）天为限。

A.10　　B.15　　C.20　　D.30

4.陆上运输货物战争险的责任起讫（　　）。

A.以"仓至仓"条款为限　　B.以货物置于运输工具上时为限

C.以运输工具处于运输途中为限　　D.以运输工具处于运动状态为限

5.邮包险和邮包一切险的责任起讫，是自被保险邮包离开保险单所载起运地寄件人的处所运往邮局时起，直至被保险邮包运达保险单所载明的目的地邮局发出通知书给收件人当日午夜算起，满（　　）天为止。

A.15　　B.20　　C.25　　D.30

二、多项选择题

1.陆运货物保险险别主要有（　　）。

A.陆运险　　B.陆运一切险

C.陆上运输货物战争险　　D.陆运全损险

2.中国人民保险公司承保邮包货物保险的基本险有（　　）。

A.邮包险　　B.邮包一切险　　C.邮包战争险　　D.邮包专门险

3.邮包险和邮包一切险的除外责任包括下列（　　）行为造成的损失。

A.战争　　B.敌对　　C.类似战争　　D.武装冲突

4.陆运险的承保范围，是保险人负责赔偿被保险货物因（　　）所造成的损失。

A.雷电　　B.沉没　　C.碰撞　　D.洪水

5.邮包战争险，保险人负责赔偿的范围是（　　）。

A.战争行为　　B.武装冲突

C.海盗行为　　D.原子或热核武器所造成的损失

三、简答题

1.简述陆运险和陆运一切险的责任起讫。

2.简述航空运输险和航空运输一切险的责任范围。

3.简述陆运险和陆运一切险的责任范围。

4. 简述邮包战争险的责任范围和责任起讫。

5. 简述航空运输险和航空运输一切险的责任起讫。

四、技能案例

【案例背景】

一批从北京运往伦敦的机器配件，在巴黎中转，货运单号为666-33783442，共4件，每件25千克。当在巴黎中转时，由于临时出现问题，发货人向航空公司提出停止运输且原货返回北京的要求。

【技能思考】

结合本项目及国际货物运输的相关内容回答下列问题：

1. 发货人的请求是否可以得到航空公司的许可？为什么？

2. 机器配件返回的运费由谁来支付？

项目实训

【实训项目】

航空运输货物保险

【实训情境】

2023年10月27日，客户方某在汕头机场委托某航空公司运输用编织袋包装的复读机一件，总重量为36千克，价值为21 600元。合同约定货物在成都机场收货人自提，方某支付了运费277元。但是，在成都机场收货人并没有提到货物。为此，方某与该航空公司因赔偿的问题发生纠纷，最后对簿公堂。方某请求法院判令这家航空公司偿还自己的货物损失21 600元，以及直接经济损失1 360元。从汕头市龙湖区法院了解到，这起航空货物运输合同纠纷案近日已经审理终结，客户方某获赔相关货物损失及运费等。

【实训任务】

根据上述实训情境，对航空货物运输进行程序设计，并分析货物丢失的责任应该由谁来承担。

参考文献

[1] 翟建华. 保险学概论 [M]. 6版. 大连：东北财经大学出版社，2023.

[2] 李贺. 外贸单证实务 [M]. 4版. 上海：上海财经大学出版社，2022.

[3] 孙家庆. 国际货运代理 [M]. 6版. 大连：东北财经大学出版社，2021.

[4] 李贺. 国际货物运输与保险 [M]. 4版. 上海：上海财经大学出版社，2021.

[5] 梁瑞. 国际货物运输与保险 [M]. 北京：清华大学出版社，2021.

[6] 黄海东，孙红玉. 国际货物运输保险 [M]. 4版. 北京：清华大学出版社，2021.

[7] 姚新超. 国际贸易运输与保险 [M]. 5版. 北京：对外经济贸易大学出版社，2020.

[8] 李贺，王海涛. 国际货运代理 [M]. 2版. 上海：上海财经大学出版社，2023.

[9] 高崇. 铁路货运技术与管理 [M]. 北京：中国铁道出版社，2019.

[10] 杜鹃. 海上保险 [M]. 上海：上海财经大学出版社，2015.

[11] 冷柏军，张玮. 国际贸易理论与实务 [M]. 北京：外语教学与研究出版社，2012.

[12] 顾寒梅，江静. 国际贸易运输与保险 [M]. 上海：上海人民出版社，2011.

[13] 中国国际货运代理协会. 国际航空货运代理理论与实务 [M]. 北京：中国商务出版社，2010.

[14] 中国国际货运代理协会. 国际海上货运代理理论与实务 [M]. 北京：中国商务出版社，2010.

[15] 侯德文. 国际贸易运输与保险 [M]. 武汉：武汉理工大学出版社，2010.